商周古文字读本

SHANG ZHOU
GU WEN ZI
DU BEN

劉翔 陳抗 陳初生 董琨 編著

李學勤 審訂

（增補本）

商務印書館
创于1897 The Commercial Press

圖書在版編目(CIP)數據

商周古文字讀本:增補本/劉翔等編著. —北京:商務印書館,2017(2025.4 重印)

ISBN 978-7-100-13890-1

Ⅰ.①商… Ⅱ.①劉… Ⅲ.①漢字—古文字—研究—商周時代 Ⅳ.①H121

中國版本圖書館 CIP 數據核字(2017)第 101776 號

商周古文字讀本

(增補本)

劉翔 陳抗 陳初生 董琨 編著

李學勤 審訂

商 務 印 書 館 出 版

(北京王府井大街 36 號 郵政編碼 100710)

商 務 印 書 館 發 行

北京市藝輝印刷有限公司印刷

ISBN 978-7-100-13890-1

2017 年 9 月第 1 版　　開本 787×1092 1/16

2025 年 4 月北京第 6 次印刷　　印張 25¾

定價:96.00 元

序　言

古文字學是我國近年發展較快的學科之一。回憶一九七八年在長春舉行古文字學術討論會，中國古文字研究會宣告成立，會上大家都深以專業隊伍青黃不接爲慮，羣起呼籲儘快寫出一批工具書和概論書，培養青年研究者。九年來，已有不少學者著成古文字學整體或分支的概論，出版了好多工具書，爲新一代專家的成長和這一學科的普及準備條件。以概論書而言，新出各種體裁程度不一，各有所長，但我認爲劉翔、陳抗、陳初生、董琨同志編著的這部《商周古文字讀本》有其獨到之處，非常適於用作教材或自學參考。蒙作者要我寫幾句話弁首，我是很覺欣幸的。

中國古文字學是一門重要而又相當艱深的學問，想在這個學科的途徑上跨進那怕是小小一步，都是很不容易的。當然，如果臆測的話，也没有什麽困難，然其結果必然經不起時間的考驗。因此，對於一本古文字學概論書來説，最要緊的是審慎的科學態度。祇有審慎，才能免於貽誤讀者。

古文字是距今兩千年以上的文字，漢字在這漫長歷程中已起了很大的變化。其實，漢代學者對先秦文字就不能盡識，今天我們自然更難通曉。特别是古文字中的疑難，每每是許多著名前輩殫精竭力未能發覆的，要一蹴而就幾是不可能的事。過去，王國維先生爲容庚先生《金文編》撰序，首引孔子"多聞闕疑"爲説。按《論語·爲政》："多聞闕疑，慎言其餘，則寡尤。"《集解》載包咸云："疑則闕之，其餘不疑猶慎言之，則少過。"這確是我們作研究，特别是研究古文字時應當記住的格言。我自己在工作中，有時也如王序所批評的"雖字之絶不可釋者，亦必附會穿鑿以釋之"，終至貽笑，每思及之，不禁汗下。

容先生《金文編》再三修訂，始終做到賅博矜慎，無愧於王先生的序言。《商周古文字讀本》的幾位作者，都曾親炙於容先生之門。這部書涉及範圍甚廣，而能堅持審慎的態度，正是繼續了容先生治學的一貫精神，也是本書最值得推薦的特色。讀者在使用本書時，是大可放心的。

善於抉擇，可以説也是這本書的一個特色。如前所説，古文字學當前正在迅速發展，新材料不斷發現，論著也越積越多。國内外學者異説紛紜，學科幾個分支都有一些争論的焦點。不十分熟悉學科現狀的讀者，易於目迷五色。作爲一本好的概論書，有責任把學術界最新成果介紹給讀者，同時又必須注意向讀者系統説明已得公認的學説。對那些尚有争議的論點，即使非常新穎重要，也不宜以一己之見强加於人。這是編概論書和寫學術論文顯然不同的所在。《商周古文字讀本》在這個問題上的處理是比較好的，表明作者在專業上的修養程度。

今天古文字學的研究隊伍，比起一九七八年是壯大多了，嶄露頭角的青年研究者正在輩出。然而也要看到，隨着建設事業的前進，考古工作的開展，社會對古文字學的要求大爲提高，現有隊伍的狀况仍是遠不能適應的。爲此我們有必要採取各種方式，加速這一學科知識的普及。本書的問世可謂適逢其會，相信定能爲讀者所歡迎。

李學勤

一九八七年十一月

前　言

古文字學是一門古老而又年輕的學科。它本身尚處于不斷地發展與成熟的過程之中，還有許多工作可做、待做。關于古文字學科教學體系的建設，就是其中非常重要的一項。

現在，社會上有許多人，尤其是許多青年同志對古文字學感到興趣，感到學習的必要。這是因爲古文字學的研究材料和成果，可以被哲學、歷史學、考古學、語言文字學，乃至書法篆刻以及某些技術科學等學科和領域廣泛吸收和運用。但是，要做到這一點，則必須對古文字學，尤其是對古文字材料本身具有起碼程度的瞭解。因此，古文字學的教學——也可以説是普及與宣傳的問題，就日益迫切地被提到議事日程上來了。

既然是教學體系建設，那麽勢必首先遇有一個教材的問題：編什麽？怎麽編？這個問題近年來在古文字學界已經引起一定程度的重視，開始有所研討和探究，然而見仁見智，看法尚未能一致。即以編什麽而論，有的認爲應以講器物爲主，兼及文字；有的認爲應以考釋古文字的方法爲主；有的認爲應以講古文字的常識爲主；有的認爲應在認字的基礎上主要講古文字的形音義和内部發展規律，兼及考釋方法；還有的認爲，上述内容都應該講；……看法儘管紛紜，但有一點是一致的：先編出幾種教材，然後再來討論、選擇。（參見趙誠《近幾年的古文字研究》，《中國語文天地》1986.2）

我們認爲，古文字學要講的内容確實很多，但是其中不無輕重緩急之分；儻若面面俱到，則教學難以從容，效果也難以保證。而古文字學無論其涉及面多寬多廣，它首先是屬于語言文字學的範疇的。這是因爲並非任何傳世的或出土的古代器物，都是古文字學的研究對象；古文字學的對象，總是那些具有古文字材料的器物，甚至包括一部分原器物已經佚失而只有古文字搨本或摹本留傳的材料。同時，任何傳世或出土的古文字材料,都是當時語言的書面記錄,都首先有一個如何釋讀的問題。如果文字尚且不能基本釋讀,語義不能明瞭,那麼從其他角度例如器物、史實、思想、藝術等方面所進行的考證與研究,就難免不受影響,有的甚至無從進行。語言文字之學,我國傳統稱爲"小學"。它被看作是治學的基礎,歷來受到重視。同樣,要想入門于古文字學,釋讀能力的培養也可以説是一項最基本的功夫。

那麽,就文字釋讀的角度來説,如何進行古文字的教學呢?我們認爲,由已故的著名語言學家王力先生所創立的文選、通論、常用詞三結合的古代漢語教學體系,是值得古文字釋讀教學借鑒的。這種體系,由感性的語言材料入手,介紹某些實用的有關理論知識,着重于培養學習者一定程度的閱讀古書的能力,從而完成古代漢語作爲工具課程的使命。近三十年來,許多全日制高等院校採用了這個教學體系,新興的成人教育系統也採用了這個教學體系。事實證明,它能够在不太長的時間内達到比較好的教學效果。它不僅適用于封閉式的小課堂教學,也適用于開放式的遠距離教學;不僅適用于有教師講授的學習,也適用于"無師自通"式的自學。

古文字的釋讀,歸根結蒂,也是一個語言文字方面的閱讀能力問題。因此,可以並且應當吸收古代漢語教學的有效經驗,借鑒文選、通論、常用詞三結合的方法,來編寫一種古文字學的教材或者入門之書。這本小書,就是從上述想法出發的一個初步嘗試。

另一方面,目前不少高等院校的古代漢語或漢語史的教學與研究,取材大抵還囿于傳世的典籍文獻而罕于顧及出土的古文字材料。衆所週知,古文字材料附麗于古代器物,埋藏于地下有年,未經傳訛改竄,因而是更爲可靠的古代漢語語言材料。如果説這類材料以前只是零縑散簡,尚不足以引起重視的話,那麼自清末以來,出土日夥,研究日精,已經蔚爲大宗,却仍視而不見,就未免有作繭自縛的遺憾了。不過,如今學術界的有識之士已經放大眼量,開始注意將古文字材料列爲古漢語文選和漢語史教學與研究的取材範圍了。這種趨向,是令人欣慰的。因此,這本小書,也想在古代漢語和漢語史的教學與研究方面,作一點材料上的小小奉獻。

作爲編寫者的我們,都是古文字學界的後進。我們在學習古文字的過程中,都不同程度地親炙過古文字學界已故的著名學者——中山大學容庚先生的教誨。容先生生前時常鞭策我們多讀書、多寫書。我們謹以共同合作的這本小書,作爲一瓣心香,寄託我們對于先師的綿綿不盡的思念。

本書的編寫,從選目、體例的確定開始,整個過程都得到李學勤先生的具體指導,書成之日,又蒙爲之審訂並賜以序文;語文出版社田樹生先生也經常予以指導;

並蒙前輩啟功先生書耑題簽。同時,我們還得到了深圳大學國學研究所的慷慨贊助。在此一併表示我們的感激之情!

本書從醞釀到完成,歷時數年之久。在編寫過程中,我們曾多方參考並廣泛引用前輩時賢的研究成果,有些未及一一注明。鑒于本書的性質,或當不以爲掠美。

儘管我們在這本小書上傾注了事前絶未意料到的許多時間和精力,領略了編寫讀本的甘苦,然而畢竟缺乏功力,在讀了李學勤先生所賜序文之後,俱覺汗顔。我們誠懇地等待大雅方家和各方讀者批評指正。

劉翔　陳抗　陳初生　董琨

一九八八年八月

目　録

古文字文選

殷墟甲骨刻辭

第1片[1]

甲子乙丑丙寅丁卯戊辰己巳[2]庚午辛未壬申癸酉
甲戌乙亥丙子丁丑戊寅己卯庚辰辛巳壬午癸未
甲申乙酉丙戌丁亥戊子己丑庚寅辛卯壬辰癸巳
甲午乙未丙申丁酉戊戌己亥庚子辛丑壬寅癸卯
甲辰乙巳丙午丁未戊申己酉庚戌辛亥壬子癸丑
甲寅乙卯丙辰丁巳戊午己未庚申辛酉壬戌癸亥

(1) 本片選自《甲骨文合集》第37986片。

(2)〔己巳〕殷墟甲骨刻辭中地支“巳”字寫作,與“子孫”之“子”字形相同,而地支之“子”則作,二者判然不相混淆。

這是一份完整的干支表,屬第五期。(董作賓把殷墟甲骨文的時代分爲五期。第一期:武丁及其以前的盤庚、小辛、小乙。第二期:祖庚、祖甲。第三期:廩辛、康丁。第四期:武乙、文丁。第五期:帝乙、帝辛。見《甲骨文斷代研究例》。)商代以干支紀日,以十天干(甲、乙、丙、丁、戊、己、庚、辛、壬、癸)與十二地支(子、丑、寅、卯、辰、巳、午、未、申、酉、戌、亥)相配,正好得上述六十組。

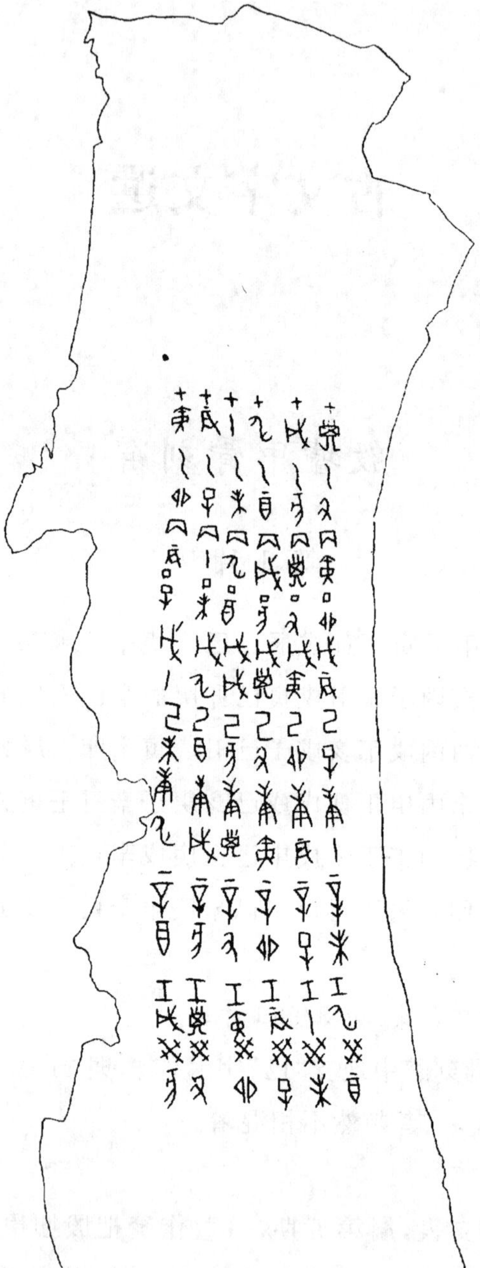

合集 37986

第 2 片[1]

乙未,酌𢆶品上甲十,[2]報乙三,[3]報丙三,報丁三,示壬三,示癸三,大乙十,[4]大丁十,大甲十,大庚十,小甲三,[5]〼三,[6]且乙十。[7]

(1) 本片選自《殷契粹編》第 112 片,由三片碎骨綴合而成,上(《殷虚書契後編》上 8.14)、中(《戩壽堂所藏殷虚文字》1.10)二片由王國維綴合,下片(善齋藏骨)由董作賓綴合。

(2)〔酌𢆶品上甲十〕酌:祭名,具體祭法不詳。或釋爲"酒",然金文《毛公鼎》"酒"字逕作"酉",且"酌"字所从之彡不類水,釋"酒"恐非是。𢆶:"系"之初文,祭名。于省吾認爲,系謂以品物繫屬以交接于神也。(参見《殷契駢枝三編》)品:特指某種祭禮物品。上甲:殷先王名。刻辭作田,从十(甲)在□中,又或作田、田、田。□,或以爲象正面所見盛主之器。十:祭品之數。

(3)〔報乙三〕報乙:殷先王名。刻辭作乙,从乙在コ中。コ,或以爲象側面所見盛主之器。後面丙、丁,與乙取意相類。乙、丙、丁,據考證即《史記·殷本紀》之報乙、報丙、報丁。三:原辭筆畫殘缺作"二",據文義當是"三"字。

(4)〔大乙十〕大:音 tài,後面大丁、大甲、大庚之"大"讀音同此。

(5)〔小甲三〕小甲:刻辭作小甲,乃"小甲"二字合書。

(6)〔〼三〕"三"上原當有字,因骨片破碎,其字已不可見,今以〼示闕。

(7)〔且乙十〕且乙:殷先王名。且,刻辭作且,象神主之形,爲"祖"之初文。一説"且"爲男性生殖器之象形。按,自上甲至祖乙皆爲殷之先王,其世系見本篇所附"殷王世系表"。

全辭意爲:乙未那天,用祭品十件酌祭系祭上甲,用祭品三件祭報乙,用祭品三件祭報丙,用祭品三件祭報丁,用祭品三件祭示壬,用祭品三件祭示癸,用祭品十件祭大乙,用祭品十件祭大丁,用祭品十件祭大甲,用祭品十件祭大庚,用祭品三件祭小甲，……用祭品十件祭祖乙。

此辭記錄了對先王的祭祀。《史記・殷本紀》記載："殷契，……封于商，賜姓子氏。……契卒，子昭明立。昭明卒，子相土立。相土卒，子昌若立。昌若卒，子曹圉立。曹圉卒，子冥立。冥卒，子振立。振卒，子微立。微卒，子報丁立。報丁卒，子報乙立。報乙卒，子報丙立。報丙卒，子主壬立。主壬卒，子主癸立。主癸卒，子天乙立，是爲成湯。"據王國維考證，微即刻辭之田（上甲），報丁、報乙、報丙即刻辭之⿷匚丁、⿷匚乙、⿷匚丙，主壬、主癸即刻辭之示壬、示癸。（參見《殷卜辭中所見先公先王考》及《續考》，《觀堂集林》卷九）由此可知，《史記》的記載確有所本。刻辭世系的排列順序與《史記》略有不同，據之可證傳本《史記》之誤。

這條刻辭的句式很有特色，從整體來看，是一個雙賓語句。"乙未"是時間狀語；句子無主語；"酌"和"䖵"是兩個並列的動詞，句中作謂語；"品十"是個主謂結構，作"酌""䖵"的直接賓語，但它被間接賓語"上甲"割裂開來了。（參見本書《概述　四、甲骨文中的幾種語法現象》）"報乙、報丙、報丁、示壬、示癸、大乙、大丁、大甲、大庚、小甲、祖乙"是"上甲"的並列成分。"（報乙）三、（報丙）三、（報丁）三、（示壬）三、（示癸）三、（大乙）十、（大丁）十、（大甲）十、（大庚）十、（小甲）三、（祖乙）十"是"（品）十"的並列成分，"品"字從"上甲"以下一貫到底，不重複出現。

附 殷王世系表

（參照卜辭重訂）

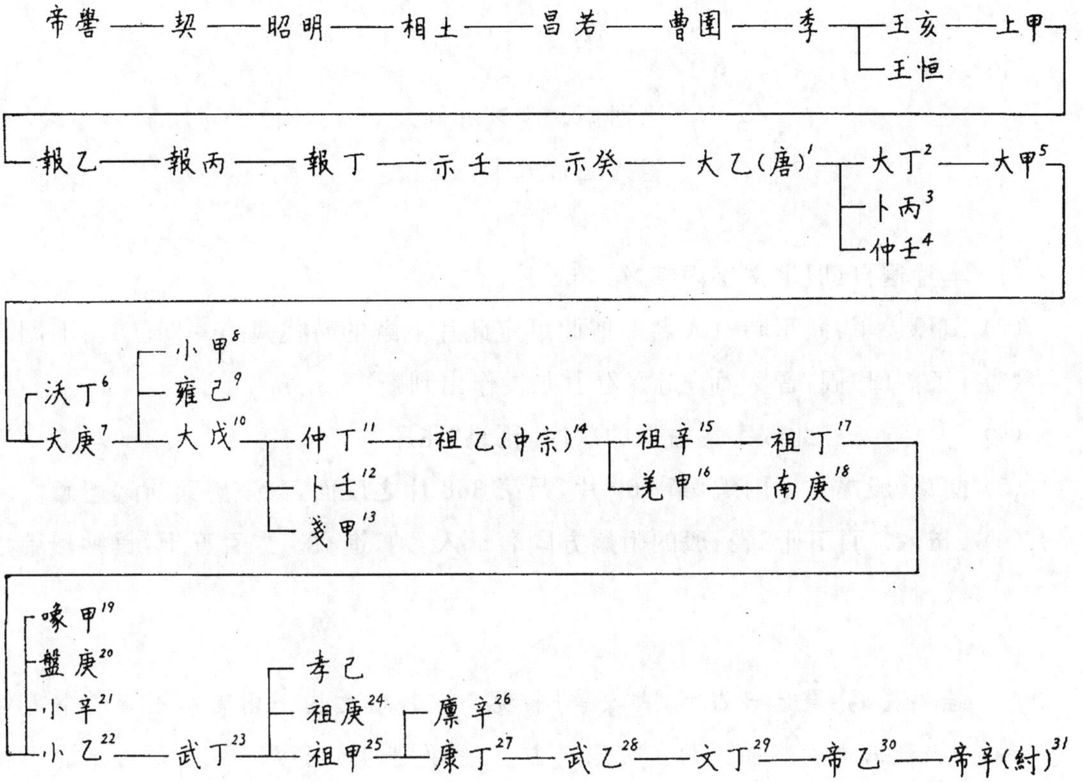

説明：表中橫綫表示父子關係，直綫表示兄弟關係。王名右上角之數碼爲自大乙開始的世系序號。孝己未享國，故不編序號。自大乙至帝辛共17世31王。

第3片(1)

癸巳卜，爭貞：(2)今一月雨？王固曰：(3)丙雨。一、二、三、(4)

癸巳卜，爭貞：今一月不其雨？一、二、三、

旬壬寅雨。甲辰亦雨。

第4片(5)

己酉雨。辛亥亦雨。

雀入二百五十。(6)

(1) 本片選自《殷虛文字丙編》第368片。

(2)〔爭貞〕爭：武丁時貞人名。據此可定此片卜辭的時代爲第一期。貞：卜問。

(3)〔王固曰〕固：音zhān，指察看卜兆後作出判斷。

(4)〔一、二、三〕此數字爲占卜的次序，稱爲"兆序"。

(5) 此爲《殷虛文字丙編》第369片，乃第368片之反面，刻辭應與前辭連讀。

(6)〔雀入二百五十〕雀：殷的附屬方國名。入：納，進貢。二百五十：貢納龜甲之數。

全辭意爲：癸巳日占卜，貞人爭問：現今一月份之内下雨嗎？王察看卜兆後判斷説：逢丙那天將要下雨。癸巳日占卜，貞人爭問：現今一月份之内不會下雨吧？結果，在下一旬的壬寅日下了雨。(第二旬)甲辰日也下了雨。己酉日下了雨。辛亥日也下了雨。雀貢納龜甲二百五十。

這篇刻辭結構完整，"癸巳卜，爭貞"是記録占卜時間及卜者名字的叙辭，"今一月雨"是命辭，即所貞問的問題，"王固曰：丙雨"是根據卜兆作出判斷的占辭。第二條卜辭"癸巳卜，爭貞：今一月不其雨"是從反面卜問，與第一條從正面卜問的卜辭組成"對貞"。"旬壬寅雨。甲辰亦雨。己酉雨。辛亥亦雨"是驗辭，記録占卜是否應驗。"雀入二百五十"是署辭，記録龜甲來源，與此次占卜無關。

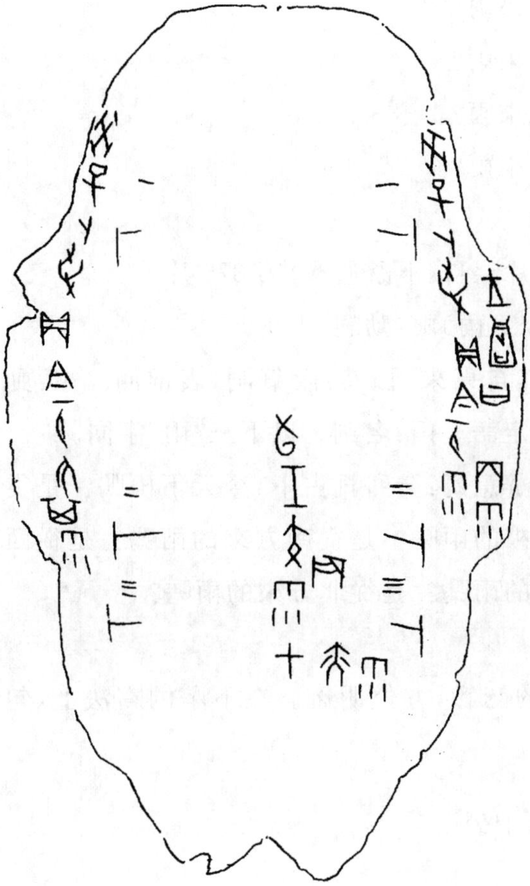

第 3 片
丙 368

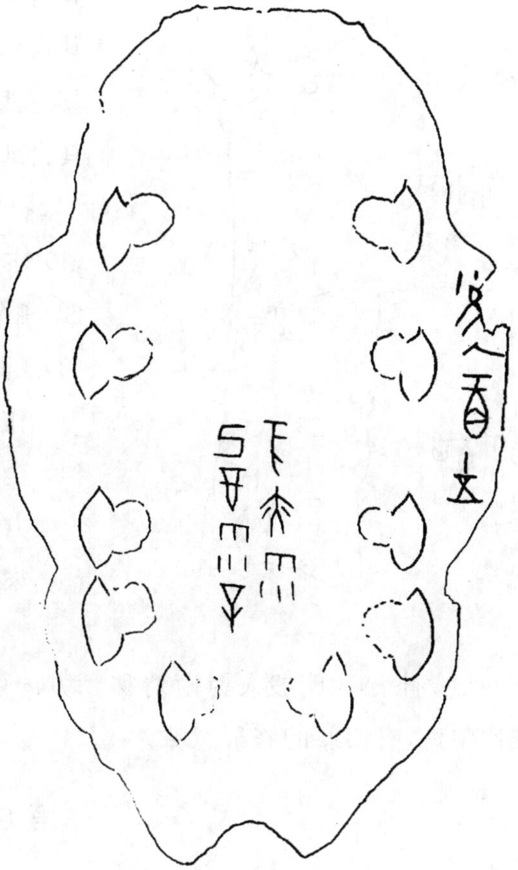

第 4 片
丙 369
（丙 368 之反）

第5片[1]

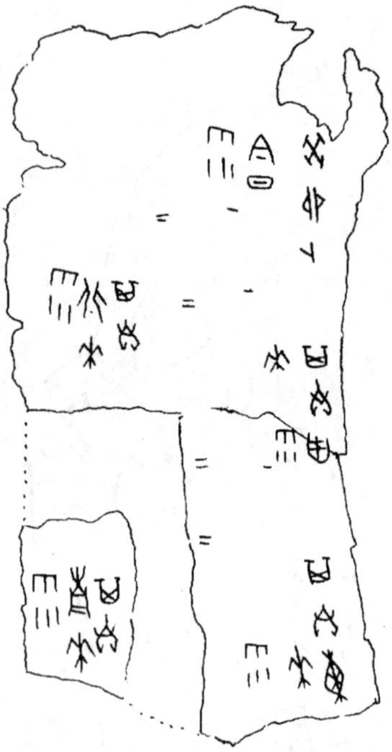

癸卯卜：今日雨？[2]
其自東來雨？[3]
其自南來雨？
其自西來雨？
其自北來雨？[4]

(1) 本片選自《卜辭通纂》第375片。
(2)〔今日雨〕雨：動詞，下雨。
(3)〔其自東來雨〕其：語氣詞，表推測。來：動詞作定語。雨：名詞。以下三"雨"字同。
(4) 全辭意爲：癸卯日占卜：今天下雨嗎？是從東方來的雨嗎？是從南方來的雨嗎？是從西方來的雨嗎？是從北方來的雨嗎？

這條卜辭説明殷人對雨情移動方向的認識，方位明確。在卜辭的寫法上，句式排比整齊，有濃厚的修辭意味。

第6片[1]

自今辛至于來辛又大雨？[2]
自今辛至于來辛亡大雨？[3]

(1) 本片選自《甲骨文合集》第30048片。
(2)〔自今辛至于來辛又大雨〕來：卜辭一般當日稱"今"，第二天開始到第九天稱"翌"，第十天以外稱"來"。此稱"自今辛至于來辛"，即從這一個辛日到下一個辛日，其間正好十天。又：通"有"。
(3)〔自今辛至于來辛亡大雨〕亡：動詞，没有。

全辭意爲：從這一個辛日到下一個辛日有大雨嗎？從這一個辛日到下一個辛日没有大雨嗎？

第7片[(1)]

甲寅卜,㱿貞:[(2)]羽乙卯易日?[(3)]

貞:羽乙卯,乙卯不其易日?[(4)]

貞:㞢疾自,[(5)]隹㞢壱?[(6)]

貞:㞢疾自,不隹㞢壱?[(7)]

(1) 本片選自《殷虚文字乙編》第6385片。

(2)〔㱿貞〕㱿:音què,武丁時貞人名。據此可定此片卜辭的時代爲第一期。

(3)〔羽乙卯易日〕羽:通"翌"(yì)。乙卯爲甲寅之次日,故稱"羽"。易日:易,通"暘"(yì)。《説文·七上》:"暘,日覆雲暫見也。"易日即暘日,屬于"多雲間晴"之類的天氣現象。

(4)〔羽乙卯,乙卯不其易日〕此條有兩個"乙卯",與上條比較,第二個"乙卯"可能是重複誤刻。

(5)〔㞢疾自〕㞢:音yǒu,通"有"。自:"鼻"之初文。《説文·四上》:"自,鼻也。

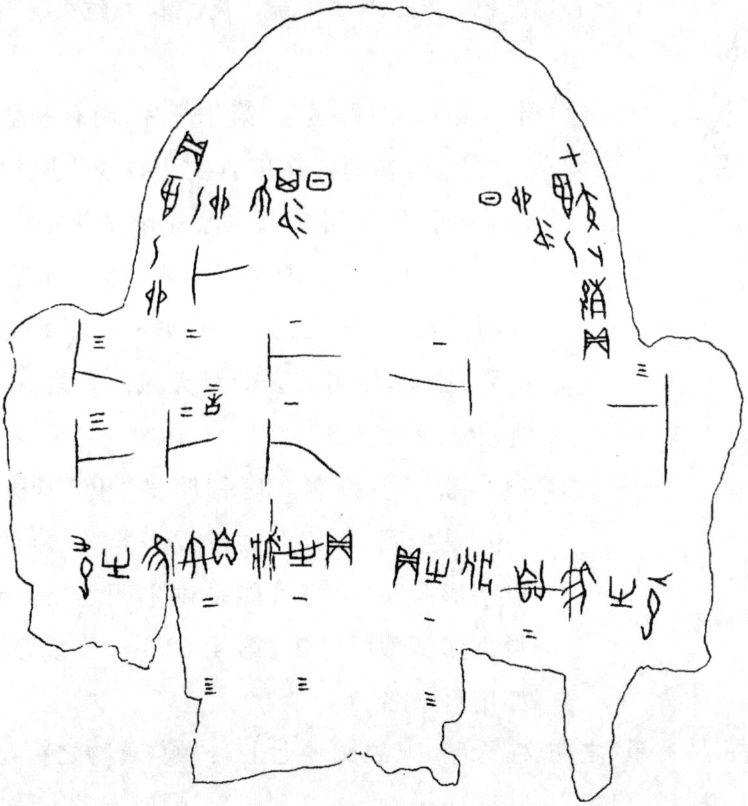

象鼻形。”

(6)〔隹㞢𡆥〕隹:語氣詞,經籍通作“唯”。𡆥:从止从它,它亦聲。它,“蛇”之初文。《説文·十三下》:“它,虫也。……上古艸居患它,故相問無它乎。蛇,它或从虫。”此“㞢𡆥”與“有災禍”義近。“𡆥”字裘錫圭隸定作“蚩”,釋爲“害”。(見《釋蚩》,香港中文大學國際中國古文字學研討會《古文字學論集(初編)》)

(7)全辭意爲:甲寅日占卜,貞人㱿問:第二天乙卯日是多雲間晴的天氣嗎?問:第二天乙卯日不是多雲間晴的天氣吧?問:鼻子有病,是有災禍發生嗎?問:鼻子有病,不是有災禍發生吧?

這片卜辭貞問兩方面的事情,一是問第二天的天氣,二是爲鼻子得了病問有没有災禍。“自”字在經籍中罕有用其本義者,此辭正用其本義,證明了《説文》一書在保留漢字古義方面的價值。

第8片(1)

七日己巳,夕𩂣,(2)㞢、新,(3)大晶,(4)竝火。(5)

(1)本片選自《卜辭通纂》第432片,尚有殘辭未錄釋文。

(2)〔夕𩂣〕夕:晚間。在甲骨文中,“夕”字的寫法最初通常作☽,而“月”字作☽。(參見陳煒湛《甲骨文字辨析·卜辭月夕辨》,《中山大學學報》1980年第1期)𩂣:于省吾謂當讀爲䚵(dōu)。《説文·八下》:“䚵,目蔽垢也。从見,𠁁聲,讀若兜。”此爲天氣陰蔽之義。(參見《殷契駢枝續編·釋𠁁》)

(3)〔㞢、新〕㞢:祭名。唐鈺明謂“㞢”字从中从一會意,“中”是牛頭,“一”爲供板或盛器。(參見《㞢又考辨》)以字形取義,㞢祭可能是供牛頭之祭。新:祭名。《戰後京津新獲甲骨集》第4262片:“☐新兄示,用。”“新”亦用爲祭名。

(4)〔大晶〕晶:“星”之初文,天晴。《説文·七上》:“曐,萬物之精,上爲列星。从晶,生聲。一曰象形,从○……曐,古文星。星,曐或省。”卜辭“星”字亦有从生聲作㞢者。《殷虛文字乙編》第 6664 片："乙巳酌，明雨；伐既雨；咸伐，亦雨；施、卯鳥，星。"亦用"星"爲天晴之義。《詩經·鄘風·定之方中》："星言夙駕。"《釋文》引《韓詩》云："星，晴也。"

(5)〔竝火〕竝：祭名。《殷契佚存》第 878 片："貞：妣庚歲、竝、酌？貞：弜竝、酌？"其"竝"亦用爲祭名可證。火：大火星，東方七宿之心宿二（天蝎座 α 星）。

全辭意爲：第七天己巳日，晚間天氣陰蔽。在舉行㞢祭、新祭時，天氣放晴了。又以竝祭祭祀大火星。

這條卜辭首記"七日己巳"，表明自占卜之日起到己巳日已過了七天。或以爲辭中所記是古代新星、超新星出現的天文現象，因而是天文學史上的一件大事。今結合其他卜辭考證辭意，與天文有關者僅大火星，而與新星、超新星無涉。

第 9 片[(1)]

辛亥卜，翌日壬，[(2)]旦至食日不雨？[(3)]大吉。

壬，旦至食日其雨？吉。

食日至中日不雨？[(4)]吉。

食日至中日其雨？

中日至章兮不雨？[(5)]吉。

中日至章兮其雨？[(6)]

(1) 本片選自《小屯南地甲骨》第 624 片。

(2)〔翌日壬〕指第二天壬子日。

(3)〔旦至食日不雨〕旦：指天亮時。食日：殷人對一天內的不同時間有某些特定的稱法，"食日"及以下的"中日""章兮"皆是其類。"食日"表示的是上午的某一時間，其所以稱"食"，當與進食時間有關。雨："雨"字原版殘缺，今據文例補。

(4)〔食日至中日不雨〕中日：當即經籍之"日中"，指正午。《尚書·周書·無逸》："自朝至于日中、昃，不遑暇食。"

(5)〔中日至章兮不雨〕章兮：指下午四時左右。或簡稱作"章"，如《鐵雲藏龜拾遺》第 394 片："昃至章不雨？"章，"郭"之初文。

(6)〔中日至章兮其雨〕章兮其雨：此四字原版殘缺，今據文例補。

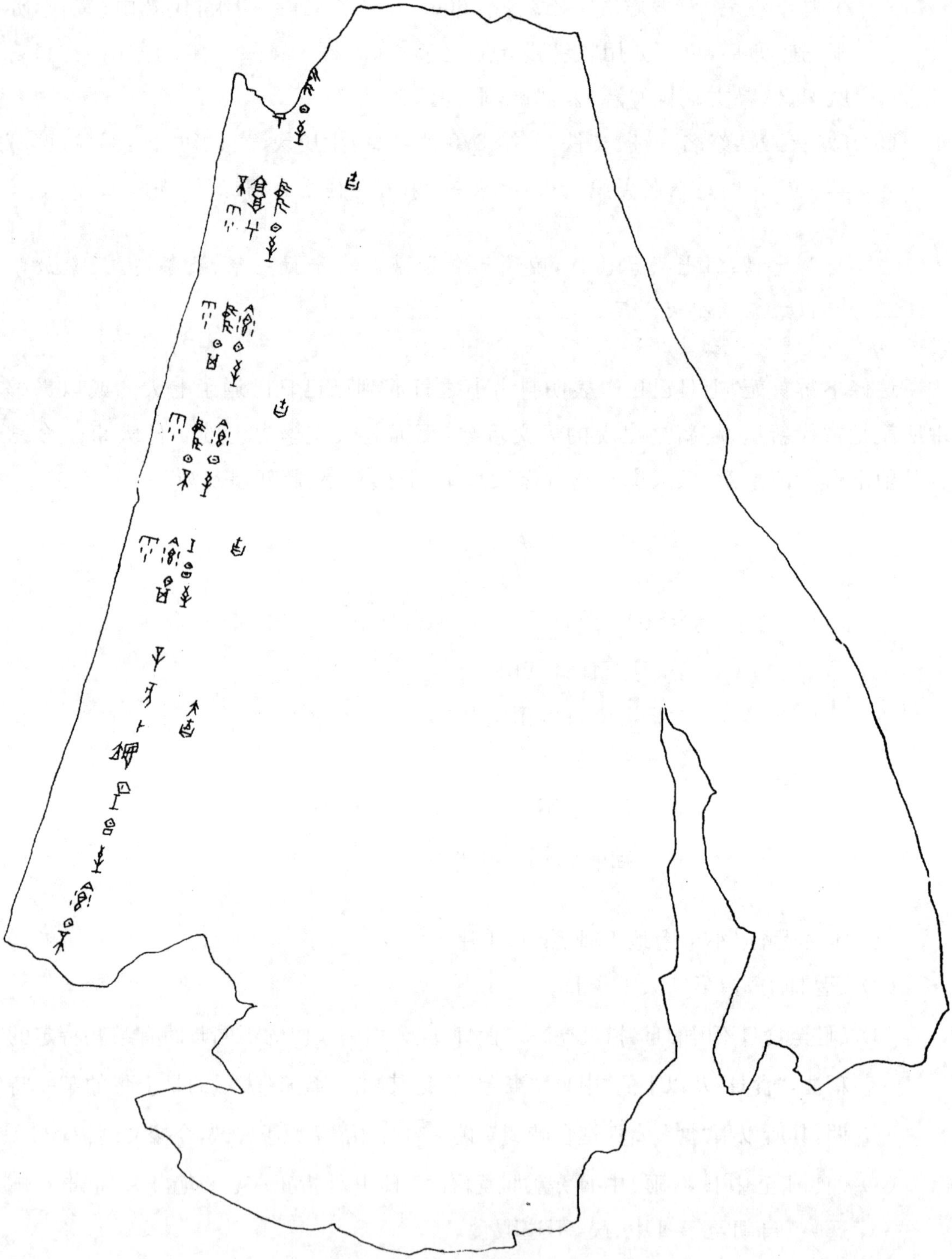

屯南 624

全辭意爲:辛亥日占卜,在第二天壬日,從旦到食日不下雨嗎?(卜兆顯示的是"大吉"。)壬日,從旦到食日會下雨嗎?(卜兆顯示的是"吉"。)從食日到中日不下雨嗎?(卜兆顯示的是"吉"。)從食日到中日會下雨嗎?從中日到章兮不下雨嗎?(卜兆顯示的是"吉"。)從中日到章兮會下雨嗎?

這片卜辭提到的殷人對一天内不同時間的稱法有"旦""食日""中日"和"章兮"。另據《殷契粹編》第717片:"昃至章兮其雨?章兮至昏不雨?章兮至昏其雨?"知"章兮"前尚有"昃","章兮"後尚有"昏"。又據《小屯南地甲骨》第42片:"中日至昃不雨?"知"昃"在"中日"之後。那麽,據現有資料,對從早到晚的不同時間,計有"旦""食日""中日""昃""章兮""昏"等稱法。卜辭的"日"是與"夕"(晚間)相對的,"日"指白晝。"中日"當即正午。"食日"則是從早晨到正午之間的某一時間。"昃"是太陽偏西,約當于下午二時左右。"昏"當指黄昏,約在下午六時左右。"章兮"在"昃"與"昏"之間,則約當下午四時左右。當然,對一天内的不同時間,在不同時期的卜辭中稱法有所不同,值得進一步研究,這片卜辭提供了寶貴資料。

全片共載六條卜辭,一與二,三與四,五與六,共構成三組對貞。

第10片(1)

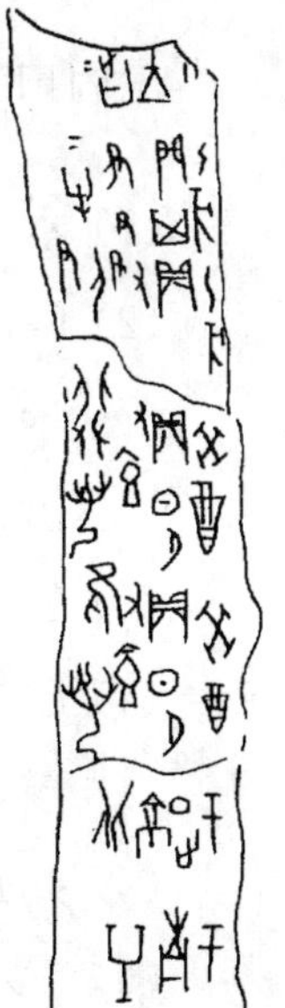

癸酉貞:日月又食,(2)隹若?(3)

癸酉貞:日月又食,非若?(4)

(1) 本片選自《甲骨文合集》第33694片。該版尚有它辭,未錄釋文。

(2)〔日月又食〕月:原刻作 ☽,當釋爲"月",參見第8片之注(2)。又:通"有"。

(3)〔隹若〕隹:語氣詞,經籍通作"唯"。若:順利,吉利。《爾雅·釋言》:"若,順也。"又《釋詁》:"若,善也。"順與善義相因。

(4)〔非若〕非:"非"的孳乳字。(參見于省吾《甲骨文字釋林·釋非、非》)

全辭意爲:癸酉日卜問:如果有日食或月食發生,吉利嗎?癸酉日卜問:如果有日食或月食發生,不吉利嗎?

這兩條卜辭歷來有不同的解釋。胡厚宣《卜辭"日月不食"説》(見《出土文獻研究》)以爲是命龜之辭,意思是正反兩方面對貞,卜問日月如果有食,會是吉利還是不吉利呢，並不是説癸酉日真的有了日食或月食或日月頻食的發生。

卜辭每有日食或月食的卜問，如："貞：日㞢（有）食？"（《龜甲獸骨文字》1.10.5）"癸丑卜，貞：旬亡囚？七日己未㞢，庚申月㞢食。"（《甲骨文合集》40610）"己未夕㞢，庚申月㞢食。"（《甲骨文合集》40204）"日食""月食"卜辭或稱"日又（有）戠""月又戠"，如："乙丑貞：日又戠？允隹戠。"（《甲骨文合集》33700）"乙巳卜，酓彡其召小乙？丝用。日又戠，夕告于上甲九牛。"（《甲骨文合集》33696）"壬寅貞：月又戠，其又（侑）土（社），尞大牢？丝用。壬寅貞：月又戠，王不于一人囚？又囚？"（《小屯南地甲骨》726）《左傳·昭公十七年》："日有食之，天子不舉，伐鼓于社；諸侯用幣于社，伐鼓于朝。"今由卜辭知殷人在月食發生後，也要侑祭于社。

第11片(1)

丙辰卜，㱿貞：我受黍年？(2) 一、二、三、亖、五(3)

丙辰卜，㱿貞：我弗其受黍年？亖月。一、二、三、亖、二告、(4)五

第12片(5)

王固曰：吉，受㞢年。(6)

(1) 本片選自《殷虚文字丙編》第8片。

(2)〔我受黍年〕我：第一人稱代詞。或釋爲地名，亦通。黍年：黍，黍子，碾成的米叫黄米，是當時的主要糧食作物。《詩經·周頌·良耜》："載筐及筥，其饟伊黍。"年，年成，收成。

(3)〔一、二、三、亖、五〕此數字爲兆序。（參見第3片注）亖，數字"四"之本字。

(4)〔二告〕兆辭，第二次卜告。在占卜過程中，貞人覺得前次命龜尚未通達神靈，乃再行卜告。

(5) 此爲《殷虚文字丙編》第9片，乃第8片之反面，刻辭亦相連續。

(6)〔受㞢年〕㞢：音 yǒu，名詞詞頭。

全辭意爲：丙辰日占卜，貞人㱿問：我們（殷）會得到黍子的好收成嗎？丙辰日占卜，貞人㱿問：我們不會得到黍子的好收成嗎？時在四月。王察看卜兆後判斷説：吉利，會得到好收成。

這是一組對貞卜辭，正反各卜問了五次，足見殷人對農業收成的重視。

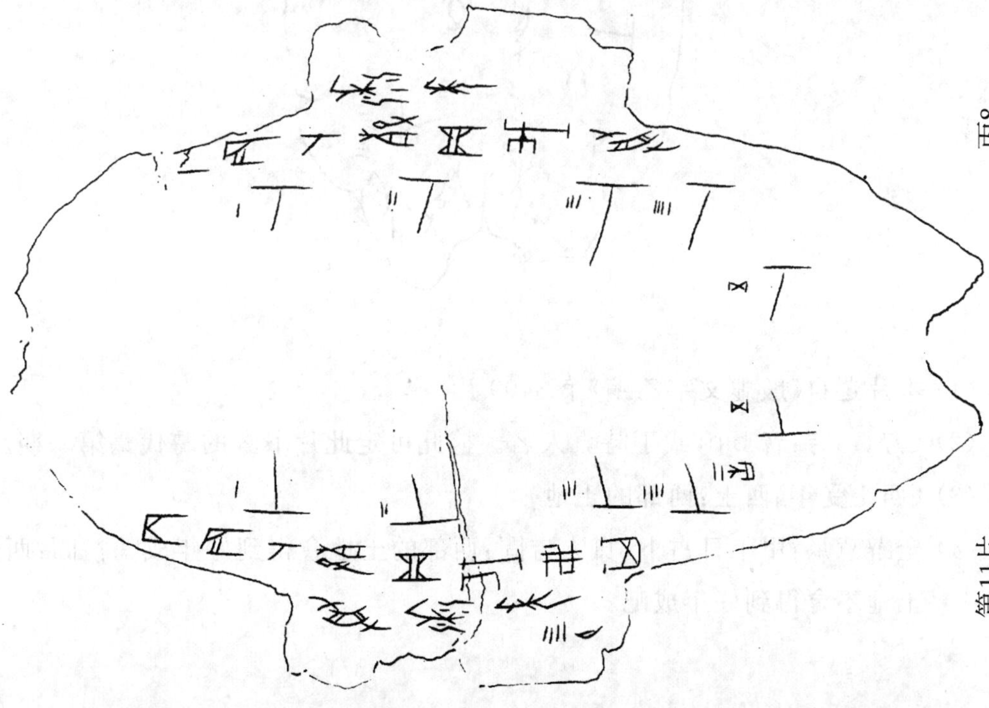

丙8

第11片

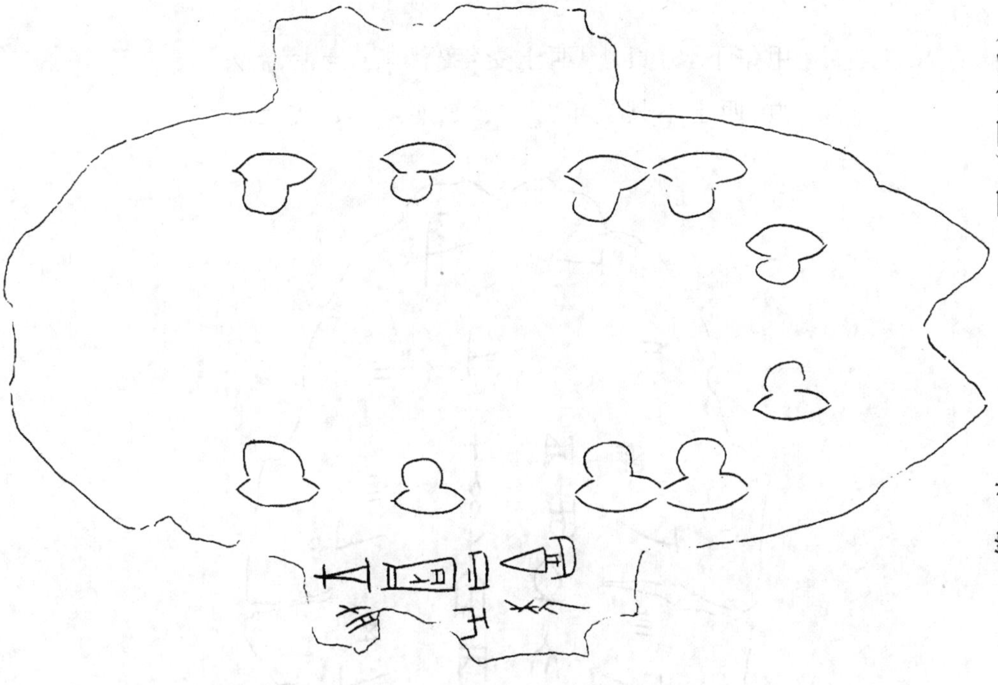

丙9（丙8之反）

第12片

第13片(1)

甲午卜,穷貞:(2)西土受年?(3)一、二、三、亖、五、六

貞:西土不其受年?(4)一、二、二告、三、亖、二告、五、六

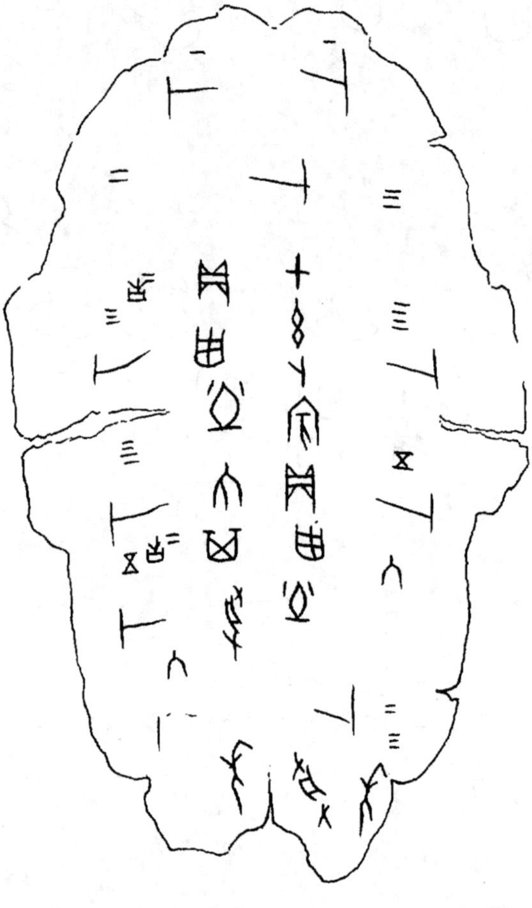

(1) 本片選自《殷虚文字乙編》第3409片。

(2) 〔穷貞〕穷:音 bīn,武丁時貞人名。據此可定此片卜辭的時代爲第一期。

(3) 〔西土受年〕西土:西部的土地。

(4) 全辭意爲:甲午日占卜,貞人穷問:西部的土地會得到好年成嗎? 問:西部的土地不會得到好年成吧?

第 14 片(1)

丙辰卜,𠂤貞:(2)其𢻃羌?(3)一

貞:于庚申伐羌?(4)一

貞:𢻃羌? 二

貞:庚申伐羌? 二

貞:𢻃羌? 三、亖、二告、五

貞:庚申伐羌?(5)三、亖、二告、五

(1) 本片選自《殷虛文字丙編》第 7 片。

(2)〔𠂤貞〕𠂤:字難確識,或釋爲"古",武丁時貞人名,據此可定此片卜辭的時代爲第一期。

(3)〔其𢻃羌〕𢻃:音 shī,割裂。此爲祭名。卜辭字作  ,象以攴(朴)擊它(蛇),它亦聲。因古文字中"它"與"也"形近,隸變時从"它"與从"也"每相混,"𢻃"字經籍即作"𢼊"。朱駿聲《説文通訓定聲》謂"𢼊"當从它聲。其異體作"㢮""胣"。《莊子・胠篋》:"萇弘胣。"《釋文》:"胣,本又作肔……胣,裂也……一云:刳腸曰胣。"卜辭此處指割裂人牲以祭。

(4)〔于庚申伐羌〕伐:從字形來看,是以戈斷人頭。此處爲祭名,當是斷頭以祭。

(5) 全辭意爲:丙辰日占卜,貞人𠂤問:要用羌人作人牲舉行𢻃祭嗎? 問:在庚申日用羌人作人牲舉行伐祭嗎? 問:用羌人作人牲舉行𢻃祭嗎? 問:在庚申日用羌人作人牲舉行伐祭嗎? 問:用羌人作人牲舉行𢻃祭嗎? 問:在庚申日用羌人作人牲舉行伐祭嗎?

這是一版完整的龜腹甲,全辭記載了丙辰那天卜問在庚申日是用羌人作人牲舉行𢻃祭還是伐祭。由兆序數字可知,一共進行了五次選擇性的卜問,第三、四、五次共用刻辭。

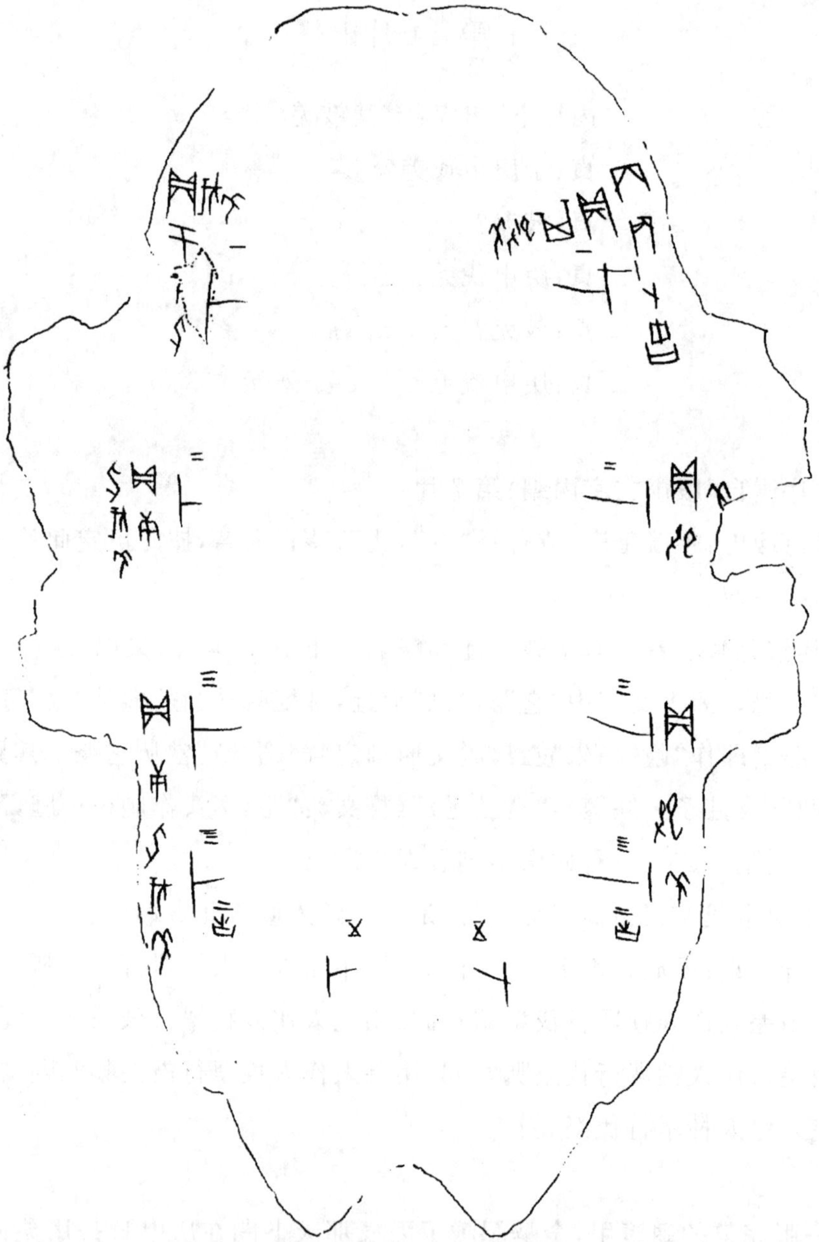

丙 7

第15片(1)

甲午卜，争貞：(2)羽乙未用羌？(3)用。之日雺。(4)

甲午卜，争貞：羽乙未勿䀠用羌？(5)

貞：羽乙未用羌？

乙未卜，㱿貞：氐武芻？(6)

氐武芻？

貞：弗其氐武芻？

㞢于唐子，(7)伐？

貞：乎取𡈼朩？(8)

貞：𡧊于土？(9)

㞢于父乙？

貞：王夢，隹囚？(10)

不隹囚？

貞：王其疾目？

貞：王弗疾目？(11)

(1) 本片選自《殷虚文字丙編》第502片。

(2)〔争貞〕争：與下文的"㱿"都是武丁時貞人，據此可定此片卜辭的時代爲第一期。

(3)〔羽乙未用羌〕羽：通"翌"。卜辭稱第二天到第九天爲"翌"，此指第二天。

(4)〔之日雺〕之日：這一天。之，指示代詞。雺：郭沫若謂"當是冡之古文，讀爲霧"。(見《殷契粹編》)

(5)〔羽乙未勿䀠用羌〕䀠：字象鷹瞵鶚視之形，爲"瞿"之初文。此用作語氣詞，"勿䀠"與"勿隹"義近。

(6)〔氐武芻〕氐：致，送到，經籍或作"厎"，《爾雅·釋言》："厎，致也。"武芻：武，地名。芻，《説文·一下》："芻，刈艸也。"引申爲用草料喂牲口。《周禮·地官·充人》："芻之三月。"鄭玄注："養牛羊曰芻。"此處當指一種畜牧奴隸。《卜辭通纂》第530片："旬㞢(又)二日乙卯，允㞢(有)來自光，氐羌芻五十。"可見畜牧奴隸的來源不止一地。

(7)〔㞢于唐子〕㞢：通"侑"。《爾雅·釋詁》："侑，報也。"此指報答祖先的祭祀。

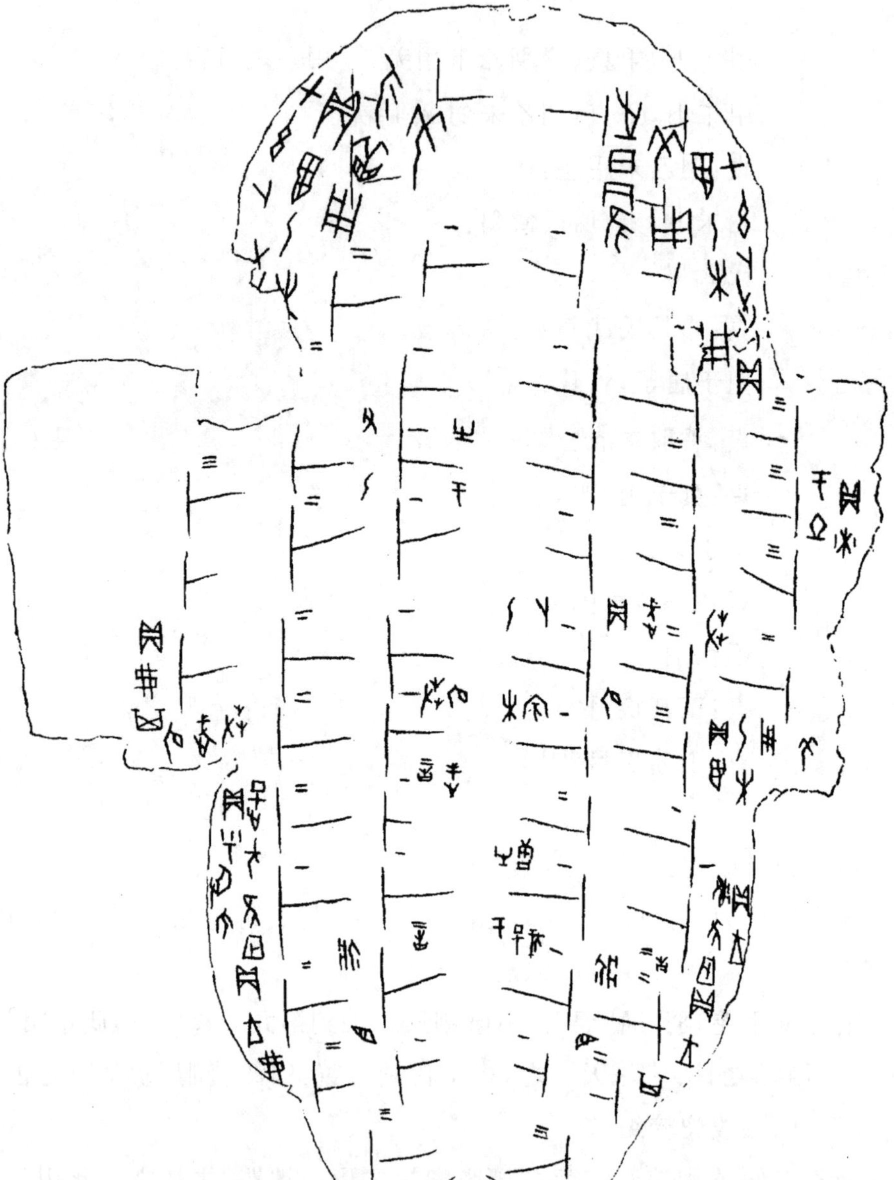

丙 502

唐子:殷先公名。

(8)〔乎取𡈼[illegible]〕乎:“評”之初文,經籍通作“呼”,呼召。𡈼:字不識,此當是一種人牲。[illegible]:“伐”字之省。《殷虛文字丙編》第 1 片“余伐不”與“余[illegible]不”對貞,張秉權謂[illegible]、伐同字。此用爲祭名。《小屯南地甲骨集》第 2906 片:“乙亥貞:叀𢆶[illegible]⧄。”亦省“伐”作[illegible],與此同。

(9)〔尞于土〕尞:音 liào,經籍通作“燎”。《説文・十上》:“尞,柴祭天也。”即燒柴而祭。甲骨文中此字作𤆍,或作𤈦,下𠙹爲火,上⁂象木柴交架,⁂旁各小點象火焰飛爐上騰之形,故即“尞”之初文。土:“社”之初文。此指社神,土地神。

(10)〔王夢,隹囚〕夢:字原作[illegible],象人卧牀而睡,即《説文・七下》釋爲“寐而覺者也”的“㝱”字的初文,後通行以“夢”爲“㝱”,“㝱”字就不再流行了。隹:語氣詞,經籍通作“唯”。囚:通“禍”。

(11)全辭意爲:甲午日占卜,貞人争問:第二天乙未日用羌人作牲嗎?(察看卜兆後作出判斷)要用。這一天天氣有霧。甲午日占卜,貞人争問:第二天乙未日不要用羌人作牲吧?又問:第二天乙未日用羌人作牲嗎?乙未日占卜,貞人穷問:武地的畜牧奴隸會送到嗎?(又問:)武地的畜牧奴隸會送到嗎?又問:武地的畜牧奴隸不會送到吧?(問:)侑報唐子,用伐祭嗎?問:叫人去取𡈼人來作牲舉行伐祭嗎?問:尞祭社神嗎?(問:)侑報父乙嗎?問:王作了夢,將有災禍嗎?(問:)不會有災禍吧?問:王會得眼病嗎?問:王不會得眼病吧?

第16片(1)

乙亥卜,行貞:(2)王賓小乙,(3)劦,(4)亡尤?(5)才十一月。(6)

乙亥卜,行貞:王賓,叡,(7)亡尤?

丁丑卜,行貞:王賓父丁,(8)劦,亡尤?

丁丑卜,行貞:王賓,叡,亡尤?

己卯卜,行貞:王賓兄己,劦,亡尤?

己卯卜,行貞:王賓,叡,亡尤?

庚辰卜,(9)行貞:王賓兄庚,劦,亡尤?(10)

(1) 本片選自《甲骨綴合新編》第303片。

(2)〔行貞〕行:祖甲時貞人名,據此可定此片卜辭的時代爲第二期。

(3)〔王賓小乙〕賓,音bīn,與"儐"通,敬神。《禮記·禮運》:"山川所以儐鬼神也。"孔穎達疏:"儐,敬也。"此指商王親自參加的敬先祖之祭。小乙:商王名,祖丁之子,祖庚、祖甲之祖父。

(4)〔劦〕音xié,祭名,卜辭或寫作"劦"。于字形取義,有合力之意,用爲祭名,葉玉森謂相當于周之祫祭。《説文·一上》:"祫,大合祭先祖親疏遠近也。"(參見《殷虛書契前編集釋》第一卷)

(5)〔亡尤〕與"亡災""亡禍"義近。《詩經·小雅·四月》:"廢爲殘賊,莫知其尤。"鄭玄箋:"尤,過也。"

(6)〔才十一月〕才:動詞,通"在"。

(7)〔叡〕于省吾在《甲骨文釋林·釋叡》中認爲,"叡字均應讀爲塞,指報塞鬼神之賜福言之。"《漢書·郊祀志》:"冬塞禱祠。"顔師古注:"塞謂報其所祈也。"徐灝《説文段注箋》:"塞,實也。戴氏侗曰,引申之則諾許而實其言曰塞,是也。蓋有所祈禱,許以牲禮爲報,自實其言,故謂之塞也。"

(8)〔王賓父丁〕父丁:在此次祭祀中列于小乙之下而在兄己、兄庚之前。據今本《竹書紀年》:"武丁二十五年,王子孝己卒于野。"《史記·殷本紀》:"帝武丁崩,子帝祖庚立……帝祖庚崩,弟祖甲立。"是則此之父丁即武丁,下文之兄己即孝己，兄庚即祖庚，時王爲武丁之子，孝己（兄己）、祖庚（兄庚）之弟，即祖甲。由此可定本片卜辭屬祖甲之時。

(9)〔[庚][辰]卜〕[庚][辰]：此二字因原片已殘，據文例補。此片卜辭記在乙日祭祀小乙，丁日祭祀父丁，己日祭祀兄己，此條祭祀兄庚，當在庚日。本旬的庚日只有庚辰，故補"庚辰"二字。其餘□内之字亦皆據文例所補。此片乙亥日、丁丑日、己卯日各有兩卜，組成一組，這三組的第一卜敘辭、命辭相同，第二卜的敘辭、命辭也相同，極有規律。循此例，則此片尚缺祭祀兄庚的第二卜，可補上"庚辰卜，行貞：王宾，叙，亡尤"一條，由此組成第四組。

(10) 全辭意爲：乙亥日占卜，貞人行問：王儐祭小乙用魯祭，没有什麽災禍吧？時在十一月。乙亥日占卜，貞人行問：王儐祭（小乙）用叙祭，没有什麽災禍吧？丁丑日占卜，貞人行問：王儐祭父丁用魯祭，没有什麽災禍吧？丁丑日占卜，貞人行問：王儐祭（父丁）用叙祭，没有什麽災禍吧？己卯日占卜，貞人行問：王儐祭兄己用魯祭，没有什麽災禍吧？己卯日占卜，貞人行問：王儐祭（兄己）用叙祭，没有什麽災禍吧？庚辰日占卜，貞人行問：王儐祭兄庚用魯祭，没有什麽災禍吧？

本片卜辭斷代證據充足，可以作爲祖甲時的標準片。

第17片(1)

王其又母戊一妿，(2)此受又？(3)

二妿？

卯叀羊？(4)

叀小宰？(5)

叀牛？王此受又？(6)

(1) 本片選自《殷契粹編》第380片。

(2)〔王其又母戊一妿〕又：祭名，通"侑"，報神之祭。《爾雅·釋詁》："侑，報也。"母戊：商王的配偶廟號爲戊者。卜辭中配偶廟號稱戊的商王有大丁、武丁、祖甲，《甲骨文合集》將此片定爲第三期，則此母戊乃廩辛或康丁對其母后——祖甲之妻的稱謂。妿：同"妾"，當是一種女奴或女俘，此用爲人牲。

(3)〔此受又〕又:通"祐"。

(4)〔卯叀羊〕卯:郭沫若認爲,"因卯之字形取義,蓋言對剖也。"(見《卜辭通纂》)此指剖牲以祭。叀:語氣詞。

(5)〔叀小宰〕宰:音 láo,經特殊飼養的羊牲。一小宰之牲數未詳。

(6)全辭意爲:王將侑祭母戊用一名㚸作人牲,這會得到保祐嗎?用兩名㚸呢?剖殺羊呢?用小宰作牲呢?用牛作牲呢?王這樣祭祀會得到保祐嗎?

這片卜辭記載商王爲侑祭母戊,提出五種用牲之法來卜問,其中提到以㚸爲牲,是商代以女奴或女俘作人牲的真實紀錄。

第 18 片(1)

丁卯貞:甾㠯羌其用自上甲汎至于父丁?(2)

丁卯貞:甾㠯羌于父丁?

辛未貞:于河𠦪禾?(3)

辛未貞:𠦪禾于河,賁三牢、(4)沉三牛、(5)宜牢?(6)

辛未貞:𠦪禾高且河于辛巳酌賁?(7)

辛未貞:𠦪禾于高且,賁五十牛?

辛未貞:其𠦪禾于高且?

辛未貞:𠦪禾于岳?(8)

乙亥卜:其罗龜于殉?(9)

(1)本片選自《甲骨文合集》第 32028 片。

(2)〔甾㠯羌其用自上甲汎至于父丁〕甾:殷武將名,字尚難確識。㠯:經籍通作"以",在此義爲進獻。羌:部落名,與殷商常有戰事。此指羌人,蓋戰俘之類。"甾㠯羌"中,主謂結構"甾㠯"作"羌"的定語。上甲:殷先王名。汎:音 jī,"釁"之初文。《説文·五上》:"釁,以血有所刉涂祭也。"刉,音 jī,切割。汎,指割物牲或人牲,取血以祭。(參見于省吾《甲骨文字釋林·釋[illegible]》)父丁:此片卜辭不記貞人,不記月份,除最末一辭外,其餘全書作"貞",是典型的武乙時期卜式,則此父丁即武乙之父康丁。此句結構特别,從整句來看是連動式,第一動詞是"用",賓語"甾㠯羌"前置;第二動詞是"汎",它的賓語是"自上甲至于父丁",但動詞"汎"却插在這個賓語的中間,把賓語割裂了。(參

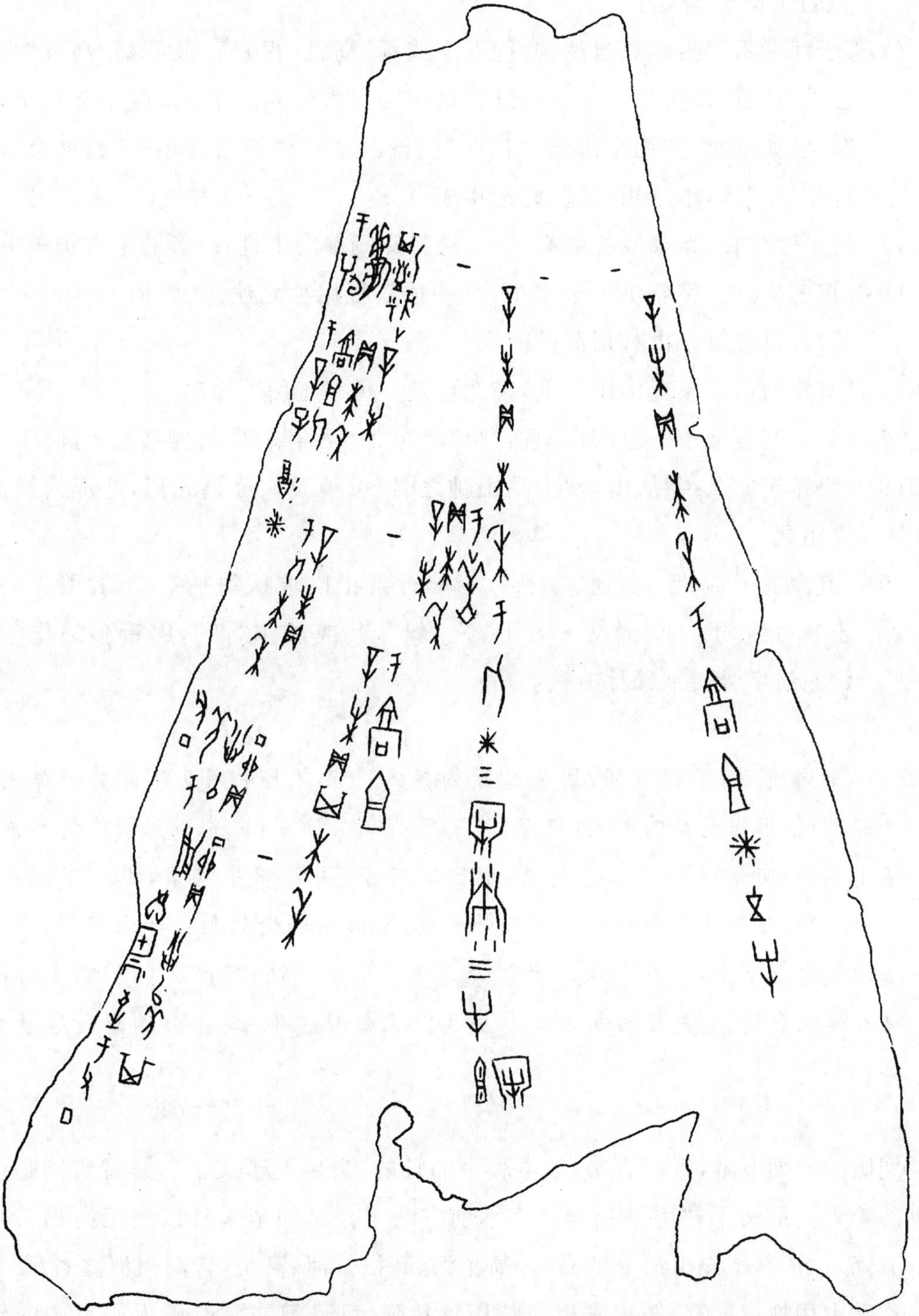

合集 32028

見本書《概述　四、甲骨文中的幾種語法現象》）整句應這樣理解：用甾以羌汎自上甲至于父丁。

(3)〔于河𠦪禾〕河：本爲自然神，從下文或稱“高且（祖）河”或省稱“高且”來看，已被殷人尊爲先祖。𠦪禾：義同“𠦪年”。𠦪，音 hū，祈求。此字又見于周代金文，如《衛鼎》“用𠦪壽匃永福”，《伯梡段》“唯用祈𠦪萬年”，匃、𠦪與祈，義皆相近。禾，本泛指穀類，此指年成。

(4)〔𡗝三牢〕𡗝：架柴焚牲以祭。牢：經特殊飼養的牛牲，一般的牛牲仍稱牛。

(5)〔沉三牛〕沉：字象沉牛于水中，是一種祭祀用牲之法。《周禮·春官·大宗伯》：“以貍沉祭山林川澤。”

(6)〔宜牢〕宜：字象置肉于俎上，在此也是一種祭祀用牲之法。

(7)〔𠦪禾高且河于辛巳酌𡗝〕且：“祖”之初文。酌：祭名，具體祭法不詳。

(8)〔𠦪禾于𡵂〕𡵂：字从山，當本爲山神之名，後被殷人尊爲先祖，此與河被尊爲先祖同。

(9)〔其寧𪚲于𡰥〕寧𪚲：通“寧秋”，指舉行祭祀以求秋季平安。𡰥：殷先公名。于省吾謂“𡰥”即《説文·五上》之“㝵”，其或體作“㤞”，經籍多譌作“悖”。（參見《甲骨文字釋林·釋㝵》）

全辭意爲：丁卯日問：用甾進獻的羌人汎祭自上甲到父丁的先公先王嗎？丁卯日問：用甾進獻的羌人（汎祭）父丁嗎？辛未日問：向先祖河祈求好年成嗎？辛未日問：向先祖河祈求好年成，用三牢𡗝祭，用三頭牛沉祭，用一牢宜祭嗎？辛未日問：在辛巳日向高祖河祈求好年成，用酌祭和𡗝祭嗎？辛未日問：向高祖（河）祈求好年成，用五十頭牛舉行𡗝祭嗎？辛未日問：向高祖（河）祈求好年成嗎？辛未日問：向先祖𡵂祈求好年成嗎？乙亥日占卜：向先公𡰥舉行寧秋之祭嗎？

同版的同類卜辭，每多省略，如本版丁卯日的“甾㠯羌于父丁”，辭意實則是用甾進獻的羌人汎祭父丁，“用”字、“汎”字承前省略了。又如辛未日以先祖河爲祭祀對象的五條卜辭，其稱先祖河分别爲河、高祖河、高祖。河、高祖，皆高祖河之省稱。

從辭中用牲情況看，祭祀先祖河時用牲特隆，可見河在當時殷人心目中的地位遠比𡵂高。

從語法上看，出現了賓語被其他成分割裂的現象，值得注意。

第19片[(1)]

辛巳卜,貞:來辛卯酌河十牛,[(2)]卯十牢?[(3)]王夒尞十牛,[(4)]卯十牢?上甲尞十牛,卯十牢?

辛巳卜,貞:王夒、上甲即宗于河?[(5)]

辛巳卜,貞:王室河,[(6)]尞?

弜室?[(7)]

辛巳卜,貞:王室河,尞?

弜室?

庚寅卜,貞:辛卯又歲自大乙十示又⧄牛⧄汎羊?[(8)]

癸巳卜,貞:又上甲歲?[(9)]

弜又歲?

甲午卜,貞:其汎又歲自上甲?[(10)]

弜已又?[(11)]

甲午卜,貞:又出入日?[(12)]

弜又出入日?

乙未卜,貞:旨方來,[(13)]于父丁征?[(14)]

乙未卜,貞:旨來,于大乙征?

己亥卜,貞:竹來㠯旨方,[(15)]于大乙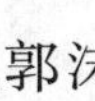?[(16)]

(1) 本片選自《小屯南地甲骨》第1116片。

(2)〔來辛卯酌河十牛〕來:卜辭一般稱十日以外爲"來"。此辛巳日占卜,辛卯日離此日正好十天。酌:祭名,具體祭法不詳。河:殷先祖名。

(3)〔卯十牢〕卯:剖牲以祭。(參見郭沫若《卜辭通纂》)牢:經特殊飼養的牛牲。

(4)〔王夒尞十牛〕王夒:即王亥,殷先公名,古本《竹書紀年》稱殷王子亥,今本稱殷侯子亥,《楚辭·天問》作"該",《世本》作"胲"或"核",《漢書·古今人表》作"垓"。《史記·殷本紀》作"振",當爲"核"或"垓"字之譌。(參見王國維《殷卜辭中所見先公先王考》,《觀堂集林》卷九)《山海經·大荒東經》:"有人曰王亥,兩手操鳥,方食其頭。"卜辭"夒"字从隹,或即與此傳説有關。尞:架柴焚牲以祭。

(5)〔王夒、上甲即宗于河〕上甲:殷先王名,王亥之子。即宗:他辭或稱"即于宗"

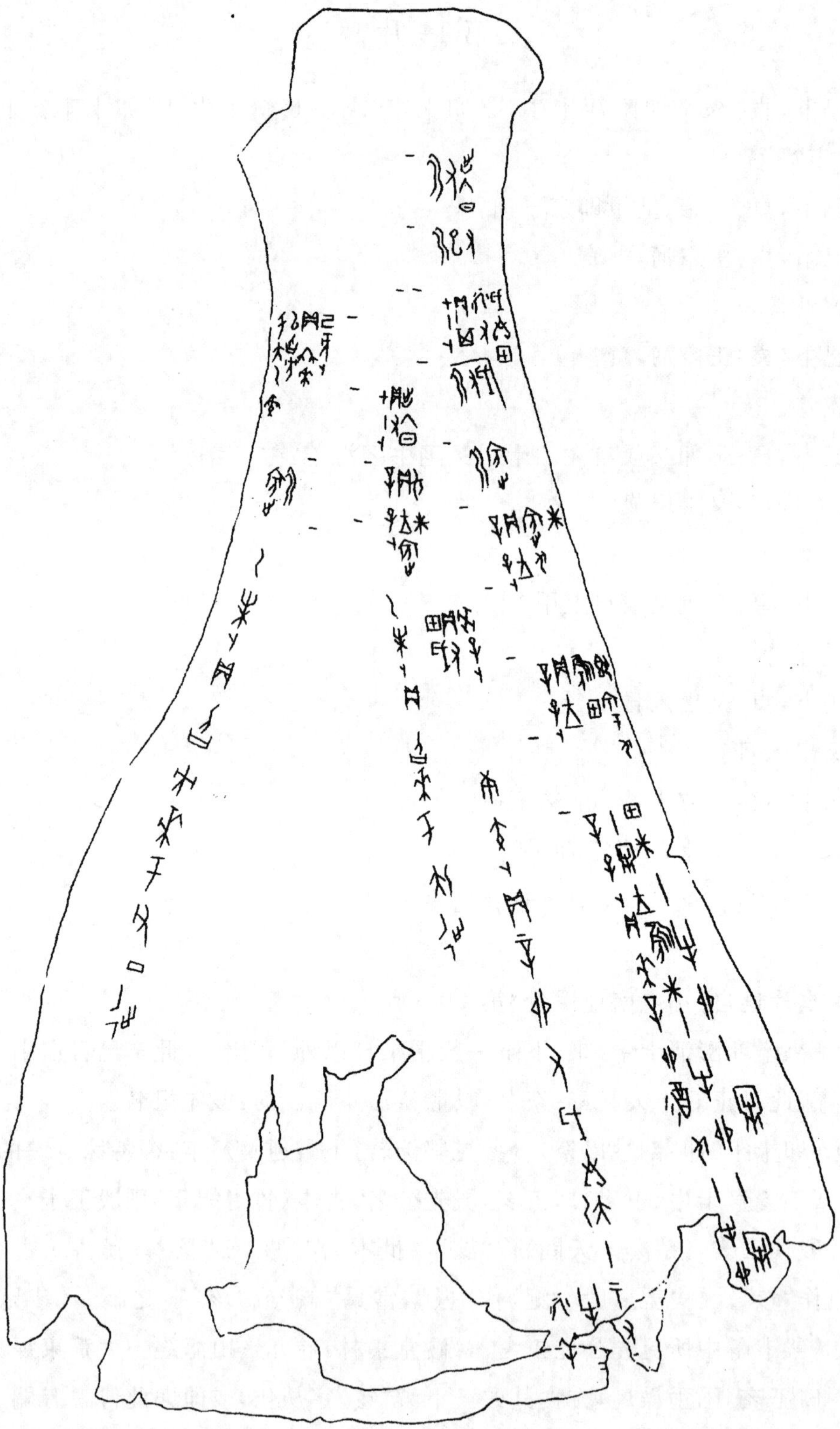

屯南 1116

(《續》1.21.2)，指到宗廟裏享受祭祀。卜辭言“河其即宗”(《甲》717)、“夒即宗”“河即宗”(《粹》4)，也都是這個意思。此辭稱“王亥、上甲即宗于河”，意即王亥、上甲到宗廟裏享受祭祀，與河在一起。

(6)〔王宾河〕宾：音 bīn，通“儐”，敬神、敬先祖之祭。

(7)〔弜宾〕弜：音 bì，否定副詞。

(8)〔辛卯又歲自大乙十示又☐牛☐汎羊〕又：通“侑”，《爾雅・釋詁》：“侑，報也。”此指報答祖先的祭祀。歲：字作[illegible]，象斧鉞之形，此處義爲割，謂割牲以祭。經籍中多用“劌”。“歲”即“劌”之初文。自大乙十示：指大乙以下的十世先王，即大乙、大丁、大甲、大庚、大戊、中丁、祖乙、祖辛、祖丁、小乙。大乙，卜辭或稱唐，經籍稱天乙或成湯。汎：“釁”之初文，音 jī，取牲血以祭。

(9)〔又上甲歲〕由同版辭例可知即“又歲上甲”。

(10)〔其汎又歲自上甲〕自上甲：指上甲以下的先王。

(11)〔弜巳又〕巳：此字含義不詳。

(12)〔又出入日〕侑祭“出日”與“入日”。他辭或將二者分書，如：“丁巳卜，又出日？丁巳卜，又入日？”(《佚》407)《尚書・虞夏書・堯典》：“寅賓出日……寅餞納日。”孔穎達疏：“恭敬導引將出之日……恭敬從送既入之日。”古時以日爲神，故有此祭典。

(13)〔旨方來〕旨方：方國名。或釋爲召方。來：指來犯。

(14)〔于父丁征〕父丁：《小屯南地甲骨》一書定此片之時代是第四期(武乙、文丁之時)，則此父丁指武乙之父康丁。征：音 xǐ，《説文・二下》以爲“徙”之或體。此用爲祭名，具體祭法不詳。

(15)〔竹來㠯旨方〕竹來：竹，方國名，卜辭“竹入十”(《乙》4525)可證。竹來，指竹來侵犯。㠯旨方：即“與旨方”。㠯，介詞，經籍通作“以”。竹來以旨方，即竹以(與)旨方來。語序較爲特殊。

(16)〔于大乙[illegible]〕[illegible]：字不識，依文例當是祭名。

全辭意爲：辛巳日占卜，問：未來的第一個辛卯日酌祭先祖河用十牛，卯十牢嗎？祭祀王亥烄十牛，卯十牢嗎？祭祀上甲烄十牛，卯十牢嗎？辛巳日占卜，問：王亥、上甲到宗廟裏與河一起享受祭祀嗎？辛巳日占卜，問：王儐祭先祖河用烄祭嗎？不用儐祭嗎？辛巳日占卜，問：王儐祭先祖河用烄祭嗎？不用儐祭嗎？庚寅日占卜，問：第二天辛卯日侑祭、歲祭自大乙以下的十世先王……侑祭用牛牲……氿祭用羊牲嗎？癸巳日占卜，問：侑祭、歲祭上甲嗎？不用侑祭、歲祭嗎？甲午日占卜，問：要氿祭、侑祭、歲祭自上甲以下的先王嗎？不用侑祭嗎？甲午日占卜，問：侑祭出日和入日嗎？不侑祭出日和入日嗎？乙未日占卜，問：旨方來侵犯，要征祭父丁嗎？乙未日占卜，問：旨方來侵犯，要征祭大乙嗎？己亥日占卜，問：竹與旨方一起來侵犯，要□祭大乙嗎？

這片卜辭刻在一塊牛肩胛骨上，辭中出現了𫷷、卯、賁、宦、又、歲、氿、征、□等有關祭禮的多種名稱，祭祀的對象既有祖先神，也有自然神，卜辭還記載了方國旨與竹的來犯，内容相當豐富。

第20片(1)

己未貞：叀甲子𫷷伐自上甲？(2)

己未貞：于乙丑𫷷伐？

辛酉貞：甲子𫷷劦？(3) 弜𫷷劦？(4)

庚午貞：射𠂤㠯羌用自上甲，(5) 叀甲戌？于乙亥用射𠂤㠯羌？

癸酉貞：射𠂤㠯羌自上甲，乙亥？

癸酉貞：射𠂤㠯羌用自上甲于甲申？(6)

(1) 本片選自《甲骨文合集》第32023片。

(2)〔己未貞：叀甲子𫷷伐自上甲〕貞：字原殘缺，依文例補。叀：語氣詞，經籍通作“唯”。甲子：第二字殘缺。下條所卜與此條爲同一事，目的在于選擇祭祀的時間。下條卜問乙丑之日，則此條所卜問當爲甲子之日，故補“子”字。𫷷伐：第二字殘缺，據下條作“𫷷伐”補。𫷷，祭名，具體祭法不詳。伐，指斬斷物牲或人牲之頭以祭。

(3)〔甲子𫷷劦〕劦：音 xié，卜辭或寫作“㫂”。劦有合力之義，葉玉森謂相當于周之祫祭。

(4)〔弜𫷷劦〕弜：音 bì，否定副詞。

(5)〔射𠂤㠯羌用自上甲〕射𠂤：射，官職名；𠂤，私名。射𠂤爲殷商武將。㠯：經籍通作“以”，在此義爲進獻。“射𠂤㠯羌”是指射𠂤進獻的羌人，蓋戰俘之類。“射㠯臣”是主謂結構,作“羌”的定語。句中“射㠯臣羌”又是動詞謂語“用”的前置賓語。

(6) 全辭意爲:己未日問:在甲子日酌祭伐祭自上甲以下的先公先王嗎?己未日問:在乙丑日舉行酌祭和伐祭嗎?辛酉日問:在甲子日舉行酌祭和劦祭嗎?還是不舉行酌祭和劦祭呢?庚午日問:用射㠯進獻的羌人爲牲祭祀自上甲以下的先公先王是在甲戌日嗎?還是在乙亥日用射㠯進獻的羌人呢?癸酉日問:用射㠯進獻的羌人爲牲祭祀自上甲以下的先公先王,是在乙亥日嗎?癸酉日問:用射㠯進獻的羌人爲牲祭祀自上甲以下的先公先王是在甲申日嗎?

這片卜辭在語法上很有特色:

一、表示時間,或用介賓結構,如“于乙丑”“于甲申”;或直用干支,如“甲子”“乙亥”。或置于句首,或置于句末。

二、賓語或前置,如“射㠯臣羌用自上甲”;或後置,如“于乙亥用射㠯臣羌”。兩相對照,非常明顯。

三、句子成分有省略。如癸酉日的兩條卜辭,第一條中省略了謂語中心動詞“用”,若不是有第二條作對照,很容易把謂語中心動詞誤爲“臣”,主語也誤爲“射㠯”了。所以,我們分析卜辭語法要特別注意語言環境,多利用共版的、同類的卜辭作分析比較。

第21片(1)

庚子卜,争貞:(2)西吏旨亡囚?(3)㞢。(4)一

庚子卜,争貞:西吏旨其㞢囚?(5)一、二告(6)

貞:西吏旨亡囚?㞢。二

西吏旨其㞢囚?二

貞:旨亡囚?三、二告

旨其㞢囚?三

旨亡囚?亖

其㞢囚?亖

旨亡囚?五

其㞢囚?(7)五

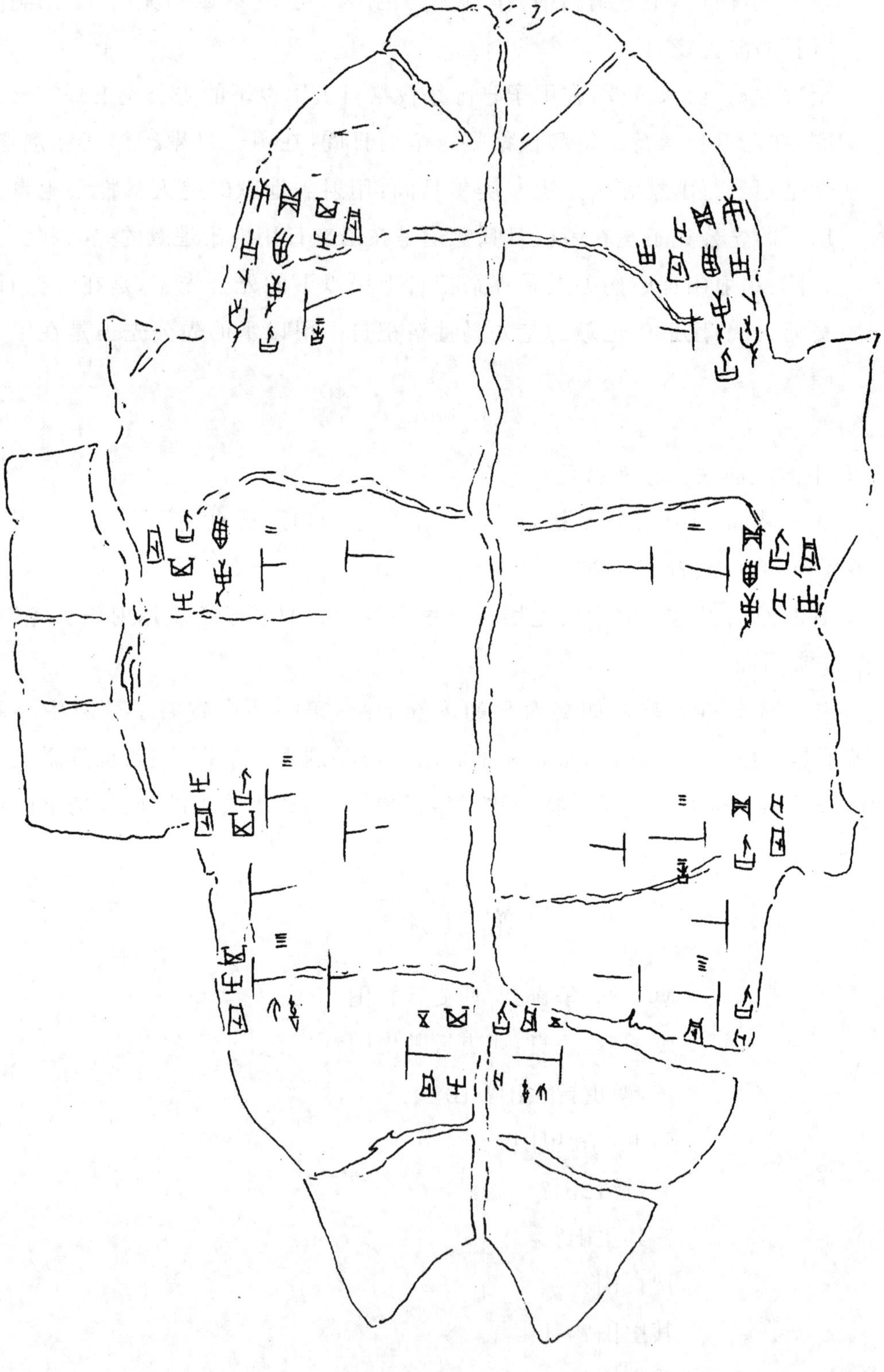

合集 5637 正

(1) 本片選自《甲骨文合集》第5637片。

(2)〔争貞〕争:武丁时貞人名,據此可定此片卜辭的時代爲第一期。

(3)〔西吏旨亡囚〕西吏旨:西吏,官職名。旨,私名。囚:通"禍"。

(4)〔㠯〕字从口从十,即"叶"(xié)字。《説文・十三下》:"協,衆之同和也,从劦从十。旪,古文協从曰十。叶,或从口。"他辭多稱"叶王事",言協理王事。此單稱"叶"者,乃"叶王事"之省。在此是占辭,即察看卜兆後所作出的判斷。

(5)〔西吏旨其㞢囚〕㞢:通"有"。

(6)〔一、二告〕一:與以下的二、三、亖、五均爲兆序。二告:兆辭。(參見第3片及第11片注)

(7) 全辭意爲:庚子日占卜,貞人争問:西吏旨没有禍殃吧?(察看卜兆後作出判斷)他會協理王事。庚子日占卜,貞人争問:西吏旨會有禍殃嗎?問:西吏旨没有禍殃吧?(察看卜兆後作出判斷)他會協理王事。(問:)西吏旨會有禍殃嗎?問:旨没有禍殃吧?(問:)旨會有禍殃嗎?(問:)旨没有禍殃吧?(問:)會有禍殃嗎?(問:)旨没有禍殃吧?(問:)會有禍殃嗎?

爲問西吏旨有無禍殃、能否協理王事,貞人争從正反兩方面各占卜了五次,足見對此人的關心。由此可以推知,西吏旨當爲武丁時重臣。

第一條卜辭,叙辭、命辭、占辭齊全,其後各條逐漸簡省。第三組以下將其官名省去,直呼其私名。在第四、五組中,各有一條甚至連私名也省去了。

第22片(1)

乙卯卜,㱿貞:(2)王比朢乘伐下危,(3)受㞢又?(4)亖

乙卯卜,㱿貞:王勿比朢乘伐下危,弗其受又?亖

貞:王比朢乘?亖

貞:王勿比朢乘?亖

丁巳卜,㱿貞:王學衆𠂇于𢀛方,(5)受㞢又?亖

丁巳卜,㱿貞:王勿學衆𢀛方,(6)弗其受㞢又?亖

王叀出循?(7)亖

王勿隹出循?(8)亖

庚申卜,㱿貞:乍宊?(9)亖

庚申卜,㱿貞:勿乍宊?亖

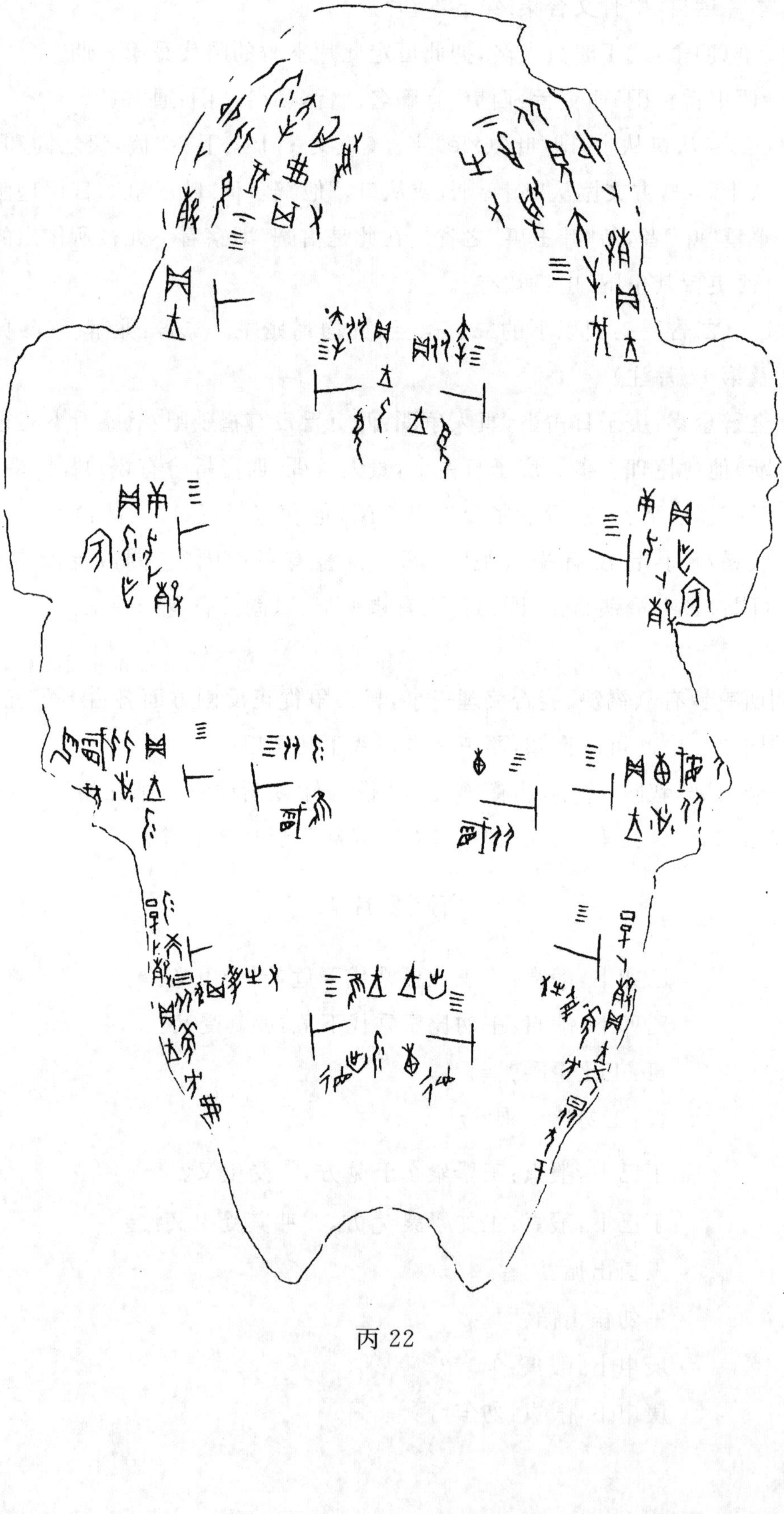

丙 22

貞:王叀沚戠比伐[?][方]?(10) 三

貞:王勿比沚戠伐?[方]?(11) 三

叀戠比? 三

勿隹比戠?(12) 三

(1) 本片選自《殷虛文字丙編》第22片。

(2)〔㱿貞〕㱿:音què,武丁時貞人名,據此可定此片卜辭的時代爲第一期。

(3)〔王比垦乘伐下危〕比:親近,聯合。《周禮・夏官・形方氏》:"大國比小國。"鄭玄注:"比猶親也。"垦乘:垦,"朢"之初文,此爲方國名。垦乘,人名,方國垦的首領。下危:方國名。

(4)〔受㞢又〕㞢:音yǒu,此用爲名詞詞頭,經籍通作"有"。又:通"祐"。

(5)〔王學衆亻于[?]方〕學衆:學,音xiào,義爲教,經籍或作"斆"。《尚書・商書・盤庚》:"盤庚斆于民,由乃在位。"《史記・殷本紀》約其文爲"盤庚乃告諭諸侯大臣。"學衆就是教令曉諭衆人的意思。亻:"伐"字之省。同類卜辭"□□卜,㱿貞:王伐[?],帝受我又?"(《續存》上627)作"伐"可證。[?]方:方國名。[?]字于省吾釋爲髳,謂即《尚書・周書・牧誓》"及庸、蜀、羌、髳、微、盧、彭、濮人"之髳,亦即《詩經・小雅・角弓》"如蠻如髦"之髦。《詩經》鄭玄箋:"髦,西夷別名。武王伐紂,其等有八國從焉。"[?]爲初文,髳乃後起的變體繁文,髦又是髳的借字。(參見《甲骨文字釋林・釋[?]》)

(6)〔王勿學衆[?]方〕此辭語意與"王勿學衆伐于[?]方"同,因與上條卜辭對貞,故雖有省略而辭意可知。

(7)〔王叀出循〕叀:語氣詞。循:巡視。《禮記・月令》:"循行國邑。"

(8)〔王勿隹出循〕隹:語氣詞,經籍通作"唯"。本句與上句在語氣詞的使用上有所不同。

(9)〔乍穷〕乍:祭名,具體祭法不詳。穷:音bīn,祭名,通"儐",敬神敬先祖之祭。《禮記・禮運》:"山川所以儐鬼神也。"

(10)〔王叀沚戠比伐[?][方]〕沚戠:沚,方國名。沚戠,人名,方國沚的首領。或省稱爲戠。句中"沚戠"是"比"的前置賓語,前面有語氣詞"叀"爲標記。(參見本書《概述 四、甲骨文中的幾種語法現象》)[?][方]:原片殘缺,此依文例補。𢀛方,方國名,卜辭多次出現。"戠""𢀛"的音讀不明。

(11)〔王勿比沚戠伐𢀛方〕方:原片殘缺,此依文例補。

(12)全辭意爲:乙卯日占卜,貞人𡧊問:王聯合望乘去攻打下危,會受到保祐嗎?乙卯日占卜,貞人𡧊問:王不聯合望乘去攻打下危,不會受到保祐吧?問:王聯合望乘嗎?問:王不要聯合望乘嗎?丁巳日占卜,貞人𡧊問:王教令衆人去攻打𢀛方,會受到保祐嗎?丁巳日占卜,貞人𡧊問:王不教令衆人去攻打𢀛方,不會受到保祐吧?(問:)王要外出巡行嗎?(問:)王不要外出巡行吧?庚申日占卜,貞人𡧊問:舉行乍祭和儐祭嗎?庚申日占卜,貞人𡧊問:不要舉行乍祭和儐祭吧?問:王聯合沚戠去攻打𢀛方嗎?問:王不要聯合沚戠去攻打𢀛方吧?(問:)聯合戠嗎?(問:)不要聯合戠吧?

本片卜辭中的"比"在作動詞謂語時,它和賓語的位置有兩種形式,一是"謂—賓",如:"王比望乘……""王勿比望乘……";一是賓語前置,賓語之前用語氣詞"叀",如:"王叀沚戠比……""叀戠比"。

全片卜辭的兆序皆爲"三"(四),可知這是一套卜甲中的第四版,也就是說,這一套卜辭至少有四塊大小差不多的腹甲。

第23片[(1)]

王固曰:[(2)]㞢希![(3)]其㞢來鼓。[(4)]气至七日己巳,[(5)]允㞢來鼓自西。[(6)]㞢友角告曰:[(7)]𢀛方出,[(8)]𢦏我示𦞦田七十人。[(9)]五月。[(10)]

癸巳卜,𡧊貞:[(11)]旬亡囚?王固曰:出希!其㞢來鼓。气至五日丁酉,允㞢來鼓自西。沚戠告曰:[(12)]土方𢓜于我東啚,[(13)]𢦏二邑,[(14)]𢀛方亦𢦏我西啚田。

癸卯卜,𡧊貞:旬亡囚?王固曰:㞢希!其㞢來鼓。五日丁未,允㞢來鼓。歆卬□□自𠂤圉。[(15)]六月。

癸未卜,𡧊貞:旬亡囚?[(16)]

第24片

王固曰:㞢希!其㞢來鼓。气至九日辛卯,允㞢來鼓自北,𡚬妻姌告曰:[(17)]土方𢦏我田十人。[(18)]

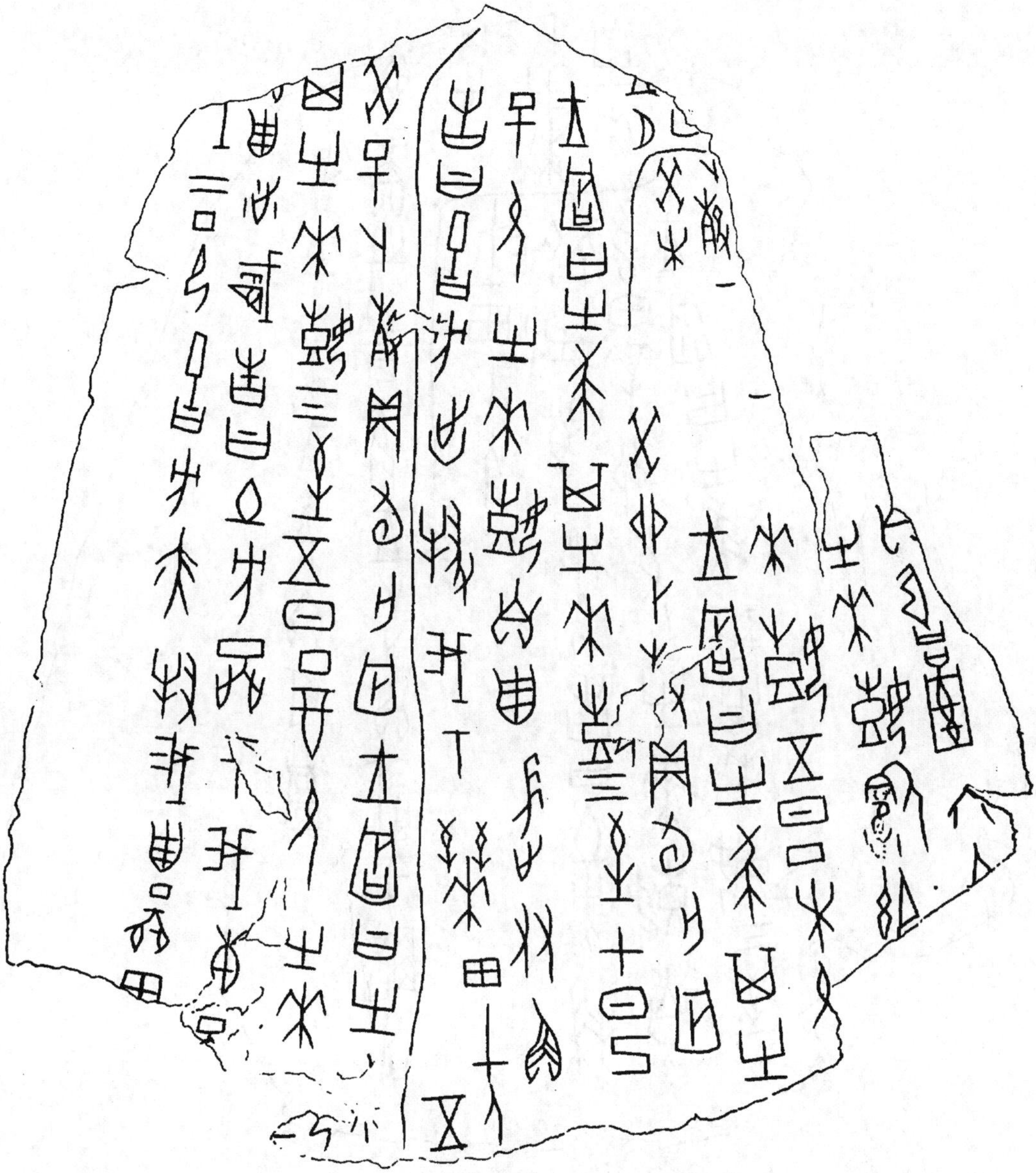

合集 6057 正

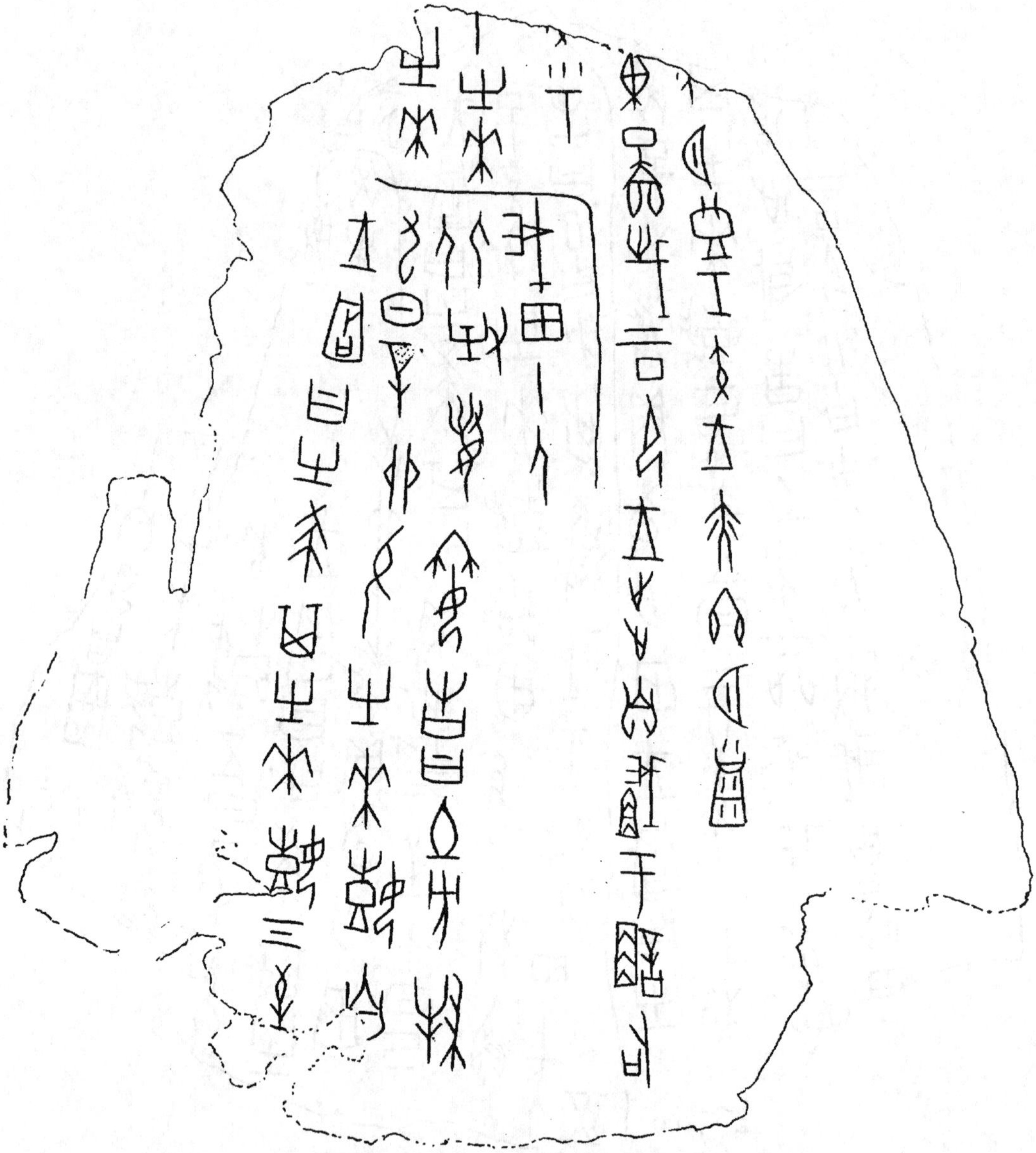

合集 6057 反

（1）本片選自《甲骨文合集》第 6057 片的正面，其反面即第 24 片，反面卜辭與正面相連接。另有殘辭未錄釋文。

（2）〔王固曰〕因骨版殘斷，本條卜辭的叙辭、命辭俱缺。從辭中言"气至七日己巳"，可推知占卜之日爲癸亥。據同版辭例，"王固曰"之前可補上："癸亥卜，㱿貞：旬亡𡆥？"依干支順序，此殘辭當排在最前。固：音 zhān，指察看卜兆後作出判斷。

（3）〔㞢希〕㞢：通"有"。希：通"祟"。㞢希：有鬼神作祟。

（4）〔其㞢來鼓〕其：語氣詞，表推測。來鼓：即"來艱"。艱指災禍等不吉利的事，"來"爲動詞作定語。

（5）〔气至七日己巳〕气：通"迄"，至。迄、至在此同義連用。气至七日己巳：（從癸亥起）到第七日己巳。

（6）〔允㞢來鼓自西〕允：副詞，果然，確實。《詩經・大雅・公劉》："度其夕陽，豳居允荒。"鄭玄箋："允，信也。"

（7）〔⿰山長友角告曰〕⿰山長友角：⿰山長，方國名。友角，私名。⿰山長友角是方國⿰山長的首領。⿰山長字音讀不明。

（8）〔𢀛方出〕𢀛方：游牧部落名，常侵犯商朝。𢀛，从口，工聲，讀如工。

（9）〔⿰牛㑴我示⿱𥫗禾田七十人〕⿰牛㑴：通"侵"。示⿱𥫗禾：地名。⿱𥫗禾字音讀不明。七十：原辭作⺦，乃"七""十"二字合書。

（10）〔五月〕"月"字原殘缺，據辭例補。

（11）〔㱿貞〕㱿：音 què，武丁時貞人名，據此可定此片卜辭的時代爲第一期。

（12）〔沚戠告曰〕沚戠：沚，方國名。戠，私名。沚戠是方國沚的首領。

（13）〔土方𤴓于我東啚〕土方：游牧部落名，常侵犯商朝。𤴓："征"之初文，出兵進攻。東啚：啚，"鄙"之初文。東鄙，指沚國的東部邊邑。

（14）〔𢦏二邑〕𢦏：原片僅留殘畫，反面殘辭亦有"𢦏二邑"，乃據補。𢦏，原辭作𠂉，象以戈斷人首，當爲兵災的本字。

（15）〔歆⿰午卩□□自⿱口丂圉〕辭殘，歆字筆畫不全，姑隸定爲歆，全句含意不明。

（16）〔癸未卜，㱿貞：旬亡𡆥〕此處骨殘字缺，據本片反面刻辭云"气至九日辛卯"，癸未至辛卯正好九日，推知正反兩面之辭當于此相接。所缺之字，據本版辭例補。

（17）〔蚁妻姉告曰〕蚁妻姉：武丁之妻名。蚁是殷的附屬方國，其女嫁與武丁爲妻，故稱。此董作賓説。蚑字音讀不明。姌，音 rǎn。

(18) 今將正反兩面的卜辭連讀，全辭大意爲：(癸亥日占卜，貞人㱿問：未來一旬没有災禍吧？)王察看卜兆後判斷説：有鬼神作祟！可能會有不吉利的事情發生。到第七日己巳，果然有不吉利的事情從西方發生。岷友角報告説："𢀛方出兵，侵犯我示䆗地區的田地，擄走七十人。"時在五月。癸巳日占卜，貞人㱿問：未來一旬没有災禍吧？王察看卜兆後判斷説：有鬼神作祟！可能會有不吉利的事情發生。到第五日丁酉，果然有不吉利的事情從西方發生。沚戠報告説："土方進攻我東部邊邑，使兩個城邑受災，𢀛方也侵犯我西部邊邑的田地。"癸卯日占卜，貞人㱿問：未來一旬没有災禍吧？王察看卜兆後判斷説：有鬼神作祟！可能會有不吉利的事情發生。到第五日丁未，果然有不吉利的事情發生……時在六月。癸未日占卜，貞人㱿問：未來一旬没有災禍吧？王察看卜兆後判斷説：有鬼神作祟！可能會有不吉利的事情發生。到第九日辛卯，果然有不吉利的事情從北方發生。蚑妻姌報告説："土方侵犯我蚑國田地，擄走十人。"

本篇叙辭、命辭、占辭、驗辭皆備，其驗辭記載尤詳。

第 25 片(1)

壬子卜，争貞：(2)我其乍邑，(3)帝弗𠂇，(4)若？(5)三月。一、二、三、亖、五、六、七、八、九、十

癸丑卜，争貞：勿乍邑，帝若？一、二、三、亖、五、六、七、八、九、十

[癸]丑卜，争貞：我宅兹邑，(6)大[甲]宊，(7)帝若？三月。一、二、三、亖、五、六、七、八、九、十

癸丑卜，争貞：帝弗若？(8)一、[二]、[三]、[亖]、五、六、[七]、[八]、九、十

(1) 本片選自《殷虚文字丙編》第 147 片。

(2)〔争貞〕争：武丁時貞人名。據此可定此片卜辭的時代爲第一期。

(3)〔我其乍邑〕乍邑：興建城邑。乍，"作"之初文。《詩經・大雅・文王有聲》："既伐于崇，作邑于豐。"

(4)〔帝弗𠂇〕帝：天帝。殷人尊天爲神。𠂇："左"之初文。《左傳・昭公四年》："且冢卿無路，介卿以葬，不亦左乎？"杜預注："左，不便。""弗𠂇"即没有什麽不便。

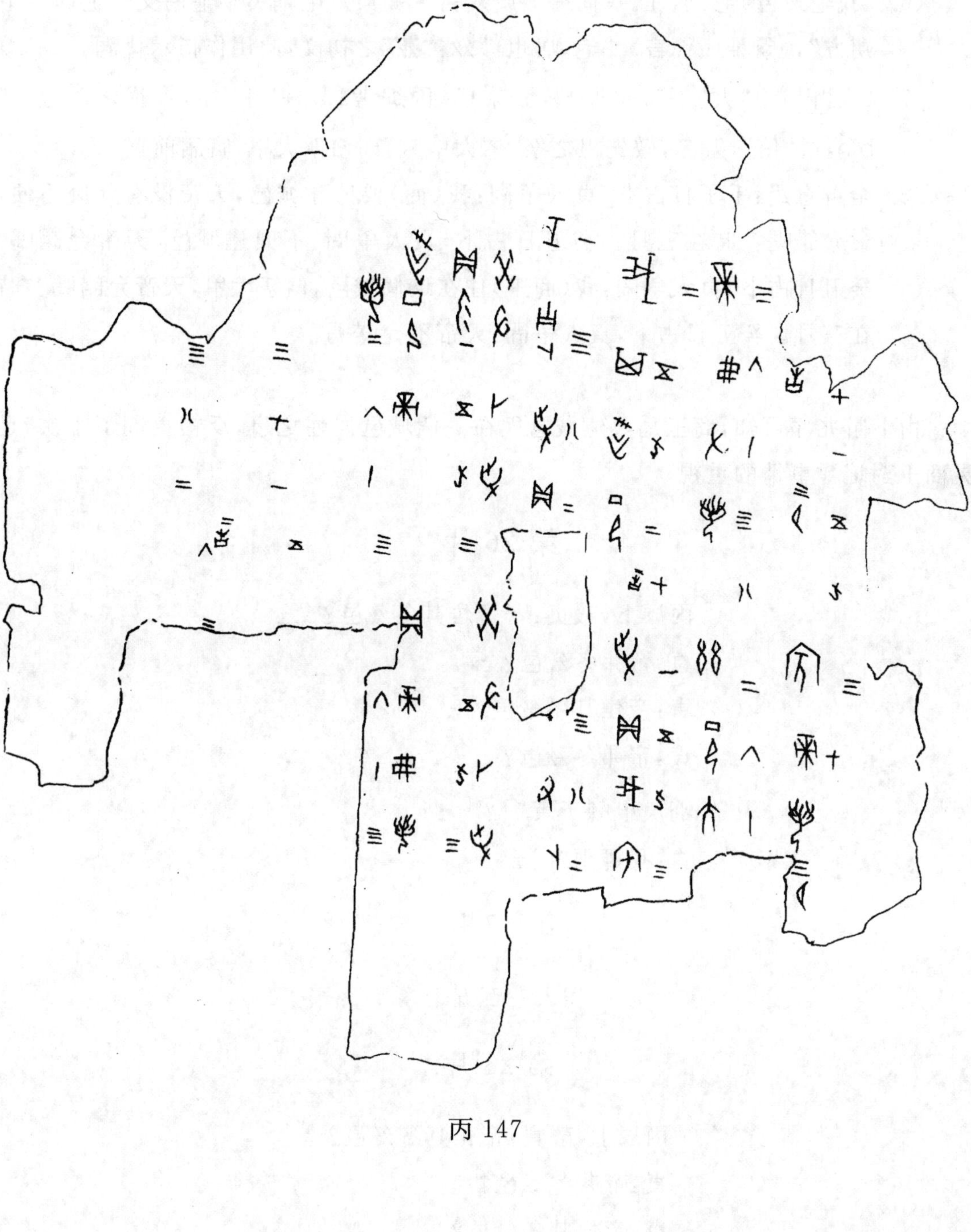

丙 147

(5)〔若〕“諾”之初文，允諾。

(6)〔我宅丝邑〕宅：居住。《尚書・虞夏書・堯典》“宅嵎夷”“宅南交”“宅西”“宅朔方”，《爾雅・釋言》：“宅，居也。”丝：“茲”之初文，此用作指示代詞。

(7)〔大甲宂〕“大”下一字原缺，張秉權《丙編考釋》補“甲”字，今從之。宂：音bīn，通“儐”，祭名，敬先祖之祭。“大甲宂”即儐祭大甲，賓語前置。

(8)全辭意爲：壬子日占卜，貞人爭問：我（商）要興建城邑，天帝没有什麽不便，會允諾嗎？時在三月。癸丑日占卜，貞人爭問：不興建城邑，天帝允諾嗎？癸丑日占卜，貞人爭問：我（商王）住在這個城邑，儐祭大甲，天帝允諾嗎？時在三月。癸丑日占卜，貞人爭問：天帝不允諾嗎？

由卜辭兆序可知，商王爲興建城邑與在一個城邑居住之事，反複貞問了十次，足見商王對這類事情的重視。

第26片(1)

丙辰卜，㱿贞：(2)帝隹其冬丝邑？(3)二

貞：帝弗冬丝邑？二

貞：帝隹其冬丝邑？二

貞：帝弗冬丝邑？二

羽庚申㯱于黄奭？(4)二

貞：我舞雨？(5)二

第27片(6)

雀入一百五十。(7)

第28片(8)

丙辰卜，㱿貞：帝隹其冬丝邑？三

貞：帝弗冬丝邑？三

貞：帝隹其冬丝邑？三

貞：帝弗冬丝邑？三

羽庚申㯱于黄奭？三

貞：我舞雨？三

第 29 片[9]

雀入一百五十。[10]

（1）本片選自《殷虚文字丙編》第 71 片。

（2）〔㱿貞〕㱿：音 què，武丁時貞人名。據此可定此片卜辭的時代爲第一期。

（3）〔帝隹其冬兹邑〕帝：天帝。隹：語氣詞，經籍通作“唯”。其：語氣詞，表示推測。冬兹邑：冬，“終”之初文，長久，永久。此處爲使動用法，使……長久。兹，“茲”之初文，此用作指示代詞。兹邑或指殷都。

（4）〔羽庚申㷉于黄□〕羽：通“翌”。卜辭一般當日稱“今”，第二天開始到第九天稱“羽”，第十天以外稱“來”。庚申爲丙辰日後的第五天，故稱“羽”。㷉：字不識，當是祭祀之類的動詞。黄□：人名。□，字不識，亦不便隸定。

（5）〔我舞雨〕舞雨：舞，祭名。舞雨，舞祭以求雨。

（6）本片選自《殷虚文字丙編》第 72 片，爲第 71 片之反面。

（7）〔雀入一百五十〕雀：殷的附屬方國名。入：納，進貢。一百五十：貢納龜甲之數。五十，原辭作□，乃“五”與“十”的合文。這句是署辭，記錄龜甲來源，説明此片龜甲即雀所貢納的一百五十片之一。

（8）本片選自《殷虚文字丙編》第 73 片，除兆序爲“三”（四）外，其餘文字與第 26 片全同。

（9）本片選自《殷虚文字丙編》第 74 片，爲第 73 片之反面，文字與第 27 片全同。

（10）全辭意爲：丙辰日占卜，貞人㱿問：天帝會使此邑長久嗎？問：天帝不會使此邑長久吧？問：天帝會使此邑長久嗎？問：天帝不會使此邑長久吧？未來的庚申日㷉祭黄□嗎？問：我要舉行舞祭求雨嗎？雀國貢納龜甲一百五十。（第 28、29 片辭意同上，今略。）

這裏選了卜辭内容相同的兩塊龜腹甲，第 26 片的兆序是二，第 28 片的兆序是三，可知這是成套卜辭中的第二片和第四片。從兆序是三可知，這一成套卜辭至少有四塊大小相近的腹甲。

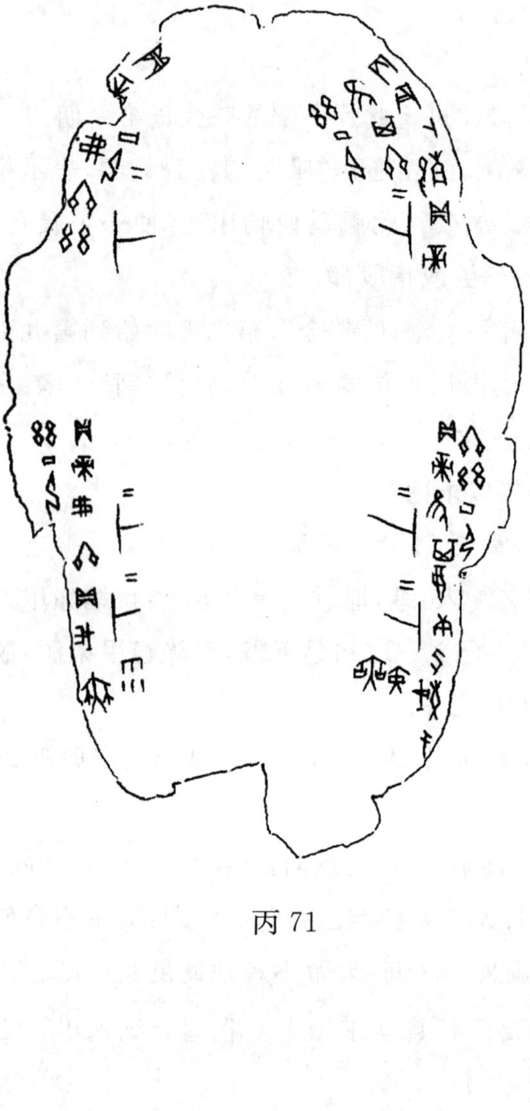

丙 71

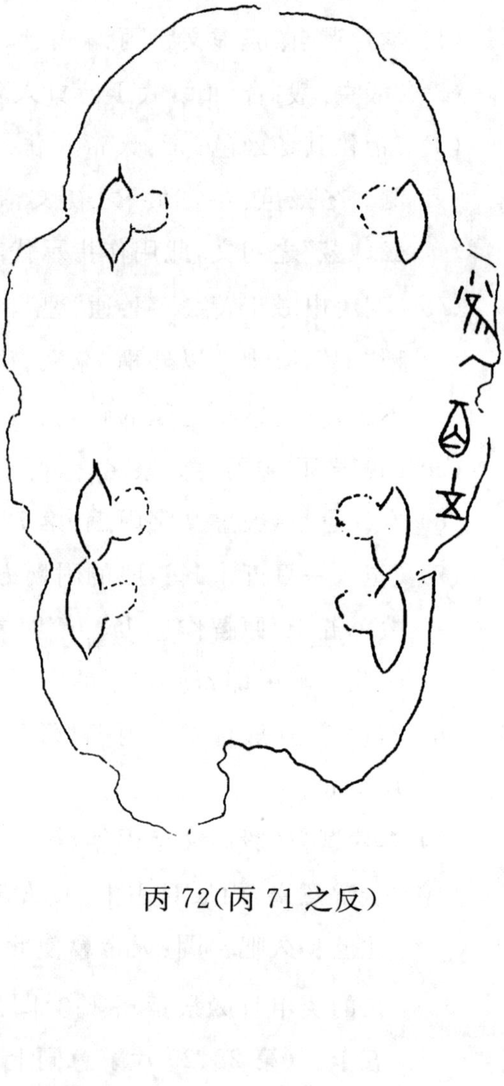

丙 72(丙 71 之反)

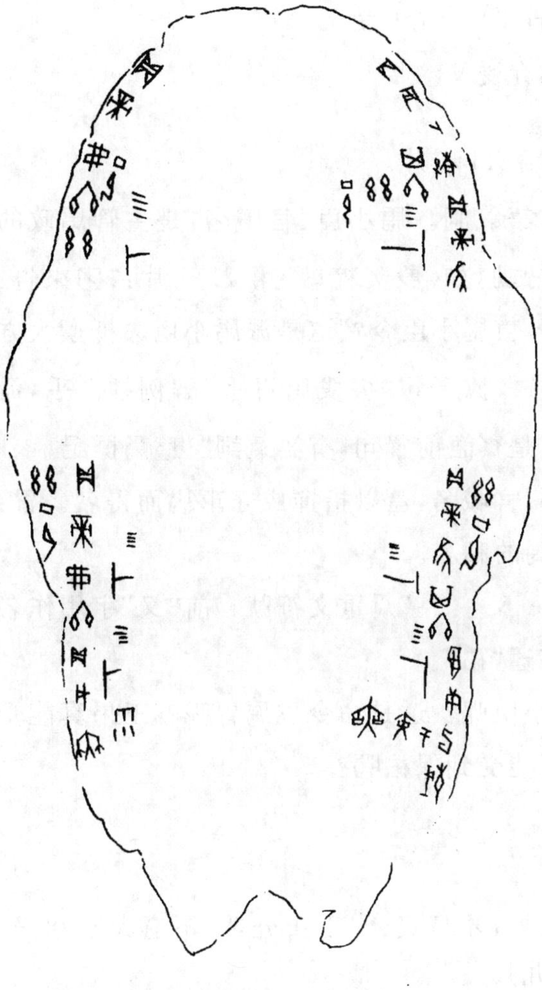

丙 73(正)

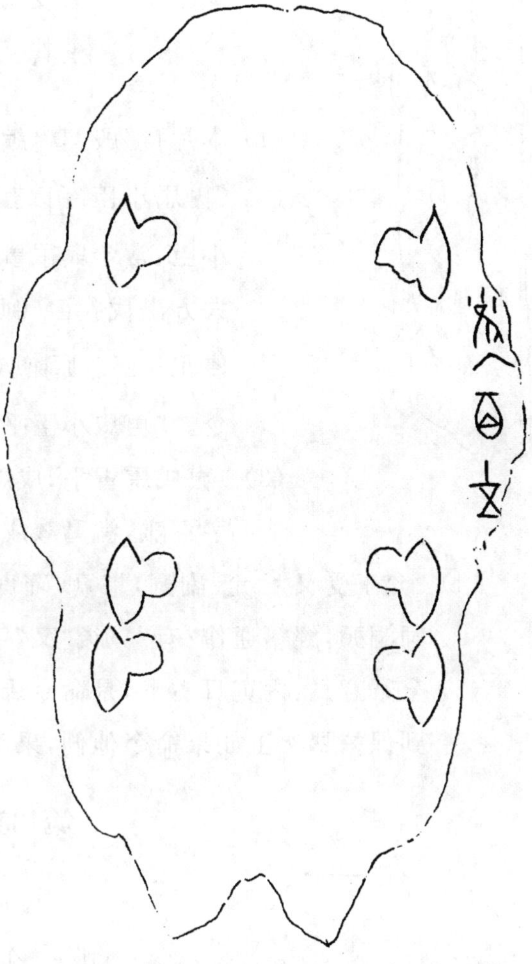

丙 74(丙 73 之反)

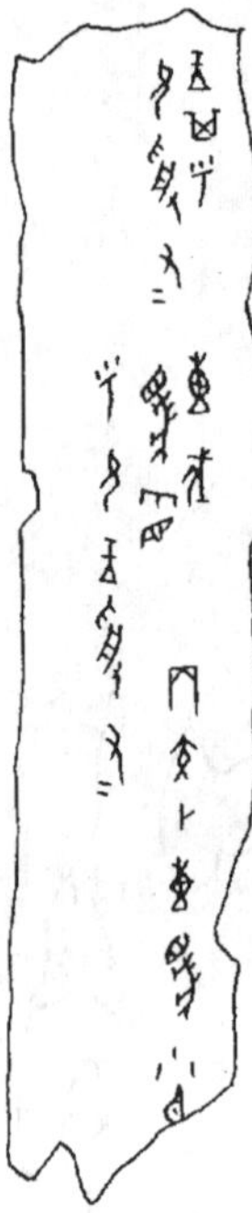

第30片[1]

丙寅卜，叀馬小臣[乎]？[2]

叀戍馬冒乎？[3] 允王受又=？[4]

王其乎，允受又=？[5]

(1) 本片自《殷契粹編》第1156片。

(2)〔叀馬小臣[乎]〕叀：語氣詞。馬小臣：官職名，是主管馬政的小臣，常參與軍事行動，如《殷契粹編》第1152片："☐來告：大方出伐我自(師)，叀馬小臣令？"這是派馬小臣去抵禦大方侵犯。[乎]：原辭殘缺，據下句"叀戍馬冒乎"辭例補。乎，命令。"叀馬小臣乎"是賓語前置句，有語氣詞"叀"爲標記。

(3)〔叀戍馬冒乎〕戍馬：官職名，蓋以指揮戍守車馬而得名。冒：字不識，當爲該戍馬的私名。

(4)〔允王受又=〕允：副詞，果真，確實。又=："="爲重文符號。前"又"字用作名詞詞頭，經籍通作"有"。後"又"字通"祐"。

(5) 全辭意爲：丙寅日占卜，是命令馬小臣呢？還是命令戍馬冒呢？王果真能受到保祐嗎？王如果命令他們，果真能受到保祐嗎？

第31片[1]

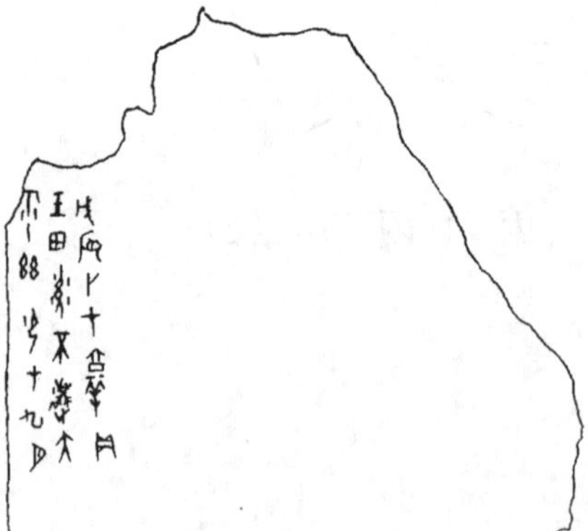

戊辰卜，才羣貞：[2] 王田兇，[3] 不遘大雨？[4] 兹卬。[5] 才九月。[6]

(1) 本片選自《甲骨文合集》第37646片。

(2)〔才羣貞〕才：動詞，通"在"。卜辭皆以"才"爲"在"，西周金文始出現从土才聲的"在"字。羣：音 chún，地名。

(3)〔王田兇〕田：田獵。《詩經·鄭風·叔于田》："叔于田，巷無居人。"毛傳："田，取禽也。"孔穎達疏："田者，獵之別名，以取禽於田，因名曰田。"經籍或作"畋"。兇：字不識，當是地名。

(4)〔大遘大雨〕遘：遇到。

(5)〔兹钔〕兹："茲"之初文，此用作指示代詞，這。钔："御"之初文，用。"兹钔"是指這一卜用上了。

(6) 全辭意爲：戊辰日占卜，在𦎫地問：王去兖地打獵，不會遇到大雨嗎？這一卜用上了。時在九月。

這是田獵卜辭，不著貞人名。辭中載明在𦎫地卜問，説明占卜之事不僅在王宫所在地，而且也在外地進行。𦎫或爲殷王行宫所在地，或僅是殷王田獵途中的臨時駐紮處。

第32片[(1)]

壬辰王卜，[(2)]貞：田𢦒，[(3)]㞢來亡𡿧？[(4)]王圓曰：[(5)]吉。才十月。兹钔。隻鹿六。[(6)]

乙巳王卜，貞：田𡒊，㞢來亡𡿧？王圓曰：吉。兹钔。隻鹿三、麇一。

戊戌王卜，貞：田𡕀，㞢來亡𡿧？王圓曰：吉。兹钔。隻鹿三。

☐☐王卜，貞：田☐，㞢來亡𡿧？王圓曰：吉。兹钔。☐鹿☐。[(7)]

(1) 本片選自《甲骨文合集》第37408片。

(2)〔壬辰王卜〕王卜：殷王親自占卜。這是第五期卜辭的特徵之一。

(3)〔田𢦒〕𢦒：字不識，當是地名。下面兩條卜辭的"𡒊""𡕀"也都是地名，音讀不明。

(4)〔㞢來亡𡿧〕㞢："徍"之初文。"徍"即今之"往"。𡿧：音 zāi。《説文·十一下》："𡿧，害也。"卜辭字作𡿧，从川，十(才)聲。按川象水流。𡿧，武丁至庚丁時字作≈或巛，象洪流横溢成災。至武乙、文丁時字作𢦏或𡿧，分别爲从戈才聲(當爲兵災本字)、从巛才聲的字。帝乙、帝辛時字作𡿧，則爲𡿧之省。(參見董作賓《甲骨文斷代研究例》)經籍多作"災"。

(5)〔王圓曰〕圓：音 zhān，指察看卜兆後作出判斷。這是晚期卜辭的寫法，早期卜辭作"固"。

(6)〔隻鹿六〕隻："獲"之初文。

(7) 全辭意爲：壬辰日王親自占卜，問：到㪟地打獵，去和回來没有災禍吧？王察看卜兆後判斷説：吉利。時在十月。這一卜用上了。結果捕獲了六頭鹿。乙巳日王親自占卜，問：到𡧊地打獵，去和回來没有災禍吧？王察看卜兆後判斷説：吉利。這一卜用上了。結果捕獲了四頭鹿、一頭麑。戊戌日王親自占卜，問：到𡴀地打獵，去和回來没有災禍吧？王察看卜兆後判斷説：吉利。這一卜用上了。結果捕獲了三頭鹿。（以下殘辭大意相近，今略。）

第33片[(1)]

癸丑王卜，貞：旬亡𡆥？[(2)]王𠧞曰：吉。才五月。

癸亥王卜，貞：旬亡𡆥？王𠧞曰：吉。才五月甲子彡。[(3)]

癸酉王卜，貞：旬亡𡆥？才六月甲戌彡小甲？[(4)]王𠧞曰：吉。

癸未王卜，貞：旬亡𡆥？王𠧞曰：吉。才六月。

癸巳王卜，貞：旬亡𡆥？王𠧞曰：吉。才六月甲午彡戔甲。[(5)]

癸卯王卜，貞：旬亡𡆥？王𠧞曰：吉。才七月甲辰彡羌甲？[(6)]

(1) 本片選自《甲骨文合集》第35589片。

(2)〔旬亡𡆥〕𡆥：音義同“𡆥”，通“禍”。這是第五期卜辭的特殊寫法，可據以斷代。

(3)〔才五月甲子彡〕彡：音róng，經籍通作“肜”，祭名。《尚書·商書·高宗肜日》：“高宗肜日，越有雊雉。”《爾雅·釋天》：“繹，又祭也。周曰繹，商曰肜。”邢昺疏引孫炎云：“肜者，相尋不絶之意也。”卜辭的彡祭是依先王廟號中天干字的名稱，擇一天干相同的日子祭祀該王，如下文所言“甲戌彡小甲”“甲午彡戔甲”“甲辰彡羌甲”，其具體祭法尚待考。

(4)〔才六月甲戌彡小甲〕小甲：殷先王名。

(5)〔才六月甲午彡戔甲〕戔甲：殷先王名。

(6)〔才七月甲辰彡羌甲〕甲辰：原自漫漶，不便摹寫，細審乃“甲辰”二字。羌甲：即羌甲，殷先王名。

全辭意爲：癸丑日王親自占卜，問：下一旬没有災禍吧？王察看卜兆後判斷説：吉利。時在五月。癸亥日王親自占卜，問：下一旬没有災禍吧？王察看卜兆後判斷説:吉利。在五月甲子日舉行了肜祭。癸酉日王親自占卜,問:下一旬没有災禍吧?在六月甲戌日肜祭小甲嗎?王察看卜兆後判斷説:吉利。癸未日王親自占卜,問:下一旬没有災禍吧?王察看卜兆後判斷説:吉利。時在六月。癸巳日王親自占卜,問:下一旬没有災禍吧?王察看卜兆後判斷説:吉利。在六月甲午日肜祭了戔甲。癸卯日王親自占卜,問:下一旬没有災禍吧?王察看卜兆後判斷説:吉利。在七月甲辰日肜祭了羌甲。

一個甲子周期共有六旬,六個癸日。本片卜辭記載了在前一旬的最後一天(癸日)商王親自卜問下一旬的吉凶,六個癸日齊全,可以窺見商王卜旬活動之一斑。

第34片(1)

癸巳卜,才反貞:(2)王旬亡畎?才五月,王徣上醬。(3)
癸卯卜,才寨貞:王旬亡畎?才六月,王徣于上醬。
癸丑卜,才定貞:王旬亡畎?才六月,王徣于上醬。
癸亥卜,才向貞:王旬亡畎?才六月,王徣于上醬。
癸酉卜,才上醬貞:王旬亡畎?才七月。
癸未卜,貞:王旬亡畎?才七月,王正欬醬,(4)才爵。
癸巳卜,才上醬貞:王旬亡畎?才七月。

第35片(5)

癸巳卜,才上醬貞:王旬亡畎?才九月。
癸卯卜,才上醬貞:王旬亡畎?才十月。
癸丑卜,才上醬貞:王旬亡畎?才十月。
癸亥卜,才上醬貞:王旬亡畎?才十月。
癸酉卜,才上醬貞:王旬亡畎?才十月一。
癸未卜,才上醬貞:王旬亡畎?才十月又一。
癸巳卜,才上醬貞:王旬亡畎?才十月又一。

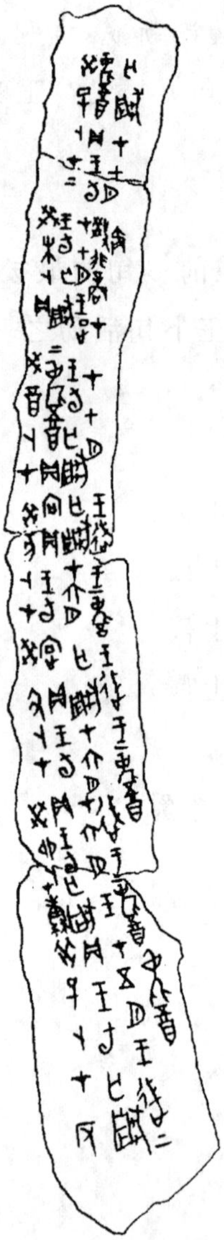

第 34 片
合集 36537

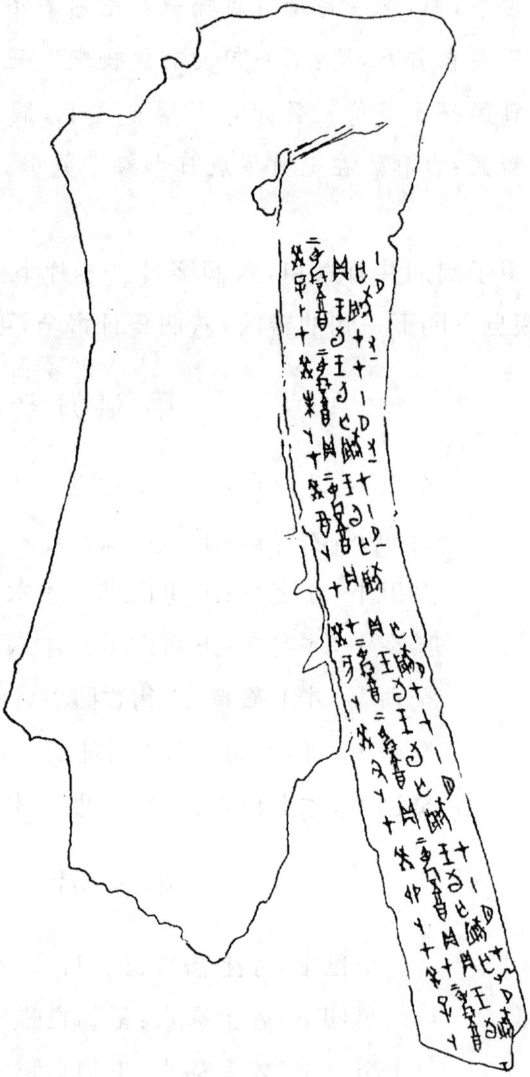

第 35 片
合集 36846

第 36 片[6]

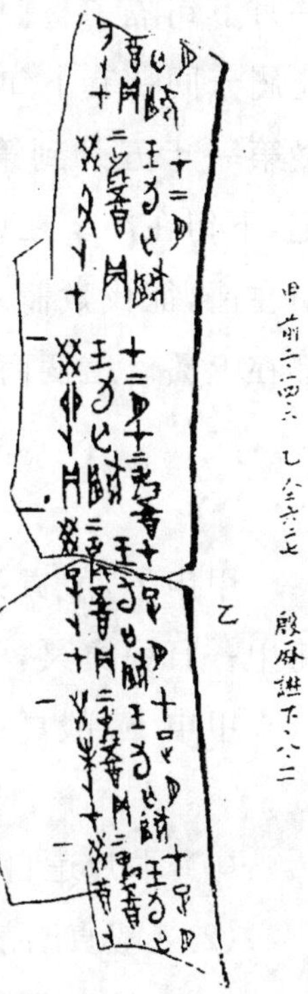

癸酉卜,才上𩸣貞:王旬亡𡆥?才正月。

癸未卜,才上𩸣貞:王旬亡𡆥?才正月。

癸巳卜,才上𩸣貞:王旬亡𡆥?才正月。

癸卯卜,貞:王旬亡𡆥?才二月,才上𩸣。

癸丑卜,才上𩸣貞:王旬亡𡆥?才二月。

癸亥卜,才上𩸣貞:王旬亡𡆥?才二月。[7]

(1) 本片選自《甲骨文合集》第 36537 片。

(2)〔才反貞〕反:地名。以下各條的上𩸣、𩁹、定、向、𢾗𦽙、爵也都是地名。𩸣、𩁹、𢾗、𦽙,音讀不明。

(3)〔王𢓊上𩸣〕𢓊:此字第五期卜辭多見,或釋爲遀,或釋爲辿,其義待考。或疑是某種軍事行動。

(4)〔王正𢾗𦽙〕正:音 zhēng,"征"之初文。

(5) 本片選自《甲骨文合集》第 36846 片。文内"十月一""十月又一"即"十一月"。

(6) 本片選自《甲骨綴合編》第 207 片。原片有殘缺,據辭例補足釋文。

(7) 全辭意爲:癸巳日占卜,在反地問:王下一旬没有災禍吧?時在五月,王𢓊于上𩸣。癸卯日占卜,在𩁹地問:王下一旬没有災禍吧?時在六月,王𢓊于上𩸣。癸丑日占卜,在定地問:王下一旬没有災禍吧?時在六月,王𢓊于上𩸣。癸亥日占卜,在向地問:王下一旬没有災禍吧?時在六月,王𢓊于上𩸣。癸酉日占卜,在上𩸣問:王下一旬没有災禍吧?時在七月。癸未日占卜,問:王下一旬没有災禍吧?時在七月,王征伐𢾗𦽙,在爵地。癸巳日占卜,在上𩸣問:王下一旬没有災禍吧?時在七月。(第 35、36 片與第 34 片内容相類似,辭意譯述從略。)

這三片卜辭文例和字體均相近,故將三者作綜合介紹。

第 35 片辭例與第 34 片的七月上旬、下旬相同,只是中間相隔八月全月和九月的上、中旬。第 36 片辭例亦與前二片同,時間正是一年的開頭,與第 35 片最末一辭十一月下旬隔了整個十二月份（如果没有碰上年終閏月的話）。所以這三片卜辭很可能屬于同一套卜旬刻辭。如果這樣的分析推斷不錯，那麽這三片卜辭就記載了商王從第一年五月到第二年二月的大部分行踪：五月下旬在反，六月上旬在寡，中旬在定，下旬在向。在這期間，每旬都徣于上醫。七月上旬商王已在上醫占卜。七月中旬在爵，征伐敹蕭。七月下旬到第二年二月下旬（除卜辭殘缺的月份不知外），商王都在上醫。這個商王是誰呢？郭沫若推測是帝乙。（參見《卜辭通纂》第131頁）

第37片(1)

甲申卜，㱿貞：(2)帚好冥，(3)妨？(4)王固曰：其隹丁冥，(5)妨；其隹庚冥，引吉。(6)三旬㞢一日甲寅冥，不妨，隹女。

甲申卜，㱿貞：帚好冥，不其妨？三旬㞢一日甲寅冥，允不妨，(7)隹女。(8)

(1) 本片選自《甲骨文合集》第14002片正面。

(2)〔㱿貞〕：㱿：音què，武丁時貞人名。據此可定此片卜辭的時代爲第一期。

(3)〔帚好冥〕帚好：即婦好，武丁之妻。冥：通"娩"。《説文·十四下》："娩，生子免身也。"（參見唐蘭《天壤閣甲骨文存》）經籍或作"娩"，同。

(4)〔妨〕通"嘉"。（參見郭沫若《殷契粹編》）卜辭以生男爲"嘉"。

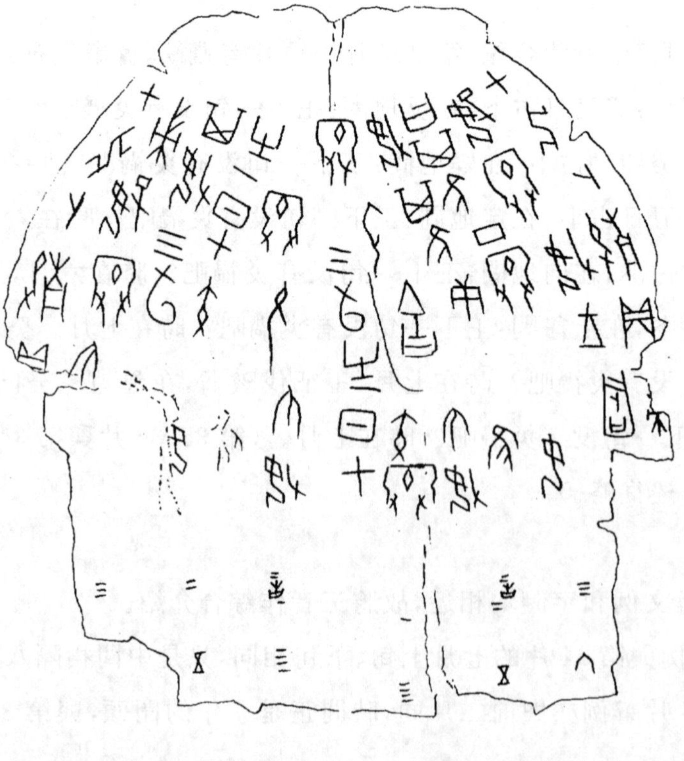

(5)〔其隹丁冥〕其、隹:皆語氣詞。丁:指天干爲丁的日子。

(6)〔引吉〕長吉。《爾雅·釋詁》:"引,長也。"引,舊釋"弘",今從于豪亮説。(參見《于豪亮學術文存·説引字》)

(7)〔允不妨〕允:副詞,果真,確實。

(8)全辭意爲:甲申日占卜,貞人㱿問:婦好將要分娩,是生男的嗎?王察看卜兆後判斷説:如果在丁日分娩,就生男的;如果在庚日分娩,就永遠吉利。結果過了三十又一天,在甲寅日分娩了,不是男的,是女的。甲申日占卜,貞人㱿問:婦好將要分娩,不會生男的吧?結果過了三十又一天,在甲寅日分娩了,果然不是男的,是女的。

這是一組對貞卜辭,第一條卜辭叙辭、命辭、占辭、驗辭齊全,第二條則省去了占辭。

這組卜辭記録了婦好生育之事,生男稱"妨"(嘉),生女爲"不妨",可見重男輕女,于商代即已有之。

第38片(1)

己卯卜,王才自㷀卜。(2) 一

己卯卜,王。二

己卯卜,王。[三]

己卯卜,王。亖

己卯卜,王。五

己卯卜,王。六

己卯卜,王。七

己卯卜,王。八

己卯卜,王。九

己卯卜,王。十

(1)本片選自《甲骨綴合新編》第522片。

(2)〔王才自㷀卜〕自㷀:音 shī yīng,地名。此句意爲:王在自㷀占卜。(以下各條辭意相類,唯省地名,故譯述從略。)

此辭所記爲王親自占卜,兆序由一到十。一天之内卜問了這麽多次,或有重要事情。只是刻辭過于簡單,已無由得知了。

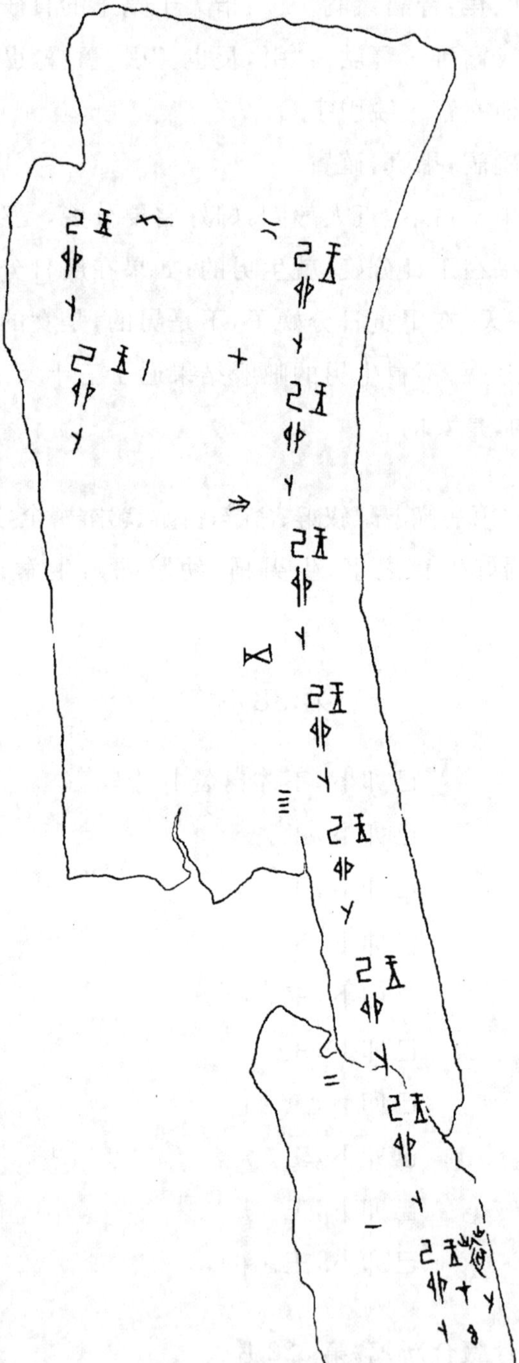

新綴 522

周原甲骨刻辭

第1片(1)

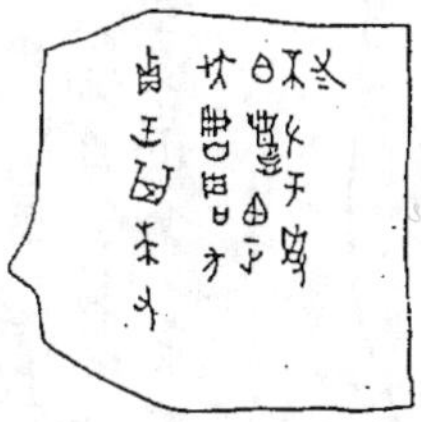

貞:王其𠦪又

大甲,(2)冊周方

白,(3)𥁕。(4)囟正,(5)

不ナ于受

又=。(6)

(1) 本片選自陳全方摹本,原載《四川大學學報》第10輯《古文字研究論文集》第381頁。

(2) 〔貞:王其𠦪又大甲〕王:殷王帝乙。(參見王宇信《西周甲骨探論·再論西周甲骨分期》)其:語氣詞。𠦪:音hū,西周金文或寫作"䄍"。容庚先生謂:"䄍,祭名,有祈求之意。𠦪年、𠦪雨、𠦪于某祖某妣,卜辭習見。"(《善齋彝器圖錄》37)又:通"侑",報神之祭。《爾雅·釋詁》:"侑,報也。"大甲:此兩字爲合文,殷先王名。

(3) 〔冊周方白〕冊:音cè,祝告。《説文·五上》:"冊,告也。从曰从册,册亦聲。"周方白:周,殷之方國名。白,"伯"之初文。周方伯,周國君長。經籍記載殷帝乙、帝辛時期周國君長爲文王姬昌,殷人稱之西伯。冊告周方伯于大甲的原因,辭中未加説明。

(4) 〔𥁕〕音zī,同"齍"。《説文·五上》:"齍,黍稷在器以祀者。"此指祭祀大甲使用的糧食類祭品。

(5) 〔囟正〕囟:讀爲"思"或"斯",訓爲"其",是表示"庶幾"的副詞。正:通"貞"。(參見李學勤《續論西周甲骨》,《人文雜誌》1986年第1期)

(6) 〔不ナ于受又=〕不ナ:ナ,"左"之初文,不便,不得助。《左傳·昭公四年》:"且冢卿無路,介卿以葬,不亦左乎?"杜預注:"左,不便。"《襄公十年》:"天子所右,寡君亦右之;所左,亦左之。"孔穎達疏:"人有左右,右便而左不便,故以所助者爲右,不助者爲左。"不左,意謂無不得助。《殷虚文字甲編》2416:"亡ナ自上下于𥜒示,余受又又。"與此同例。于:連詞,義同"與"。又=:"="爲重文符號。又又,通"有祐"。"有"爲名詞詞頭。

全辭意爲：問：王𡈼祭侑祭大甲，祝告周方伯，使用盩這種祭品。可以貞問，會得助于神靈與受到保祐吧。

第2片[1]

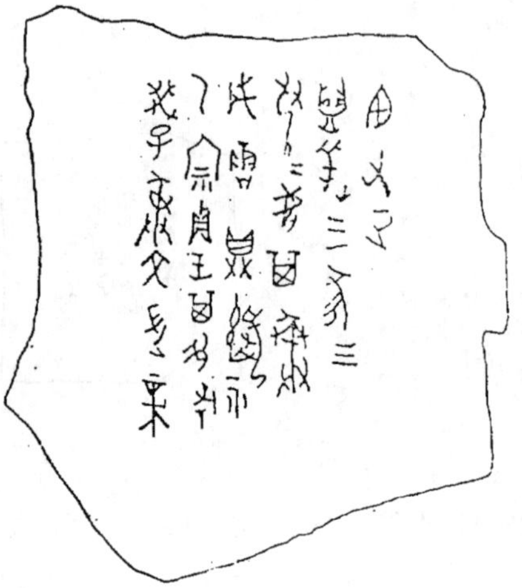

癸巳，[2]彝文武帝

乙宗。[3]貞：王其加祭

成唐。[4]鼎：[5]禦，[6]

艮二母，[7]其彝

血羖三豚三，[8]

囟又正。[9]

(1) 本片摹本來源同前片，原載前書第392頁。

(2)〔癸巳〕巳：字作"ㄗ"，寫法與殷墟甲骨刻辭同。

(3)〔彝文武帝乙宗〕彝：用人牲以祭。(參見詹鄞鑫《釋甲骨文"彝"字》，《北京大學學報》1986年第2期)文武帝乙：殷王帝乙，帝辛之父。此稱謂又見《四祀𠨘其卣》。據此可知本片時代屬帝辛時期。宗：宗廟。

(4)〔王其加祭成唐〕王：殷王帝辛。加：同"卲"，通"昭"，顯著。成唐：殷先王名，經籍通作"成湯"。

(5)〔鼎〕通"貞"，問。

(6)〔禦〕同"禦"，祛疾消災之祭。

(7)〔艮二母〕艮：音fú，殷之方國名。母：同"女"。艮二母，即艮國的兩個女性。此處用作祭祀的人牲。《殷虛書契前編》8.12.6："戊寅卜，貞：三卜用，血三羊，𠕋伐廿，鬯卅，牢卅，艮三多，于妣庚?"艮人與羊、鬯、牢等物同作祭品，可證本片"艮二女"是殷王帝辛舉行禦祭時使用的人牲。

(8)〔其彝血羖三豚三〕血：指祭祀時所薦牲血。《説文・五上》："血，祭所薦牲血也。"羖：音mǔ，公羊。豚：小豬。

(9)〔囟又正〕又：通"有"。

全辭意爲：癸巳日，在文武帝乙的宗廟舉行彝祭。問：王隆重地祭祀成湯。問：舉行禦祭，用兩個艮國的女性人牲，彝祭的牲血用三頭公羊、三頭小豬，可以貞問吧。

四祀𠨘其卣[1]

乙巳，王曰："障
文武帝乙宜。"(2)
才鬙大廊，(3)冓
乙羽日。(4)丙午，魯。(5)
丁未，[illegible]。(6)己酉，王
才梌，𠨘其易貝。(7)
才三月，(8)隹
王三祀羽日。(9)

(1)〔四祀𠨘其卣〕相傳20世紀三四十年代出土于河南省安陽小屯殷墟。器外底鑄有銘文8行42字，這是目前所知商代金文中字數最多的一篇，年代爲殷王帝辛即位的第四年。此器現藏北京故宫博物院，銘文最先由董作賓發表摹本于《殷曆譜》，其後于省吾《商周金文録遺》公佈了搨本（編號275.2）。

(2)〔乙巳，王曰：障文武帝乙宜〕王：據同篇銘文出現"文武帝乙"的稱謂，可以確定此王爲殷王帝辛。曰：原字形似"口"，據文義釋爲"曰"。障：同"尊"，祭祀。文武帝乙：帝辛之父帝乙。此稱謂常見于殷墟第五期卜辭。宜："宜"之初文。《説文·七下》"宜"之古文即作"𡧪"。此用爲祭名。《禮記·王制》："天子將出，類乎上帝，宜乎社，造乎禰。"鄭玄注："類、宜、造，皆祭名，其禮亡。"《令毁》："障宜于王姜。""障宜"連用，與此"障……宜"語義相同。此句意爲：乙巳日，王説："祭祀文武帝乙用宜祭。"

(3)〔才鬙大廊〕才：動詞，通"在"。鬙大廊：鬙，音shào，地名，經籍通作"召"。廊，从广耶聲（"耶"爲"聽"之初文），通"庭"。召大庭，殷墟卜辭或稱爲"卲庭"（見《殷虚書契後編》上12.1）。

(4)〔冓乙羽日〕冓：同"遘"，音gòu，遇到。乙：董作賓謂即殷之先王大乙（成湯）的省稱（見《殷曆譜》）。羽日：羽，音yì，祭名，經籍通作"翼"。翼日，舉行翼祭的日子。以上兩句意爲：在召大庭，恰好遇到大乙的翼祭之日。

(5)〔丙午，魯〕魯，音xiè，通"寫"。《説文·十上》："魯，獸名。从㲋吾聲，讀若寫。"《禮記·曲禮上》:"器之溉者不寫,其餘皆寫。"鄭玄注:"寫者,傳己器中乃食之也。"此處爲祭祀時將食物從一器移置他器的一種儀式。

(6)〔丁未,[illegible]〕[illegible]:字不識,當亦爲祭祀的一種儀式。

(7)〔己酉,王才梌,𠨘其易貝〕梌:字不能確識,此處用作地名。𠨘其:作器者名。𠨘,音 bì。(參見丁山《𠨘其卣三器銘文考釋》及郭沫若《金文餘釋之餘》)易:通"賜"。貝:古代一種貨幣名。《説文·六下》:"貝,古者貨貝而寶龜,周而有泉,至秦廢貝行錢。"此句"𠨘其易貝"爲意念上的被動句式。全句意爲:己酉日,王在梌地,𠨘其被(王)賞賜了貝。

(8)〔才亖月〕亖:數字"四"之初文。

(9)〔隹王亖祀羽日〕隹:語氣詞,經籍通作"唯"。祀:年。《爾雅·釋天》:"商曰祀,周曰年。"郝懿行疏:"《書》正義引孫炎曰:'祀,取四時祭祀一訖也。'"以上兩句意爲:時在四月,這是王(帝辛)即位第四年的翼祭之日。

利毁[(1)]

珷征商，[(2)]隹甲子淖，[(3)]歲
鼎，[(4)]克䎽夙又商。[(5)]辛未，[(6)]
王才𩐁𠂤，[(7)]易又吏利
金，[(8)]用乍旜公寶隮彝。[(9)]

(1)〔利毁〕1976年3月出土于陝西省臨潼縣零口公社西段大隊。腹内底鑄有銘文4行32字。這是目前所知西周時期最早的一件青銅器，保存了武王伐紂的珍貴史料。此器現藏臨潼縣文化館，銘文最早著錄于《文物》1977年第8期。毁，音 guǐ，器名，同“簋”。

(2)〔珷征商〕珷：周武王之“武”的專用字。可見周初已經生稱王號。

(3)〔隹甲子淖〕隹：語氣詞，經籍通作“唯”。甲子淖：淖，音 zhāo，同“朝”，清早。《尚書·周書·牧誓》：“時甲子昧爽，王朝至于商郊牧野。”《漢書·律曆志》引《尚書·武成》：“甲子，咸劉商王紂。”《逸周書·世俘》：“越五日甲子，朝至，接于商，則咸劉商王紂。”皆與本銘所記時日相符。

(4)〔歲鼎〕歲：歲星，今稱木星。鼎：當，正當。《漢書·匡衡傳》：“無説《詩》，匡鼎來。”顔師古注：“服虔曰：鼎猶言當也。”古人發現歲星十二年一周天，故以歲星紀年。歲星運行是否當位，常被看作吉凶的徵兆。《國語·周語下》記伶州鳩之語曰：“昔武王伐殷，歲在鶉火……歲之所在，則我有周之分野也。”韋昭注：“歲星所在，利以伐之也。”以上三句意爲：武王伐商，在甲子日那天清早，歲星正當其位。

(5)〔克䎽夙又商〕克：能夠。䎽：“聞”之初文。此通“昏”，指昏暮。夙：早晨。《説文·七上》：“夙，早敬也。”徐鉉注：“今俗書作夙，譌。”昏夙指從昏暮到次日早晨的一夜之間。《管子·宙合》：“日有朝暮，夜有昏晨。”昏晨也就是昏夙。又：通“有”，占有。甲子夕，商王紂自焚，武王占領商國。《史記·周本紀》詳細記載了武王在這一夜的各項活動。此句意爲：(從而)能在一夜間占有商國。

(6)〔辛未〕甲子日後第八天。

(7)〔王才𨶈𠂤〕才:動詞,通“在”。𨶈𠂤:地名。𨶈,于省吾認爲是𨶈的繁體。閒字本是一個會意字,象月光照在門上,後又加柬爲聲符。𨶈在此當讀爲管。《詩經·鄭風·溱洧》:“士與女方秉蕑兮。”毛傳:“蕑,蘭也。”《齊詩》蕑作菅。又,玄應《一切經音義》卷十二引《聲類》云“蔺,蘭也”,並謂蔺字“又作菅、蕑二形,同古顏反”。从柬、从閒、从官的字古同屬見紐,又系叠韵,所以𨶈可讀爲管。(參見《利毁銘文考釋》,《文物》1977年第8期)管在今河南省鄭州市。𠂤,音shī,甲骨文即以“𠂤”爲“師”。《詩經·大雅·公劉》有“京師”,《尚書·周書·洛誥》有“洛師”,《爾雅·釋詁》以衆釋師,故師可用爲人衆聚居處之稱。

(8)〔易又吏利金〕易:通“賜”,賞賜。又吏:又,“右”之初文。吏,同“事”,通“史”。右史屬史官,在西周金文中目前僅見此銘。一説“又吏”通“有司”。利:右史之名。金:指銅。

(9)〔用乍旜公寶隮彝〕用:連詞,因而。乍:“作”之初文,製作。旜公:利的先人。《金文編》引郭沫若説,釋旜爲旃(zhān)。旜从㫃亶聲;亶乃古文蟺,从虫亶聲;故旜同旜。《説文·七上》旃字的異體作旜,故旜也應是旃的異體字。隮彝:祭祀用禮器的通稱。隮,同“尊”。以上幾句意爲:辛未日,武王在𨶈𠂤,賜給右史利青銅,利因而製作了這個用來祭祀旜公的珍貴禮器。

𣪕尊(1)

隹王初鄹宅玗成周，(2)復亯
珷王豊，褔自天。(3)才三月丙戌，
王誥宗小子玗京室，(4)曰："昔才
爾考公氏，克逨玟王，(5)肄玟
王受兹[大][令]。(6)隹珷王既克大
邑商，(7)劓廷告玗天，(8)曰：'余其
宅兹中或，自之辥民。'(9)烏
虖！(10)爾有唯小子，亡戠，(11)覞玗
公氏，又爵玗天，馭令。(12)苟
亯戈！"(13)叀王龔德谷天，順我
不每。(14)王咸誥，𣪕易貝卅朋。(15)用乍
□公寶障彝。(16)隹王五祀。(17)

(1)〔𣪕尊〕1963年出土于陝西省寶雞市賈村。腹内底鑄有銘文12行122字(内含合文1字)。銘文涉及西周初年營造成周的歷史事件，是一篇珍貴的歷史文獻。對于銘文的年代，目前學術界意見分歧。一種意見認爲是周康王即位的五年(見李學勤《何尊新釋》，《中原文物》1981年第1期)；還有的認爲是周成王親政後的五年，或認爲是周公攝政稱王的五年，或認爲是周武王死後周成王即位的五年。(分别參見唐蘭《𣪕尊銘文解釋》、張政烺《何尊銘文解釋補遺》、馬承源《何尊銘文初釋》，均載《文物》1976年第1期)此器現藏寶雞市博物館，銘文最早著録于《文物》1976年第1期。𣪕，音 hé。

(2)〔隹王初鄹宅玗成周〕隹：語氣詞，經籍通作"唯"。鄹：从邑，畀聲。《説文·二下》"遷"作䙴，从辵，䙴聲。"䙴"即"畀"之或體(見《説文·三上》"畀"字)，故"鄹"當爲"遷邑"之"遷"的專字，經籍則通作"遷"。宅：指周王所居宫室。玗：介詞，經籍通作"于"。成周：地名，故地在今河南省洛陽市。周初爲了加强對東部地區的統治，營造成周作爲東部的行政中心，在成周也建了宗廟和宫室。此句意爲：周王開始遷宫室于成周。

(3)〔復亯珷王豊，裸自天〕復：又，再。亯：通“稟”，稟承，遵行。珷王：周武王。珷，周武王之“武”的專用字。豊：“禮”之初文，此指祭禮。祼：同“福”，受神靈佑助曰福。自天：自，介詞，從。自天，介詞結構後置，作“福”的定語。此句意爲：再次遵行武王的祭禮，承受來自上天的福祐。

(4)〔才三月丙戌，王䛩宗小子玗京室〕才：介詞，通“在”。䛩：从言从収，同“誥”，誥訓。(參見唐蘭《史𨖼簋銘考釋》，《考古》1972 年第 5 期)宗小子：周王的同宗子弟。京室：成周城内宗廟宫室名，或稱“京宫”。《令方彝》：“明公朝至玗成周……明公用牲玗京宫。”此句意爲：在四月丙戌日，周王在京室誥訓同宗的子弟。

(5)〔曰：昔才爾考公氏，克逨玟王〕才：介詞，通“在”，下接人名作賓語，組成介詞結構，表示時間，往往用于追叙往事的場合，如《大盂鼎》：“在珷王，嗣玟乍邦……”《尚書・周書・無逸》：“昔在殷王中宗，嚴恭寅畏……”爾：第二人稱代詞。考：亡父。《禮記・曲禮下》：“生曰父……死曰考。”公氏：周王對宗小子父輩貴族姓氏的尊稱。克：能够。逨：音 bì，通"弼"，輔佐。玟王：周文王。玟，周文王之"文"的專用字。此句意爲：（王）説：從前在你們父輩的時候，他們能輔佐文王。

（6）〔緯玟王受丝大令〕緯：句首語氣詞，經籍通作"肆"。丝："兹"之初文，指示代詞，這。大令：此二字原缺損，據文義補。令，同"命"。大命，指天命，謂文王受天命取代商朝。《尚書・周書・康誥》："天乃大命文王，殪戎殷，誕受天命。"此句意爲：文王受此天命。

（7）〔隹珷王既克大邑商〕既：已經。克：戰勝。大邑商：商國的代稱。大邑商之稱亦見《卜辭通纂》别.2.1："□未卜，才□貞：王其入大邑商，亡徃？"此句意爲：武王已經戰勝了商國。

（8）〔鼎廷告玗天〕鼎：同"則"，副詞，就。《説文・四下》"則"之籀文即作"鼎"，"則"是"鼎"之省變。廷：通"筳"（tíng），折竹占卜。《楚辭・離騷》："索瓊茅以筳篿兮。"筳篿即折竹而卜。此句意爲：就向天神占卜祭告。

（9）〔曰：余其宅丝中或，自之辥民〕余：武王自稱。其：語氣詞。宅：居住。中或：或，"國"之初文。中國，指周朝疆域的中心地區。《逸周書・作雒》："乃作大邑成周于土中。""土中"與此"中或"義同。之：指示代詞，這裏。辥：通"乂"（yì），治理。《尚書・虞夏書・堯典》："下民其咨，有能俾乂？"此句意爲：（武王）説：我要居住在這中心地區，從這裏治理民衆。

（10）〔烏虖〕嘆詞，經籍通作"嗚呼"。

（11）〔爾有唯小子，亡戠〕有：語氣詞。唯：連詞，經籍通作"雖"。此字从口，與銘首"隹王初鼆宅玗成周"及銘末"隹王五祀"之"隹"，形義有别。小子：宗小子的省稱。亡：動詞，没有，缺乏。戠：通"識"，知識，見識。

（12）〔覭玗公氏，又爵玗天，融令〕覭：同"視"，看齊，效法。又：通"有"。爵：此字不能確識，以文義推測，似有勳勞之意。融令：完成使命。融，音 chè，經籍通作"徹"，貫徹，完成。《説文・三下》"徹"之古文作"徹"，"敵"與本銘"融"構形取義相近。以上三句意爲：啊！你們雖然是宗族子弟，但缺乏知識，你們要效法父輩，爲上天建立勞績，要完成使命。

（13）〔苟亯戈〕苟："敬"之初文。亯：同"享"，祭享。戈：語氣詞，經籍通作"哉"。此句意爲：敬慎地祭享呀！

（14）〔叀王龏德谷天，順我不每〕叀：語氣詞，經籍多作"唯"。龏：音 gōng，恭敬，崇尚。《説文・三上》:"龔,慤也。"谷天:豐裕地祭享天神。谷,通"裕"。《國語・魯語》:"神求優裕于享者也。"順:通"訓",訓誡。我:作器者𠬽自稱。每:通"敏",聰慧。此句意爲:王崇尚道德,豐享天神,訓誡我等不聰慧之人。

(15)〔王咸誥,𠬽易貝朋〕咸:完畢。易:通"賜"。貝:古代一種貨幣名。朋:此爲"卅朋"二字合文。朋,量詞,古代貨幣單位。朋字形如串貝,王國維謂:"古者五貝一系,二系一朋。"(《觀堂集林・説玨朋》)此句意爲:王訓誥完畢,𠬽被賜予貝卅朋。

(16)〔用乍□公寶隮彝〕用:因而。乍:"作"之初文,製作。□公:"公"上一字漫漶不清,難以隸定,當爲𠬽祖先的稱謂。隮彝:祭祀用禮器的通稱。隮,同"尊"。此句意爲:因而製作了這個用來祭祀祖先某公的珍貴禮器。

(17)〔隹王五祀〕祀:年。《爾雅・釋天》:"商曰祀,周曰年。"據此銘,知周代紀年有時也稱"祀"。前文已稱"才三月丙戌",可見本銘仍保留了商代干支紀日在前,紀祀在後的紀時習慣。此句意爲:這是周王即位的第五年。

大盂鼎[1]

隹九月，王才宗周，令盂。[2]王若曰：[3]"盂，不顯玟王受天有大令，[4]在珷王，嗣玟乍邦，[5]閈氒匿，匍有三方，畯正氒民。[6]在雩㣈事，叡，酉無敢𤅊，[7]有𤠇蒸祀，無敢𩚇，[8]古天異臨子，灋保先王，□有三方。[9]我𦖞殷述令，[10]隹殷𨗨侯、田，雩殷正百辟，[11]率肄于酉，古喪自、巳。[12]女妹辰又大服，[13]余隹即朕小學。[14]女勿𠂤余乃辟人。[15]今我隹即井亩于玟王正德，若玟王令二三正。[16]今余隹令女盂䜌焚，[17]芍雝德巠，敏朝夕入諫，亯、奔走，[18]畏天畏。"[19]王曰："𢦏，令女盂井乃嗣且南公。"[20]王曰："盂，迺䜌夾死辭戎，[21]敏諫罰訟，夙夕䜌我人登三方，[22]雩我其遹省先王受民受彊土。[23]易女鬯一卣、冂衣、市、舄、車、馬。[24]易乃且南公旂，用遷。[25]易女邦𤔲三白，人鬲自馭至于庶人六百又五十又九夫。[26]易尸𤔲王臣十又三白，人鬲千又五十夫。[27]𢓊𡨦□自氒土。"[28]王曰："盂，若芍乃正，勿灋朕令。"[29]盂用對王休，用乍且南公寶鼎。[30]隹王廿又三祀。[31]

(1)〔大盂鼎〕清道光(公元1821—1850年)初年出土于陝西省岐山縣禮村。同出三大鼎，現僅存此鼎。亡佚的兩鼎中，其一有銘文搨片留傳，習慣上稱爲小盂鼎。又有的稱大、小盂鼎爲廿三祀盂鼎、廿五祀盂鼎，或稱爲全盂鼎、殘盂鼎。大盂鼎銘文鑄于内腹壁，共19行291字(内含合文5字)，最早著錄于吳式芬《攈古錄金文》三之三。本鼎是迄今爲止出土的西周時代形製最大的青銅鼎，作于康王時期，現藏中國歷史博物館。

(2)〔隹九月，王才宗周，令盂〕隹：語氣詞。才：動詞，通"在"。宗周：地名，故地在今陝西省西安市西南、灃水東岸。令：同"命"，册命。盂：人名，作此鼎者。

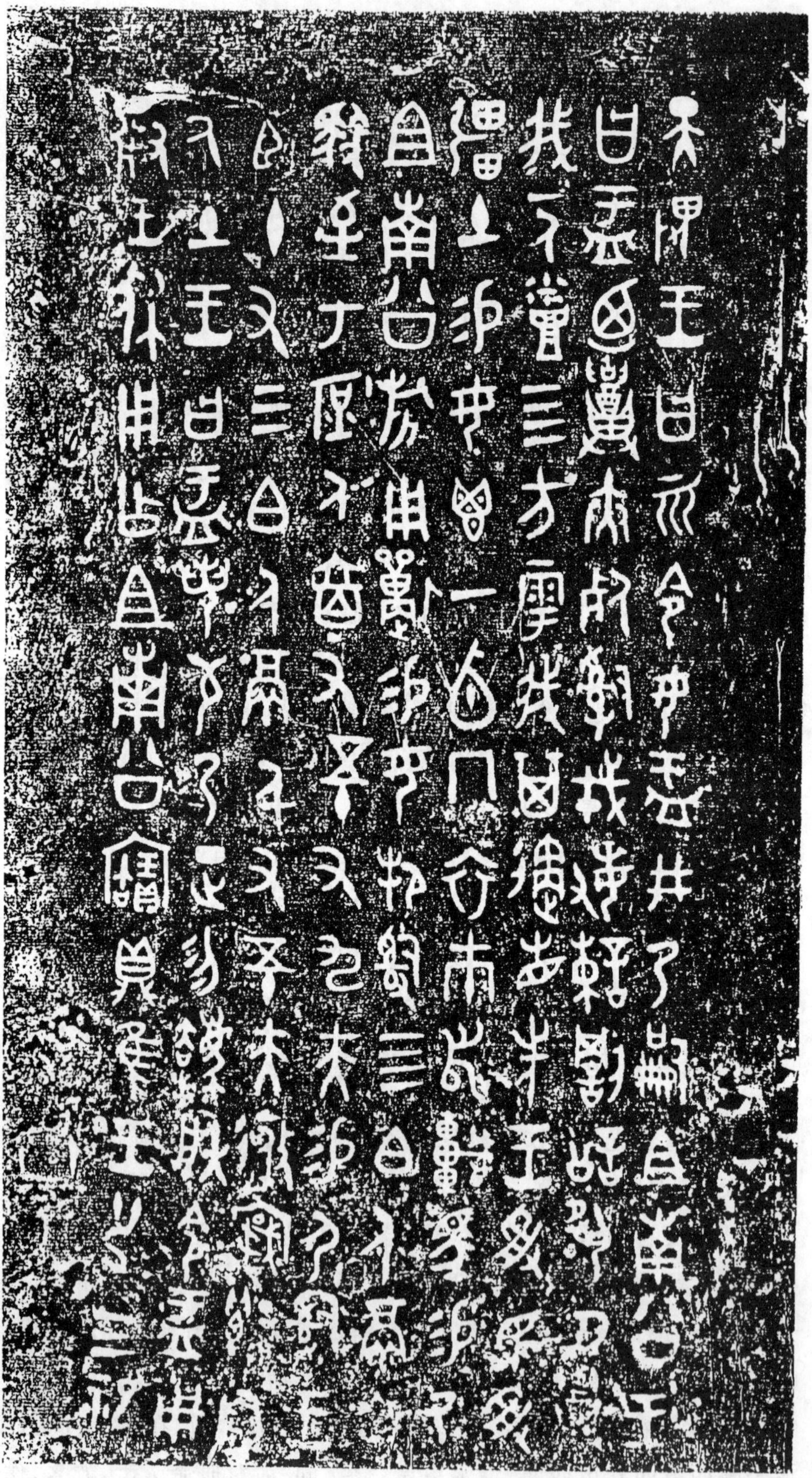

大盂鼎銘文

(3)〔王若曰〕王這樣説。若,代詞,如此。《尚書·商書·盤庚》:“王若曰:格汝衆,予告汝……”與此用法同。

(4)〔不顯玟王受天有大令〕不顯:不,音 pī,通“丕”,大,顯,明。玟:周文王之“文”的專用字。天:天神,上帝。有:通“佑”。此句意爲:偉大英明的文王承受了天帝佑助的重大使命。

(5)〔在珷王,嗣玟乍邦〕珷:周武王之“武”的專用字。嗣:繼承。乍邦:乍,“作”之初文;邦,國。《詩經·大雅·皇矣》:“帝作邦作對。”鄭玄箋:“作,爲也。天爲邦,謂興周國也。”此句意爲:到了武王,繼承文王,建立了周國。

(6)〔氒匿,匍有三方,畯正氒民〕:同“闢”。《説文·十二上》“闢”之或體即作“”。排除。氒:代詞,經籍通作“厥”。匿:通“慝”,姦惡,此處指紂及其惡臣。《逸周書·大戒》:“克禁淫謀,衆匿乃雍。”《廣雅·釋詁三》:“慝,惡也。”匍:通“溥”,廣大。三:數字“四”之初文。畯:同“畯”,長久。《爾雅·釋詁》:“駿,長也。”畯、駿音近義通。正:治理。《吕氏春秋·順民》:“昔者湯克夏而正天下。”高誘注:“正,治也。”此句意爲:排除那些姦惡,廣有天下,長久地治理百姓。

(7)〔在雩卭事,叡,酉無敢酖〕雩:介詞,經籍通作“于”。“在雩”是兩個介詞連用。卭事:管理政事。卭,“御”之初文,治理。《國語·周語上》:“百官御事。”韋昭注:“御,治也。”叡:音 zhā,語氣詞。酉:“酒”之初文。酖:王國維認爲是“醓”的異體,經籍通作“湛”。(參見《盂鼎銘考釋》,《王國維遺書》六)湛,音 dān,通“耽”。《詩經·小雅·常棣》:“兄弟既翕,和樂且湛。”《經典釋文》:“又作‘耽’。《韓詩》云:‘樂之甚也。’”此指沉湎于飲酒之樂。此句意爲:在治理政事的時候,可不能沉湎于酒啊。

(8)〔有嬰糞祀,無敢醵〕嬰:音 chái,通“祡”。《説文·一上》:“祡,燒柴焚燎以祭天神。从示,此聲。《虞書》曰:‘至于岱宗,祡。’”糞:音 zhēn,通“烝”。《禮記·祭統》:“凡祭有四時:春祭曰礿,夏祭曰禘,秋祭曰嘗,冬祭曰烝。”祡、烝都是祭名,此處則泛指祭祀。醵:高鴻縉認爲同“醉”。(參見《大盂鼎考釋》,《南大中文學報》第 1 期,1962.12)《尚書·周書·酒誥》:“文王誥教小子、有正、有事,無彝酒。越庶國,飲惟祀,德將無醉。”與本銘此句可爲參證。此句意爲:在祭祀的時候,也不能醉酒。

(9)〔古天異臨子,灋保先王,□有三方〕古:連詞,經籍通作“故”。下文“古喪𠂤巳”的“古”同此。異臨:輔助、庇護。異,原銘作,于省吾認爲,“象舉兩手自衛其頭部之形，引申之則爲輔翼或覆翼，典籍作‘翼’，乃後起字。”（參見《澤螺居詩經新證》卷中）臨，監臨，關心。子：慈愛。此從于省吾說。（同上書）《墨子・兼愛中》：“天屑臨文王慈。”屑、翼雙聲，借“屑”爲“翼”。一說“子”字連下句讀，爲名詞作狀語。《詩經・大雅・靈臺》：“庶民子來。”朱熹《詩集傳》：“民心樂之，如子趣父事，不召自來也。”在本銘中是指象對待兒子那樣地“灋保先王”。灋保：大力保佑。灋，王國維說：“灋讀爲廢。廢，大也。《詩・小雅》：‘廢爲殘賊。’《釋詁》：‘廢，大也。’”□有三方：上文稱“匍有三方”，則此泐損之字當爲“匍”或與此同義的字。此句意爲：所以天帝以慈愛之心給以輔助庇護，大力保佑先王，廣有天下。

(10)〔我䎽殷述令〕我：周王自稱。䎽：“聞”之初文。述令：述，通“墜”，喪失。令，同“命”，指天命。《尚書・周書・君奭》：“殷既墜厥命。”

(11)〔隹殷𨕖侯、田，雩殷正百辟〕𨕖：同“邊”，邊遠。侯、田：田，通“甸”。古時王畿之外，視距離遠近，將諸侯分作侯、甸、男、衛諸等，叫“外服”。與外服相對的叫“内服”，指朝廷内的百官及宗室，亦即下文的“正百辟”。《尚書・周書・酒誥》：“越在外服：侯、甸、男、衛、邦伯；越在内服：百僚、庶尹、惟亞、惟服、宗工。”雩：連詞，與，經籍通作“于”。正：執政大臣。百辟：百官。

(12)〔率肄于酉，古喪𠂤、巳〕率：副詞，都。《漢書・宣帝紀》：“率常在下杜。”顔師古注：“率者，總計之言也。”肄：《説文・三下》：“肄，習也。”經籍通作“肆”。此指耽湎。𠂤：音 shī，甲骨文即以“𠂤”爲“師”，指軍隊。巳：通“祀”，祭祀。古人以祭祀爲國祚所寄。《左傳・成公十三年》：“國之大事，在祀與戎。”戎、祀即此𠂤、巳。以上三句意爲：我聽説殷朝喪失了上天所賜予的大命，是因爲殷朝從遠方的諸侯到朝廷内的大小官員，都耽湎于酒，所以喪失了軍隊和國祚。

(13)〔女妹辰又大服〕女：第二人稱代詞，經籍或作“汝”，指盂。妹辰：郭沫若認爲，“‘妹’與‘昧’通，昧辰謂童蒙知識未開之時也。”（《兩周金文辭大系・考釋》）又：通“有”。大服：顯要的職務。《詩經・大雅・蕩》：“曾是在位，曾是在服。”毛傳：“服，服政事也。”《班段》：“登于大服，廣成乒工。”“大服”之義同此。

(14)〔余隹即朕小學〕余、朕：第一人稱代詞，皆爲周王自稱，“余”作主語，“朕”作定語。隹：語氣詞，其下疑有省文。即：到，進入。小學：周代的貴族子弟學校，與“大（太）學”相對。《大戴禮記・保傅》：“及太子少長，知妃色，則入于小學。”盧辯注:“古者太子八歲入小學,十五入大學也。”郭沫若説:“盂父殆早世,故盂幼年即承繼顯職。康王曾命其入貴胄小學,有所深造。”以上兩句意爲:你年幼時就承繼了要職,我(曾讓你)到我的小學裏學習。

(15)〔女勿𤔲余乃辟一人〕勿:不要。𤔲:此字尚難確識,當是一個帶貶義的動詞。余乃辟一人:一人,“一人”二字合文。余、乃辟、一人,這三個詞是同位語,都是周王自稱。《毛公鼎》有“余一人才立(位)”、“女弗目乃辟圅于艱”,“余一人”與“乃辟”,與此同義。乃,第二人稱代詞。辟,音 bì,君主。《爾雅·釋詁》:“辟,君也。”“乃”作“辟”的定語。此句意爲:你不可……于我。

(16)〔今我隹即井面于玟王正德,若玟王令二三正〕井面:井,通“型”,效法。面,通“稟”,稟承。正德:政令與德行。正,通“政”。二三正:兩三位執政大臣。

(17)〔今余隹令女盂𥁕燮〕𥁕:音 zhào。此字从召得聲,此處通“詔”,輔佐。《爾雅·釋詁》:“詔、亮、左、右、相,導也。”下文尚有兩“𥁕”字,義同此。燮:音 yíng。從字形看,象兩柄火炬交叉,會“明亮”之意。在此當與“𥁕”(詔)義相通。以上兩句意爲:如今我要效法、稟承文王的政令和德行,猶如文王命令他那兩三位執政大臣那樣,如今我也要命令你盂輔佐我。

(18)〔苟雝德巠,敏朝夕入諫,亯、奔走〕苟:“敬”之初文,恭敬。雝:音 yōng,和諧。《詩經·召南·何彼襛矣》:“曷不肅雝,王姬之車。”毛傳:“雝,和。”巠:“經”之初文,綱紀。敏:勤勉。諫:通“諫”。亯:同“享”,祭祀。奔走:指爲王事奔忙。《楚辭·離騷》:“忽奔走以先後兮,及前王之踵武。”

(19)〔畏天畏〕第一個“畏”爲動詞,畏懼。第二個爲名詞,通“威”,威嚴。《詩經·周頌·我將》:“我其夙夜,畏天之威。”以上二句意爲:恭敬地諧調德行的綱紀,勤勉地早晚入諫,進行祭祀,奔走于王事,敬畏上天的威嚴。

(20)〔𠧟,令女盂井乃嗣且南公〕𠧟:字不識,依文義當爲語氣詞。嗣且:嫡祖。且,“祖”之初文。南公:盂的嫡祖名。此句意爲:命你盂效法你的嫡祖南公。

(21)〔迺𥁕夾死𤔲戎〕迺:語氣詞,表祈使。𥁕夾:同義詞連用,𥁕與夾皆有輔佐之義。《左傳·僖公四年》:“五侯九伯,女實征之,以夾輔周室。”死𤔲:死,通“尸”,主管。《詩經·召南·采蘋》:“誰其尸之,有齊季女。”𤔲,同“司”,掌管。死𤔲,也是同義詞連用,常見于西周金文中,如《康鼎》《蔡段》皆有“死𤔲王家”之語,意即主管王家事務。戎:軍隊。《周易·同人》:“伏戎于莽。”

(22)〔敏諫罰訟,夙夕𥃝我𠂇䒧三方〕諫:通"速",及時。罰訟:獄訟案件。夙:《説文·七上》"夙"字徐鉉注:"今俗書作夙。"《詩經·召南·行露》:"豈不夙夜,謂行多露。"鄭玄箋:"夙,早也。"𠂇:"一人"二字合文。䒧:通"烝"。《爾雅·釋詁》:"烝,君也。"此處用作動詞,統治。以上二句意爲:你要輔佐我主管軍隊,勤勉而及時地處理獄訟案件,從早到晚都應輔佐我治理四方。

(23)〔雩我其遹省先王受民受彊土〕雩:介詞。雩我,猶《孟子·萬章上》:"女其于予治"之"于予"。王引之《經傳釋詞》:"于,爲也;爲,助也。"其:語氣詞,表示將要。遹(yù)省:巡視。《爾雅·釋詁》:"遹,循也。"《漢書·東方朔傳》:"徼循長楊以東。"顔師古注:"循,行視也。"《説文·四上》:"省,視也。"遹和省是同義詞連用。先王受民:受,從上天接受到的。"先王受"是主謂結構作定語,"民"是中心語。《尚書·周書·洛誥》:"誕保文武受民。""文武受民"猶本銘之"先王受民"。彊:通"疆"。此句意爲:你將要替我去巡視先王從上天所接受到的人民和疆土。

(24)〔易女鬯一卣、冖衣、市、舄、車、馬〕易:通"賜"。鬯:音 chàng,祭祀用的香酒。卣:本爲盛酒器,此用作量詞。冖(mì)衣:頭巾。市:音 fú,禮服的蔽膝。《説文·七下》:"市,韠也。上古衣蔽前而已,市以象之。"經籍或作"韍"。舄:音 xì,一種有木爲底的鞋。此句意爲:賞賜你一卣鬯酒、頭巾、蔽膝、木底鞋、車、馬。

(25)〔易乃且南公旂,用遷〕旂:音 qí,旗幟。遷:音 shòu,狩獵。此句意爲:把你嫡祖南公的旗幟賜給你,用以田獵。

(26)〔易女邦𤔲三白,人鬲自馭至于庶人𠦜又𠦃又九夫〕邦𤔲:邦,國,此指周王朝。𤔲,同"司",此指有司,官員。邦𤔲,邦國的有司,即周王朝的官員。白:"伯"之初文,此處是一種官員的單位名稱。人鬲自馭至于庶人𠦜又𠦃又九夫:𠦜,"六百"二字合文。𠦃,"五十"二字合文。這是一個定語後置的結構,中心語是"人鬲"。人鬲的確切内涵不詳,當是一種包括馭、庶人等地位不高的軍事人員的集合名詞。馭,音 yù,同"馭",此指策馬駕車的御者。《説文·二下》:"御,使馬也……馭,古文御。"庶人,此指操戈、梃的步卒。《禹鼎》:"武公迺遣禹達公戎車百乘,斯馭二百,徒千。"馭、徒皆非奴隸,而馭列入"人鬲"之内。由此可見,自郭沫若以來許多人把人鬲釋爲奴隸或俘虜,當尚有未妥。

(27)〔易尸𤔲王臣十又三白,人鬲千又𠦃夫〕尸𤔲王臣:尸𤔲,與上文"邦𤔲"對言。尸，金文作𡰣，《金文編》曰："𡰣象屈膝之形，意東方之人其狀如此。後假夷爲尸，而尸之意晦。"此指異族之國。尸𤔲王臣，指異族之國的官員而歸王朝管轄者。以上二句意爲：賜給你邦國的官員四名，人鬲自車御至步卒六百五十九名；賜給你異族的王臣十三名，人鬲一千零五十名。

(28)〔遫竊□自氒土〕遫：字从彳，當爲訓"至"之"極"的本字。《詩經・大雅・崧高》："駿極于天。"毛傳："極，至也。"竊：音義不明，此處當爲地名。□：此字泐損，據殘留筆畫，疑是"䙴"字，經籍作"遷"，遷移。此句之意疑爲：(把上述那些人)從他們原先的駐地遷到竊地。

(29)〔若芍乃正，勿灋朕令〕若、乃：第二人稱代詞，"若"作主語，"乃"作定語。正：通"政"，指政事。灋：通"廢"，廢棄。此句意爲：你要恭謹地對待你的職事，不可背棄我的命令。

(30)〔盂用對王休，用乍且南公寶鼎〕用：因此。對王休：對，答謝。王休，王的賞賜。此句意爲：盂因而答謝王的賞賜，并因而製作了用來祭祀嫡祖南公的寶鼎。

(31)〔隹王廿又三祀〕此句點明作鼎的時間是康王在位的第二十三年。

宜侯夨毁[1]

隹三月辰才丁未,[2]□省珷王、

成王伐商圖,[3]徣省東或圖。[4]

王立于宜宗土,南鄉。[5]王令

虞侯夨曰:[6]"□侯于宜,[7]易鬯

鬯一卣,[8]商鬲一□,[9]彤弓一,彤矢百,[10]

旅弓十,旅矢千;[11]易土厥川

言□厥□百又□厥宅邑卅

又五□□百又卌;[12]易才宜

王人□又七生;[13]易奠七白

厥□□𢦏夫;[14]易宜庶人

六百又□六夫。"[15]宜侯夨䫹

王休,[16]乍虞公父丁障彝。[17]

(1)〔宜侯夨毁〕1954年6月出土于江蘇省丹徒縣煙墩山,腹内底鑄有銘文12行126字(内含合文3字,缺文11字),記載了周王封夨爲宜侯及賞賜物品、授田授民的項目與數字,是瞭解西周"封建"制度的重要資料。此器現藏中國歷史博物館,銘文最早著錄于《文物參考資料》1955年第5期。夨,音cè。

(2)〔隹三月辰才丁未〕隹:語氣詞,經籍通作"唯"。辰:日辰。才:動詞,通"在"。

(3)〔□省珷王、成王伐商圖〕省:音xǐng,察看。珷:周武王之"武"的專用字。伐商圖:指伐商的軍事地圖。本句"省"前尚有一字,因宜侯夨毁出土後破碎,重加綴合而此字已不可辨,據文義當是"王"字。

(4)〔徣省東或圖〕徣:音讀不明。《金文編》曰:"《説文》所無,楊樹達云義如遂。"東或圖:指東部地區的行政地圖。或,"國"之初文。以上幾句意爲:四月丁未日,王察看武王、成王伐商的地圖,並隨之察看了東部地區的行政地圖。

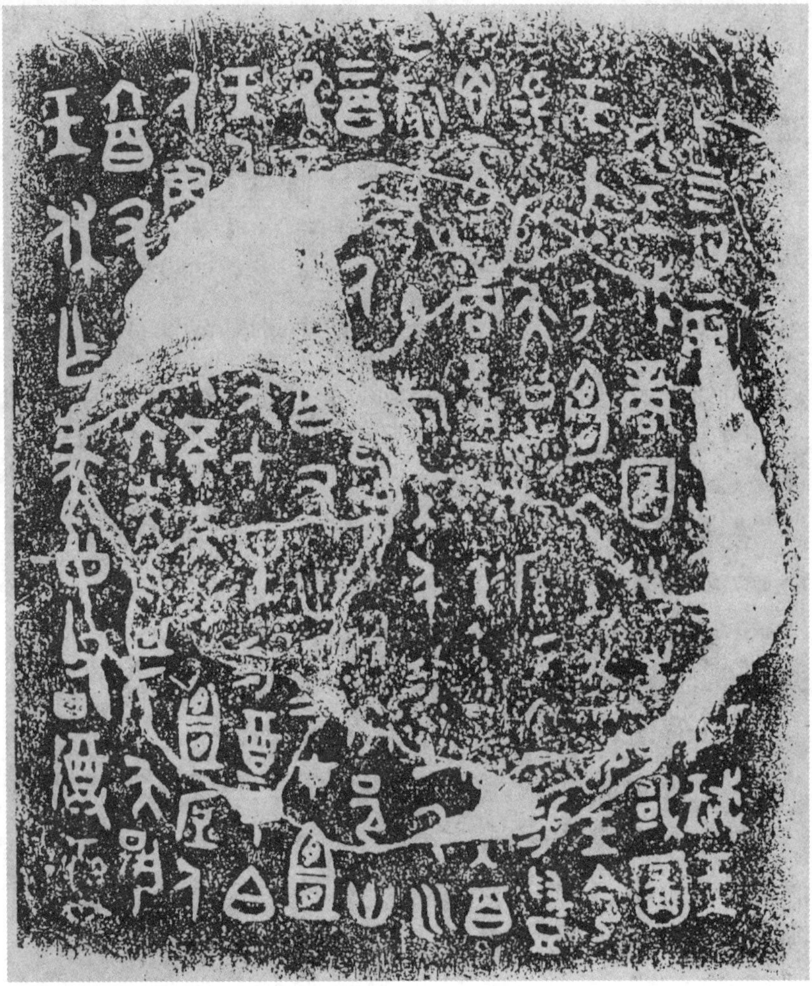

(5)〔王立于宐宗土，南鄉〕宐：原銘字作[illegible]，即《說文・七下》"宜"之古文[illegible]，經籍通作"宜"。宜國，不見于載籍，從銘文"東或圖"及宜侯夨毁出土于江蘇丹徒來看，宜國或即在丹徒一帶。宗土：宗廟與社廟，祭祀祖先與土神之所。土，"社"之初文，指社廟。《公羊傳・僖公三十一年》："諸侯祭土。"何休注："土謂社也。"宜國的宗廟與社廟當在一處，故"宗""土"連言。南鄉：面向南方。鄉，此字原銘有缺損，依殘畫及文義可知是鄉字。金文"鄉"作[illegible]或[illegible]，象兩人相向就食之形，爲"饗"之初文，本義爲饗食，引伸爲嚮，表示朝向。在舉行封建册命儀式時，王的位置是居北朝南。此句意爲：王立于宜國宗社，面向南方。

(6)〔王令虞侯夨曰〕令：同"命"，册命。虞侯夨：夨，人名，原封虞侯，今改封在宜，故下文又稱宜侯夨。虞爲西周封國，故址在今山西省平陸縣東北。《史記・吳太伯世家》："周武王克殷，求太伯、仲雍之後，得周章……乃封周章弟虞仲於周之北故夏虚，是爲虞仲，列爲諸侯，”夨當即虞仲之後。

(7)〔□侯于宜〕“侯”前一字泐損不可辨，郭沫若推測可能是語氣詞“繇”。類似的例子又見于《彔伯𢦚毁》：“王若曰：彔白𢦚，繇，自乃且考又𤔲于周邦……”以上兩句意爲：王册命虞侯夨，説道：封你在宜地爲侯。

(8)〔易𩰫鬯一卣〕易：通“賜”。𩰫：字不識，疑是鬯名。鬯：祭祀用的香酒，以鬱金草合黍釀成。金文中記王賜鬯一般是秬鬯（秬爲黑黍），𩰫鬯僅此一見。卣：本爲盛酒器，此用作量詞。《詩經・大雅・江漢》：“釐爾圭瓚，秬鬯一卣。”《尚書・周書・洛誥》：“予以秬鬯二卣。”可見鬯固以卣計。

(9)〔商鬲一□〕商鬲：商代的鬲。《左傳・定公四年》：“分魯公以大路、大旂，夏后氏之璜，封父之繁弱。”也是以先代之物爲賜，與此同例。鬲，字作𩰲，象甗形，當是“甗”之初文，此通“瓚”。瓚是一種玉柄的銅勺，用來挹取鬯酒，故與鬯同賜。以圭爲柄的稱圭瓚，以璋爲柄的稱璋瓚。

(10)〔㢑弓一，彤矢百〕㢑、彤：又見于《應侯鐘》：“易彤一，㢑百。”《伯晨鼎》：“易女……彤、㢑、旅弓、旅矢。”在上述銘文中，彤是“彤弓”二字的合文，㢑是“彤矢”的合文。《虢季子白盤》：“賜用弓，彤矢其央。”用“彤”字，不作合文。本銘的“㢑”“彤”不是合文，而是“彤”的異體，且專用于修飾弓矢，所以易“丹”爲“矢”或“弓”。銘文作“㢑弓”“彤矢”，“弓”前用“㢑”，“矢”前用“彤”，這種現象可能是鑄毁時把“彤”“㢑”這兩個字的範的次序安放顛倒所致。

(11)〔旅弓十，旅矢千〕旅：通“黸”(lú)，黑色。《説文・十上》“黸”段玉裁注：“經傳或借盧爲之，或借旅爲之，皆同音假借也……俗字改爲玈。”《尚書・周書・文侯之命》：“用賚爾秬鬯一卣，彤弓一，彤矢百，盧弓一，盧矢百。”僞孔傳：“彤，赤；盧，黑。諸侯有大功，賜弓矢，然後專征伐。”《左傳・僖公二十八年》周王册命晉侯爲侯伯，“賜之……彤弓一，彤矢百，玈(lú)弓矢千，秬鬯一卣。”皆與此相類。以上幾句意爲：賜給你𩰫鬯一卣，商瓚一，彤弓一張，彤矢百支，黸弓十張，黸矢千支。

(12)〔易土氒川言□氒□百又□氒宅邑卅又五□□百又卌〕氒：指示代詞，經籍通作“厥”。《説文・十二下》：“氒……讀若厥。”川：此不應指河川。郭沫若認爲,川殆甽之省,甽同畎。《漢書·食貨志》:"一畝三畎。""言"下所缺或是"萬"字。(參見《夨毁銘考釋》,《考古學報》1956年第1期)唐蘭認爲,川指山下的肥沃土地,猶《尚書·禹貢》"岱畎絲枲""羽畎夏翟"之畎。"言"下所缺可能是"田"字。(參見《宜侯夨毁考釋》,《考古學報》1956年第2期)宅邑:聚居的村落。按:此句言賜土田,共有四項,因銘文殘損,可以知道的只有川和宅邑兩項。"言"爲"三百"合文,"卌"即"四十"。《詩經·大雅·江漢》:"錫(賜)山土田。"《魯頌·閟宮》:"乃命魯公,俾侯于東。錫之山川,土田附庸。"可與本銘參證。

(13)〔易才宜王人□又七生〕王人:王室的下級官員。《春秋·莊公六年》:"王人子突救衛。"杜預注:"王人,王之微官也。"《左傳》記周王封建,在授土授民的同時,也有分賜王室官員之例,如《定公四年》記對魯公"分之土田陪敦,祝、宗、卜,史,備物,典策,官司,彝器",即是分王室之官以爲諸侯之官。生:"姓"之初文。王人稱姓,表明他們是以宗族爲單位的。

(14)〔易奠七白𠂔□𢀛夫〕奠:通"甸"。奠字上古屬定母耕部,甸字屬定母真部,音近可通。甸,指甸師。《穀梁傳·桓公十四年》:"甸粟而内之三宫。"范寧集解:"甸,甸師,掌田之官。"亦稱甸人。《左傳·成公十年》:"晉侯欲麥,使甸人獻麥。"白:"伯"之初文,此處是一種官員的單位名稱,並非爵號。:字不識,疑是甸師徒屬的名稱。《周禮·天官》:"甸師,下士二人……徒三百人。"甸師徒屬甚衆。《大盂鼎》:"易女邦嗣三白,人鬲自駿至于庶人六百又五十又九夫;易尸嗣王臣十又三白,人鬲千又五十夫。"官員及其徒屬,有一併賜出之例。"𢀛":"五十"合文。

(15)〔易宜庶人𡧊又□六夫〕庶人:此指農業勞動者。《左傳·襄公九年》:"庶人力於農穡。"《國語·周語上》:"庶人終于千畝。"以上幾句意爲:賜給你土田,計其畎三百……其……一百又……其宅邑三十又五……百又四十;賜給你在宜地的王人……又七姓;賜給你甸師七名及其徒屬……又五十名;賜給你宜地的庶人六百又……六名。

(16)〔宜侯夨𩁹王休〕𩁹:同"揚",稱揚。休:賞賜。《詩經·大雅·江漢》:

"虎拜稽首,對揚王休。"《左傳·僖公二十八年》:"重耳敢再拜稽首,奉揚天子之丕顯休命。"受封賞後對揚王休,是當時的禮儀。此句意爲:宜侯夨稱揚王的恩賞。

(17)〔乍虞公父丁障彝〕虞公父丁:宜侯夨之父,受封爲虞侯,廟號爲丁,故稱虞公父丁。此句意爲:製作了祭祀虞公父丁的禮器。

班𣪘[1]

隹八月初吉，才宗周，甲戌，[2]
王令毛白更虢𩵦公服，[3]甹
王立，乍三方亟，秉緐、蜀、巢
令。[4]易鈴鋚。[5]咸。[6]王令毛公㠯
邦冢君、土、馭、𢦚人伐東或
𤸫戎。[7]咸。[8]王令吳白曰："㠯乃
自𠂇比毛父。"[9]王令吕白曰：
"㠯乃自右比毛父。"[10]趞令曰：
"㠯乃族從父征。"[11]𢓊𩵦衛父
身，[12]三年靜東或，亡不成肬，[13]
天畏，否畀屯陟。[14]公告氒吏
于上：[15]"隹民亡𢓊才！彝㤅天
令，故亡。[16]允才！顯隹苟德，亡
逌違。"[17]班拜䭫首，[18]曰："烏虖！不
杯丮皇公，受京宗懿釐。[19]毓
文王₌姒聖孫，[20]隥于大服，廣
成氒工。[21]文王孫亡弗褱井，
亡克競氒剌。"[22]班非敢覓，[23]隹
乍卲考爽益曰大政。[24]子₌孫
多世其永寶。[25]

(1)〔班𣪘〕此原爲清宫内府藏器，清廷官修的《西清古鑑》卷十三曾予著録，名爲"周毛伯彝"，銘文、圖象均出自刊刻。該器久藏宫廷，後去向不明。1972 年 6 月北京市文物管理處揀選到一件殘器，唯存器口、腹、耳等部分，銘文大致無損，與《西清古鑑》著録者對照，乃同一件器，于是參照刊刻的圖象精心修復。銘文後段有些字殘泐，可據刊刻本補。全銘 20 行 197 字(内含重文 2 字)。作器者名班，他在銘文中稱毛公爲父。于省吾

(《毛伯班毁考》,《辛巳文錄》)、楊樹達(《毛伯班毁跋》,《積微居金文説》卷四)、李學勤(《班毁續考》,《古文字研究》第十三輯)等學者先後就銘文、器形、花紋諸方面考證此器時代屬周穆王,作器者班即《穆天子傳》中的毛班。銘文追述毛公受王命東征,反映出周穆王時期經營徐淮地區的史實。此器現藏首都博物館,銘文著錄于《文物》1972 年第 9 期。

(2)〔隹八月初吉,才宗周,甲戌〕隹:語氣詞,經籍通作"唯"。初吉:周代月相名。周代銅器銘文中的月相,有初吉、既生霸、既朢(或作"望")、既死霸四種,類似的稱法也見于先秦典籍中。它們所代表的日期,有"四分説"與"定點説"兩種不同説法,但迄今都未能圓滿解釋銘文及典籍所反映的月相問題。今暫取"四分説"略作介紹。王國維認爲,"古者蓋分一月之日爲四分:一曰初吉,謂自一日至七、八日也。二曰既生霸,謂自八、九日以降至十四、五日也。三曰既望,謂自十五、六日以後至二十二、三日。四曰既死霸,謂自二十三日以後至于晦也。"(《觀堂集林·生霸死霸考》)才:動詞,通"在"。宗周:地名,西周鎬京所在,故地在今陝西省西安市西南、灃水東岸。

(3)〔王令毛白更虢䣙公服〕令:同"命",此指册命。毛白:白,"伯"之初文。毛伯是當時周朝王室重臣,封爵爲伯,乃文王子毛叔鄭之後。更:繼續,承繼。《國語·晉語四》:"姓利相更。"韋昭注:"更,續也。"虢䣙公:虢,封國名,此指西虢。(參見郭沫若《班毁的再發現》,《文物》1972 年第 9 期)䣙,同"城"。《説文·十三下》"城"之籀文同此。此處"䣙"爲謚號。虢城公是西虢國的封君,曾在周王室供職,其時已卒,得謚爲"䣙"。服:職務。《尚書·周書·旅獒》:"無替厥服。"僞孔傳:"使無廢其職。"《詩經·大雅·蕩》:"曾是在服。"毛傳:"服,服政事也。"以上兩句意爲:八月初吉期間,在宗周,甲戌那一天,王册命毛伯接任虢城公在王室的職務。

(4)〔甹王立,乍三方亟,秉緐、蜀、巢令〕甹:同"甹"(見《説文·五上》)。此通"屏"(bǐng),遮蔽,護衛。《左傳·哀公十六年》:"俾屏余一人以在位。"杜預注:"屏,蔽也。"立:"位"之初文。乍:"作"之初文,作爲。三方:猶言"天下"。亟:"亟"之初文,通"極",中正,準則。《尚書·周書·君奭》:"作汝民極。"僞孔傳:"爲汝民立中正矣。"楊筠如《尚書覈詁》:"極,猶則也。”《詩經·商頌·殷武》:“商邑翼翼,四方之極。”《韓詩》《魯詩》作“京邑翼翼,四方是則”。秉:主持,掌管。緐、蜀、巢:隸屬于周朝的方國名,其故址今難確考。令:政令。此句意爲:護衛王位,作天下的表率,掌管緐、蜀、巢等方國的政令。

(5)〔易𤣩鑾〕易:通“賜”,賞賜。𤣩鑾:𤣩,字左側所从之形不詳,疑此字从令得聲,此通“鈴”。鑾,同“勒”。《説文·三下》:“勒,馬頭絡銜也。”𤣩鑾,疑是掛有銅鈴的絡銜。此句意爲:賞賜掛銅鈴的絡銜。

(6)〔咸〕完畢。指對毛伯的册命至此完畢。

(7)〔王令毛公㠯邦冢君、土、馭、𢦒人伐东或痟戎〕毛公:即上文毛伯。此時毛伯受册命接任虢城公的職務,封爵由伯升爲公,故稱毛公。㠯:經籍通作“以”,率領。邦冢君:周朝封君的專稱。土:通“徒”,步卒。馭:同“御”,駕馭戰車者。《詩經·小雅·車攻》:“徒御不驚。”𢦒人:一種服雜役之人。(詳見李學勤《班設續考》)𢦒,疑是《説文·十二下》之“戜”,音dié。東或:或,“國”之初文。東或,指周朝東部地區。痟戎:叛亂的異族部族。痟,通“滑”。《國語·周語下》:“今吾執政無乃實有所避,而滑夫二川之神。”韋昭注:“滑,亂也。”此句意爲:王命令毛公率領封君及其徒、御、戜人等征伐東部地區叛亂的部族。

(8)〔咸〕指對毛公下達的東征詔命至此完畢。

(9)〔王令吳白曰:㠯乃𠂤𠂇比毛父〕吳白:吳國的封君。吳之故地在今江蘇省無錫市。乃:第二人稱代詞,在此作定語。𠂤:音 shī,軍隊。𠂇比:𠂇,同“左”。按本銘“左”作𠂇,“右”作又,區别在于上部“手”之象形方向不同。比,音 bì,輔助。《詩經·唐風·杕杜》:“嗟行之人,胡不比焉?”鄭玄箋:“比,輔也。”毛父:即毛公,年高位尊,又是穆王的長輩,故以“父”稱之。此句意爲:王命令吳伯説:率領你的軍隊從左方輔助毛父。

(10)〔王令吕白曰:㠯乃𠂤右比毛父〕吕白:吕國的封君。吕之故地在今河南省南陽市。此句意爲:王命令吕伯説:率領你的軍隊從右方輔助毛父。按,毛公東征,吳在其左方,吕在其右方,則所謂“東或痟戎”當在江淮一帶。

(11)〔趞令曰:㠯乃族從父征〕趞令曰:趞,人名。“趞令”下當省略了賓語,即施令對象班。族:指班的宗族。此句意爲:趞命令班説:率領你的族人跟隨毛父出征。

(12)〔徣戜衛父身〕徣：于是。《金文編》曰：“《説文》所無，楊樹達云義如遂。”戜衛：象城牆那樣地護衛，比喻護衛之固。戜，同“城”，名詞作狀語。此句是班之所述，意爲：我就牢牢護衛住毛父之身。

(13)〔三年静東或，亡不成肬〕静：安静，平定。亡：用作否定詞，經籍或作“無”。不成：李學勤先生指出：“征戰有功爲‘有成’，反之爲‘不成’。”肬：通“尤”。《詩經・小雅・四月》：“廢爲殘賊，莫知其尤。”鄭玄箋：“尤，過也。”此句意爲：三年内平定了東部地區，没有戰敗的過錯。

(14)〔天畏，否臭屯陟〕天畏：天神威嚴。畏，通“威”。否：通“丕”，大。臭：通“畀”(bì)，賜予。《爾雅・釋詁》：“畀，賜也。”屯陟：屯，通“純”，美善。陟，升進。《尚書・虞夏書・堯典》：“三載考績，三考黜陟。”此處謂擢升高位。此句意爲：天神威嚴，大大地賜予美善(使之得以)擢升高位。

(15)〔公告氒吏于上〕公：指毛公。告：祭告。氒：指示代詞，經籍通作“厥”。吏：同“事”，指平定東國之事。上：上天。《尚書・周書・文侯之命》：“昭升于上，敷聞在下。”馬融注：“上謂天。”此句意爲：毛公向上天祭告其事。

(16)〔隹民亡徣才！彝昧天令，故亡〕亡：通“氓”。《戰國策・秦策一》：“彼固亡國之形也，而不憂民氓。”姚宏注：“野民曰氓。”徣：楊樹達認爲，“尋甲文‘出’字或作，與‘徣’字右旁所从之形正同，然則當爲‘出’字。”(《積微居金文説・聿白厫𣪘跋》)此通“拙”，愚蠢。才：語氣詞，經籍通作“哉”。彝：常。《詩經・大雅・烝民》：“民之秉彝，好是懿德。”毛傳：“彝，常。”昧：通“昧”，不明。《尚書・周書・秦誓》：“昧昧我思之。”僞孔傳：“以我昧昧思之不明故也。”亡：滅亡。此句意爲：東國之民真愚蠢啊！經常不明白上天的旨意，所以滅亡了。

(17)〔允才！顯隹苟德，亡逌違〕允：誠然。顯：明顯。苟德：敬尚德業。苟，“敬”之初文。逌：音 yóu，代詞，經籍多作“攸”。違：違失。此句意爲：誠然如此啊！明顯地敬尚德業，才無所違失。

(18)〔班拜䭫首〕拜䭫首：即拜手䭫首。拜，同“拜”。䭫，音 qǐ，《説文・九上》：“下首也。”經籍多作“稽”。《周禮・春官・大祝》有“九拜”之文，曰:"一曰稽首,二曰頓首,三曰空首。"鄭玄注:"稽首,拜頭至地也……空首,拜頭至手,所謂拜手也。"《荀子·大略》:"平衡曰拜,下衡曰稽首。"則拜手是跪而拱手,手與心平,頭俯至手而不至地。稽首則頭至手而手至地。

(19)〔曰:烏虖!不杯丮皇公,受京宗懿釐〕烏虖:嘆詞,經籍通作"嗚呼"。不杯丮皇公:不,通"丕"(pī),大。不杯,即"丕丕",意爲大大。《尚書·周書·立政》:"以竝受此丕丕基。"僞孔傳:"君臣竝受此大大之基業傳之子孫。"《金文編》曰:"杯,《説文》所無……疑此'不杯'即'丕丕',上'丕'借'不',下'丕'作'杯',以見重意。"丮,音 jǐ,用爲贊美之辭。李學勤先生説:"'丮'字或以徐王子旃鐘對比,但細察《録遺·4》鐘銘拓本,並非'丮'字。楊樹達先生云'不杯丮爲贊美之辭',甚是。'丮'讀爲'極',《爾雅·釋詁》:'至也。'""不杯丮"表示十分偉大的意思。皇公:指已逝之毛公。皇爲尊稱。京宗:大宗,指周王宗室。懿釐:美好的福祐。懿,音 yì,美。釐,音 xī,福。以上兩句意爲:班拜手稽首,説道:十分偉大的皇公,承受了大宗美好的福祐。

(20)〔毓文王₌姰聖孫〕"王"下有重文符號。毓文王:即"后文王"。毓,同"育",殷墟卜辭即用作君后之"后",與此同。王姰:文王后妃,其姓爲姰。姰,同"姒"。聖孫:睿智的子孫。此指毛公。毛的始封之君是文王之子毛叔鄭,故毛公也是文王的後裔。

(21)〔隥于大服,廣成氒工〕隥:同"登",升任。大服:重要的職務。工:"功"之初文,功業。以上兩句意爲:后文王和王姒的睿智的子孫毛公,升任要職,大成其功業。

(22)〔文王孫亡弗褱井,亡克競氒剌〕文王孫:泛指文王的後代子孫。褱井:思慕並以之爲典型。褱,"懷"之初文,懷念,思慕。井,通"型",典型,此指效法,以之爲典型。克:能够。競:爭勝。剌:通"烈",此指顯赫的功業。此句意爲:文王子孫無不思慕並以他爲效法的典型,沒有人能與他顯赫的功業相比。

(23)〔班非敢㠯〕㠯:从爪从頁,象以ㄔ(手)抑𠃌(頁)之狀,即"印"(抑)之異構。此指壓抑、隱沒。此句意爲:班不敢隱沒毛公的功業。

(24)〔隹乍卲考爽益曰大政〕卲考:英明的先父。卲,通"昭",明。益:同

“益”,通“謚”。對本句的含意,諸家有不同的理解。郭沫若認爲,“頗疑‘爽’假爲䵼。《宰出毁》:‘王貺宰出貝五朋,用乍寶䵼。’䵼與爽,音相近。‘益’即謚或謚,號也。《褱石磬》‘□之配厥益曰鄰子’,又‘自作造磬,厥名曰褱石’,與此同例。號曰‘大政’乃祭器之名號。”(《班毁的再發現》)李學勤先生則認爲,“‘爽’訓爲明,‘曰’訓爲於,即作昭考明謚於大政。‘大政’爲執政大臣之稱,見《左傳》成六年、襄二十九年、昭七年等,金文或作‘大正’,見《弭仲簠》、《邾君鐘》和《梁其鐘》。句意是説班請於大臣,爲其父作謚。”(《班毁續考》)

(25)〔子₌孫多世其永寶〕“子”下有重文符號。子子孫:西周中期金文常用語,晚期多稱“子子孫孫”。多世:纍世,代代。其:語氣詞,表示希望。此句意爲:希望子孫世代長久珍愛它。

曶鼎[1]

隹王元年六月既朢乙亥，王才周穆王大室，[2] 王若曰："曶，令女更乃且考嗣卜事，易女赤[?]市、䜌，用事。"[3] 王才遹应，井弔易曶赤金，鬱。[4] 曶受休令于王。[5] 曶用絲金乍朕文孝究白䵼牛鼎。[6] 曶其萬年用祀，子=孫=其永寶。[7]

隹王三月既眚霸，辰才丁酉。[8] 井弔才異爲士。[9] 曶吏氒小子𩵦，目限訟于井弔：[10] "我既賣女五夫效父，用匹馬束絲。"[11] 限誥曰："𪊨𠟭卑我賞馬，效父□卑復氒絲□孯。"[12] 效父迺誥。[13] 贅曰："于王參門□□木榜，用償，征賣絲五夫，用百寽。[14] 非出五夫□□旛，迺䛧又旛眔䵼金。"[15] 井弔曰："才王廷迺賣用□，不逆。[16] 付曶，毋卑弍于𪊨。"[17] 曶𠟭摔䭫首，受丝五夫：曰陪、曰恒、曰耕、曰鑫、曰眚，吏寽，目告𪊨，[18] 迺卑□目曶酉彶羊，丝气寽，用𠬝丝人。[19] 曶迺每于𪊨曰："次！□舍𩵦矢五秉。"[20] 曰："弋尚卑處氒邑，田氒田。"[21] 𪊨𠟭卑□復令曰："若！"[22]

昔饉歲，匡衆氒臣廿夫寇曶禾十秭。[23] 目匡季告東=宮=迺曰：[24] "求乃人，乃弗得，女匡罰大。"[25] 匡迺䭫首于曶，用五田，用衆𠬝曰[?]，用臣曰疐、曰朏、曰奠，曰："用丝三夫。"[26] 䭫首曰："余無逌具寇、足□；不□，𩛥余。"[27] 曶或目匡季告東宮，曶曰："弋唯朕禾賞。"[28] 東宮迺曰："賞曶禾十秭，遺十秭，爲廿秭。□來歲弗賞，𠟭貸卌𠟭。"[29] 迺或即曶用田二，又臣□，凡用即曶田七田，人五夫。[30] 曶覓匡卅秭。[31]

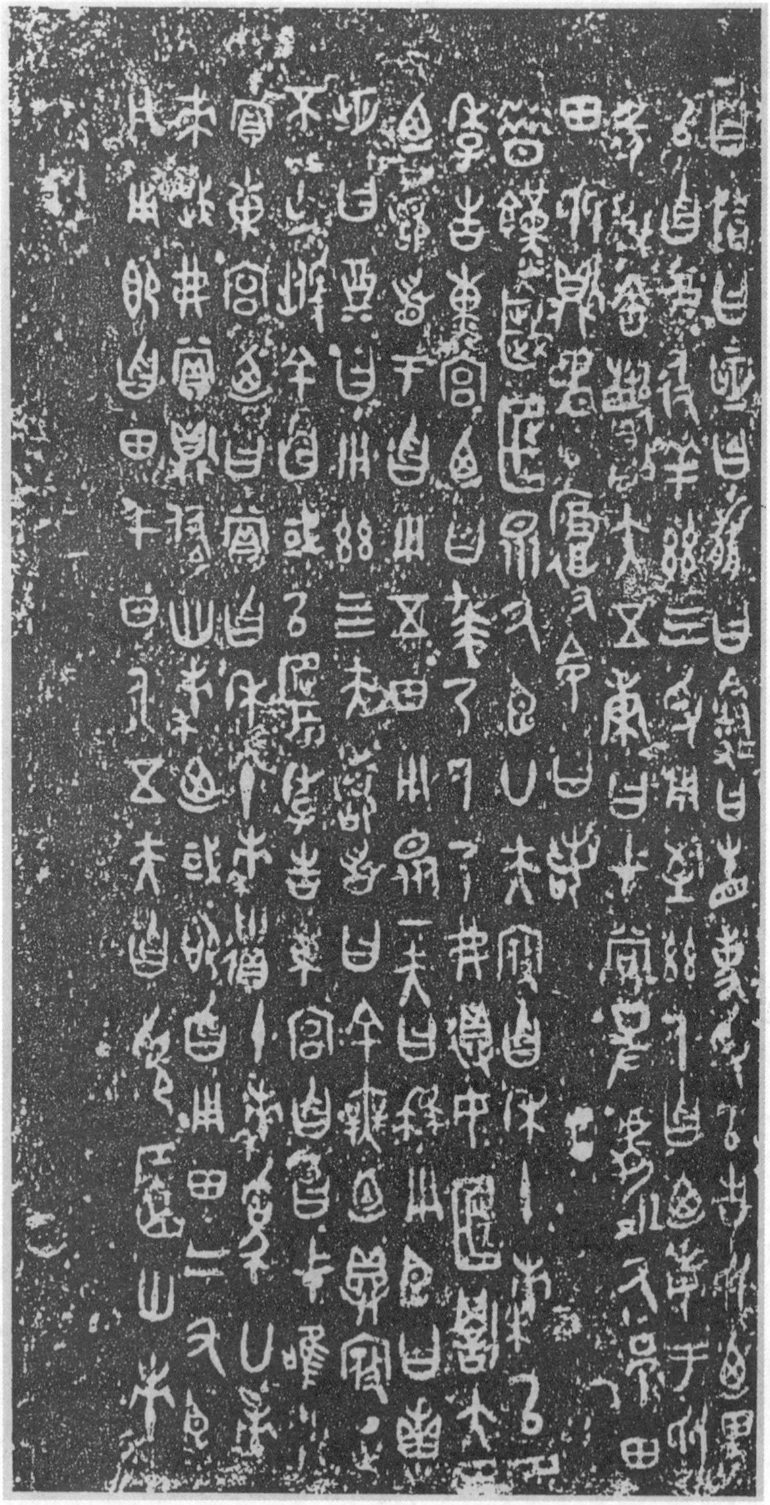

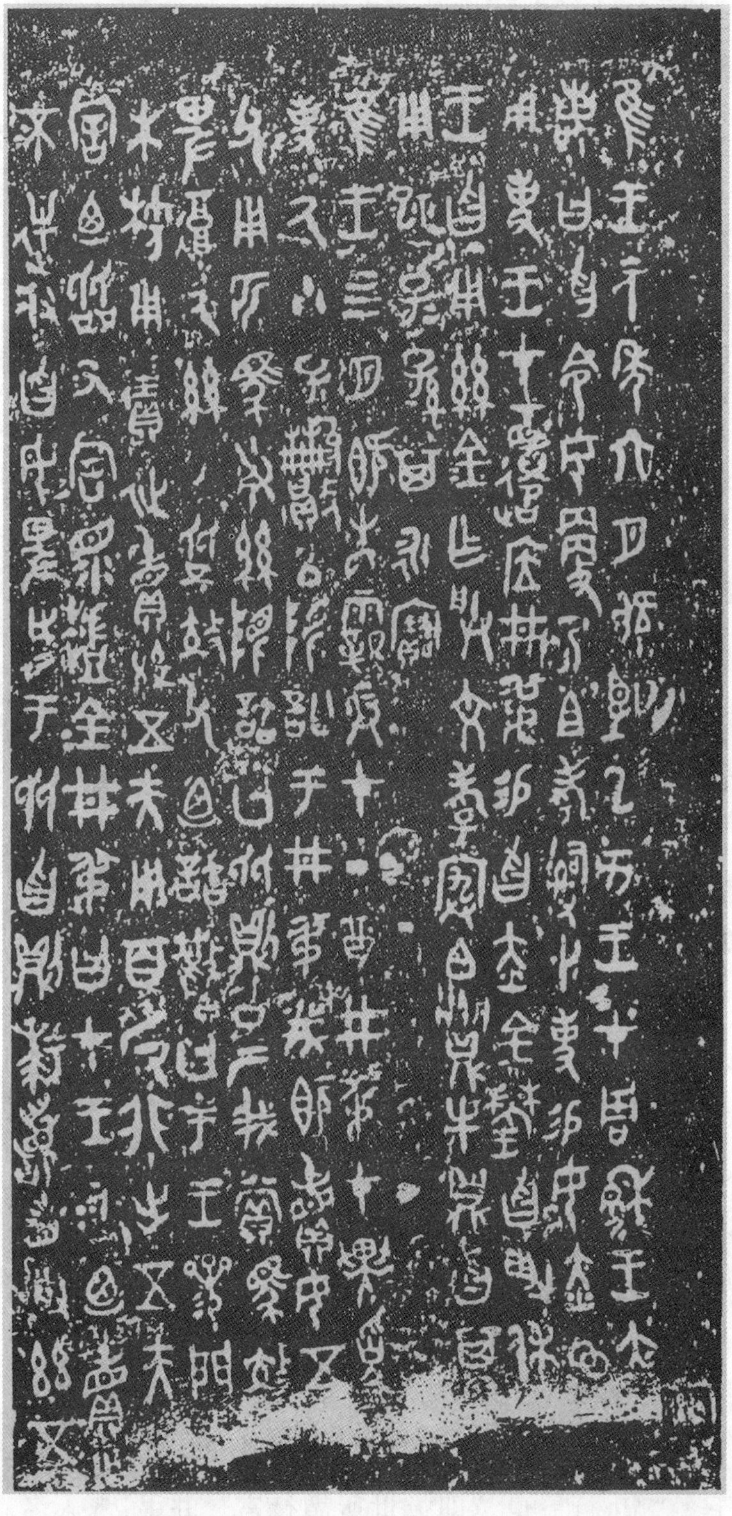

曶鼎銘文

（1）〔曶鼎〕出土于陝西，清乾隆（公元 1736 年—1795 年）年間畢沅任陝西巡撫時曾予收藏，今下落不明。傳世唯有搨片數張，分已剔、未剔兩種。銘文分三段，各爲起訖，共 24 行 403 字（内含重文 4 字，合文 1 字），其中頗有缺損不清之處，雜以通讀。本銘包含有西周社會法律及經濟的重要史料，最早著錄于阮元《積古齋鐘鼎彝器款識》卷四，但未具體説明器形。曶，音 hū。《金文編》曰："《説文》从匚、曶聲之匫，曾侯乙墓出土漆器作匫，是知㫚即曶。"

（2）〔隹王元年六月既朢乙亥，王才周穆王大室〕王：由于本器下落不明，形製又未曾著錄過，斷代比較困難，所以此"王"究爲何指，衆説紛紜。因下文有"穆王大室"，故只可肯定是在穆王之後。既朢：周代月相名，指農曆每月十五、十六日至二十二、二十三日這一段時間。朢，經籍通作"望"。周穆王大室：周，地名，指王城，故址在今河南省洛陽市。大，音 tài，經籍或作"太"。"大"下缺文，依文義補"室"字。穆王大室，指祭祀穆王的宗廟裏的大室——中央之室。此句記載曶受封賞的時間和當時周王所在的地點。

（3）〔王若曰：曶，令女更乃且考𤔲卜事，易女赤⚭市、絲，用事〕令：同"命"。女：第二人稱代詞。更：繼續，承繼。《國語・晉語四》："姓利相更。"韋昭注："更，續也。"且："祖"之初文。考：亡父。𤔲卜事：管理占卜之事。𤔲，主管。赤⚭市、絲：原銘"⚭"下缺二字，依文例補"市、絲"。《望段》："易女赤⚭市、絲，用事。"《𢦏段》："易女𢦏玄衣、赤⚭市、絲……用事。"可知赤⚭市與絲經常并賜。于省吾説："⚭爲雍之初文，赤雍市即赤緼市……赤猶朱也，雍謂黄也。赤黄色即《詩・斯干》箋所稱'芾者，天子純朱，諸侯黄朱'之'黄朱'也。"（《雙劍誃古文雜釋・釋赤⚭市》）市，禮服的蔽膝。絲，通"鑾"，鑾鈴，是一種裝在軛首或車衡上的飾物。用事：奉行職事。此句意爲：王這樣説：曶，命你承繼你的祖父、父親主管占卜事務，賞賜你赤雍市、鑾鈴，你要努力奉行職事。

（4）〔王才遣应，井弔易曶赤金、鬱〕遣：地名，字不識。应：同"廙"，音 yì。《説文・九下》："廙，行屋也。"即後世所謂行宫。井弔：[illegible]人名。井，音 xíng，經籍作"邢"。弔，金文用爲伯叔之叔。井弔系王朝大臣，地位遠在曶之上，故繼王賜之後，也可對曶有所賞賜。赤金，赤色的銅。䜌：字難確識。此句意爲：王在遵地行宫時，邢叔賞賜曶赤色銅和䜌。

(5)〔曶受休[令][于]王〕休：賞賜。[令][于]：此二字原缺，據文義補。此句意爲：曶從王那裏受到賞賜和任命。

(6)〔曶用絲金乍朕文孝弃白䵼牛鼎〕絲：指示代詞，經籍通作"茲"。文：形容詞，意爲文德彰明。孝：通"考"。孝字上古屬曉母幽部，考字屬溪母幽部，音近可通。弃白：曶父之名。弃，音 guǐ。白，"伯"之初文。䵼牛鼎：祭祀時煮牛之鼎，當爲奉太牢禮時所用。金文又有"豕鼎"（見《圅皇父段》），與之有别。䵼，《廣韵》、《玉篇》作"鬺"，音 shāng。此句意爲：曶用這些赤銅製作祭享我文德彰明的父親弃伯的大鼎。

(7)〔曶其萬[年]用祀，子=孫=其永寶〕其：語氣詞，表示希望。[年]：字原缺，依文義文例補。此句意爲：曶希望一萬年都用這鼎祭祀祖先，子子孫孫要永遠寶愛。按，銘文自開頭至此爲第一大段，敘述曶受王封賞並得到邢叔賞賜，從而製作了這個禮器䵼牛鼎。

(8)〔隹王三月既眚霸，辰才丁酉〕既眚霸：眚，通"生"。既生霸，周代月相名，指農歷每月八、九日至十四、十五這一段時段。辰：日辰，日子。此句記下文所述訴訟一事的時間，但年份不明，意爲：在王四月既生霸期間的丁酉那一天。

(9)〔井弔才異爲[士]〕異：地名。爲[士]："爲"下原缺一字，以《牧段》有"嗣士"，《趞鼎》有"士"，皆爲司法之官，與下文所記井弔身份相合，故"爲"下補一"士"字較爲適宜。

(10)〔[曶]吏氒小子䵣，目限訟于井弔〕[曶]：此字原缺，依文義是全句主語，故補"曶"字。吏：同"使"，派遣。小子䵣：曶的下屬名叫䵣的人。䵣，音讀未明，下文又寫作"贊"。目：介詞，有後世"把……"之意。限：人名，被告一方的代表人。訟：提起訴訟。此句意爲：曶派遣他的小子䵣，把限訟告到邢叔那裏。

(11)〔我既賣女五[夫][效]父，用匹馬束絲〕我：䵣自稱。既：副詞，已經。賣：通"贖"，贖買。女：第二人稱代詞，指限。按，"五"下原銘缺損，依文義補入"夫"、"效"二字。五夫，五個人。此事䵣是買方，效父（限的上司）

是賣方,故“效父”應理解爲“賣”(贖)的對象補語。前面省略了表示這一語法關係的介詞“于”。用:使用,給付。匹、束:量詞。上古漢語中數詞爲“一”時一般省略,直接用量詞表示。此句意爲:我已經向效父買了你的五個人,付出一匹馬、一束絲。

(12)〔限誥曰:䛭鼎卑我賞馬,效[父]□卑復乎絲□嬰〕誥:此字本銘中凡二見,形作⿰言⿱午口,當从言,⿱午口聲,其所从⿱午口與《麥盉》“御”(⿰⿱午口卩)所从之⿱午口同。御,聞宥、李孝定皆謂从午得聲。(見《甲骨文字集釋》卷二)可知誥、御二字讀音相同。又,楊樹達、李學勤先生皆謂“馭”(即《説文・二下》“御”之古文“馭”)可通“朔”。(楊説見《積微居金文説・不嬰毁再跋》;李説見《論曶鼎及其反映的西周制度》,《中國史研究》1985年第1期)而《説文・三上》“訴”之或體作“謭”;从朔得聲。故“馭”(御)可通“朔”,“誥”亦可通“謭”(訴),此處意爲陳訴。䛭:人名,李學勤先生認爲是曶的采地管理人。此字下文又寫作“嬰”“䛭”,音讀未明。鼎:同“則”,連詞。卑:通“俾”,使。賞:通“償”,酬報。此處所償之馬即上句提到的作爲贖買五夫代價的匹馬。效[父]□:原銘“效”下缺二字,上一字當爲“父”,下一字多補爲“鼎”(則),亦爲連詞,與上句的“鼎”呼應,表示上下是兩個並列的分句。復:同“復”,還給。按,此句“絲”下泐一字,舊多補作“束”,李學勤先生補作“于”,今從之。此句是被告限的陳訴,意爲:限陳訴説:䛭倒是使我得到了那匹馬,效父却把那束絲退還給了䛭。(言外之意是此契約尚未得以完全成立。)

(13)〔效父迺誥〕迺:副詞,于是。此句意爲:效父于是也作了陳訴。(陳訴的內容當與限無大異,故未錄。)

(14)〔賷曰:于王参門□□木榜,用賞,徙賣絲五夫,用百爰〕王:王宮。参門:即“三門”。《小盂鼎》有“入三門,即立(位)中廷,北鄉(向)”之語。孫詒讓説:“依宋劉敞及近代戴震、焦循説,天子亦止皋、應、路三門,則此三門或指皋門外言之。”(《古籀餘論》下)所以此處的“三門”在王宮外,爲上古進行交易的場所。木榜:木製的寫字版。榜,經籍或作“方”。《儀禮・聘禮》:“三百名以上書于策,不及百名者書于方。”此指書寫着有關交易法令的木版。“木榜”之上原缺二字,未能確補。賞:郭沫若認爲是金屬貨幣。(見《兩周金文辭大系考釋》)譚戒甫謂此字从貝彸(往)聲。(見《西周“舀”器銘文綜合研究》,《中華文史論叢》第三輯)征:郭沫若謂“即《詩》《書》中所習見之虛詞‘誕’字。”誕,句首語氣詞。爰:音 yuán,通“鍰”,古代重量單位。《説文・十四上》:“鍰,鋝也。”“鋝,十銖二十五分之十三也。”

(15)〔非出五夫□□旛,迺酷又旛眔𩰫金〕非,不。旛:郭沫若認爲,“旛是祈字,《大師虘豆》‘用旛多福’同此,乃从言,旂省聲;《伯䢅毁》字則从旂聲不省。《爾雅・釋詁》:‘祈,告也。’”此字之前,在上行之末原缺二字,據文義似可補“鬎又”。又旛:又,通“有”。有旛,猶言“上告”。眔:音 dài,連詞,義同“及”。𩰫:李學勤先生認爲“从‘豈’聲,試讀爲‘覬’”,音 jì,意爲希冀、希圖。以上兩句是𩰫又作的陳訴,敘述其與限這一方再次訂約的情況,意爲:雙方在王宮外的三門懸掛着交易法令的木版下,用貨幣進行交易,于是買了這五個人,付出一百鍰。如果不交出這五個人就要上告,于是既上告並希望索回贖金。

(16)〔才王廷迺賣用□,不逆〕王廷:指官府所在地,經籍或作“王庭”。《周易・夬》:“揚于王庭,孚號有厲。”孔穎達疏:“王庭,是百官所在之處。”此即指上文所説“參門”一帶。廷,郭沫若等釋爲“人”,細審原銘,尚有缺筆,故從李學勤先生之釋。用□:下一字缺,依文義疑是上文“用償”之“償”。不逆:《釋名・釋言語》:“逆,不順也。”不逆就是順,此指合法。

(17)〔付曶,母卑式于既〕付曶:邢叔令限一方將五夫交給曶。母:用作否定詞,經籍通作“毋”。式:原銘不清,郭沫若釋作“式”,同“貳”。《左傳・襄公二十四年》:“則諸侯貳。”杜預注:“貳,離也。”以上兩句是邢叔的判詞,意爲:在王庭用金贖人,是合法的。將五夫交給曶,(由既加以管理,)不要使他們離開既。

(18)〔曶鬎搼䭫首,受丝五夫:曰陪、曰恒、曰秝、曰𨥨、曰眚,吏爰,昌告既〕搼:同“拜”。䭫首:䭫,音 qǐ,《説文・九上》:“下首也。”經籍多作“稽”。䭫首是古代一種跪拜禮,行禮時頭至地,猶言“叩首”。丝:代詞,這。經籍通作“兹”。五夫:“夫”字原缺,據文義補。下文的“陪”“恒”“秝”“𨥨”“眚”即此五夫之名。“陪”字原銘不清,此從郭沫若之釋。“秝”“𨥨”二字音讀未明。吏爰:吏,同“事”。吏爰,即“事鍰”,意謂履行交付鍰金的手續。此句意爲：曶就下拜叩首，接受了這五個人：名陪、名恒、名耕、名鑫、名眚，同時履行交付贖金的手续，並把此事告訴給㕚。

(19)〔迺卑□吕曶酉彶羊，丝气爰，用㚔丝人〕卑□：卑，使。"卑"下一字原缺，疑是㕚下屬之名。吕曶：李學勤先生認爲此處"吕"有"給付"之意。酉："酒"之初文。彶：連詞，經籍通作"及"。丝气爰：丝，代詞，此有"在此""當場"之意。气，以往多釋爲"三"，但原銘此字横畫皆向上微翹，不同于横畫平直的數字"三"，故從孫常叙釋"气"。（見《曶鼎銘文淺釋》，《吉林師大學報（社會科學版）》1977 年第 4 期）在此通"訖"，意爲完成。气爰，指完成交付贖金之事。用：連詞，因而。㚔：同"致"，送來。此句意爲：于是㕚使人給曶送上酒和羊，當場交付完贖金，因而對方就送來了這五個人。

(20)〔曶迺每于㕚曰：次！□舍䜌矢五秉〕每：通"誨"，教，令。㕚曰："曰"字原缺，據文義補 。次：語氣詞，表示祈求、命令，經籍通作"咨"。"次"下一字漫漶不清，難以確釋。舍：給予。矢五秉：五束箭。秉，量詞。《詩經・小雅・大田》："彼有遺秉。"毛傳："秉，把也。"據説，矢是訴訟得直的象徵。《周禮・大司寇》："以兩造禁民訟，入束矢于朝，然後聽之。"鄭玄注："必入矢者，取其直也。《诗》曰：'其直如矢。'"此句意爲：曶于是命令㕚说：咨！给䜌送去五束箭。

(21)〔曰：弋尚卑處氒邑，田氒田〕弋尚：通"必當"，"必"本从弋聲，"當"本从尚聲，故可通假。卑：使。其下省略賓語"兹五夫"。田氒田：兩"田"間原缺一字，據文義補"氒"。此兩"田"字，前爲動詞，後爲名詞。此句意爲：曶又說：一定要使這五人住其原住的居邑，種其原種的田地。

(22)〔㕚剽卑 □復令曰：若〕卑□：使某人。所泐之字亦當爲人名。復令：即"復命"，回報。若："諾"之初文，表示從命之詞。此句意爲：㕚就使人回報説：從命。按，本銘自"隹王三月"至此爲第二大段，敘述曶與效父之間一場關于贖買五夫的訴訟。理解的難點與關鍵在于分清人物于官司兩造的歸屬，即曶、䜌、㕚爲原告一方，效父，限爲被告一方。

(23)〔昔饉歲，匡衆氒臣廿夫寇曶禾十秭〕饉：饑荒。《墨子・七患》："一穀不收謂之饉。"匡衆氒臣：匡，氏名，即下文的匡季。衆，匡氏手下人的一種身份名稱，其地位似較臣略高。氒，經籍通作“厥”，此作連詞，義同“之”，表示並列。臣，一般認爲指奴隸，屬匡衆所管轄。寇：侵犯，搶劫。《左傳・文公七年》：“兵作于内爲亂，于外爲寇。”秭：音 zǐ，禾的計量單位。《説文・七上》：“秅，二秭爲秅……四百秉爲秅。”則秭當爲禾二百秉。此句意爲：先前饑荒的年頭，匡氏的衆及其臣共二十人劫掠了曶十秭禾。

(24)〔吕匡季告東₌宮₌迺曰〕此句“東宮”兩字有重文符號，故當讀作：“吕匡季告東宮，東宮迺曰”。吕匡季告東宮，句式與上段“吕限訟于井弔”類似。東宮，人名。此句意爲：曶把匡季訟告到東宮那裏，東宮于是説道……

(25)〔求乃人，乃弗得，女匡罰大〕求：尋找。《禮記・檀弓上》：“瞿瞿如有求而弗得。”孔穎達疏：“求，猶覓也。”此處有追查之意。乃人：指匡季手下搶禾之人。乃，第二人稱代詞，此指匡季。乃弗得：乃，此處用作假設連詞，義同“若”，如果。此句爲東宮之語，意爲：追查你手下搶禾的人，如若查不到，就重重懲罰你匡季。

(26)〔匡迺䭫首于曶，用五田，用衆夫曰𦍋，用臣曰疐、[曰]朏、曰奠，曰：用丝三夫〕用：給付，交出。夫：“一夫”二字合文。𦍋：譚戒甫謂即《説文》“𦍋”字。《説文・二上》：“𦍋，籀文嗌，上象口，下象頸脈理也。”嗌，音 yì。疐：音 dì。朏：音 fěi。此句意爲：匡季于是向曶叩首，給付五塊田，給付一名衆叫嗌，給付臣叫疐、朏、奠的，説道：“用這四人作賠。”

(27)〔䭫首曰：“余無逌具寇、足□；不□，鞭余〕逌：通“由”，緣由，此處指辦法。具寇：全部交出搶禾的人。足□：“足”下一字缺損，孫常敘謂當補“禾”字。足禾，全部交出搶走的禾。不□：“不”下一字僅存殘畫，難以辨識。依文義，“不□”當爲“不實”之類的意思。鞭：疑同“䟺”（見《𠑇匜》），即“鞭”，此指鞭刑。《國語・魯語上》：“大刑用甲兵……薄刑用鞭扑，以威民也。”韋昭注：“鞭，官刑也。”此句意爲：曶叩首説：“我沒有辦法交齊搶禾的人和搶走的禾，如有不實，就施我以鞭刑。”

(28)〔曶或吕匡季告東宮，曶曰：弋唯朕[禾]賞〕或：副詞，又。弋：通“必”。唯：語氣詞，表示排他性。朕[禾]：“朕”下一字缺損，諸家多補“禾”字。

賞：音 cháng，賠償。其賓語“朕禾”前置。此句意爲：曶又向東宫控告匡季，曶説：“一定要匡季賠償我的禾。”

(29)〔東宫迺曰：賞曶禾十秭，遺十秭，爲廿秭。□來歲弗賞，則付卌秭〕遺：同“遺”，增加。《詩經・邶風・北門》：“政事一埤遺我。”毛傳：“遺，加也。”□來歲弗賞：“來”前一字缺損，依文義，當爲一表假設之詞。付：同“付”，交付。卌：即今“四十”。此句意爲：東宫于是説：“匡季賠償曶十秭禾，加十秭，一共是二十秭。如若來年不償還，就交付四十秭。”

(30)〔迺或即曶用田二，又臣□，凡用即曶田七田，人五夫〕即：動詞，付與。(參見楊樹達《積微居金文説・散氏盤跋》)“即”、“用”爲同義詞。臣□：“臣”下一字缺損，依文義當補“一”字。此句意爲：匡季于是又付給曶兩塊田，再加一個臣，一共付給曶七塊田，五個人。

(31)〔曶覓匡卅秭〕覓：同“抑”，此處意爲減免、扣除。此句意爲：曶減免了匡季三十秭禾。按，自“昔饉歲”至此爲本銘第三大段，敘述曶與匡季就“匡衆氒臣廿夫寇曶禾十秭”所發生的糾紛及其解決。

衛盉(1)

佳三年三月既生霸壬寅,(2)
王爯旂于豐。(3)矩白庶人取
堇章于裘衛,(4)才仐朋氒賓,(5)
其舍田十田。(6)矩或取赤虎
兩、(7)麀𠦪兩、(8)𠦪韐一,(9)才萠,其
舍田三田。(10)裘衛迺彘告于
白＝邑＝父＝焚＝白＝定＝白＝琼＝白＝單＝
白＝,(11)迺令參有嗣＝土𢼸邑、嗣
馬單旟、嗣工邑人服眔
受田,(12)燹、趞、衛小子[illegible]、逆、
者其卿。(13)衛用乍朕文考惠
孟寶般,(14)衛其萬年永寶用。(15)

(1)〔衛盉〕1975年出土于陕西省岐山縣董家村,蓋内鑄有銘文12行132字(内含合文2字,重文12字),記載了西周時期玉器、毛皮與土地的交换情況,爲研究古代經濟史提供了有價值的資料。此器現藏陕西省博物館,銘文最早著錄于《文物》1976年第5期。

(2)〔佳三年三月既生霸壬寅〕三年:此"三年"當隸何王,有穆王、恭王、懿王諸説,待考。既生霸:周代月相名,指農曆每月八、九日至十四、十五日這一段時間。此句意爲:在三年三月既生霸期間的壬寅日。

(3)〔王爯旂于豐〕爯旂:爯,音 chēng。《説文·四下》:"爯,并舉也。"爯旂,即舉旂,建旂。此旂當爲太常之旂,上畫日月交龍。《周禮·春官·司常》:"王建太常……凡祭祀,各建其旂,會同賓客亦如之。"此處當是諸侯群臣朝見周王,王舉行典禮,故建太常于豐。豐:地名,故址在今陕西省西安市西南、灃水西岸。此句意爲:王在豐邑建旂。

(4)〔矩白庶人取堇章于裘衛〕矩白:矩邑封君。矩,封邑名。白,"伯"之初文。庶人:矩伯屬吏。堇:通"覲",朝覲。章:通"璋",玉璋。《説文·一

上》:"剡上爲圭,半圭爲璋。"玉璋是朝覲時所用物品。裘衛:其氏爲裘,其名爲衛。裘氏可能原是掌管皮裘生産的官,以官爲氏。《周禮·天官》有"司裘"一職,"凡邦之皮事掌之"。從本器及九年衛鼎的銘文看,裘衛兼營工商業,相當富有。此句意爲:矩伯的庶人從裘衛那裏取來了朝覲用的玉璋。

(5)〔才仐朋氒賓〕才:通"在",(價格)定在,即作價之意。仐:"八十"二字合文。朋:當時的貨幣單位。朋字之形如串貝,王國維謂:"古者五貝一系,二系一朋。"(《觀堂集林·説玨朋》)氒:經籍通作"厥",此處表領屬,其義猶"之"。這種用法又見于《矢方彝》:"乍册令敢躿明公尹氒宦。"王引之《經傳釋詞》卷五:"厥猶之也。《書·無逸》曰'自時厥後'……皆謂自是之後。"賓:經籍作"賈",此指價格。(參見李學勤《魯方彝與西周商賈》,《史學月刊》1985年第1期)此句意爲:作八十朋之價。

(6)〔其舍田十田〕舍:給予。田十田:前"田"字是名詞,後"田"字是量詞。

這種量詞實際只是把名詞在數詞後重複一下，以表示單位，是量詞比較原始的形式，類似的例子又見于《乙亥毁》的“玉十玉”，《𬭚鎛》的“侯氏錫之邑二百又九十又九邑”及《小盂鼎》的“獲聝四千八百□二聝”等。因此本句的量詞“田”可能是指一塊田，其大小並無規定。《周禮・考工記・匠人》：“田首倍之。”鄭玄注：“田，一夫之所佃百畝。”如果本句的一田也是百畝的話，則田十田爲一千畝，價值八十朋，可换一玉璋，土田的價值過低，使人難以置信。故此句之意當爲：矩伯給裘衛十塊田。

(7)〔矩或取赤虎兩〕或：副詞，經籍多作“又”。《詩經・小雅・賓之初筵》：“既立之監，或佐之史。”鄭玄箋：“又助以史，使督酒。”其用同。赤虎兩：兩張赤色虎皮。虎皮用以藉墊覲璋。《周禮・秋官・小行人》：“合六幣：圭以馬，璋以皮，璧以帛，琮以錦，琥以繡，璜以黼。”鄭玄注：“皮，虎豹皮也。”

(8)〔麀𠦪兩〕麀：字不識，當是鹿屬之獸。𠦪：通“賁”，音 bì。《説文・六下》：“賁，飾也。”麀𠦪是一種用麀皮製成的飾物。

(9)〔𠦪韐一〕𠦪：此指有文飾。韐：同“韐”，音 gé，禮服的蔽膝，其形制與市略有不同。以上幾句意爲：矩伯又取來了兩張赤色虎皮，兩件麀皮飾物和一件有文飾的蔽膝。

(10)〔才朋，其舍田三田〕朋：“廿朋”二字合文。此句意爲：作價廿朋，矩伯給了裘衛三塊田。

(11)〔裘衛迺彘告于白＝邑＝父＝焚＝白＝定＝白＝琼＝白＝單＝白＝〕迺：副詞，就，于是。彘：《説文・九下》：“彘……从彑，矢聲，从二匕。”此通“矢”，陳述。《詩經・大雅・卷阿》：“豈弟君子，來游來歌，以矢其音。”毛傳：“矢，陳也。”白邑父、焚白、定白、琼白、單白：都是當時的執政大臣。此五人名下皆有重文符號。焚，“熒”之初文，音 yíng。琼，音 liàng，見《説文・八下》，徐鉉等謂“今俗隸書作亮”。

(12)〔迺令參有𤔲＝土散邑、𤔲馬單旟、𤔲工邑人服眔受田〕參有𤔲：即下文的𤔲土、𤔲馬、𤔲工。參有𤔲的“𤔲”下有重文符號。𤔲土：經籍通作“司徒”，但在兩周銅器銘文中，直至西周晚期始見作“𤔲徒”者。散：音 wēi。散邑及下之單旟（yú）、邑人服皆爲人名。𤔲馬：經籍通作“司馬”，在銘文中直至戰國時期始見“司馬”之稱。𤔲工：經籍通作“司空”,但在銘文中未見以“空”爲“工”者。眔:通“逮”,音 dài,及,此指參與。眔受田,指參與田土交割。以上兩句意爲:裘衛于是向伯邑父、焚伯、定伯、琼伯、單伯報告此事,伯邑父、焚伯、定伯、琼伯、單伯就命參有𤔲——𤔲土㪤邑、𤔲馬單旟、𤔲工邑人服參與田土交割。

(13)〔燹、趞、衛小子槷、逆、者其卿〕燹(xiǎn)、趞(bū)及槷、逆、者其皆爲人名,槷字不識。衛小子:裘衛的下屬。卿:字作[illegible],象兩人相向就食之形,爲“饗”之初文,此指設宴款待。此句意爲:燹、趞、衛小子槷、逆、者其設宴款待參與田土交割的人員。

(14)〔衛用乍朕文考惠孟寶般〕文考:文德彰明的先父。般:通“盤”。此器是盉而銘文稱盤,是由于盤、盉成套,鑄盉的同時也鑄盤,因而就把盤銘移鑄在盉上。《中皇父盉》稱“乍□媍般盉”,《免盤》稱“用乍般盉”,皆是盤盉同鑄之例。

(15)〔衛其萬年永寶用〕其:語氣詞,表示希望。以上兩句意爲:裘衛我因而製作了這個用來紀念我文德彰明的先父惠孟的寶盤,我要萬年永遠珍愛使用。

白公父簠[1]

白大師小子白
公父乍𥂴，[2]𢿆之
金，[3]隹鐈隹盧。[4]其
金孔吉，[5]亦玄亦
黄。[6]用成𥞫、旛、需、
粱。[7]我用召卿吏
辟王，[8]用召者考
者兄，[9]用旛𩞁壽
多福無彊，[10]其子=
孫=永寶用亯。[11]

(1)〔白公父簠〕1977年8月出土于陝西省扶風縣黄堆公社雲塘生産隊。器蓋同銘，各10行61字(内含重文2字)。此器屬西周晚期，現藏陝西省周原扶風文管所，銘文最早著録于《文物》1982年第6期。

(2)〔白大師小子白公父乍𥂴〕白大師：即伯太師。伯爲尊稱。大師，官名，銘文數見，如《師朢鼎》："大師小子師朢曰……"亦見于經籍，如《詩經·小雅·節南山》："尹氏大師，維周之氐。"毛傳："大師，周之三公也。"《周禮·春官》亦有"大師"，乃樂官之長。本銘大師屬何職，尚待考。小子：本爲未成年之稱。《詩經·大雅·思齊》："肆成人有德，小子有造。"孔穎達疏以小子爲未成人。本銘當爲兒子之義。伯太師小子伯公父，即伯太師的兒子伯公父。𥂴：銅器銘文中簠器自稱的一種，它器尚有自稱匿、𠤳、𠥑、鈷、𥂴、祜、𠥼、匡、𠤵、匩、医、𨟻、笑者。簠是西周晚期始出現而流行于春秋時代的一種青銅禮器，其器和蓋皆作長方形斗狀，兩耳，侈口，可以互相扣合。《説文·五上》："簠，黍稷圜器也，从竹从皿，甫聲。医，古文簠，从匚从夫。"許慎于器形有誤，他把方形的簠與另一種圓盤形高圈足的𥮉相混淆了。

(3)〔𢿆之金〕𢿆：同"擇"，揀選。之：指示代詞，這些。金：銅。

(4)〔隹鐈隹盧〕隹：語氣詞，經籍通作”唯“。鐈：金屬名。朱芳圃謂即錫。(見《殷周文字釋叢》)盧：通“鑪”。《説文・四下》“臚”之籒文作“膚”，則“鑪”亦即“鑪”。此處爲金屬名。它器銘文有稱“玄鏐赤鑪”“吉金黄鑪”者。《爾雅・釋器》：“黄金謂之璗，其美者謂之鏐。”玄鏐赤鑪對文，則鑪亦當爲金之美者。(參見容庚先生《善齋彝器圖録》)以上三句意爲，伯太師的兒子伯公父製作禮器簠，揀選這些銅材，還有鐈和鑪。

(5)〔其金孔吉〕孔：副詞，甚，很。《詩經・小雅・鹿鳴》：“我有嘉賓，德音孔昭。”鄭玄箋：“孔，甚。”吉：美好。

(6)〔亦玄亦黄〕亦：副詞，又。玄：《説文・四下》：“玄，幽遠也。黑而有赤色者爲玄。”這裏的玄、黄都是描狀金屬的美色。以上兩句意爲：這些銅材非常美好，顔色又玄又黄。

(7)〔用成糕、旜、需、粱〕成：通“盛”。糕：音 zhuō，《弭仲簠》作“糕”。《説文・七上》：“糕，早取穀也。”段玉裁謂糕即經籍之“穛”，亦作“穱”。《禮記・内則》：“飯：黍稷、稻粱、白黍、黄粱、稰穛。”《楚辭・招魂》：“稻粢穱麥。”枚乘《七發》：“穱麥服處。”銘中當指早熟之麥。旜：通“稻”。需：通“糯”，即黏稻。此“需”(糯)與“旜”(稻)對舉，可知“旜”乃專指不黏之稻，即粳稻。粱：同“粱”。舊説以粱即粟米，但根據河南洛陽漢墓出土的陶倉朱書文字中粱米與黍米、粟、黍粟、大麥、稻並稱，則粱米應是一種不同于粟、黍的糧食作物。又經專家鑑定，陶倉朱書爲粱者，其所裝實物即高粱。又，在新石器時代的遺址中也出土了高粱，可見我國高粱早有種植。由此可知,粱就是高粱。(參見李毓芳《關於高粱在我國的栽培時代及名稱辨析》,《考古與文物》1987年第2期)《周禮·舍人》:"凡祭祀共簠簋。"鄭玄注:"方曰簠,圓曰簋,盛黍稷稻粱器。"本銘細列簠中陳設之物,與文獻記載可互爲參證。其中之"需"(糯)是迄今爲止關於黏稻的最早紀錄,對于研究我國農業史很有價值。此句意爲:用此簠裝盛新麥、粳稻、糯稻和高粱。

(8)〔我用召卿吏辟王〕召:繁體作"䛒",从臼从酉从皿,召聲。其本義當與酒宴有關。《呂氏春秋·分職》:"今召客者,酒酣歌舞,鼓瑟吹竽。"高誘注:"召,請也。"此指宴請。卿吏:吏;同"事"。卿吏,即卿事,泛指卿大夫士。辟王:辟,音 bì,天子、諸侯的通稱。《尚書·周書·洪範》:"惟辟作福,惟辟作威,惟辟玉食。"辟王,猶言君王。《詩經·周頌·載見》:"載見辟王,曰求厥章。"本句"辟王"原應在"卿事"之前,此爲協韵而後置。

(9)〔用召者考者兄〕者考:者,"諸"之初文。考,此爲生稱,指父輩,包括伯父、叔父。諸考,猶言諸父。者兄:諸兄。以上兩句意爲:我用以宴請君王和卿事,用以宴請父輩和各位兄長。

(10)〔用旂覺壽多福無疆〕旂:"祈"之初文,祈求。覺壽:長壽。覺爲"沬"之古字,此通"瀰",覺壽,經籍通作"眉壽",《詩經·豳風·七月》:"爲此春酒,以介眉壽。"(參見夏淥《"眉壽"釋義商榷》,《中國語文》1984年第4期)此句意爲:用以祈求長壽多福而沒有止境。

(11)〔其子=孫=永寶用亯〕其:語氣詞,表示希望。此句意爲:希望我的子=孫=永遠寶愛,用此祭享。本銘盬、盧(魚部);黃、粱、王、兄、彊、亯(陽部)協韵。

頌壺[1]

隹三年五月既死
霸甲戌,[2]王才周康
卲宮。[3]旦,王各大室,[4]即
立。[5]宰引右頌入門,[6]
立中廷。[7]尹氏受王
令書,[8]王乎史虢生
册令頌。[9]王曰:"頌,令女
官嗣成周賓廿家,[10]
監嗣新寤賓,用宮
御。[11]易女玄衣黹屯、
赤市、朱黄、緣旂、攸
勒,用事。"[12]頌捧䭫首,[13]
受令册,佩㠯出,[14]反
入堇章。[15]頌敢對瓢
天子不顯魯休,[16]用
乍朕皇考龔弔、皇
母龔始寶隣壺,[17]用
追孝瀌匄康𩁹屯
右,[18]通录永令,[19]頌其
萬年覺壽,[20]畯臣天
子,[21]霝冬。[22]子=孫=寶用。[23]

(1)〔頌壺〕此爲傳世之器,出土情况不詳。壺腹與壺蓋同銘,此處所録爲腹銘,共21行151字(内含重文2字)。這是目前所知西周銘文中记録册命禮儀最完整的一篇。此器現藏山東省博物館,銘文最早著録于《貞松堂集古遺文》。

(2)〔隹三年五月既死霸甲戌〕三年:此"三年"當隸何王,尚無定論,待考。

既死霸：周代月相名，指農曆每月二十三日以後至晦這一段時間。此句意爲：在三年五月既死霸期間的甲戌日。

(3)〔王才周康卲宫〕才：動詞，通“在”。周：地名，指王城，故址在今河南省洛陽市。康卲宫：康宫是祭祀康王的宫廟，康卲宫指康宫中的昭王廟。(參見唐蘭《西周銅器斷代中的康宫問題》，《考古學報》1962年第1期)卲，周代金文凡“昭王”字皆作“卲”，經籍通作“昭”。

(4)〔旦，王各大室〕旦：清晨。各：至，到。經籍多作“格”。《尚書・虞夏書・堯典》：“光被四表，格于上下。”僞孔傳：“格，至也。”按“各”之本義爲至，經籍用“格”乃同音假借。《方言》：“佫，至也。”“各”與“佫”爲古今字。大室：大，音 tài，經籍或作“太”。《尚書・周書・洛誥》：“王入太室，祼。”孔穎達疏：“太室，室之大者。故爲清廟，廟有五室，中央曰太室。”此指康宫昭王廟的中央之室。

(5)〔即立〕立：“位”之初文。《周禮・春官・小宗伯》：“掌建國之神位。”鄭玄注：“故書‘位’作‘立’。鄭司農云：立讀爲位。古者立、位同字，古文《春秋經》‘公即位’爲‘公即立’。”以上三句意爲：王在王城康宫中的昭王廟，清晨，王來到太室，就位。

(6)〔宰引右頌入門〕宰：官名，主要管理王家内外事務，也參與賜命活動。引：宰之名。舊釋作“弘”，誤。右：作儐相以贊導受賜命的人。《爾雅・釋詁》中“右”與“相”“導”“介”“助”反覆相訓，其義相通。

(7)〔立中廷〕中廷：位置在太室之南，門之北。以上兩句意爲：宰引贊導頌入門，立于中廷。

(8)〔尹氏受王令書〕尹氏：指作册尹或内史尹，史官的一種，經常參與賜命活動。受：交給，經籍通作“授”。令書：指記載周王詔命的簡册。令，同“命”。

(9)〔王乎史虢生册令頌〕乎：“評”之初文，召。《説文・三上》：“評，召也。”又卷二上：“呼，外息也。”經籍多以“呼”爲“評”。史虢生：其職爲史官，其名爲虢生。册令：讀簡册以賜命之。經籍或作“策命”。以上兩句意爲：尹氏將記載王命的簡册交給周王，周王召史官虢生宣讀簡册以賜命頌。

(10)〔王曰：頌，令女官嗣成周賓廿家〕女：第二人稱代詞。官嗣：管理。成周:地名,在王城之東,今洛陽市白馬寺東即其故址所在。賓:經籍作"賈",此指商賈。此句意爲:王説:頌,命你管理成周的商賈廿家。

(11)〔監𤔲新寤賓,用宮御〕監𤔲:監管。新寤:其義不詳,或疑是地名。寤,《説文・二下》:"䢾,古文造。"此復从宀,或是"造"之異體繁構。用:介詞,義同"以"。楊樹達《詞詮》卷九:"《一切經音義》七引《倉頡篇》云:'用,以也。'以、用一聲之轉,故義同。"御:進用。此句意爲:監管新寤的商賈,以供宮中之用。一説此句連讀。"寤"(造)訓到,"用""御"二字義近,皆指所使用的貨物,則此句意爲:監督管理新到的商用和宮廷用的貨物。(參見趙光賢《從裘衛諸器銘看西周的土地交易》,《北京師範大學學報》1979 年第 6 期)

(12)〔易女玄衣黹屯、赤市、朱黄、䜌旂、攸勒,用事〕易:通"賜"。玄衣:玄色之衣,爲卿大夫朝服。玄,其色黑中帶赤。黹屯:黹,音 zhǐ,刺綉。屯,通"純",音 zhǔn,衣緣,特指帶紋飾的衣服鑲邊。《爾雅・釋器》:"緣謂之純。"郭璞注:"衣緣飾也。"黹屯,指衣緣有刺綉的紋飾。赤市:禮服中的赤色蔽膝。市,音 fú。《説文・七下》:"市,韠也。上古衣蔽前而已,市以象之……韍,篆文市,从韋从犮。"《詩經・曹風・候人》:"彼其之子,三百赤芾。"又假"芾"爲"市"。朱黄:朱色佩玉。黄,即古玉佩之象形,經籍作"珩"或"衡"。《禮記・玉藻》:"一命緼韍幽衡,再命赤韍幽衡,三命赤韍葱衡。"此韍與衡並稱。《詩經・小雅・采芑》:"服其命服,朱芾斯皇,有瑲葱珩。"亦芾與珩連言。一説黄非佩玉,而是一種繫市的帶子。(參見唐蘭《毛公鼎"朱市、葱衡、玉環、玉瑹"新解——駁漢人葱珩佩玉説》,《光明日報》1961 年 5 月 9 日;《用青銅器銘文來研究西周史》,《文物》1976 年第 6 期)䜌旂:䜌,通"鑾",鑾鈴。䜌旂,飾有鑾鈴的旂,車上所用。《爾雅・釋天》:"有鈴曰旂。"郭璞注:"縣鈴於竿頭。"攸:通"鋚",音 tiáo。《説文・十四上》:"鋚,一曰轡首銅。"勒:《説文・三下》:"勒,馬頭絡銜也。"段玉裁注:"《爾雅》:'轡首謂之革。'革即勒之省。馬絡頭者,轡所係也,故曰轡首。"攸勒,即帶有銅飾的轡首絡銜。《詩經・大雅・韓奕》:"王錫韓侯……鞗革金厄。""鞗"同"鋚"。用事:奉行職事。此句意爲:賜給你玄色朝服,衣緣有刺綉的紋飾,還有赤色蔽膝、朱色佩玉、懸有鑾鈴的旂和帶銅飾的轡首絡銜,你要努力奉行職事。

(13)〔頌捧䭬首〕捧䭬首：即捧手䭬首。捧，同“拜”。《説文·十二上》以“拜”爲“捧”之或體。䭬，音 qǐ，《説文·九上》：“下首也。”經籍多作“稽”。拜手，跪而拱手，手與心平，頭俯至手而不至地。稽首則頭至手而手至地。《國語·周語上》：“襄王使邵公過及内史過賜晉惠公命，吕甥、郤芮相晉侯不敬，晉侯執玉卑，拜不稽首。”拜不稽首爲不敬，拜稽首方合于禮制。

(14)〔受令册，佩㠯出〕令册：即上文所言之“令書”。㠯：連詞，經籍通作“以”。

(15)〔反入堇章〕反：返回。入：獻納。堇章：堇，通“覲”，朝覲。章，通“璋”，玉璋。堇章，指朝覲時所用的玉璋，又見于《膳夫山鼎》“山捧䭬首，受册，佩㠯出，反入堇章”及《衛盉》“矩白庶人取堇章于裘衛”，義皆同。以上三句意爲：頌拜手稽首，接受令册，佩在身上走出門去，又返回來獻上朝覲的玉璋。

(16)〔頌敢對䱷天子不顯魯休〕敢：表敬副詞。對䱷：答謝稱揚。䱷，同“揚”。《詩經·大雅·江漢》：“虎拜稽首，對揚王休。”義同此。不顯：大明。不，音 pī，通“丕”，大。兩周金文中“丕顯”之“丕”皆作“不”。《左傳·僖公二十八年》：“晉侯三辭，從命，曰：‘重耳敢再拜稽首，奉揚天子之丕顯休命。’”杜預注：“丕，大也。”魯：通“嘉”，嘉美。經籍或作“旅”。《史記·周本紀》“魯天子之命”，《魯周公世家》作“嘉天子命”，《尚書·序》作“旅天子之命”。于省吾認爲，“魯、旅之與嘉互作，爲魚、歌通諧。”（見《牆盤銘文十二解》，《古文字研究》第五輯）休：賞賜。此句意爲：頌謹答謝稱揚天子輝煌而嘉美的賞賜。

(17)〔用乍朕皇考龏弔、皇母龏始寶隮壺〕用：連詞，因而。皇考：對亡父的尊稱。《禮記·曲禮下》：“祭，父曰皇考，母曰皇妣。”弔：音 shū，金文用爲經籍中“伯叔”之“叔”。皇：腹銘此字原缺，據蓋銘補。龏始：始，此爲姓，同“姒”。《金文編》曰：“姒字《説文》所無，金文作㚰、始、姛、𡛔、𡚬。”此爲始姓之女嫁與龏叔爲妻者，故稱龏始。隮壺：祭祀用壺。

(18)〔用追孝𠫑匄康𩁹屯右〕追孝：追行孝道。《尚書·周書·文侯之命》：“汝肇刑文武……追孝于前文人。”僞孔傳：“繼先祖之志爲孝。”𠫑匄：

祈求。旂,从㫃,斦聲,當是旌旂之類,此通"祈"。匃,《説文·十二下》:"匃,气也。"段玉裁注:"气者,雲气也。用其聲假借爲气求、气與字。""气求"之"气"今通作"乞"。康𩐋:康,安康。𩐋,字不識。《膳夫克鼎》:"用匃康勱屯右。"勱,通"樂"。"康𩐋"或與"康勱"義近。屯右:屯,音 chún,大,經籍通作"純"。《詩經·小雅·賓之初筵》:"錫爾純嘏。"鄭玄箋:"純,大也。"右,佑助。屯右,巨大的佑助。

(19)〔通彔永令〕通:無窮盡,永久。《周易·繫辭上》:"往來不窮謂之通。"彔:通"祿"。《説文·一上》:"祿,福也。"《詩經·商頌·玄鳥》:"殷受命咸宜,百祿是何。"鄭玄箋:"百祿是何,謂當擔負天之多福。"永令:長命。以上三句意爲:我因而製作了這個用來祭祀皇考龏叔、皇母龏㚸的珍貴的壺,用來追行孝道,祈求得到安康歡樂,受到神明巨大的佑助,享有無窮的福分和長久的壽命。

(20)〔頌其萬年釁壽〕其:語氣語,表示希望。釁壽:長壽,經籍通作"眉壽"。《詩經·商頌·烈祖》:"綏我眉壽,黃耇無疆。"

(21)〔畯臣天子〕長久地爲天子之臣。畯,同"晙",長久。《爾雅·釋詁》:"駿,長也。"晙、駿音近義通。

(22)〔霝冬〕霝:音 líng,通"令",善。《詩經·大雅·卷阿》:"如圭如璋,令聞令望。"鄭玄箋:"令,善也。"冬:"終"之初文。《説文·十三上》"終"之古文作,與本銘之"冬"()形近,皆不从糸。霝冬:經籍作"令終"。《詩經·大雅·既醉》:"昭明有融,高朗令終。"鄭玄箋謂"以善名終",即保持善名以終其生。自"旂匃康𩐋屯右"至此爲祈福吉語,這類吉語在兩周金文中經常出現,如《遣盨》的"匃萬年壽霝冬",《伯家父毁》的"用錫害釁壽黃耇霝冬",《蔡姞毁》的"用旂匃釁壽綽綰永命,彌氒生霝冬"等。上述例子也説明了當時人對"霝冬"的重視。

(23)〔子₌孫₌寶用〕"子""孫"下有重文符號。以上四句意爲:頌希望自己能萬年長壽,長久爲天子之臣,保持好名聲以終其一生,子子孫孫都要珍愛使用此壺。

㝬𣪘[1]

王曰:“有余隹𡥈,[2]余亡𢉜晝
夜,巠雝先王,用配皇天。[3]簧
黹朕心,墜于三方。[4]肆余𠂤
𩛥士獻民,爯盩先王宗室。”[5]
㝬乍䵼彝寶𣪘,[6]用康惠朕
皇文剌且考,[7]其各前文人,
其瀕才帝廷,陟降,[8]𩁹圝皇
𠧟大魯令,[9]用𠁁保我家、朕
立、㝬身,[10]阤=降余多福,憲𤔲
宇慕遠猷。[11]㝬其萬年䵼實
朕多禦,[12]用𣎼壽匄永令,畯
才立,乍疐才下。[13]隹王十又二祀。[14]

(1)〔㝬𣪘〕1978年5月出土于陝西省扶風縣法門公社齊村,重60公斤,是迄今發現的西周銅𣪘中最大的一件。腹内鑄銘12行125字(内含合文2字,重文1字)。作器者名㝬,學者們考證出他就是周厲王胡。銘文明確記載製作年代爲“王十又二祀”,即周厲王即位的第十二年。這是西周銅器斷代中的一件重要的標準器,爲研究西周紀年提供了珍貴資料。銘文同時出現“余”“朕”“我”三個第一人稱代詞,但用法有别,爲探討西周金文語法增添了内容。此器現藏扶風縣博物館,銘文最早著錄于《文物》1979年第4期。

(2)〔王曰:有余隹𡥈〕有:語氣詞。隹:連詞,經籍通作“雖”。𡥈:“小子”二字合文。小子,上古君王對先王或神的自謙之詞。

(3)〔余亡𢉜晝夜,巠雝先王,用配皇天〕亡:用作否定詞。𢉜:同“康”,安逸。《詩經·周頌·昊天有成命》:“成王不敢康,夙夜基命宥密。”與此義近。巠:“經”之初文,此指遵循。雝:同“雝”(yōng),和諧。《詩經·召南·何彼襛矣》:“曷不肅雝,王姬之車。”毛傳:“雝,和。”此有應和、擁護之

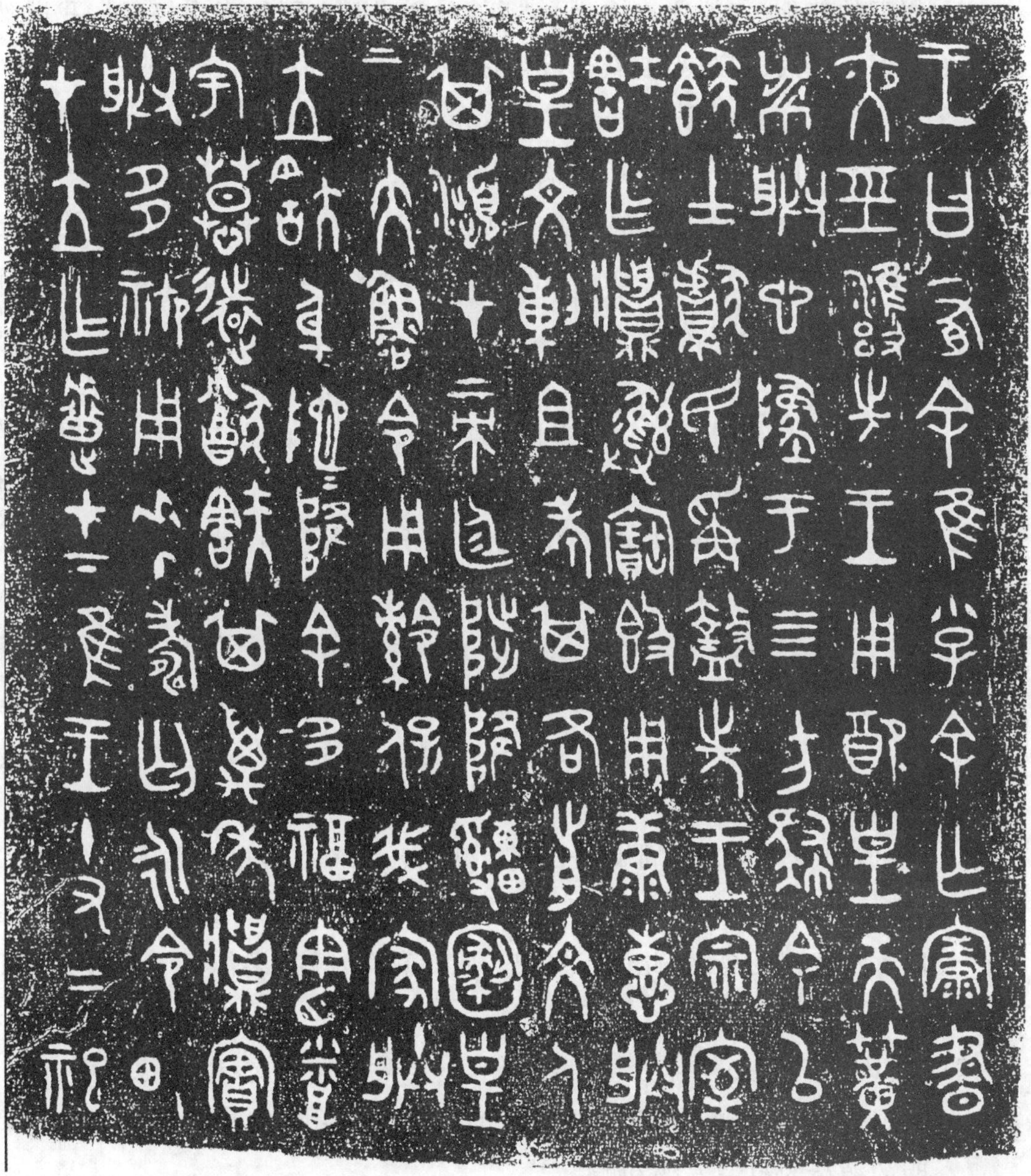

意。用：連詞，因而。配：合乎。《詩經·周頌·思文》："思文后稷，克配彼天。"戴震《毛鄭詩考正》謂："配乃合於天心之謂。"皇天：大天。這是對天的尊稱。《説文·一上》："皇，大也。"以上兩句意爲：王説：我雖然是個小子，我晝夜不敢安逸，遵循擁護先王，因而符合皇天的旨意。

(4)〔簧黹朕心，墜于三方〕簧：通"黄"，光。《風俗通·皇霸》引《尚書大傳》："黄者，光也。"黹：音 zhǐ，刺綉，此指使美好。墜：同"地"，《説文·十三下》以"墜"爲"地"之籀文。此通"施"(yì)，延及。《尚書·周書·洛誥》："惟公德明，光于上下，勤施于四方。"可與本銘參證。此句意爲：皇天光美我的心，延及于四方。

(5)〔肄余目餱士獻民，爯盩先王宗室〕肄：連詞，所以。經籍通作"肆"。目：介詞，經籍通作"以"，此處義同"與"。《左傳·成公二年》："王以鞏伯宴。""以"之義同此。餱士：餱，張政烺認爲係从食，矣聲，"餱士蓋即義士"。(见《周厲王胡簋釋文》，《古文字研究》第三輯)獻民：士大夫。獻，同"獻"。《逸周書·作雒》："俘殷獻民，遷于九畢。"孔晁注："獻民，士大夫也。"爯：通"稱"(chèng)，適當。盩：音 zhōu，通"調"，調協。宗室：宗廟，天子、諸侯祭祀祖先之所。《詩經·召南·采蘋》："于以奠之，宗室牖下。"鄭玄箋："宗室，大宗之廟也。"此句意爲：所以我與賢士大夫適當調協先王宗廟之制。

(6)〔㝬乍䵼彝寶段〕㝬：周厲王自稱。䵼：音 shāng，奉祀。經籍或作"將"。《詩經·周頌·我將》："我將我享。"鄭玄箋："將，猶奉也。"彝：本爲上古以人牲祭祀的專名，此泛指祭祀。此句意爲：㝬我製作了這個用于奉祀祭享的寶段。

(7)〔用康惠朕皇文剌且考〕康惠：使……安樂和順。文：指文德彰明。剌：通"烈"，顯赫。且："祖"之初文。此句意爲：用來使我的偉大而文德彰明的顯赫的祖考安樂和順。

(8)〔其各前文人，其瀕才帝廷，陟降〕其：語氣詞。各：感通，感動。經籍假"格"爲"各"。《尚書·周書·君奭》："成湯既受命，時則有若伊尹，格于皇天。"屈萬里注："格于皇天，意謂其德能感動上帝。"前文人：指前世的文德彰明的祖先。《尚書·周書·文侯之命》："追孝于前文人。"孔穎達疏："追行孝道于前世文德之人。"瀕：同"頻"，並，同。《國語·楚語下》：

“羣神頻行。”韋昭注：“頻，並也。言並行欲求食也。”帝廷：指天廷。陟降：升降，上下。謂祖先在天之靈往來于天人之間，默佑後世子孫。此句意爲：感通前世文德彰明的祖先，同在天廷，往來于天人之間默佑子孫。

(9)〔䜌䎳皇帝大魯令〕䜌䎳：張政烺認爲，“䜌釋爲緟，絕無可疑。䎳，从口，舟聲；舟，从帚，舟聲。”“䎳字假借爲周，有周還即‘周流無不遍’之義……䜌義是重，是繼續；䎳義是周，是旋轉匝徧。”（《周厲王胡簋釋文》）此處意爲繼續完成。皇帝：“上帝”二字合文，指天神。“帝”字原缺，據文義補。《㝬鐘》：“隹皇上帝百神。”文例同此。魯：通“嘉”，嘉美。令：同“命”，使命。此句意爲：繼續完成偉大的上帝所賦予的偉大而嘉美的使命。

(10)〔用𩏩保我家、朕立、㝬身〕𩏩保：好好保護。𩏩，从素，令聲，通“令”，善。我家：我的國家，即周王室。朕立：我的王位。立，“位”之初文。㝬身：周厲王稱自己的身體。此句意爲：用以好好保護我的周室、我的王位和㝬的身體。

(11)〔阤₌降余多福，害𩞁宇慕遠猷〕“阤”下有重文符號。阤，《說文·十四下》：“从𨸏，也聲。”此通“施”(yí)。施施，喜悅的樣子。《孟子·離婁下》：“施施從外來。”趙岐注：“施施猶扁扁，喜悅之貌。”降：此處意爲賜予。害：“憲”之初文，通“宣”。《說文·一下》“蕙”，从艸，憲聲，或體作“萱”，故憲、宣音近可通。𩞁：唐蘭謂字象米在𡖈中，从米，𡖈聲，當即《說文·七上》之“糟”字。（《殷虛文字記》）《儀禮·士虞禮》：“中月而禫。”鄭玄注：“古文禫或爲導。”此處“𩞁”(糟)亦通“導”。宇慕：宇，大。慕，通“謨”，謀。宇慕，即經籍之“訏謨”。《詩經·大雅·抑》：“訏謨定命。”毛傳：“訏，大。謨，謀。”遠猷(yóu)：深遠的謀劃。《尚書·周書·康誥》：“用康乃心，顧乃德，遠乃猷。”僞孔傳：“遠汝謀，思爲長久。”此句意爲：高興地賜予我衆多的福禄，宣導我進行遠大的謀劃。

(12)〔㝬其萬年𩰫實朕多祌〕𩰫實：資助充實。𩰫，通“將”。《爾雅·釋言》：“將，資也。”實，充實。祌：从示，卯聲，同“禦”。《說文·一上》：“禦，祀也。”此句意爲：㝬將長久地資助充實我衆多的祭祀。

(13)〔用𠦪壽匄永令，畯才立，乍疐才下〕𠦪：音 hū，祈求。匄：音 gài，祈求。

永令：長命。畯：此字筆畫稍殘，據文義及殘畫可知當爲“畯”。《師俞𣪘》：“天子其萬年釁壽黄耉，畯才立。”可爲參證。畯，同“晙”，長久。《詩經·周頌·清廟》：“駿奔走在廟。”毛傳：“駿，長也。”晙、駿音近義通。疐：音 dì，原指瓜、果和根葉相連的部分，此處意爲根本。下：指人間。此句意爲：用來祈求高壽長命，永久在王位，作人間的砥柱。

(14)〔隹王十又二祀〕祀：年。此句説明作器時間在周厲王即位的第十二年。

多友鼎[1]

唯十月,用嚴（玁）𤞷（狁）放（方）𢒥（興）,廣伐京𠂤,
告追于王。[2] 命武公:“遣乃元士,羞追于
京𠂤。”[3] 武公命多友衒公車,羞追
于京𠂤。[4] 癸未,戎伐笱,衣孚。[5] 多友西
追。[6] 甲申之㫁,𢦚于𨛫,多友右折
首𢾓噝。[7] 凡㠯公車折首𠦪又□又
五人,𢾓噝廿又三人,孚戎車百乘
一十又七乘。[8] 衣復笱人孚。[9] 或𢦚于
龔,折首卅又六人,𢾓噝二人,孚車
十乘。[10] 從至,追𢦚于世,多友或右折
首𢾓噝。[11] 乃𢓊追,至于楊冢,公車折
首百又十又五人,𢾓噝三人。[12] 唯孚
車不克㠯,衣焚,唯馬敺𦘔。[13] 復
奪京𠂤之孚。[14] 多友迺獻孚𦨞噝
于公,武公迺獻于王。[15] 迺曰武公曰:“女既
靜京𠂤,贅女,易女土田。”[16] 丁酉,武公
才獻宮,迺命向父𠬝多友,迺𨑓
于獻宮。[17] 公寴曰多友曰:“余肇吏
女,休,不逆,又成吏,多禽。[18] 女靜[京]
𠂤,易女圭𤔲一,湯鐘一𢍰,鐈
鋚百匀。”[19] 多友敢對𢿘公休,用乍𨼜
鼎,[20] 用倗用舂,其子₌孫永寶用。[21]

(1) 〔多友鼎〕1980 年 11 月出土于陝西省長安縣下泉村。腹内壁鑄銘 22 行 278 字(内含合文 1 字,重文 1 字,缺文 2 字)。銘文記錄了西周晚期周朝與玁狁部族的一次戰爭,周朝軍隊追擊玁狁,計斬首 300 餘人,抓獲 28 人,俘獲戰車 127 乘。銘文叙述了戰爭起因,發生的時間、地點,周朝

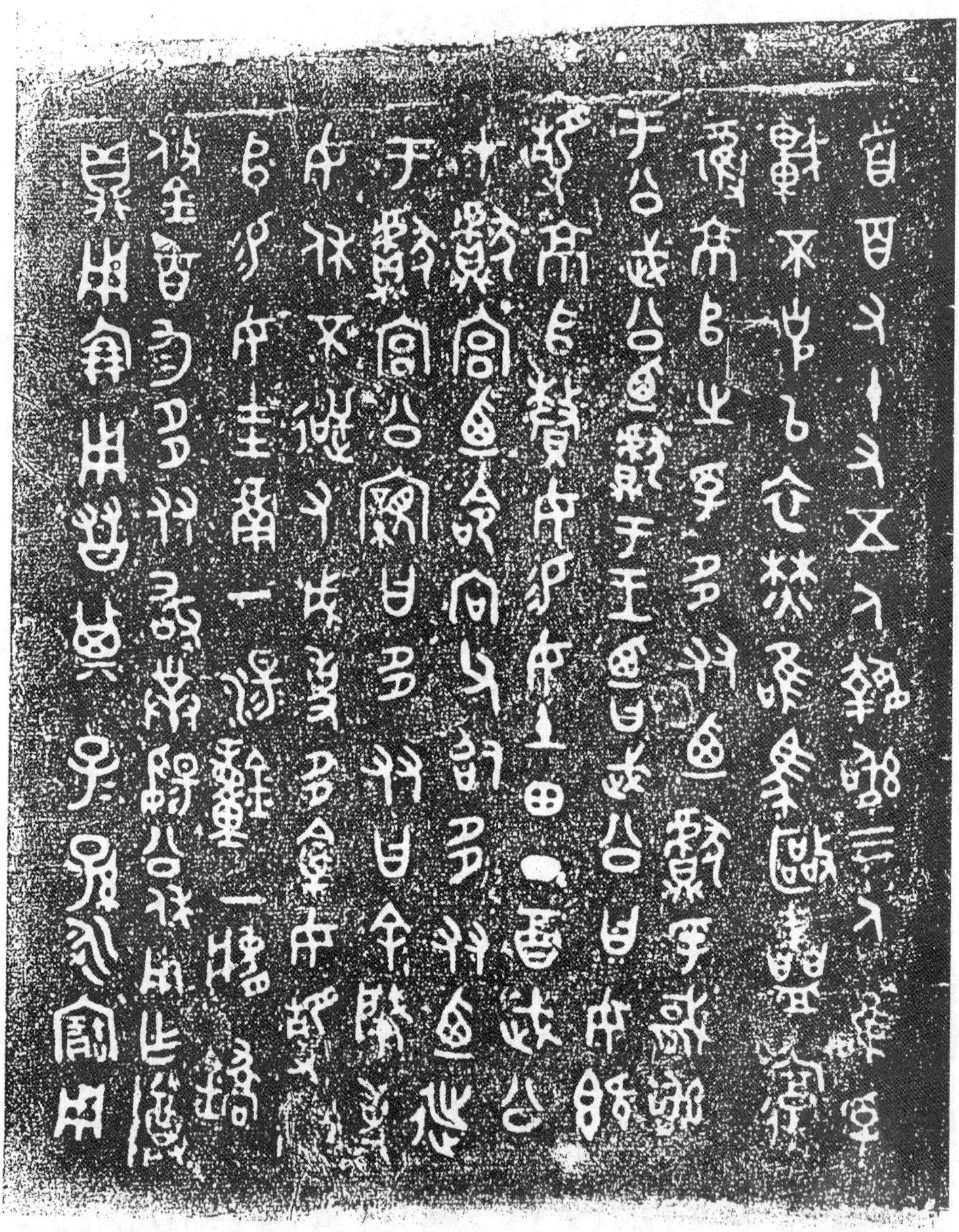

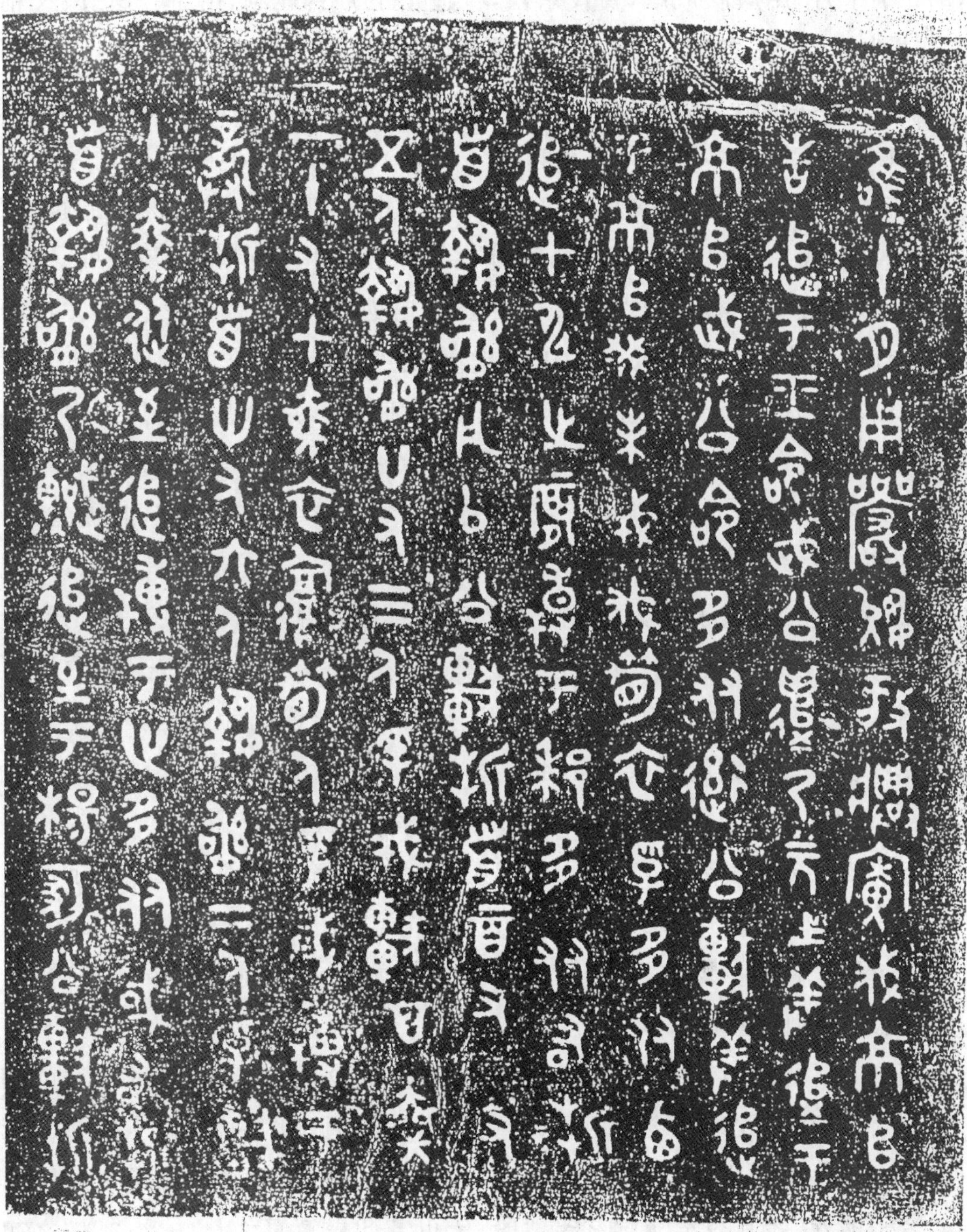

多友鼎銘文

將領的名字及軍隊組成情況，戰事的發展及結果。通篇文筆簡練流暢。此器現藏陝西省博物館，銘文最早著錄于《人文雜誌》1981 年第 4 期。

(2)〔唯十月，用嚴𤞤放𦦨，𡩋伐京𠂤，告追于王〕用：連詞，由于。嚴𤞤：又稱爲“戎”，經籍多寫作“玁狁”或“獫狁”，西周時期活動于西北地區的部族。嚴，同“嚴”，《說文・二上》“嚴”之古文作𠪚，即从𠱠。放𦦨：並起。放，通“方”。𦦨，通“興”。《尚書・商書・微子》：“小民方興。”孫星衍疏：“方者，《漢書・叙傳》注：‘晉灼云：並也。’興者，《釋言》云：‘起也。’”𡩋：同“廣”，大。京𠂤：地名，故地在今陝西省彬縣與旬邑縣之間。𠂤，音 shī，殷墟卜辭即以“𠂤”爲“師”。京𠂤與《詩經・大雅・公劉》“迺陟南岡，乃覯于京；京師之野，于時處處”之“京師”同。告：禀告。此句意爲：在十月，由于玁狁並起，大肆侵犯京師地區，京師派人向周王禀告追擊之事。

(3)〔命武公：遣乃元士，羞追于京𠂤〕命：命令。施令者爲“王”，此處省略。武公：王室大臣。乃：第二人稱代詞，指武公。元士：王室之士。《禮記・王制》：“天子之大夫視子男，天子之元士視附庸。”鄭玄注：“元，善也。善士謂命士也。”孔穎達疏：“按《周禮》注，天子上士三命，中士再命，下士一命，故云善士謂命士，則上中下之士皆稱元士也。天子之士所以稱元者，異於諸侯之士也。”羞：進。《爾雅・釋詁》：“羞，進也。”此句意爲：王命令武公：派遣你的元士，在京師地區進擊。

(4)〔武公命多友𧗿公車，羞追于京𠂤〕多友：作器者名。他是武公屬下的將領。𧗿：同“𨔞”。《說文・二下》：“𨔞，先道也。”此指率領。公車：兵車。《詩經・魯頌・閟宮》：“公車千乘。”此句意爲：武公命令多友率領兵車，在京師地區進擊。

(5)〔癸未，戎伐筍，衣孚〕戎：即玁狁。《不𡢁設》也稱玁狁爲戎。筍：同“荀”，地名，故地在今陝西省旬邑縣東。衣：通“殷”。《尚書・周書・康誥》：“文王殪戎殷。”《禮記・中庸》作“壹戎衣”。《詩經・鄭風・溱洧》：“士與女，殷其盈矣。”鄭玄箋：“殷，衆也。”此處意爲大量。孚：“俘”之初文，擄掠。此句意爲：癸未日，戎侵犯筍地，大量擄掠。

(6)〔多友西追〕多友向西追擊。

(7)〔甲申之𣊭，搏于𨛭，多友右折首𩋞𡃁〕𣊭：同“晨”，經籍通作“晨”。《說文・三上》:“晨,早昧爽也。”此“甲申之𣊫”與《利㲄》“甲子朝”相類。䛆:同“搏”,搏鬥。䣛:音 qī,地名,故地在今陝西省彬縣西。右:通“有”。折首:斬首。𢦏嚥:抓獲俘虜。𢦏,同“執”。嚥,當爲“訊”之初文。字从ㅂ从⿰幸卩,⿰幸卩象用繩索綁人雙手,从口則表示審問。此指俘虜。《詩經・小雅・出車》:“執訊獲醜。”用“訊”。此句意爲:甲申日清晨,在䣛地與玁狁搏鬥,多友斬敵首級,抓獲俘虜。

(8)〔凡𠂤公車折首百又□又五人,𢦏嚥廿又三人,孚戎車百乘一十又七乘〕凡:總計。百:“二百”二字合文。又□:“又”下缺文,當是表示“幾十”的數字。戎車:玁狁的兵車。此句意爲:總計用戰車斬下二百幾十零五人的首級,抓獲俘虜二十三人,繳獲玁狁兵車一百十七乘。

(9)〔衣復筍人孚〕復:奪回。筍人孚:筍地被玁狁擄掠的人。此句意爲:大量奪回被擄掠的筍地之人。

(10)〔或䛆于龏,折首卅又六人,𢦏嚥二人,孚車十乘〕或:副詞,經籍多作“又”。《詩經・小雅・賓之初筵》:“既立之監,或佐之史。”鄭玄箋:“又助以史,使監酒。”其用同。龏:地名,當即經籍之“共”。《詩經・大雅・皇矣》:“侵阮徂共。”故地在今甘肅省涇川縣北。此句意爲:又在龏地搏鬥,斬下三十六人的首級,抓獲俘虜二人,繳獲兵車十乘。

(11)〔從至,追䛆于世,多友或右折首𢦏嚥〕從:跟隨,追踪。世:地名,今址不詳。此句意爲:跟踪而至,追擊搏鬥到世地,多友又有斬獲。

(12)〔乃⿰車⿺辶戜追,至于楊冢,公車折首百又十又五人,𢦏嚥三人〕乃:于是。⿰車⿺辶戜:从車,⿺辶戜聲。⿺辶戜,从辵,戜聲。戜,疑是“戜”字。《説文・十下》:“戴,大也。从大,戜聲,讀若《詩》‘戴戴大猷’。”今《詩經・小雅・巧言》作“秩秩大猷”。秩,从禾,失聲。“戴”可通“秩”,則本銘“⿰車⿺辶戜”當可通“軼”(从車,失聲)。《左傳・隱公九年》:“彼徒我車,懼其侵軼我也。”杜預注:“軼,突也。”此有襲擊之意。楊冢:地名,今址不詳。此句意爲:于是襲擊追殺,到達楊冢,用戰車斬下一百十五人的首級,抓獲俘虜三人。

(13)〔唯孚車不克𠂤,衣焚,唯馬敺𦘔〕克:能夠。𠂤:動詞,使用。衣:此處意爲全部。敺𦘔(xì):趕馬運載傷員。《説文・五上》:“𦘔,傷痛也。”此指傷員。此句意爲:繳獲的兵車不能使用,全部焚毁,只能驅趕馬匹來運載傷員。

(14)〔復奪京自之孚〕奪回被擄掠的京師之人。

(15)〔多友迺獻孚眔噝于公,武公迺獻于王〕獻:同“獻”。孚:此指俘獲物,即下文所言之眔噝。眔:同“聝”(guó)。《説文·十二上》:“聝,軍戰斷耳也。”或體作“馘”。《詩經·魯頌·泮水》:“在泮獻馘。”鄭玄箋:“馘,所格者之左耳。”古代戰爭中割取敵人的左耳以計算功勞。公:指武公。此句意爲:多友于是向武公獻上所獲的敵人左耳和俘虜,武公于是獻給周王。

(16)〔迺曰武公曰:女既静京自,賚女,易女土田〕迺:此字之前省略了主語“王”。曰武公曰:告訴武公説。静:安定。賚:音 xī,賞賜。易:通“賜”。此句意爲:王于是告訴武公説:你已經使京師地區安定下來,我要賞賜你,賜給你田地。

(17)〔丁酉,武公才獻宫,迺命向父𠴰多友,迺延于獻宫〕獻宫:宫室名。向父:人名,武公僚屬。𠴰:通“召”,召來。延:李學勤先生釋爲“延”,引進。(見《論多友鼎的時代及意義》,《人文雜誌》1981 年第 6 期)此句意爲:丁酉日,武公在獻宫,于是命向父召來多友,多友于是被引進到獻宫。

(18)〔公窺曰多友曰:余肇吏女,休,不逆,又成吏,多禽〕窺:通“親”,親自。肇:始。吏:“使”之初文,派遣。休:善。逆:同“逆”,不順。又成吏:又,通“有”。成,成功。《廣韵》:“凡功卒業就謂之成。”吏,同“事”,此指戰績。有成事,謂有成功的戰績。禽:“擒”之初文,擒獲。此句意爲:武公親自告訴多友説:我初次派遣你,很好,無不順利,你有成功的戰績,多所擒獲。

(19)〔女静京自,易女圭鬲一,湯鐘一牄,鐈鋚百匀〕京:此字漫漶,據殘畫及文義補。圭鬲:古代一種以圭爲柄的銅勺,用來挹取鬯酒。鬲,字作,象甗形,當是“甗”之初文,此通“瓚”,指挹取鬯酒的勺。湯鐘:用精美的銅製作的樂鐘。湯,通“璗”(dàng)。《説文·一上》:“璗,金之美者。與玉同色。”牄:字不識,當是鐘鎛的量詞。《邵鐘》稱“大鐘八聿”,《洹子孟姜壺》稱“鼓鍾一銉”,作爲量詞的“聿”與“銉”經籍通作“肆”。《左傳·襄公十一年》:“歌鐘二肆。”杜預注:“肆,列也。縣鐘十六爲一肆;二肆,三十二枚。”此“牄”字疑與“肆”字義相類。鐈(qiáo)鋚

(tiáo):《曾白陭壺》:"用吉金鐈鋚,用自乍醴壺。"吉金鐈鋚並稱,則鐈鋚當是某種精美銅材。匀:通"鈞",量詞。《説文·十四上》:"鈞,三十斤也。"此句意爲:你使京師地區安定下來,賞賜你圭瓚一件,鋈鐘一列,精美的銅材一百鈞。

(20)〔多友敢對䁪公休,用乍障鼎〕對䁪:答謝稱揚。䁪,同"揚"。此句意爲:多友謹答謝稱揚武公的賞賜,因而製作了這個祭祀用鼎。

(21)〔用倗用各,其子=孫永寶用〕用:介詞,義同"以"。倗、各:《説文·八上》:"倗,輔也。从人,朋聲。"這是朋友之"朋"的本字,經籍假借作爲貨幣單位的"朋"爲"倗","倗"字就不再流行了。各,《説文·三下》:"同志爲友……習,亦古文友。"習即"各"傳寫之訛。從語法角度看,"倗""各"在此用爲動詞,其義爲加强朋友之間的聯係。子=孫:"子"下有重文符號。子子孫,猶言子子孫孫。此句意爲:用來宴饗以加强朋友間的聯係,希望子孫後代永久珍愛使用。

兮甲盤(1)

隹五年三月既死霸庚寅，
王初各伐厰執于䨼盧。(2)兮
甲從王，折首執噝，休，亡敃。(3)
王易兮甲馬三匹，駒車。(4)王
令甲政𤔲成周三方責，至
于南淮=尸=舊我貟畮人，母
敢不出其貟、其責、其進人，(5)
其賨母敢不即餗、即市，(6)敢
不用令，𠟭即井，㔁伐。(7)其隹
我者侯百生𠂷賨母不即
市，母敢或入蠻，宄賨𠟭亦
井。(8)兮白吉父乍般，(9)其釁壽
萬年無彊，子=孫=永寶用。(10)

(1)〔兮甲盤〕發現于宋代，具體時間、地點不詳。元代，該器遭到損壞，盤足以下殘缺。清代由陳介祺珍藏，始有銘文搨本流傳于世。腹内底鑄銘13行133字(内含重文4字)。銘文記録周宣王五年征伐玁狁的戰爭，和派遣兮甲管理成周地區及南淮夷部族的糧草徵收、商賈貿易的史實。這是一篇研究西周時期周王朝與玁狁、南淮夷等部族的關係，以及周王朝貿易制度的重要文獻。本銘最早著録于吳式芬《攈古録金文》。殘損的兮甲盤原物，至今下落不明。

(2)〔隹五年三月既死霸庚寅，王初各伐厰執于䨼盧〕五年：周宣王五年。(參見王國維《兮甲盤跋》，《觀堂集林别集》)既死霸：周代月相名，指農曆每月二十三日以後至晦這一段時間。初：開始。各：至，到。經籍多假"格"爲"各"。《尚書・虞夏書・堯典》："光被四表，格于上下。"僞孔傳："格，至也。"厰執：經籍多寫作"玁狁"或"獫狁"，西周時期活動于西北地區的部族。䨼盧：地名，今址不詳。王國維疑即春秋之彭衙(故地

在今陝西省澄城縣西北)。此句意爲:在五年三月既死霸期間的庚寅日,周宣王開始到啚𠸚一帶進擊玁狁。

(3)〔兮甲從王,折首執𡨦,休,亡敃〕兮甲:其氏爲兮,其名爲甲。折首:斬下敵人首級。執𡨦:抓獲俘虜。休:善。亡敃:没有傷痛。亡,用作否定詞,經籍或作"無"。敃,通"愍"(mǐn)。《説文・十下》:"愍,痛也。"此句意爲:兮甲跟隨周王出征,有所斬獲,很好,没有傷痛。

(4)〔王易兮甲馬三匹,駒車〕駒車:小馬駕馭的車。此句意爲:王賞賜兮甲馬四匹和駒車。

(5)〔王令甲政𤔲成周三方責,至于南淮₌尸₌舊我員晦人,母敢不出其員、其責、其進人〕此句"淮尸"兩字有重文符號,故當讀作"王令甲政𤔲成周三方責,至于南淮尸。淮尸舊我員晦人,母敢不出其員、其責、其進人"。政:音 zhēng,徵收。𤔲:同"嗣",主管。成周:地名,今河南省洛陽市白馬寺東即其故址所在。責:通"積",委積。《周禮・地官・遺人》:"掌邦之委積。"鄭玄注:"委積者,廩人、倉人計九穀之數足國用,以其餘共之,所謂餘法用也……少曰委,多曰積。"此處指糧草之類。至于:到達。南淮尸:世居于成周以南淮水兩岸的嬴姓部族。尸,經籍通作"夷",古代對東南地區部族的稱呼。舊:過去。員:通"帛",絲織品。晦:通"賄",財物。《一切經音義》四:"賄,古文賄同。"正从每聲。《儀禮・聘禮》:"賄在聘于賄。"鄭玄注:"古文賄皆作悔。"由"悔"與"賄"通,知此"晦"亦可通"賄"。員晦人,猶言賦貢之臣。(參見郭沫若《兩周金文辭大系考釋》)母:用作否定詞,經籍通作"毋"。出:交出,貢納。進人:進貢給周朝的力役。人,指服勞役者。此句意爲:王命令兮甲徵收管理成周及其周圍地區的糧草委積,範圍到達南淮夷地區。淮夷過去就是我周朝的賦貢之臣,不敢不貢納他們的絲帛、糧草和勞役。

(6)〔其賓母敢不即𠂤、即市〕賓:經籍作"賈",此指商賈。即:靠近,到。𠂤,从𠂤,朿聲,音 cì,軍隊駐紮處。經籍假"次"爲"𠂤"。《左傳・襄公二十六年》:"師陳焚次,明日將戰。"杜預注:"次,舍也。"市:字作𡴀,孫詒讓認爲,"當即'市'之古文。《説文・冂部》云:'𡴀,買賣所之也。市有垣,从冂。从乁,象物相及也。乁,古文及字。㞢省聲。'此上从止,即㞢省。中从八,即冂之變。下从丁,即乁之變也。"(《古籀餘論・兮[十]盤》)此指集市。此句意爲:他們的商賈不敢不到周朝軍隊的駐紮地和集市進行貿易。

(7)〔敢不用令,𠟭即井,撲伐〕用令:用命,執行命令。《尚書·虞夏書·甘誓》:"用命,賞于祖;弗用命,戮于社。"𠟭:同"則",《説文·四下》以"𠟭"爲"則"之籀文。即井:施以刑罰。井,通"刑"。撲伐:征伐。撲,同"撲"。《説文·十二上》:"撲,挨也。""挨,擊背也。"金文中字或作"戣",如《㝬鐘》:"戣伐氒都。"此句意爲:敢不執行命令,就施以刑罰,進行征伐。

(8)〔其隹我者侯百生氒賨母不即市,母敢或入䜌,宄賨𠟭亦井〕其隹:皆語氣詞,表示希望。隹,經籍通作"唯"。者侯:即"諸侯"。者,通"諸"。百生:即百姓,此指周朝的貴族官僚。生,"姓"之初文。氒:經籍通作"厥",助詞,義同"之",表領屬。或:副詞,經籍多作"又"。䜌:通"蠻",此指淮夷之地。宄賨:非法貿易。宄,同"宄"(guǐ)。《説文·七下》:"宄,姦也……殳,古文宄。"此句意爲:希望我周朝諸侯、百姓的商賈全都到集市去,不能再去淮夷之地,如果進行非法貿易,就同樣處以刑罰。

(9)〔兮白吉父乍般〕兮白吉父:即兮甲。甲爲其名,白吉父爲其字。"甲"與"吉"皆有"始"義(參見王國維《兮甲盤跋》),古人名與字的含義相應,此亦一例。白,"伯"之初文。般:通"盤",盥洗盛水器。此句意爲:兮伯吉父製作這個盤。

(10)〔其釁壽萬年無彊,子=孫=永寶用〕釁壽:長壽,經籍通作"眉壽"。子=孫=:"子""孫"下有重文符號。此句意爲:希望長壽萬年無疆,子孫後代永久珍愛使用。

虢季子白盤[1]

隹十又𠦪正月初吉丁亥，虢季子
白乍寶盤。[2]不顯子白，𦚏武于戎工，
經維三方，[3]博伐厰𤞷，于洛之陽，[4]折
首吾，執嚇卒，是㠯先行。[5]桓₌子白，獻
戒于王₌孔加子白義。[6]王各周廟宣
廟，爰卿。[7]王曰："白父，孔覭又光。"[8]王賜
乘馬，是用左王。[9]賜用弓，彤矢其央。[10]
賜用戉，用政緣方。[11]子₌孫₌，萬年無彊。[12]

(1)〔虢季子白盤〕清道光(公元 1821 年—1850 年)年間出土于陝西寶雞虢川司(今寶雞市附近)。銘文 8 行 111 字(内含合文 3 字，重文 4 字)，最早著錄于吳式芬《攈古錄金文》。本盤長方形，重 450 餘斤，是存世的商周青銅水器中最大的一件，製作年代主要有夷王、宣王二説。現藏中國歷史博物館。

(2)〔隹十又𠦪正月初吉丁亥，虢季子白乍寶盤〕𠦪："二年"二字合文。初吉：周代月相名，指農曆每月初一至初七、初八這一段時間。虢季子白：虢，西周封國名。虢季，氏名，爲虢國氏族的一支。子白，人名。此句意爲：在十二年正月初吉期間的丁亥日，虢季子白製作了寶盤。

(3)〔不顯子白，𦚏武于戎工，經維三方〕不顯：不，音 pī，通"丕"，大。丕顯，此處爲顯赫之意。𦚏："牆"(醬)之初文，通"壯"，强健有力。戎工：指軍事行動。經維：經，織物的縱線。維，同"維"，結物的大繩。此處"經維"是同義詞連用，與經籍中"經緯""經營"等詞義近，如《左傳・昭公二十九年》："夫晉國將守唐叔之所受法度，以經緯其民。"《詩經・大雅・江漢》："經營四方，告成于王。"皆有規畫治理之意。此句意爲：顯赫的子白，在軍事行動中勇武有爲，經營着天下四方。

(4)〔博伐厰𤞷，于洛之陽〕博伐：進擊征伐。博，同"搏"，搏鬥。厰𤞷：經籍多寫作"玁狁"或"獫狁"，西周時期活動于西北地區的部族。于：動詞，

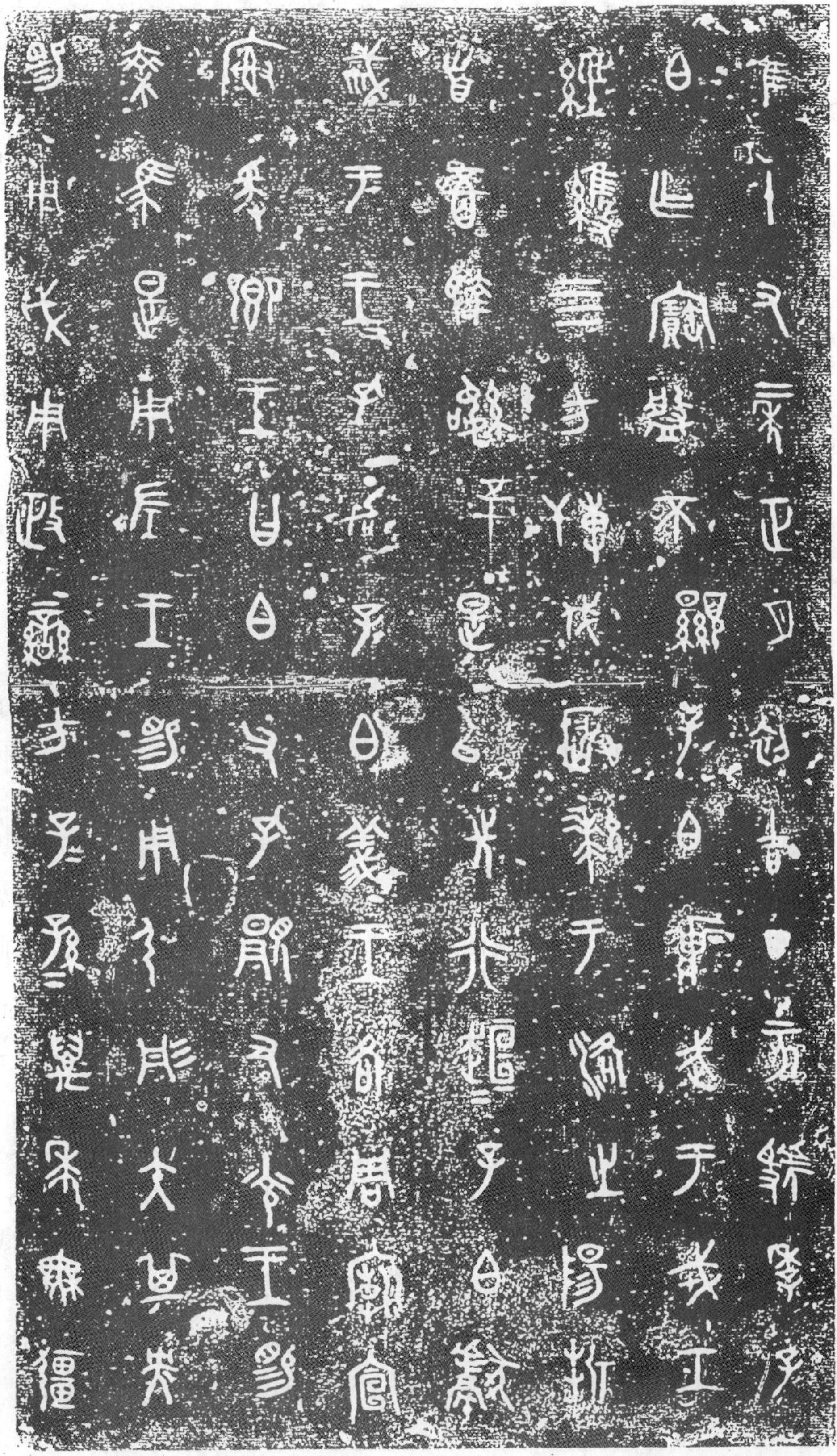

往,到。洛:當爲今陝西之北洛河,源出陝西定邊縣東南。陽:河流的北面。此句意爲:進擊征伐玁狁,到達洛水之北。

(5)〔折首吾,執噝卒,是㠯先行〕折首:斬下敵人首級。吾:"五百"二字合文。執噝:抓獲俘虜。噝,當爲"訊"之初文,此指俘虜。《詩經·小雅·出車》:"執訊獲醜。"用"訊"。卒:"五十"二字合文。是㠯:因此。㠯,介詞,經籍通作"以"。先行:楊樹達認爲,"因子白有折首執訊之功,當歸來獻禽(擒)于王,故先行也。"(《積微居金文説·虢季子白盤三跋》)《不𡢁𣪕》亦有征伐玁狁後"來歸獻禽"之語。此句意爲:斬下五百個敵人的首級,抓獲俘虜五十人,因此先行凱旋獻俘。

(6)〔趄=子白,獻戒于王=孔加子白義〕此句"趄""王"兩字有重文符號,故當讀作:"趄趄子白,獻戒于王,王孔加子白義。"趄趄:威武的樣子。趄,音 yuán。經籍通作"桓"。《尚書·周書·牧誓》:"勖哉夫子!尚桓桓,如虎如貔,如熊如羆。"《爾雅·釋訓》:"桓桓,威也。"《説文·十上》"狟"字下引《周書》曰:"尚狟狟。"則又有作"狟"者。戒:同"聝"(guó)。《説文·十二上》:"聝,軍戰斷耳也。"或體作"馘"。《詩經·魯頌·泮水》:"矯矯武臣,在泮獻馘。"鄭玄箋:"所格者之左耳。"古代戰爭中割取敵人的左耳以計其折首數目。獻聝獻俘是古代的一種軍禮,其事又見《不𡢁𣪕》《敔𣪕》及《多友鼎》等。孔:副詞,非常。《爾雅·釋言》:"孔,甚也。"加:通"嘉",贊美,表彰。《左傳·僖公十二年》:"余嘉乃勳。"義:通"儀",威儀。此句意爲:威武的子白,割下敵人左耳獻給了王,王非常贊美子白的威儀。

(7)〔王各周廟宣廟,爰卿〕各:動詞,至,到。周廟:指成周太廟,是周王朝舉行獻俘之禮的所在。《敔𣪕》:"隹王十又一月,王各于成周大廟。武公入右敔告禽,眔百噝卌。"宣廟:即"宣榭",成周太廟中的講武之屋。《春秋·宣公十六年》:"夏,成周宣榭火。"杜預注:"成周,洛陽。宣榭,講武屋別在洛陽者。"孔穎達疏:"名之曰宣,則其義未聞,服虔云宣揚威武之處,義或當然也。"爰:語氣詞。卿:字作𠨍,象兩人相向就食之形,乃"饗"之初文。此指大宴羣臣。《詩經·小雅·彤弓》:"鐘鼓既設,一朝饗之。"鄭玄箋:"大飲賓曰饗。"此句意爲:王來到成周太廟的宣榭,大宴羣臣。

(8)〔王曰:白父,孔覭又光〕白父:父,音 fǔ,是上古對男子的尊稱。覭:音讀未明,其義當與"顯"近。《詩經·大雅·韓奕》:"不顯其光。"當與此"孔覭又光"義近。又:通"有"。此句意爲:王説:白父,你的功勞顯赫,無比榮耀。

(9)〔王睗乘馬,是用左王〕睗:通"賜"。乘馬:馬四匹爲一乘。乘,音 shèng。此指配有四馬的戰車。《詩經·鄭風·大叔于田》:"大叔于田,乘乘馬。"前"乘"音 chéng。是用:是,代詞。用,介詞,義同"以"。是用,即"用是",介詞賓詞前置。左:同"佐",輔佐。此句意爲:王賜給子白配有四馬的戰車,以此來輔佐君王。

(10)〔睗用弓,彤矢其央〕弓:楊樹達認爲,"弓則但言弓,不言彤弓者,疑彤弓之'彤',因下'彤矢'而省也。"(《積微居金文説·虢季子白盤跋》)彤矢:彤,朱紅色,矢,箭。其:形容詞詞頭。央:鮮明。《詩經·小雅·出車》:"旂旐央央。"毛傳:"央央,鮮明也。"此句意爲:賜以朱紅色的弓箭,顏色非常鮮明。

(11)〔睗用戉,用政䜌方〕戉:同"鉞",兵器。政:音 zhēng,征伐。䜌方:䜌,通"蠻"。䜌方,它銘或稱"方䜌",如《牆盤》"方䜌亡不俎見",皆泛指周王朝周圍的部族方國。此句意爲:賜以大鉞,用來征伐蠻夷。

(12)〔子₌孫₌,萬年無彊〕"子""孫"下有重文符號。彊:通"疆"。此句意爲:子子孫孫永寶用,萬年無量。本銘以四言爲主,句式整齊。方、陽、行、王、卿(饗)、光、王、央、方、彊(陽部)協韵。

𠑇匜[1]

隹三月既死霸甲申，王才莽上宮。[2]白𩁹父廼成賫，[3]曰："牧牛，𠭯，乃可湛，女敢㠯乃師訟。[4]女上切先誓，今女亦既又卪誓，[5]尃、趞、嗇、覷、𠑇𡩜，亦兹五夫亦既卪乃誓，[6]女亦既從辭從誓，卄可。[7]我義𠊱女千，䵼䵼女，今我赦女。[8]義𠊱女千，䵼䵼女，今大赦女。[9]𠊱女吾，罰女𠶷寽。"[10]白𩁹父廼或吏牧牛誓，曰："自今余敢㥞乃尖史。"[11]"乃師或㠯女告，𠟭𢦏乃𠊱千䵼䵼。"[12]牧牛𠟭誓，𠭯㠯告吏𧡨、吏𦥑，于會。[13]牧牛辭誓成，罰金。[14]𠑇用乍旅盉。[15]

(1)〔𠑇匜〕1975年2月出土于陝西省岐山縣董家村的西周銅器窖穴中，時代屬西周晚期。器腹和蓋内分别鑄銘，内容連屬，器銘6行，蓋銘7行，共157字(内含合文3字)。銘文記録了一件訴訟案的判决經過，反映了西周時期的刑罰制度。此器現藏陝西省博物館，銘文最早著録于《文物》1976年第5期。𠑇，音 yìng。

(2)〔隹三月既死霸甲申，王才莽上宮〕既死霸：周代月相名，指農曆每月二十三日以後至晦這一段時間。才：動詞，通"在"。莽上宮：莽，地名，其音讀及故地尚難確考。上宮，宮室名。此句意爲：三月既死霸期間的甲申日，周王在莽地的上宮。

(3)〔白𩁹父廼成賫〕白𩁹父：人名。白，"伯"之初文。𩁹，同"揚"。父，音fǔ，上古對男子的尊稱。廼：副詞，于是。成：完成，此處意爲確定。賫：音 gài，通"劾"。斷獄謂之劾，此指判詞。(參見唐蘭《陝西省岐山縣董家村新出西周重要銅器銘辭的譯文和注釋》，《文物》1976年第5期)此

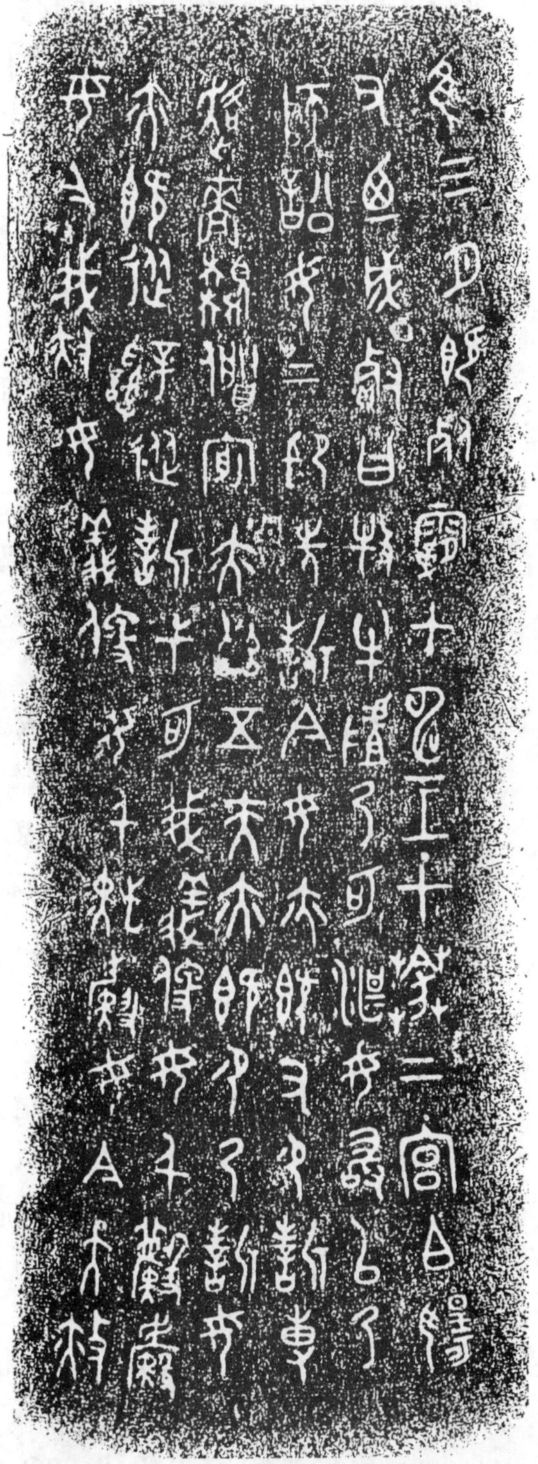

句意爲：伯揚父于是定下判詞。

(4)〔曰：牧牛，𠭯，乃可湛，女敢㠯乃師訟〕牧牛：人名，獄訟的一方。𠭯：音zhā，語氣詞。乃：第二人稱代詞，指牧牛。可：通“荷”，承擔。湛：通“抌”(dǎn)，誣告。《説文・十二上》“抌”下曰：“讀若告言不正曰抌。”女：第二人稱代詞。㠯：介詞，有後世“把……”之意。經籍通作“以”。師：官長。《尚書・虞夏書・皋陶謨》：“州十有二師。”鄭玄注：“師，長也。”訟：提起訴訟。此句意爲：伯揚父説：牧牛，你要承擔誣告之罪，你竟敢把你的官長告上來。

(5)〔女上𢍰先誓，今女亦既又卪誓〕上：以前。《吕氏春秋・安死》：“自此以上者，亡國不可勝數。”高誘注：“上猶前也。”𢍰：从卪，弋聲。此通“忒”(tè)，變更。《説文・十下》：“忒，更也。从心，弋聲。”先誓：原先的誓言。既：已經。卪：字作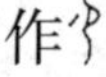，疑爲“卪”字異體，音jié。《説文・九上》：“卪，瑞信也。”此指誠信。此句意爲：你以前改變了原來的誓言，現在你也已經有了誠信的誓言。

(6)〔𫕦、趞、嗇、覷、𩵦𡨦，亦兹五夫亦既卪乃誓〕𫕦、趞、嗇、覷、𩵦：皆爲人名，是出庭作證的一方。𡨦：《説文・二下》：“艁，古文造。”此復从宀而省告，疑是“造”之異體。此處之“造”爲法律專用詞。《尚書・周書・吕刑》：“兩造具備，師聽五辭。”僞孔傳：“兩，謂囚、證。造，至也。”囚或證人在審訊時出庭，特稱爲造。亦：“亦兹五夫”之“亦”爲語氣詞。兹：“茲”之初文，此用作代詞，這。五夫：指上文𫕦等五人。卪乃誓：認爲你的誓言是誠實可信的。此處“卪”字，爲形容詞的意動用法。此句意爲：𫕦、趞、嗇、覷、𩵦出庭作證，這五個人也已經認爲你的誓言是誠實可信的。

(7)〔女亦既從辭從誓，𠦃可〕辭：同“辭”，此指對獄訟的判決。𠦃：“尗”之省寫，通“俶”(chù)，始。可：可以。此句意爲：你也已經服從判決遵守誓言，始被認可。

(8)〔我義㑣女千，𪓐𪓐女，今我赦女〕我：伯揚父自稱。義：應該。《詩經・大雅・蕩》：“天不湎爾以酒，不義從式。”毛傳：“義，宜也。”㑣：《説文・三下》“鞭”之古文作，本銘作，象以手執鞭抽人，當爲“鞭”之早期形體，《説文》以爲“便”字。《尚書・虞夏書・堯典》：“鞭作官刑。”𪓐𪓐：古代刺面施墨之刑。𪑱,音 miè,从黑,𥎦聲。"𥎦"與"蔑"當是同一字的不同寫法。𪒠,音 wū,从黑,𣪍聲。《説文・八上》"屋"之古文作𡱂,則"𣪍"當即經籍之"剭","𪒠"亦即"𪓊"字。《玉篇》:"𪓊,刑名。或作剭。"𢻫:同"赦"。《説文・三下》以"𢻫"爲"赦"之或體。此指寬赦。此句意爲:我本該鞭打你一千下,對你施𪑱𪒠之刑,現在我寬赦你。

(9)〔義俊女千,黜𪒠女,今大𢻫女〕黜:音 zhǐ,通"黹"。《説文・三下》:"黹,刺也。"黜當亦爲墨刑之一,黜𪒠與𪑱𪒠似有區别。

(10)〔俊女吾,罰女吉爰〕吾:"五百"二字合文。吉爰:吉,"三百"二字合文。爰,音 yuán,通"鍰",古代重量單位。《尚書・周書・吕刑》:"墨刑疑赦,其罰百鍰。"牧牛被赦免了五百鞭,其餘五百鞭及墨刑皆折成罰金。其中墨刑折合罰金一百鍰,剩下的五百鞭折合罰金二百鍰,總計爲三百鍰。以上兩句意爲:我本該鞭打你一千下,對你施黜𪒠之刑,現在大大寬赦你,鞭打你五百下,總計折算罰你三百鍰。

(11)〔白𣈬父迺或吏牧牛誓,曰:自今余敢夒乃尖史〕或:副詞,經籍通作"又"。吏:"使"之初文,讓。誓:起誓。余:牧牛起誓時的自稱。敢:表敬副詞,猶言"不敢"。夒:音 náo,通"擾",擾亂。乃:指伯揚父。尖史:尖,"小大"二字合文。史,通"事"。小大事,指任何事情。此句意爲:伯揚父于是再次讓牧牛立誓説:從今往後我不敢擾亂你任何事情。

(12)〔乃師或吕女告,𠟭𦤶乃俊千𪑱𪒠〕乃:指牧牛。告:控告。𠟭:同"則"。𦤶:通"致",給予。此句爲伯揚父的口吻所説,意爲:你的官長再把你告上來,就對你實施鞭打一千和𪑱𪒠之刑。

(13)〔牧牛𠟭誓,氒吕告吏𧊒、吏曶,于會〕氒:代詞,經籍通作"厥"。此處用爲介詞"吕"的前置賓語,指此案件的結果。吏𧊒、吏曶:司法官吏名𧊒與名曶者。𧊒,同"兄",《金文編》引高景成之説曰:"兄、㞷同聲,古字恒增聲符。"曶,音 hū。于:往。會:音 kuài,計簿,此指登録計簿。《周禮・天官・小宰》:"聽出入以要會。"鄭玄注:"要會,謂計最之簿書。月計曰要,歲計曰會。"又《秋官・小司寇》:"歲終,則令羣士計獄弊訟,登中于天府……乃命其屬入會,乃致事。"鄭玄注:"得其屬之計,乃令致之於王。"又《士師》:"歲終,則令正要會。"可見古代斷獄之後要登入計簿,並于年終上報。此句意爲:牧牛就立了誓,將此案件結果告知官吏𣪕、曶,去登入計簿。

(14)〔牧牛辭誓成,罰金〕辭:同上文"辭",从口與从言同義。指對獄訟的判決。金:銅。所罰之數即上文所説的三百鍰。此句意爲:牧牛在判決和誓詞定下來後,罰了金三百鍰。

(15)〔𠑇用乍旅盉〕用:因而。旅:唐蘭認爲,"旅是宗旅,比族的範圍較小。一個大家庭中包括子弟,稱爲旅。"盉:器名。此器名盉而形制爲匜。匜是始見于西周中期的一種由盉發展變化而來的用于盥洗的水器。此器爲匜而名盉,正保留了盉向匜演變的痕迹。此句意爲:𠑇因而製作了宗旅之盉。

秦公鎛[1]

秦公曰：[2]"我先
且受天令，賞
宅受或。[3]剌＝卲
文公、静公、憲
公，不豕于上。[4]
卲合皇天，吕
虩吏蠻方。"[5]公
及王姬曰：[6]"余
小子，余夙夕虔
敬朕祀，吕受
多福，[7]克明又
心，盭龢胤士，
咸畜左右。[8]藹＝
允義，翼受明
德，[9]吕康奠䜌
朕或，盜百蠻
具即其服。[10]乍
氒龢鐘，霝音
鍴＝雝＝，吕匽皇
公，吕受大福
屯魯多釐，大
壽萬年。[11]秦公
其畯黔才立，
雁受大命，眉
壽無疆，匍有
三方，其康寶。"[12]

(1)〔秦公鎛〕1978年1月出土于陝西省寶鷄市太公廟村。出土時有編鐘5件，鎛3件，皆有銘。第1組甲、乙兩鐘銘文相連，首尾完整。第2組丙、丁、戊三鐘銘文相連，起自“秦公曰”，至“大壽萬年秦”，缺“公𩕿晙黔才立……𩕿康寶”一節，當在另一尚未發現的鐘上，則第2組原應有四鐘。3件鎛每一件的銘文都首尾完整，與鐘銘文字相同，只是行款不同。此處所録即鎛銘，共26行135字（内含合文1字，重文4字）。太公廟秦公鐘鎛的發現，不僅對理解過去著録過的秦公鐘、秦公𣪘的銘文大有幫助，而且爲研究春秋時期的秦國歷史提供了新的史料。此器現藏寶鷄市博物館，銘文最早著録于《文物》1978年第11期。

(2)〔秦公曰〕此銘通篇爲秦公自述，根據對銘文内容的分析和鐘鎛出土地的考察，此秦公當爲秦武公。

(3)〔我先且受天令，𧶠宅受或〕且：“祖”之初文。令：同“命”。𧶠：同“商”。《説文・三上》“商”之籀文作，與此相類。此處通“賁”，賞賜，此指被賜與。《金文編》曰：“《説文》：‘賞，賜有功也。’‘賁，行賈也。’今經典賞賜字皆作賞，金文多作賁，是賁爲賞賜之專字，行賈之訓殆不然矣。”賁宅，指周孝王賜秦先祖非子封邑于秦（今甘肅清水縣東北）。秦國之得名，即源于此。或：“國”之初文。受國，指秦襄公受封爲諸侯事。賜邑與封國是秦國先祖的兩件大事，因此銘文中率先提出，加以頌揚。這兩件事皆見于《史記・秦本紀》。以上兩句意爲：秦公説道：我的先祖秉承天命，被賜邑封國。

(4)〔剌＝卲文公、靜公、憲公，不㒸于上〕“剌”下有重文符號。“剌剌”二字本銘漫漶不清，在另一鎛銘上則清晰可辨。此通“烈烈”。《爾雅・釋訓》：“烈烈，威也。”卲：通“昭”，昭明。文公：秦襄公之子，在位五十年。《史記・秦本紀》：“十六年，文公以兵伐戎，戎敗走。於是文公遂收周餘民有之，地至岐，岐以東獻之周。”當初周平王封秦襄公爲諸侯，賜以尚爲西戎所占的岐以西之地。襄公十二年，伐西戎至岐而卒，並未真正占有岐西之地，秦文公是秦創國事業的實際完成者。靜公：秦文公太子，未享國而卒，《秦本紀》稱“賜謚爲竫公”。“竫”通“靜”，古音相同。憲公：靜公之子，繼文公爲君，在位十二年。《秦本紀》作“寧公”，《秦始皇本紀》作“憲公”，今得此銘，知作“憲公”者是。“憲”之作“寧”，乃形近致誤。不家于上：家，同“墜”，墜失。不家于上，即在天帝左右。宋代著錄的《秦公鐘》稱“十又二公，不家才上”，民國初年出土的《秦公𣪘》稱“十又二公，才帝之矿”，《猶鐘》稱“其嚴才帝ナ右”，與本句意思相類，皆謂神靈在天。又，上述的“十又二公”，過去往往不把静公計算在内，因他實際並未在位。但從本銘看，秦人是將静公與在位之君同樣看待的，因此“十又二公”以計入静公爲宜。本銘提到了文公、静公、憲公，則作此器的秦公當是憲公子嗣。據《秦本紀》，憲公有子三人：武公、德公、出子。憲公卒，大庶長弗忌等廢太子武公而立其弟出子爲君。出子年僅五歲，立六年，被殺。又立武公爲君。武公在位二十年卒，立其弟德公。武公居、葬皆在平陽，故地在今陽平鎮附近。這批鐘鎛的出土地太公廟村在陽平鎮西十里，很可能屬秦國平陽舊址範圍。因此，本銘的秦公以秦武公的可能性爲大。此句意爲：威武而昭明的文公、静公、憲公，神靈在天。

(5)〔卲合皇天，㠯虩吏䜌方〕合皇天：與天命相合，依天命行事。虩：音 xì，恐懼，此指小心謹慎。吏：同“事”，對待。䜌方：䜌，通“蠻”。蠻方，指西戎等秦周圍的部族方國，此處與中原諸夏相區别而言。《秦公𣪘》及宋代著錄的《秦公鐘》皆稱“虩吏䜌夏”，則又違諸夏言。此句意爲：顯著地依皇天之命行事，謹慎地對待西戎等周圍的部族方國。

(6)〔公及王姬曰〕王姬：指周王室姬姓之女下嫁秦公爲妻者。春秋時周秦通婚事，史書未見。

(7)〔余尐，余夙夕虔敬朕祀，㠯受多福〕尐：“小子”二字合文。小子，上古君主的自謙之詞，如周厲王所作《㝬𣪘》，銘文起首也自稱“有余隹尐”（“小子”亦合文）。夙夕：早晚。《説文・七上》：“夙，早敬也。”徐鉉等曰：“今俗書作夙。”朕：第一人稱代詞。本銘的第一人稱代詞，作主語用“余”，作定語用“我”或“朕”，區别明顯。多福：《詩經・大雅・文王》：“永言配命，自求多福。”《㝬𣪘》：“陁＝降余多福。”“多福”爲周代習用語，指上帝神靈所賜的衆多福禄。以上兩句意爲：秦公與王姬説道：我是個小子，我早早晚晚對我那祭天祀祖之事恭敬有加，以求得到衆多的福禄。

(8)〔克明又心，盭龢胤士，咸畜左右〕克明又心：又，疑是“𠬪”之誤。金文“又”作ㄋ，“𠬪”作ㄑ，形近。《王乍𣪘》“王乍又鬻彝”、《中爯𣪘》“中爯乍又寶彝”及《龏鬲》“用乍又母辛尊彝”之“又”，從文義、文例看，當是“乎”字。而《縣改毁》“隹十乎二月既望”之“乎”，則當是“又”字，蓋形近致誤。《師朢鼎》：“穆＝克盟（明）乎心，悊（哲）乎德。”《詩經·魯頌·泮水》：“明明魯侯，克明其德。”皆與本句“克明又（乎）心”句式相當，文義相近。盭：音 lì，通“戾”，安定。《尚書·周書·康誥》：“今惟民不靜，未戾厥心。”僞孔傳：“未定其心。”龢：同“和”，和協。胤士：指世襲的卿大夫。《説文·四下》：“胤，子孫相承續也。”咸畜左右：咸，廣泛。畜，養，任用。咸畜左右，與《秦公毁》“咸畜胤士”、宋代著録的《秦公鐘》“咸畜百辟胤士”義近。此“左右”即指羣臣百官。

(9)〔藹＝允義，翼受明德〕“藹”下有重文符號。藹藹，孫詒讓謂即“趨趨”。于省吾認爲，藹即趠。趠之作藹，亦猶《智君子鑑》鑑之作鑑。趠之从壴聲與趨之从曷聲一也。趨趨應讀爲藹藹。《詩經·大雅·卷阿》：“藹藹王多吉士。”毛傳：“藹藹，猶濟濟也。”《爾雅·釋訓》：“藹藹、濟濟，止也。”郭璞注：“皆賢士盛多之容止。”（參見《雙劍誃古文雜識》）允：誠信。義：適宜。翼：同“翼”，恭敬。《説文·十一下》“翼”之篆文作“翼”，形符从飛與从羽義近。《詩經·小雅·六月》：“有嚴有翼，共武之服。”毛傳：“翼，敬也。”明德：光輝美好的德行。以上兩句意爲：能使那内心明亮，安定和協世襲的卿大夫，廣泛任用羣臣百官，他們威儀美盛，誠信合宜，恭敬地秉承着光輝美好的德行。

(10)〔目康奠嬲朕或，盜百緣具即其服〕康奠：安定。嬲：字尚未能確釋。盜：亦尚未能確釋。具：皆，都。《詩經·小雅·楚茨》：“樂具入奏。”鄭玄箋：“燕而祭時之樂復皆入奏。”即：動詞，就，此有奉行之意。服：職事。《詩經·大雅·蕩》：“曾是在位，曾是在服。”鄭玄箋：“使之處位執職事也。”此句意爲：以安定……我的國家，……使周圍眾多的部族方國都能奉行他們的職事。

(11)〔乍乎龢鐘，霝音鉥＝雝＝，目匽皇公，目受大福屯魯多釐，大壽萬年〕龢鐘：音聲和諧的樂鐘。霝音：美好的樂音。霝，音 líng。鉥＝雝＝：“鉥”“雝”下皆有重文符號。此用以形容鐘聲的和諧動聽。鉥，字尚難以隸定，或寫作“鈇”，或寫作“鍺”，待考。雝：同“雝”。《詩經·邶風·匏有苦葉》：“雝雝鳴雁，旭日始旦。”毛傳：“雝雝，雁聲和也。”匽：通“宴”，安樂。《左傳·成公二年》:"衡父不忍數年之不宴。"杜預注:"宴,樂也。"皇公:偉大的先公。屯魯:魯,通"嘏"。屯魯,經籍通作"純嘏",指大福,厚福。《詩經·大雅·卷阿》:"純嘏爾常矣。"《魯頌·閟宮》:"天錫公純嘏。"鄭玄箋:"純,大也。受福曰嘏。""純嘏"爲周代習用語。釐:音 xī,福祐。《説文·十三下》:"釐,家福也。"段玉裁注:"家居獲祐也。"此句意爲:製作了這套音聲和諧的樂鐘,動聽的樂音鈇鈇雝雝,以此來使偉大的先公安樂,以求得到厚大衆多的福祐,長壽萬年。

(12)〔秦公騏畯黔才立,雁受大命,釁壽無彊,匍有三方,騏康寶〕騏:音 qí,語氣詞,表示希望,經籍通作"其"。然本銘原有"其"字,作代詞用。"其""騏"形體的區别似與用法有關。畯:長久。《爾雅·釋詁》:"駿,長也。"畯、駿音近義通。黔:通"令",善。《詩經·大雅·卷阿》:"如圭如璋,令聞令望。"鄭玄箋:"令,善也。"才:動詞,通"在"。立:"位"之初文。雁受:雁,通"膺",承當。《逸周書·克殷》:"膺受大命,革殷,受天明命。"釁壽:長壽,經籍通作"眉壽"。彊:通"疆"。匍:通"溥",廣大。此句意爲:秦公希望能長久平安在位,承受天賜大命,萬壽無疆,廣有四方,希望能安康而寶有此器。

䜌書缶(1)

正月季春，元日己丑，(2)
余畜孫書已斁其吉
金，吕钗盥鋯，吕祭我
皇祖。(3) 䖒吕㫃釁壽。(4) 䜌
書之子孫，萬禖是䤀。(5)

(1)〔䜌書缶〕本器爲傳世之品，係春秋時晉器。腹外有刻銘 5 行 40 字，由左而右，字皆錯金，書體及行款均較特別，堪稱珍品。䜌，姓氏名，經籍通作“欒”。欒書(公元前？—前 573 年)，一稱欒武子、欒伯，春秋時晉國大夫，執政凡十四年。從銘文口氣看，此缶是欒書爲祭其祖父欒枝(一稱欒貞子，曾爲晉卿，將下軍)所作。此器曾由著名古文字學家容庚先生收藏，解放初期即捐獻國家，現藏廣州市博物館，銘文最早著錄于于省吾《商周金文錄遺》。

(2)〔正月季春，元日己丑〕正月季春：上古有所謂“三正(zhēng)”，即夏、殷、周曆的歲首月建不同，周曆以通常冬至所在的建子之月(即夏曆的十

一月）爲歲首，殷曆以建丑之月（即夏曆的十二月）爲歲首，夏曆以建寅之月（即後世通常所説的陰曆正月）爲歲首。月建則是把一年十二個月和天上的十二辰（黄道附近由東向西的十二個等份，名以“子丑寅卯辰巳午未申酉戌亥”）聯係起來，北斗星的斗柄指寅，叫作“建寅之月”，其餘類推。春秋時代，不同地區使用不同的曆日制度。此處係用周曆，以夏曆十一月爲歲首（孟春），故夏曆正月爲季春。元日：猶言“吉日”。《呂氏春秋·孟春》：“天子乃以元日祈穀於上帝。”高誘注：“元，善也。”此句意爲：正月季春的吉日己丑這一天。

（3）〔余畜孫書巳擇其吉金，㠯钗鼄鋯，㠯祭我皇祖〕畜孫：孝順的子孫。《禮記·祭統》：“孝者，畜也。順於道，不逆於倫，是之謂畜。”此句“余”“畜孫”“書”是同位語。巳：副詞，表示動作的完成。擇：同“擇”，揀選。吉金：堅好之銅。钗：同“作”，製作。鼄：同“鑄”，鑄造。鋯：同“缶”。金文“缶”有作、者，下部呈口形，此復从金，以示缶之材質。缶是古代一種盛水或酒的器皿，一般爲圓腹，有蓋，有耳。皇祖：對先祖的尊稱。《説文·一上》：“皇，大也。”此句意爲：我這個孝順的孫子緣書選取了堅好之銅，用來製作鑄造此缶，用以祭祀我的皇祖。

（4）〔虘㠯斦釁壽〕虘：第一人稱代詞，經籍通作“吾”。虘，从虍，魚聲。王國維指出：“古魚、吾同音，故往往假虘、䱷爲吾。《齊子仲姜鎛》云‘保虘兄弟’、‘保虘子姓’，即保吾兄弟、保吾子姓也。《沇兒鐘》云‘䱷以晏以喜’，即吾以晏以喜也。”（《觀堂别集·兮甲盤跋》）斦：通“祈”，祈求。釁壽：長壽，經籍通作“眉壽”。此句意爲：我也用以祈求長壽。

（5）〔緣書之子孫，萬禖是竂〕禖：同“世”。是竂：竂，同“寶”。是寶，即“寶是”，賓語前置。此句意爲：緣書的子孫，對此缶要萬代永寶。

王孫遺者鐘[1]

隹正月初吉丁
亥，王孫遺者睪
其吉金，自乍龢
鐘。[2]中𨙸𠭯𣃘，元
鳴子𪀁。[3]用亯台
孝于我皇且文
考，用𧐐𧐐壽。[4]余
圅龏誅屖，畏𢘒
趩＝，肅悊聖武，惠
于政德，𢥑于威
義，誨猷不飤。[5]闌＝
龢鐘，用匽台喜，
用樂嘉賓父胜，
及我倗友。[6]余恁
怡心，延永余德，
龢𣳚民人，余尃
旬于國。[7]皝＝趄＝，萬
年無諆。[8]枼萬孫
子，永保豈之。[9]

(1)〔王孫遺者鐘〕約于1876年至1894年間在湖北省宜都縣境内出土。鐘的鉦間、鼓部連鑄銘文19行117字(内含重文4字)。該鐘的國屬長期以來存在爭議，或説爲楚器，或説爲徐器。現今有學者根據考古發現的楚國銅器銘文(《王子午鼎》《王孫告鐘》等)，與本銘比較研究，結論是此器非楚器莫屬。作器人遺者即《左傳》所載楚莊王之子公子追舒，曾任楚國令尹。此器的鑄造年代約爲楚康王八年至九年(公元前552年至前551年)之間，作器人正在令尹官任上，故銘文内容爲作者誇耀自己的政績。

此器現藏美國舊金山亞洲藝術博物館，銘文最早著録于周懋琦《荆南萃古編》。

(2)〔隹正月初吉丁亥，王孫遺者睪其吉金，自乍龢鐘〕初吉：周代月相名，指農曆每月初一至初七、初八這一段時間。王孫：王室貴族子弟的通稱。遺者：作器者名，即楚莊王之子公子追舒。遺，通“追”。《詩經·小雅·角弓》：“莫肯下遺。”鄭玄箋：“遺，讀曰隨。”《楚辭·離騷》：“背繩墨以追曲兮。”王逸注：“追，猶隨也。”洪興祖補注：“追，古隨字。”由此可知“遺”“隨”“追”古音相近可通。者，通“諸”，金文“諸侯”之“諸”多作“者”。諸，又通“舒”，古音同屬魚部，聲母亦相近。《楚辭·離騷》：“前望舒使先驅兮。”王逸注：“望舒，月御也。”朱駿聲《説文通訓定聲·豫部》“舒”字條下稱，“按方諸、望舒，字亦同。”睪：同“擇”，揀選。吉金：堅好之銅。龢鐘：音聲和諧的樂鐘。此句意爲：正月初吉期間的丁亥日，王孫遺者揀選堅好之銅，自己製作這個音聲和諧的樂鐘。

(3)〔中韌戱旟，元鳴子煌〕中：用作連詞，經籍通作“終”。韌：通“翰”，高。韌，从言執聲；翰，从羽執聲；故韌、翰相通。《詩經·小雅·小宛》：“宛彼鳴鳩，翰飛戾天。”毛傳：“翰，高。”此處形容鐘聲高亢。戱：用作連詞，經籍通作“且”。旟：通“揚”，飛揚。按，本句“中……戱……”與《詩經》“終……且……”句式相類。王引之《經傳釋詞》卷九：“《詩·終風》曰：‘終風且暴。’……終，猶既也，言既風且暴也。”本銘“中韌戱旟”即“既翰且揚”之意。元鳴：長鳴。子：“孔”之誤書。金文“孔”作，“子”作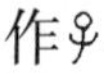，形近，故易致誤。類似的例子又見《白公父簠》，該簠器、蓋同銘，器銘“其金孔吉”，蓋銘亦誤“孔”爲“子”。孔，甚。煌：此字左側筆畫殘損，從殘留筆畫看，似爲从炎皇聲之字。此處形容鐘聲洪大。“中韌戱旟，元鳴孔煌”爲春秋時代鐘銘的習用語，又見于《沇兒鐘》《鄦子鐘》等。此句意爲：鐘聲高亢而又飛揚，鳴聲悠長，十分洪亮。

(4)〔用亯台孝于我皇且文考，用瀌釁壽〕亯：同“享”，祭享。《说文·五下》：“亯，獻也……，篆文亯。”段玉裁注：“小篆作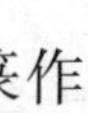，故隸書作亨、作享，小篆之變也。”台：義同“用”。《吴王光鑑》即作“用亯用孝”。《説文·二上》：“台，从口，目聲。”此作介詞，金文多作“目”，經籍通作“以”。孝：孝敬。《詩經·小雅·天保》：“是用孝享。”孔穎達疏：“是用致孝敬之心而獻

之。”且：“祖”之初文。文：文德彰明。旂：通“祈”，祈求。釁壽：長壽，經籍通作“眉壽”。此句意爲：用以祭享孝敬我偉大的祖先和文德彰明的先父，用以祈求長壽。

(5)〔余圅韹趎屖，畏趩趩=，肅悊聖武，惠于政德，思于威義，誨猷不飤〕圅：从𠙵，弓聲，通“宏”，大。韹：通“龏”，敬謹。趎屖：金文或作“害屖”，即經籍之“舒遲”。《禮記・玉藻》：“君子之容舒遲。”孔穎達疏：“舒遲，閑雅也。”此處爲安適舒閑之意。（參見于省吾《牆盤十二解》，《古文字研究》第五輯）畏：同“畏”，懼怕。趩：音 jī，《金文編》謂本銘之“趩”，“誼與忌同”。（見卷五“萁”字條）此指顧忌。《詩經・大雅・桑柔》：“匪言不能，胡斯畏忌。”趩=：“趩”下有重文符號。趩，从走，異聲，音 chì。趩趩，通“翼翼”，敬慎的樣子。肅：恭敬。悊：同“哲”，聰敏。聖：睿智。武：勇武。惠：惠愛。政德：政令德業。德，同“德”。思：通“淑”，善美。威義：容止禮節。義，通“儀”。誨：同“謀”。《説文・三上》“謀”字古文从口母聲，或从言母聲。猷：同“猷”。謀猷，計劃謀略。《尚書・周書・文侯之命》：“越小大謀猷，罔不率從。”不：通“丕”（pī），大。飤：音 sì，通“飭”，整治，此指有條不紊。此句意爲：我很敬謹，安適舒閑，有所畏忌，小心翼翼，恭敬聰敏，明智勇武，在政令德業方面廣施惠愛，在容止禮節方面盡善盡美，計劃謀略十分有條不紊。

(6)〔闌=龢鐘，用匽台喜，用樂嘉賓父兄，及我倗友〕闌=：“闌”下有重文符號。楊樹達認爲，“闌當讀爲簡，《詩・商頌・那》云：‘奏鼓簡簡。’簡簡爲贊美樂聲之辭。闌从柬聲，柬本見母字，與閒聲同，《説文・言部》讕或作調，《火部》爛或作燗，知闌聲閒聲字可通用也。”（《積微居金文説・王孫遺諸鐘跋》）匽：通“宴”，安樂。賓：字作𡧍，同“賓”。《説文・六下》“賓”之古文作𡧍，即𡧍之稍變。䏦：同“兄”。《金文編》曰：“高景成云，兄、㞷同聲，古字恒增聲符。”及：連詞，與。倗友：倗，《金文編》曰：“金文以爲‘倗友’之‘倗’，經典通作‘朋貝’之‘朋’而專字廢。”倗友，同師同志的人。此句意爲：音聲和諧動聽的樂鐘，用以使人安樂喜悦，用以歡娛嘉賓和伯叔兄弟，以及我的朋友。

(7)〔余恁佁心，延永余德，龢㳄民人，余尃旬于國〕恁：“信”之異體。（參見張政烺《中山王嚳壺及鼎銘考釋》，《古文字研究》第一輯）此指誠信。

佁:从人,台聲,音 yí,用作第一人稱代詞,經籍或作“台”。《爾雅·釋詁》:“台,我也。”延:音 chān,用作語氣詞,經籍通作“誕”。永:長久。“永”與上文之“恁”皆用爲使動。德:同“德”。渉:同“沴”(lì),通“戾”,安定。《詩經·大雅·桑柔》:“民之未戾。”毛傳:“戾,定也。”民人:即“人民”。専:通“溥”,廣泛。旬:字作。《説文·九上》以爲“旬”之古文,同,故即“旬”。《詩經·大雅·江漢》:“王命召虎,來旬來宣。”毛傳:“旬,徧也。”此句意爲:我要使我的心思誠信,使我的道德長久,使人民和諧安定,我要把它遍施于國中。

(8)〔皝₌趄₌,萬年無諆〕皝₌:“皝”下有重文符號。皝,音 huáng。皝皝,形容鐘聲洪亮。趄₌:“趄”下有重文符號。趄,《沇兒鐘》作“趣”,皆通“熙”。《左傳·襄公二十九年》:“爲之歌《大雅》,曰:‘廣哉,熙熙乎!’”杜預注:“熙熙,和樂聲。”此指鐘聲和諧。諆:通“期”,期限,止境。此句意爲:鐘聲洪亮和諧,一萬年也沒有止境。

(9)〔枼萬孫子,永保壴之〕枼:通“世”。世萬,猶言“萬世”。孫子:猶言“子孫”。保:通“寶”,珍愛。壴:“鼓”之初文,此處指敲擊。此句意爲:萬世子孫,長久地珍愛敲擊它。

蔡侯䜌盤(1)

元年正月，初吉
辛亥，(2)蔡侯䜌虔
[共]大命，上下陟
祮，𢾊敬不惕，肇
[輔]天子。(3)用詐大
[孟]姬嬇彝盤，禋
亯是台，肙盟嘗
啇，祐受母已。(4)齋
□整讗，[籟]文王
母。(5)穆₌亹₌，恖[害]訢
𣄰。(6)威義遊₌，霝頌
託商。(7)康諧[龢]好，
敬配吳王。(8)不諱
考壽，子孫蕃昌。(9)
永保用之，[冬]歲
[無]疆。(10)

(1)〔蔡侯䜌盤〕1955年5月出土于安徽省壽縣西門春秋古墓，盤腹内有銘文16行95字(内含重文3字)。銘文記錄蔡昭侯元年嫁長女大孟姬給吳王，臨行前對她的諄諄囑咐。本銘與蔡侯䜌尊上的銘文，除器名一字外，其餘文字皆同，因此本銘殘損之字大多可據尊銘補足。䜌，或隸定爲"䜌"。蔡侯䜌即蔡昭侯申。此器現藏安徽省博物館，銘文最早著錄于《考古學報》1956年第1期。此處兼錄蔡侯尊銘文，以便參照。

(2)〔元年正月，初吉辛亥〕元年：據下文"肇[輔]天子"，知當時蔡國奉行周王正朔，此"元年"爲蔡昭侯元年，亦即周敬王元年(公元前519年)。(參

蔡侯⿲申糸申盤銘文

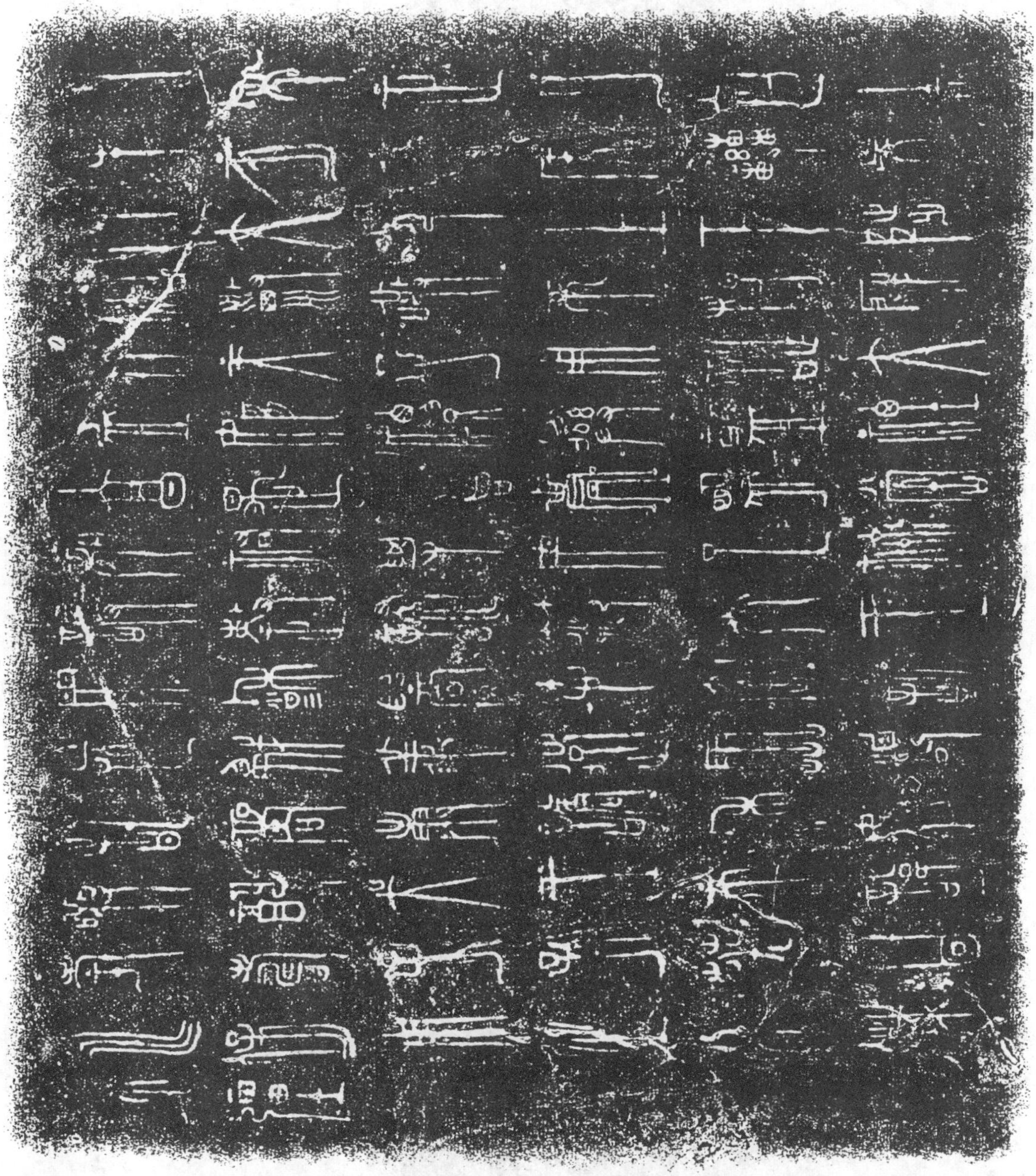

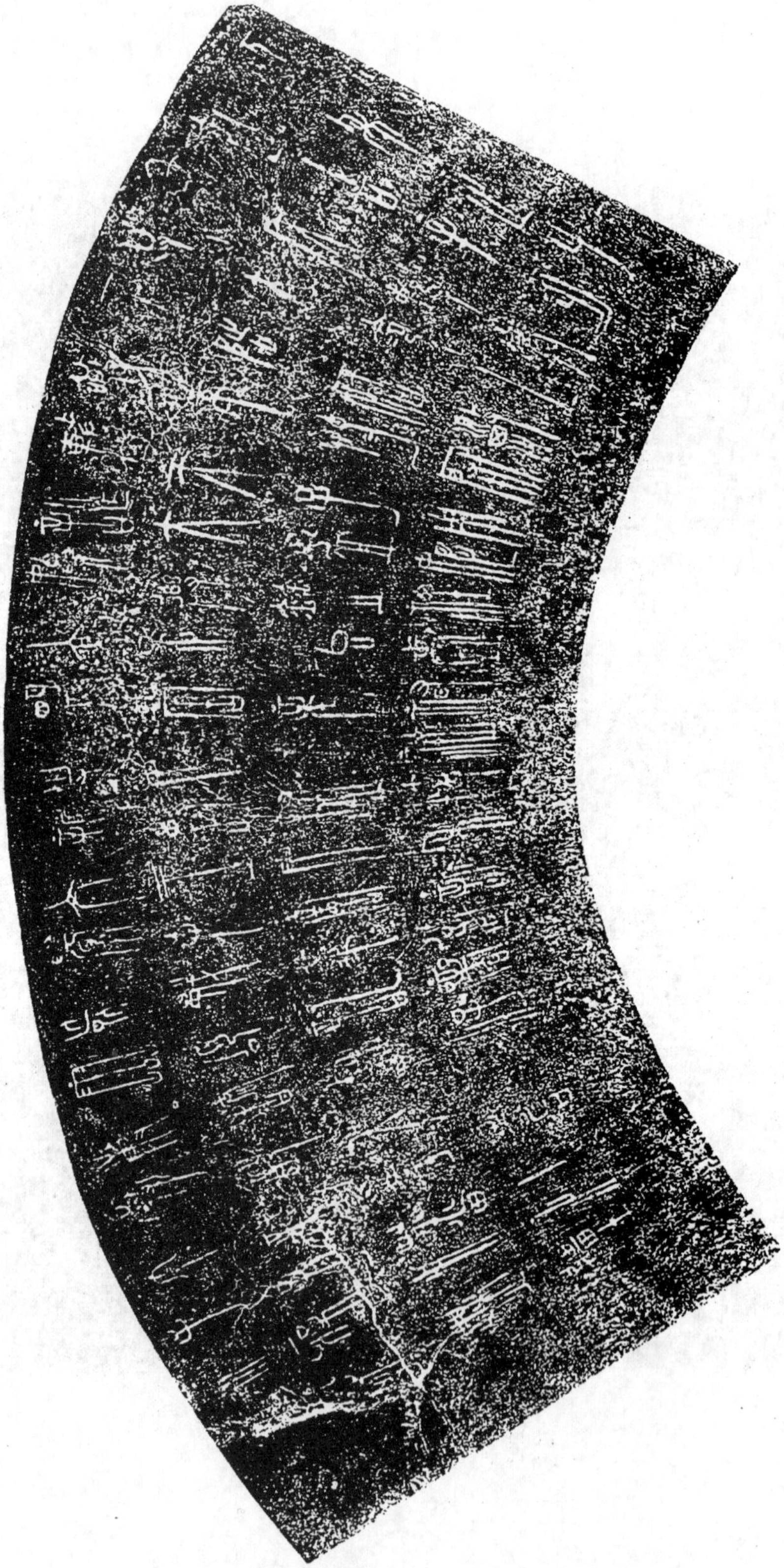

蔡侯𬯊尊銘文

見于省吾《壽縣蔡侯墓銅器銘文考釋》,《古文字研究》第一輯)初吉:周代月相名,指農曆每月初一至初七、初八這一段時間。此句意爲:在元年正月初吉期間的辛亥日。

(3)〔蔡侯𪒠虔[共]大命,上下陟祏,𢽾敬不惕,肇[䡨]天子〕蔡侯𪒠:蔡昭侯申。蔡,原銘作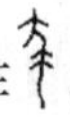,魏三體石經"蔡"之古文作,故得定爲"蔡"。蔡爲周初所封諸侯國,姬姓,始封之君爲周文王之子叔度。𪒠,于省吾認爲,"即'𤔔'的繁體字。《説文》:'𤔔讀若亂。'《番生簋》的'朱𤔔',《毛公鼎》作'朱𩐧'。因此可知,'𤔔'字初孳化爲𩐧,再孳化爲𪒠,它的規律,宛然可尋。'𤔔'既爲𪒠的初文,則𪒠从'𤔔'聲,了無可疑。至于'𤔔'字作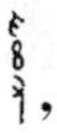,中間从''與否是一樣的。例如金文中,'𤔲'、'𪒠'二字所从之'𤔔',作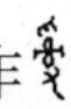也作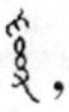,是其證。據《春秋》哀四年,蔡昭侯名'申',《史記·蔡世家》同(有的本子訛作'甲')。甲骨文'申'字作,金文'申'字作或,本象電光回曲閃爍之形,即'電'之初文。'申'字加'雨'爲形符,則變爲形聲字……按古音讀舌上爲舌頭,故讀'申'爲'電'……申爲電之初文,古讀申爲電,與𪒠从𤔔聲音近,故通用。"(《壽縣蔡侯墓銅器銘文考釋》)虔共:恭敬。共,通"恭"。《詩經·大雅·韓奕》:"夙夜匪解,虔共爾位。"鄭玄箋:"古之恭字或作共。"大命:指天命。謂蔡侯敬受天命即位爲君。上下:指君臣。陟祏:陟,上升,此指位尊者。祏,从示,否聲,通"否"(pǐ),與"陟"相對,指位卑者。《尚書·商書·盤庚》:"若否罔有弗欽。"《詩經·大雅·烝民》:"邦國若否,仲山甫明之。""若否"與"陟否"詞例相類。𢽾:从攴,𤔔聲,通"厲",嚴正。《論語·子張》:"聽其言也厲。"鄭玄注:"厲,嚴正。"不惕:惕,通"易",變易。不易,指一心一意。肇:語氣詞。䡨:从車,差聲,通"左",輔佐。《蔡侯𪒠鐘》:"䡨右楚王。"義同此。此句意爲:蔡侯𪒠恭敬地承受天命,君臣上下嚴正敬慎,一心一意,輔佐周朝天子。

(4)〔用詐大[孟]姬嬇彝盤,禋亯是台,𢦚盟嘗啇,祐受母已〕用:連詞,因而。詐:通"作",製作。大孟姬:蔡侯𪒠的長女。嬇:从女,从貝,弁聲,同"賸""媵",音 yìng。《爾雅·釋言》:"媵,送也。"此謂嫁女以財物相贈送。彝盤:祭祀所用之盤。盤,同“盤”。禋亯:泛指祭祀。禋,音 yīn。《說文·一上》:“禋,潔祀也。一曰精意以享爲禋。”是:代詞,指此盤,作介詞“台”的前置賓語。台:介詞,經籍通作“以”。“禋亯是台”猶言“以是禋亯”。㡀:原銘作。魏三體石經“祗”之古文作,與形近,故得讀爲“祗”字。《說文·一上》:“祗,敬也。”盟:通“明”,精明,誠信。《禮記·祭統》:“是故君子之齊也,專致其精明之德也。”嘗啇:泛指各種祭祀。啇,疑是“啻”之異體,通“禘”。《禮記·王制》:“天子諸侯宗廟之祭,春曰礿,夏曰禘,秋曰嘗,冬曰烝。”祐受:即“受祐”,受到保祐。母:否定副詞,經籍通作“毋”。已:停止。此句意爲:因而製作送給大孟姬出嫁的祭祀之盤,用它祭享,恭敬誠信地舉行各種祭祀,受到保祐,永不終止。

(5)〔⿰礻齊□整⿰言肅,⿱竹頪文王母〕⿰礻齊:同“齋”,莊敬。《詩經·召南·采蘋》:“誰其尸之,有齊季女。”毛傳:“齊,敬。”陸德明《釋文》:“齊,本亦作‘齋’。”《大雅·思齊》:“思齊大任,文王之母。”毛傳:“齊,莊。”《詩經》之“齊”亦音 zhāi,與本銘之“⿰礻齊”義同。“⿰礻齊”下一字右側殘泐,尊銘作,不可確釋。整:齊整。⿰言肅:通“肅”,嚴正。《詩經·小雅·黍苗》:“肅肅謝功,召伯營之。”鄭玄箋:“肅肅,嚴正之貌。”⿱竹頪:此字當从竹,从米,頁聲,通“節”,節度,法度,此處乃“以……爲法度”之意。文王母:周文王之母大(tài)任。此句意爲:端莊恭敬,齊整嚴正,以文王之母作爲楷模。

(6)〔穆=亹=,恖害訢⿸㫃昜〕“穆”“亹”下皆有重文符號。穆穆:恭敬貌。《爾雅·釋訓》:“穆穆,敬也。”郭璞注:“皆容儀謹敬。”亹亹:勤勉貌,經籍通作“亹亹”。《詩經·大雅·文王》:“亹亹文王,令聞不已。”毛傳:“亹亹,勉也。”亹,音 wěi。恖:原銘作,即西周金文之,亦即《說文》之“恖”。“囟”當是、之變形。恖,明悟。害:通“介”。《楚辭·九章·悲回風》:“夫何彭咸之造思兮,暨志介而不忘。”王逸注:“介,節也。”《荀子·修身》:“善在身,介然必以自好也。”楊倞注:“介然,堅固貌。”本銘係指女子節操堅貞。訢:音 xīn,喜悦。《說文·三上》:“訢,喜也。”⿸㫃昜:通“揚”,飛揚。此句意爲:恭敬勤勉,明悟堅貞,充滿喜氣。

(7)〔威義遊=,霝頌託商〕威義:容止禮節。義,通“儀”。“遊”下有重文符號。遊遊:寬閑舒適貌。霝:通“令”,善。頌:頌揚。訑:从音,乇聲,同“託”。形符从音與从言,義相近,古文字中每互作。商:指《詩經·商頌》,古人認爲《商頌》是歌頌功德的最好詩篇。託商,指依託《商頌》,亦即象《商頌》那樣頌揚得體。(參見上引于文)此句意爲:容止禮節寬閑安適,要像《商頌》那樣得體地好好頌揚吳王。

(8)〔康諧龢好,敬配吳王〕康:安樂。諧:原銘作,其右側之與《中山王礐鼎》及《壺》之(皆)同,故得定爲“諧”,和諧。配:匹配。此句意爲:安樂和諧而美好,恭敬地匹配吳王。

(9)〔不諱考壽,子孫蕃昌〕不諱考壽:猶言“長壽”。諱,通“違”,違失。考,老。考壽,長壽。蕃:繁多。昌:昌盛。此句意爲:長享老壽,子孫繁盛。

(10)〔永保用之,冬歲無疆〕保:通“寶”,珍愛。冬:此字左側殘泐,據殘畫及文義,可知是“冬”字,乃“終”之初文。原銘全形當作。《說文·十三上》“終”之古文作,與形近,皆不从糸。終,久長。終歲,猶言“萬年”。此句意爲:長久珍愛使用此盤,萬年無疆。

吳王光鑑(1)

隹王五月，既字白
期，吉日初庚，(2)吳王
光睪其吉金、玄銧、
白銧，台乍弔姬寺
吁宗彝薦鑑。(3)用亯
用孝，釁壽無疆。(4)往
已弔姬，虔敬乃后，
孫=勿忘。(5)

(1)〔吳王光鑑〕1955年5月出土于安徽省壽縣，爲該縣所發現的春秋蔡侯墓隨葬物之一。據考證，吳王光即吳王闔閭(公元前514年—前496年在位)。此鑑是他嫁女于蔡侯的媵器，高35厘米，爲一大型容水器。器内底有銘文8行53字(内含合文1字)。此器，現藏中國歷史博物館，銘文最早著錄于安徽省文物管理委員會等編《壽縣蔡侯墓出土遺物》(科學出版社，1956年)。

(2)〔隹王五月，既字白期，吉日初庚〕王：因吳國時亦稱王，故此王指周王抑或吳王，未可遽定。既子白：郭沫若認爲，“當即既生霸。子同孳或滋，生也。白乃古伯字，與霸通。”(《由壽縣蔡器論到蔡墓的年代》，《考古學報》1956年第1期)按，“字”，郭沫若誤釋爲“子”。《廣雅・釋詁》：“字，生也。”既生霸，周代月相名，指農曆每月初八、初九日到十四日、十五日這段時間。初庚：第一個庚日。此句意爲：王五月既生霸期間的第一個庚日是吉日。

(3)〔吳王光睪其吉金、玄銧、白銧，台乍弔姬寺吁宗彝薦鑑〕睪：同“擇”，揀選。吉金、玄銧、白銧：郭沫若認爲，“二銧字蓋礦之異體，玄銧當指鉛，白銧當指錫，吉金則是銅。”(同上)台：介詞。《説文・二上》：“台，从口，目聲。”金文多作“目”，經籍通作“以”。弔姬寺吁：吳王光之女，嫁往蔡國。弔，字作𢎘，本象人持弋射矰繳之形，此用作經籍伯叔之叔。宗彝：彝，通“彝”。宗彝，宗廟祭祀所用的禮器。鄭玄釋《尚書・虞夏書・皋陶謨》：“宗彝”曰：“謂宗廟之鬱鬯樽也。”此處爲泛指，故包括薦鑑。薦鑑：祭祀用的盛水器。薦，獻，此指

祭祀。此句意爲：吳王光揀選堅好之銅及鉛、錫，用來爲叔姬寺吁製作宗廟祭祀所用的禮器銅鑑。

（4）〔用亯用孝，瀪壽無疆〕亯：同“享”，祭享。《説文·五下》：“亯，獻也……，篆文亯。”段玉裁注：“小篆作，故隸書作亨、作享，小篆之變也。”孝：孝敬。《詩經·小雅·天保》：“是用孝享。”孔穎達疏：“是用致孝敬之心而獻之。”瀪壽：長壽，經籍通作“眉壽”。《詩經·周頌·載見》：“率見昭考，以孝以享，以介眉壽。”此句意爲：用以祭祀孝敬祖先神明，祈求長壽無疆。

（5）〔往已弔姬，虔敬乃后，孫=勿忘〕往已：猶言“去罷”。已，語氣詞，經籍多作“矣”。虔：音 qián，恭敬。乃后：你的君主。上古天子及諸侯皆可稱爲后。《尚書·虞夏書·堯典》：“班瑞于羣后。”僞孔傳：“后，君也。”此指蔡侯。《儀禮·士昏禮》：“父送女，命之曰：戒之敬之，夙夜毋違命。”與此義近。孫=：“子孫”二字合文。于省吾認爲，“甲骨文和早期金文，合文的作風是習見的。自西周後期以來，始于合文下加‘=’以爲標誌。《余購逐兒鐘》的‘孫=用之’，孫星衍釋‘孫=’爲‘子孫’，甚是……又《弔妃段》的‘孫=永寶’，《周窀匜》的‘孫=永寶用’，‘孫=’均係‘子孫’二字的合文。《蔡侯鐘》‘大夫’二字合文作‘夫=’。以上都是合文的例證。”（《壽縣蔡侯墓銅器銘文考釋》，《古文字研究》第一輯）此句是吳王光對叔姬的囑咐：去罷，叔姬，恭敬你的君主，子子孫孫都不要遺忘。

戉王者旨於睗矛(1)

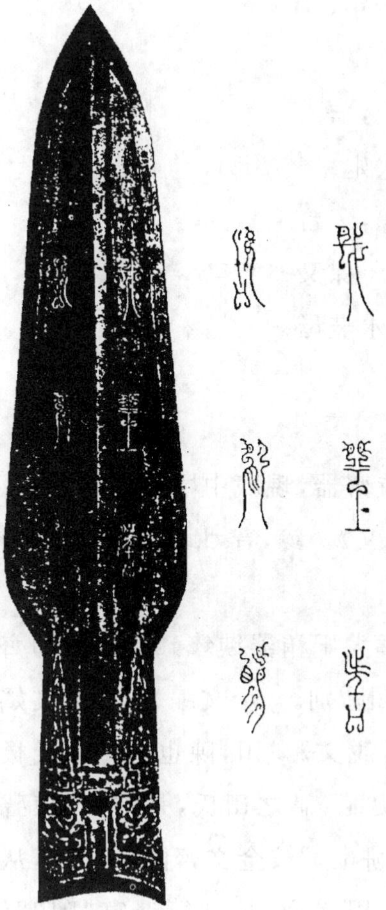

戉王者
旨於睗

(1)〔戉王者旨於睗矛〕又稱"越鳥書矛",出土時間及地點均不明,爲日本細川護立氏所藏。據云長37厘米餘,銘文2行6字,嵌金,其中除"者"字外,皆爲鳥書。鳥書是春秋戰國時代流行于我國南方的一種特殊字體,特點是筆畫多曲折,每字嵌畫鳥頭一隻(間或不止一隻),鳥頭或計入筆畫,或不計入筆畫;多用于劍、戈、矛之屬的刻寫,其他器甚少見。以鳥書作銘,流行的時間不長。本銘最早著錄于〔日〕原田淑人《周漢遺寶》。戉,國名,經籍通作"越"。者旨於睗,即句踐之子鼫(shí)與。林澐以古音學結合傳世文獻加以考證,指出:"鼫从石聲,石字是禪母三等字,者字則是照母三等字,上古音照審禪母三等字歸端透定母,所以石、者兩字古代都讀舌頭音……《毛詩·終南篇》'顏如渥丹',《韓詩》作'顏如渥沰'(《釋文》引),《韓詩外傳》作'顏如渥赭',可證古代从石聲之字和从者聲之字音通互假,所以在古代鼫、者兩字在聲音上可以互相借代是没有疑問的。至于與字和於字,則同爲喉音字,同屬魚部,古文獻中兩字互相通假,詳王引之《經義述聞》(卷三十一'於'字條)。所以,緩言之爲者旨於睗(睗),急言之則爲鼫與。"(見《越王者旨於睗考》,《考古》1963年第8期)

十四年塦侯午鐘[1]

隹十又三年，
塦侯午台羣
者侯獻金，乍
皇妣孝大妃
祪器鍨鐘，[2] 台
𢍺台嘗，[3] 保又
齊邦，[4] 永豈母
忘。[5]

(1)〔十四年塦侯午鐘〕本器爲傳世之品，係戰國時齊器，現藏中國歷史博物館。器銘 8 行 36 字，最早著錄于吳式芬《攈古錄金文》。鐘，音 duì，爲設食之器，金文字或作"鐘""𦎫"，經籍通作"敦"。

(2)〔隹十又三年，塦侯午台羣者侯賕金，乍皇妣孝大妃祪器鍨鐘〕塦侯午：即齊侯桓公田午。金文中"敶""塦"作爲姓氏有明顯區别。《金文編》曰："金文嬀陳作敶，齊陳作塦。錢大昕曰：古讀陳如田。《説文》：'田，陳也。'齊陳氏後稱田氏。陸德明云陳完奔齊，以國爲氏，而《史記》謂之田氏，是古田、陳聲同。《吕覽・不二篇》：'陳駢貴齊。'陳駢即田駢也。"按金文齊陳作"塦"，从土，陳聲。陳、田音近（皆屬定母真部字），土、田義通，故經籍逕寫"塦"爲"田"。《史記・田敬仲完世家》："康公之十九年，田和立爲齊侯，列於周室，紀元年。齊侯太公和立二年，和卒，子桓公午立。"然據《史記索隱》引《紀年》，"齊康公五年，田侯午生。二十二年，田侯剡立。後十年，齊田午弑其君及孺子喜而爲公。"是則《史記》在太公田和與桓公田午間脱漏齊侯田剡一代。又《史記》謂桓公田午立六年，卒。《索隱》曰："案《紀年》，梁惠王十二年當齊桓公十八年，後威王始見，則桓公十九年而卒，與此不同。"本銘稱塦侯午十又四年，知《史記》實誤，當從《紀年》。據今人研究，塦侯午十四年爲公元前 361 年。台：介詞。《説文・二上》："台，从口，目聲。"金文多作"目"，經籍通作"以"。羣者侯賕金：者侯，即"諸侯"。者，通"諸"。賕，同"獻"。獻，金文多从鼎作鬳，从鼎與从鬲同義。《𩰫甗》之獻，省虍作鬳。金文中鼎、貝字形相近，易致混淆，故㪤或誤作賕。羣者侯賕金，指衆諸侯國所獻之銅。皇妣：對亡母的尊稱。《禮記·曲禮下》："祭，父曰皇考，母曰皇妣。"妣，同"妣"。孝大妃：皇妣的稱號。祫：同"祭"。《説文·一上》："祭，祀也。从示，以手持肉。"金文作或，本銘作，實僅偏旁位置稍有改變，乃"祭"之異構。鍈：音 yǔ。此從徐中舒之釋。徐中舒認爲，鐘之形制，上下内外皆圜。鍈有坳坎窳下之意。凡團物，自其内空言之，正作坳坎窳下之形，故此名鍈鐘，乃形容鐘形之團。（參見《陳侯四器考釋》，《國立中央研究院歷史語言研究所集刊》第 3 本 4 分）此句意爲：在即位的第十四年，墬侯午用衆諸侯所獻之銅，製作祭祀皇妣孝大妃的禮器鍈鐘。

(3)〔台羴台嘗〕羴：同"登"，祭祀之名。《金文編》曰："以登以嘗，《禮記·月令》：'農乃登麥。'注：'登，進也。'經典以烝爲之。《爾雅·釋詁》：'烝，進也。'《春秋繁露》四祭，冬曰烝，烝者以十月進初稻也。皆與登同訓。"嘗：祭祀之名。《詩經·小雅·天保》："禴祠烝嘗，于公先王。"毛傳："秋曰嘗，冬曰烝。"按本銘之羴嘗乃泛指祭祀，非必以秋冬爲限。

(4)〔保又齊邦〕保：庇護。又：同"右"，佑助。

(5)〔永枼母忘〕枼：同"世"。"枼"字又見于《十年墬侯午鐘》及《墬侯因資鐘》，是帶有地域色彩的文字。母：用作否定詞，經籍通作"毋"。以上三句意爲：用來烝嘗祭享，祈求先人庇護佑助我齊邦，子孫們永世不要忘記。

商鞅方升[1]

十八年，齊遣卿夫=衆來聘。[2]
冬±月乙酉，大良造鞅爰
積十六尊五分尊壹爲升。[3]

（1）〔商鞅方升〕又名商鞅量，是秦孝公十八年（公元前 344 年）商鞅任大良造時爲統一秦國度量制度而頒發的容量一升的標準器。器呈長方形，有短柄，器壁三面及底部均刻銘文。本銘乃左壁所刻，共 3 行 32 字（内含合文 2 字）。右壁刻“臨”字，器壁與柄相對的一面刻“重泉”二字，器底刻秦始皇廿六年詔書。其中“重泉”與本銘字體一致，應是一次所刻，而“臨”字與廿六年詔書爲第二次加刻。可知此器初置于重泉（今陝西省蒲城縣東南），秦始皇廿六年統一度量衡時又加刻詔書而轉發至臨（今址不詳）。此器出土年代及地點不明，現藏上海博物館，銘文最早著録于鄒安《周金文存》。

（2）〔十八年，齊遣卿夫=衆來聘〕十八年：指秦孝公十八年。遣：此字泐損，容庚先生釋作“遣”。（見《殷周青銅器通論》第六章）卿夫=：即“卿大夫”。“夫=”爲“大夫”二字合文。衆：多人。聘：古代諸侯之間遣使通問修好。《禮記·曲禮下》：“諸侯使大夫問於諸侯曰聘。”戰國中期，秦齊皆爲強國，故秦以齊來聘爲榮，作爲本年大事而誌于量。此句意爲：（秦孝公）十八年，齊國派遣卿大夫多人前來通問修好。

（3）〔冬±月乙酉，大良造鞅爰積十六尊五分尊壹爲升〕±：“十二”二字合文。大良造：秦國官爵名，或稱大上造，爲秦二十等爵中的第十六級。鞅：公孫鞅（約公元前 390 年—前 338 年），戰國衛人，又稱衛鞅。在秦執政十九年，輔助秦孝公變法，使秦國富強，後封於商十五邑，號爲商君，故又稱商鞅。《史記·秦本紀》：“（孝公）十年，衛鞅爲大良造。”爰：副詞，乃。積十六尊五分尊壹爲升：即以十六又五分之一立方寸的容積定爲一升。（參見《中國古代度量衡圖集》第 81）積，積算。尊，通“寸”。此句意爲：冬十二月乙酉日，大良造衛鞅乃積算以十六又五分之一立方寸定爲一升。按,這即是所謂“以度審容”的方法,即把長度單位換算爲容積單位,使量器的製作得以簡易和標準化。從本器底部所刻秦始皇廿六年詔書可知其迄百餘年後猶沿用作標準量器。楊寬《戰國史》(1980 年第 2 版)稱:“經上海市標準計量管理局測定,商鞅方升的内容,平均長12.3535厘米,寬 6.9194 厘米,深 2.3332 厘米,據此可以計算出當時秦一升的容積爲 198.574 立方厘米。又據這個升的銘文,容積是當時尺度的 $16\frac{1}{5}$立方寸,以此推算,每立方寸的容積爲 12.257 立方厘米。再由此推算,當時秦的一寸是 2.305 厘米,一尺是 23.05 厘米。”

附:秦始皇廿六年詔書[1]

廿六年,皇帝盡并兼天
下諸侯,黔首大安,立號
爲皇帝。[2]乃詔丞相狀、
綰,灋度量,[3]劇不壹、
歉疑者,皆明壹之。[4]

(1)〔秦始皇廿六年詔書〕本銘原刻于商鞅方升底部,共5行40字。秦始皇廿六年(公元前221年),秦統一中國,秦王政稱始皇帝,發布此詔以統一度量衡。傳世及出土之秦代量器、衡器上,亦多見此詔書。本銘漫漶不清處,即據他器之詔書銘文辨識。

(2)〔廿六年,皇帝盡并兼天下諸侯,黔首大安,立號爲皇帝〕皇帝:《史記·秦始皇本紀》記秦王政二十六年羣臣議帝號,初上尊號爲"泰皇",秦王政曰:"去'泰',著'皇',采上古'帝'位號,號曰'皇帝'……制曰:'……朕爲始皇帝,後世以計數,二世三世至于萬世,傳之無窮。'"我國帝王稱皇帝,自秦王嬴政始。秦王政二十六年即稱秦始皇二十六年。黔首:平民百姓。《史記·秦始皇本紀》:始皇二十六年,"更名民曰'黔首'。"可知秦代之民只能稱黔首。此句意爲:秦始皇二十六年,皇帝全部兼并天下諸侯,平民百姓大爲安樂,立號爲"皇帝"。

(3)〔乃詔丞相狀、綰,灋度量〕詔:詔令,動詞。狀、綰:狀即隗(wěi)狀,綰即王綰,二人皆當時丞相。《史記·秦始皇本紀》載始皇二十八年琅邪臺石刻之文,中有"丞相隗林、丞相王綰"。《索隱》曰:"顏之推云:'隋開皇初,京師穿地得鑄秤權,有銘,云始皇時量器,丞相隗狀、王綰二人列名,其作"狀"貌之字。時令校寫,親所按驗。'王劭亦云然。斯遠古之證也。"可知傳本《史記》"隗林"乃"隗狀"之誤。顏之推當時所見秦權銘文有二,其一即秦始皇二十六年詔書。(參見《顏氏家訓·書證》)灋:同"法",法度。此處用爲動詞,統一。度量:長度與容量。按:後世每以"度量衡"連稱,上古則多言"度量"而已。如《左傳·昭公十七年》:"利器用,正度量。"《禮記·明堂位》:"制禮作樂,頒度量,而天下服。"與此詔性質相同的秦二世詔曰:"元年,制詔丞相斯、去疾，灋度量，盡始皇帝爲之。”皆爲其例。此詔書言“法度量”，實際上也包含了統一重量標準（“衡”）的内容，上引秦秤權刻此詔書即爲明證。

（4）〔鼎不壹、歉疑者，皆明壹之〕鼎：同“則”，連詞，那麼。不壹：不統一。一説：“則”爲標準權衡器，連上讀。歉疑：同“嫌疑”，疑惑難明。《墨子·小取》：“處利害，决嫌疑。”明壹：明確、統一。此處用如使動。以上兩句意爲：于是詔令丞相隗狀、王綰，統一度量標準，凡不統一、疑惑難明的，都要使之明確、統一。

鄂君啟節[1]

(一)

大司馬卲鄒敗晉帀於襄陵之歲,[2]頣层之月,乙
亥之日,[3]王凥於茙郢之遊宮。[4]大攻尹脽台王命=
集尹悲𥟉、裁尹逆、裁毃阬,[5]爲鄂君啟之賓賕鑄
金節。[6]屯三舟爲舿=,五十舿,歲罷返。[7]自鄂坣:[8]逾沽,
让灘,庚厠,庚芑昜,[9]逾灘,庚邽,逾頣,内卲。[10]逾江,庚
彭弴,庚松昜,内瀘江,庚爰陵。[11]让江,内湘,庚𦥯,庚
𨛬昜;内灩,庚鄙;[12]内湆、沅、澧、瀍。[13]让江,庚木閘,庚郢。[14]
見其金節劋母政,母舍桴飤。[15]不見其金節劋政。[16]
女載馬牛羊台出内閘,劋政於大賓,母政於閘。[17]

(二)

大司馬卲鄒敗晉帀於襄陵之歲,頣层之
月,乙亥之日,王凥於茙郢之遊宮。大攻尹
脽台王命=集尹悲𥟉、裁尹逆、裁毃阬,爲鄂
君啟之賓賕鑄金節。車五十乘,歲罷返。母
載金革黽箭。[18]女馬女牛女德,屯十台堂車=;[19]
女檜徒,屯廿=檜台堂車=,台毀於五十乘之
中。[20]自鄂坣:庚昜丘,庚邡城,庚㝵禾,庚畐焚,
庚𦀚昜,庚高丘,庚下都,庚居鄵,庚郢。[21]見其
金節劋母政,母舍桴飤。不見其金節劋政。

(1)〔鄂君啟節〕1957 年 4 月于安徽省壽縣丘家花園被羣衆在取土時發現,共 4 枚。節用青銅製成,腰部有一道竹節狀隆起線條,分器面爲兩段,上長下短,節上有錯金銘文。4 枚節可分兩組,第一組 1 枚,銘文 9 行,行 18 字,共 164 字(内含合文 1 字,重文 1 字),這是舟節,見本銘(一)。第二組 3 枚,每枚銘文相同,都是 9 行,行 16 字,共 148 字(内含合文 3 字,重文 1 字),這是車節,見本銘(二)。根據實物的弧度試作拼合,每組皆當有5枚,合成一竹筒

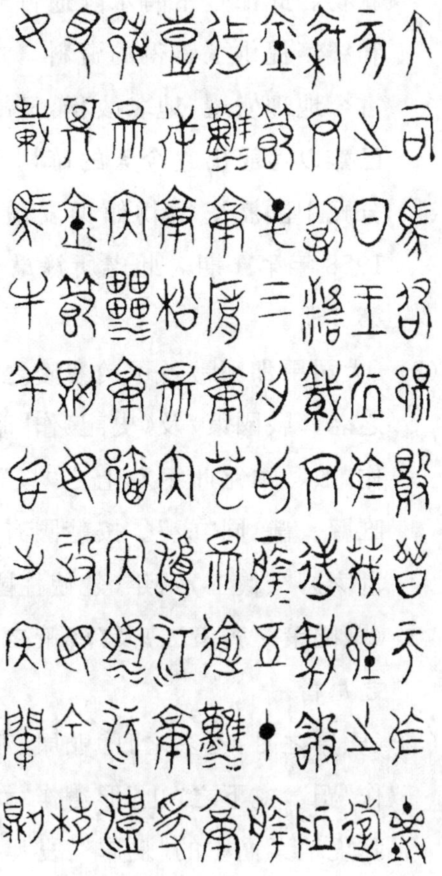

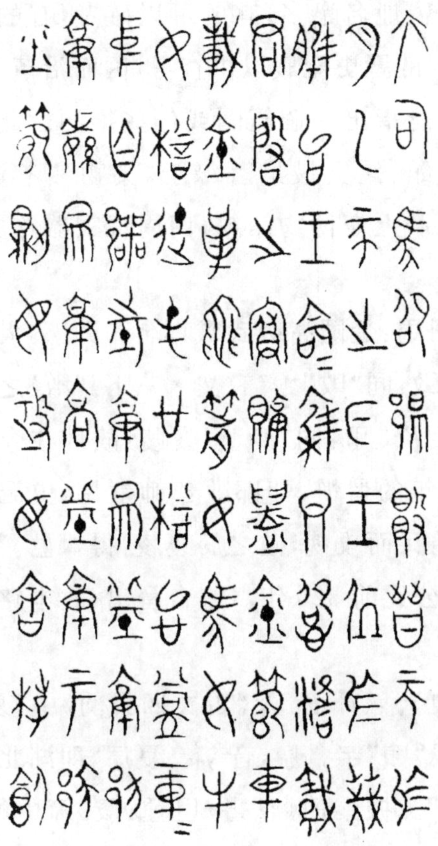

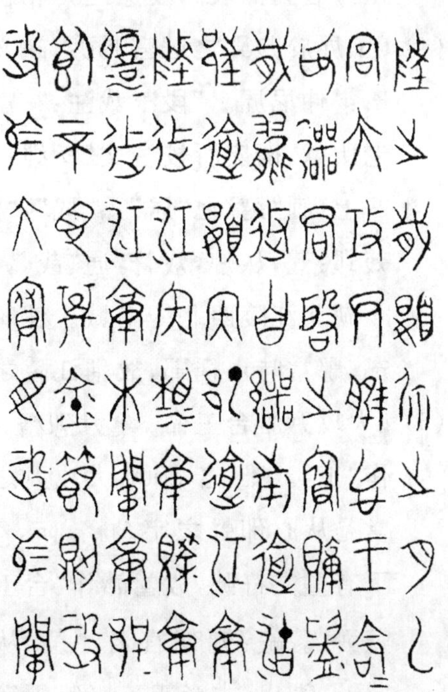

狀物。此節是當時水陸通行過關免税的憑證，爲研究戰國時期楚國的交通和經濟提供了難得的資料。本銘水名、地名衆多，有的可以確考，有的則因古今地理變遷、地名改稱，又缺乏必要的歷史記載以供查考，因而沿革不清，已難以考證出它今天的確切位置，只能指出一個範圍或作些推測。此節現分藏中國歷史博物館與安徽省博物館，銘文最早著錄于《文物參考資料》1958年第4期。此處所錄爲摹本，原載上海博物館編《商周青銅器銘文選》第2册。

(2)〔大司馬卲鄒敗晉帀於襄陵之歲〕大司馬：楚國高級武職官名。卲鄒：大司馬之名，《戰國策》及《史記》作“昭陽”。敗：同“敗”。《説文・三下》“敗”之籀文作“敗”，本銘此字左上之“貝”省作“目”。帀：同“師”。襄陵：故址在今河南睢縣。歲：同“歲”。按楚國有繫事紀年的習慣，卲鄒敗晉師事見《史記・楚世家》，“(懷王)六年，楚使柱國昭陽將兵而攻魏，破之於襄陵，得八邑。”又見《戰國策・齊策二》及《韓策二》，時在公元前323年。魏自晉出，故本銘仍稱之爲晉。

(3)〔𡨦层之月，乙亥之日〕𡨦层：𡨦，同“夏”。《汗簡》及《古文四聲韵》中“夏”皆作“𡨦”，左下之“止”形變作“女”，即成“𡨦”字。层，音 yí。夏层，即湖北雲夢睡虎地秦簡中的“夏杘”“夏尸”“夏夷”。據秦簡《日書》甲種《歲》篇中的“秦楚月名對照表”，夏层之月相當于夏曆二月。

(4)〔王凥於莪郢之遊宮〕凥：《説文・十四上》：“處也。从尸，得几而止。《孝經》曰：‘仲尼凥。’”段玉裁注：“《孝經》首章首句也。今作‘居’。許君受魯國三老所獻、衛宏所校古文《孝經》如是。《釋文》引鄭本亦作‘凥’。”後以《説文・八上》訓“蹲”之“居”爲“凥”，“凥”字遂廢。而蹲居之義，俗又以“踞”字表達。莪郢：莪，从艸，戈聲，通“哉”。《爾雅・釋詁》：“哉，始也。”楚國國都名郢，在今湖北江陵西北紀南城。楚昭王曾遷都鄀，楚惠王曾遷都鄢，不久皆遷回。鄀、鄢當時也稱郢，故稱江陵之郢爲莪郢，即第一個郢都。

(5)〔大攻尹脽台王命₌集尹悊緍、裁尹逆、裁𢼸阮〕大攻尹：楚官名。攻，經籍通作“工”。脽：音 shuí，大攻尹之名。下之“悊緍”“逆”“阮”亦皆爲人名。悊，當是从心卲聲之字。緍、阮，字不識。台：介詞，經籍通作“以”。命₌：“命”下有重文符號，故當讀作“台王命命集尹……”。集尹：楚官名。集，字不識。裁尹、裁𢼸：皆楚官名。裁，从糸，𢦏聲，同“織”。《古文四聲韵》即以裁爲“織”，謂出《古尚書》。𢼸，經籍通作“令”。

(6)〔爲鄂君啟之賓賸鑄金節〕鄂君啟：鄂，故址在今湖北鄂城。鄂君爲楚國封君，名啟。賓：同"府"，指府庫，儲藏物資，故字从貝。賸：同"賡"。《爾雅·釋詁》："賡，續也。"金節：銅製的節。古稱銅爲金。以上幾句意爲：大司馬卲鄒在襄陵擊敗晉軍的那一年，夏尿之月，乙亥日，楚王居於莪郢的遊宮，大工尹脽以王命命集尹悳糈、織尹逆、織令阬，爲鄂君啟的府庫續鑄此銅節。

(7)〔屯三舟爲舿₌，五十舿，歲罷返〕屯：聚集。《楚辭·離騷》："屯余車其千乘兮。"劉良注："屯，聚。"舿₌："一舿"二字合文，"₌"爲合文符號。舿，从舟，夸聲，同"舸"，大船。《方言》："南楚江湘，凡船大者謂之舸。"罷：同"嬴"，通"盈"，滿。此從于省吾説。（參見于省吾《鄂君啟節考釋》，《考古》1963年第8期；李零《楚國銅器銘文匯釋》，《古文字研究》第十三輯）《周禮·地官·掌節》："皆有期以反節。"歲滿返節，説明此節的有效期爲一年。此句意爲：集三舟相當于一舸，總量爲五十舸。滿一年後交還此節。

(8)〔自鄂坒〕坒：同"往"。此句意爲：從鄂邑出發。

(9)〔逾沽，让灘，庚曆，庚芑昜〕沽：同"湖"，此指鄂城、武昌間的吳塘、梁子等湖，自鄂穿湖可西通長江。让：同"上"，指溯流而上。灘：同"漢"。《説文·十一上》："漢，从水，難省聲。"本銘不省。此指漢水。庚：通"更"，經過。《史記·大宛列傳》："道必更匈奴中。"《索隱》曰："更，經也。"依本銘用字之例，"庚"下皆爲邑聚名。曆：黄盛璋謂通"鄢"。（參見《關於鄂君啟節交通路線的復原問題》，《中華文史論叢》第五輯）鄢，故址在今湖北宜城縣南，漢水西岸。芑昜：今地不詳，當在曆邑之北。芑，字不可確識。昜，音 yáng。此句意爲：穿湖而過，溯漢水而上，經過曆邑、芑昜。

(10)〔逾灘，庚邽，逾頣，内郘〕邽：今地不詳。頣：指夏水。内：進入。依本銘用字之例，言"逾""内"皆指水路，"逾"謂更换水路，"内"謂轉入支流。郘：水名，今之位置不詳。古夏水自今湖北沙市東南分江水東出，流經今監利縣北，至沔陽縣治附近入漢水。郘水當是夏水支流。此句意爲：折回漢水水路，經邽邑，换入夏水，再轉郘水。（以上爲舟節西北線）

(11)〔逾江，庚彭弹，庚松昜，内澮江，庚爰陵〕江：指長江。彭弹：故址在今江西湖口縣東，漢代爲豫章郡彭澤縣。弹，从弓，屰聲。松昜：故址在今安徽樅陽。澮江：當是漢代廬江郡得名所自的那條廬江，即今安徽廬江、桐城、樅陽三縣境内的白兔河。澮，音 lú。爰陵：今地不詳，當在澮江沿岸。此句意爲：再沿長江東下，經彭弹、松昜，轉入澮江，經爰陵。（以上爲舟節東線）

（12）〔让江，内湘，庚𨻰，庚䣵昜；内灅，庚鄗〕湘：即今湘江。𨻰：字不識，今地不詳，當在湘江沿岸。䣵昜：故址在今廣西全州，位于湘江支流洮水（今名黃沙河）北岸。䣵，音 táo。灅：从水，畾聲。《論語·述而》“誄曰”之“誄”，《説文·三上》引作“讄”，古文字中“晶”同“畾”，故“耒”“畾”音近，灅即今湘江支流耒水。鄗：故址在今湖南永興，位于耒水北岸，漢代爲桂陽郡便縣。此句意爲：溯江而上，轉入湘江，經𨻰、䣵昜，再由湘入灅，經鄗邑。

（13）〔内資、沅、澧、灊〕資、沅、澧：即今資水、沅水、澧水。灊：在澧水之北。灊，同“澹”，音 dàn。按以上四水並舉，自南而北，但沿岸可能並無大的邑聚，故只稱“内”某水而不言“庚”某邑。此句意爲：再轉入資水、沅水、澧水、灊水。（以上爲舟節西南線）

（14）〔让江，庚木閘，庚郢〕木閘：閘，同“關”。長沙馬王堆漢墓帛書《老子》甲本《道經》“善閉者無閘籥而不可啟也”，今本“閘”即作“關”。木關疑在今湖北江陵，江陵濱江，古有水道通郢。此句意爲：溯江而上，經木閘，經郢都。（以上爲舟節西線）

（15）〔見其金節劓母政，母畬桴飤〕劓：同“則”，用作連詞。母：用作否定副詞，經籍通作“毋”。政：同“政”，音 zhēng，指徵税，經籍多作“征”“徵”。《周禮·地官·均人》：“均人掌均地政。”鄭玄注：“政讀爲征。地征謂地守、地職之税也。”畬：同“舍”，給予。桴：原銘作𣏾，尚難確識。飤：音 sì。《説文·五下》：“飤，糧也。”此指饌食。

（16）〔不見其金節劓政〕以上兩句意爲：見此金節就不要徵税，但也無須安排桴飤。不見此金節就應徵税。

（17）〔女載馬牛羊台出内閘，劓政於大寶，母政於閘〕女：用作連詞，經籍通作“如”，如果。大寶：即“大府”，王室府庫。《吕氏春秋·分職》：“白公勝得荆國，不能以其府庫分人……九日，葉公入，乃發大府之貨予衆。”大府之徵以給王用，關市之徵以給國用，二者有别。此句意爲：如果運載馬牛羊以出入關卡，則由大寶徵税，無須由關卡徵税。

（18）〔母載金革黽箭〕黽：通“䉋”“篃”，音 mèi，竹名，可製矢。箭：竹名，常用以製矢，故稱矢爲箭。《山海經·西山經》言英山“其陽多箭䉋”。《廣雅·釋草》：“箭、䉋，䈾也。”可見“䉋”“箭”是經常連稱的。按：從下文所列地名看，陸行將經過楚國的邊境地帶，這表明鄂君啟是有可能從事與鄰近諸侯國的貿易的。金革黽箭是軍用物資，故明令禁運，以防資敵。此句意爲：不得運載金屬、皮革、黽竹、箭竹。

(19)〔女馬女牛女僡,屯十台堂車₌〕僡:音 dé,此處當是一種運輸所用的畜力之名,然所指何物,尚難確考。堂:同"當",相當。車₌:"一車"二字合文。此句意爲:如以馬、牛、僡馱載貨物,集十頭以當一車。

(20)〔女檐徒,屯廿₌檐台堂車₌,台毀於五十乘之中〕檐徒:檐,同"擔",音 dàn。擔徒,肩擔的徒卒。廿₌:兩個"十"字合文,表示二十。按本書所錄摹本未見合文符號"₌",但 1958 年《文物参考資料》發表的銘文照片及摹本上皆有之。毀:扣除。此句意爲:如是肩擔的徒卒,集二十擔以當一車,都在五十乘的總數中扣除。

(21)〔自鄂坣:庚昜垦,庚邡城,庚畗禾,庚畐焚,庚緐昜,庚高垦,庚下鄐,庚居鄛,庚郢〕昜垦:疑是唐國故地,在今湖北隨縣西北唐城鎮。上古"唐""昜"音近可通。垦,同"丘"。邡城:經籍或作"方城",故址在今河南方城、葉縣界上的保安鎮。畗禾:畗,即"象",形體稍有訛變。象禾,故址在今河南泌陽北象河關。畐焚:今地不詳。譚其驤疑是春秋時房國故地,漢置吳房縣,故址在今河南遂平。(參見《鄂君啟節銘文釋地》,《中華文史論叢》第二輯)緐昜:緐,"繁"之初文。緐昜,經籍通作"繁陽",故址在今河南新蔡北。高垦:今地不詳。下鄐:鄐,从邑,肴聲。肴,即魏三體石經古文"蔡"字。此从邑,表示是邑名的專字。下蔡,故址在今安徽鳳臺。居鄛:鄛,从邑,喿聲,也是一個邑名專字。"喿""巢"音近,《説文・一下》"藻"之異體即作"藻"。居鄛,即秦漢時的居巢縣,故址在今安徽桐城南。庚郢:由居鄛經由何道抵郢,銘文没有記載,研究者説法不一。一説爲沿水路抵郢。居鄛位于樅陽河上,由樅陽河東入長江,河口即舟節中的松昜(今樅陽),入江後溯流西上達郢。其路線與舟節重合,故不復舉。一説仍沿陸路原線返回,如何達郢則未詳。因此"庚郢"一事尚待深考。此句意爲:從鄂邑出發,經昜垦、邡城、畗禾、畐焚、緐昜、高垦、下鄐、居鄛、郢都。

中山王嚳壺[1]

隹十三年,[2]中山王嚳命相邦貫
戰郾吉金,[3]鈛爲彝壺,[4]節于醓醣,[5]
可灋可尚,[6]目卿上帝,目祀先王。[7]
穆₌濟₌,[8]嚴敬不敢匽荒。[9]因葷所美,[10]
卲友皇工,[11]詆郾之訛,[12]目憼嗣王。[13]
隹朕皇禝文、武,趄禝,成考,[14]是又
軘悳遺巡,[15]目阤及子孫,[16]用隹朕
所放。[17]慈孝寰惠,[18]舉臤速能。[19]天不
臭其又忎,[20]速夏臤杜良猹貫,目
輔相氒身。[21]余智其忠諪施,[22]而譁
賃之邦。[23]氏目遊夕歙飤,[24]峃又𢟁
叀。[25]貫渴志盡忠,[26]目猹右氒闢,[27]不
貳其心,[28]受賃猹邦,𡢁夜篚
解,[29]進臤敱能,[30]亡又轉息,[31]
目明闢光。[32]僑曹郾君子
徻不顧大宜,[33]不舊者侯,[34]
而臣宗貽立,[35]目内巤卲
公之䔍,[36]乏其先王之祭祀,[37]
外之,鼑牺速堂勤於天子之廟,[38]
而佋與者侯齒蜈於遳同,[39]鼑堂
逆於天,下不巡於人施,[40]𡨦人非
之。[41]貫曰:"爲人臣而仮臣其宗,[42]不
羊莫大焉。[43]牺與盧君竝立於𣏟,
齒蜈於遳同,鼑臣不忍見施。[44]貫
忎𡰥杜夫₌,目請郾彊。[45]"氏目身蒙
夲胄,目栽不巡。[46]郾旌君子徻、新
君子之,不用豊宜,不顧逆巡,[47]旌

邦亡身死，曾亡鼠夫之救，(48) 述定
君臣之謂，上下之體，(49) 休又成工，
刱闢封彊。(50) 天子不忘其又勳，速
其老筋賞中父，者侯虘賀。(51) 夫古
之聖王敄才旻賢，其即旻民。(52) 旃
謹誁敬鼎賢人至，(53) 㢆悉深
鼎賢人新，(54) 㚎斂中鼎庶
民㑒。(55) 於虖，兪㚖若言！明
友之于壺而旨觀焉。(56) 祗＝
翼，卲告後嗣：(57) 隹逆生禍，
隹㤅生福。(58) 蜚之笲筋，㠯戒
嗣王：(59) 隹悳㑒民，隹宜可緩。(60) 子之
子，孫之孫，其永保用亡彊。(61)

(1)〔中山王譽壺〕1974 年出土于河北省平山縣三汲公社，壺的四面刻有銘文 40 行 450 字（内含合文 1 字，重文 3 字）。這樣長篇的銘文世所罕見，它不僅有重要的史料價值，而且爲戰國文字的研究提供了寶貴資料。張政烺在《中山王譽壺及鼎銘考釋》（載《古文字研究》第一輯）中指出："戰國文字在漢字發展史上占重要之地位。惟過去所見金石竹帛長篇者少，陶璽貨幣漆器等更乏文義可尋。王譽鼎壺文字近千，筆畫完好，詞義詳贍。從字體看，一方面從事簡化以趣約易，頗與六書之義漸遠，不易認識；一方面因爲事務日繁，思想複雜，舊有文字不夠精密，隨着語義之分化，語音之多歧，創造出許多新字。其造字之法常以形聲爲主，大抵于正字之旁附以聲符，或于假借之字加注形符。這是古漢字發展的必然之路，然以偏旁太多，疊牀架屋，書寫閱讀不便。秦始皇帝統一，罷其不與秦文合者，許多戰國新字終歸廢棄。覽此陳迹對理解《説文》，認識漢字，皆有意義。"此器現藏河北省博物館，銘文最早著録于《文物》1979 年第 1 期。

(2)〔隹十三年〕中山王譽十四年約當公元前 314 年。

(3)〔中山王譽命相邦貫斁鄽吉金〕譽：中山王名。此字从𦥑，昔聲，諸家或讀爲措，或讀爲錯，尚難確釋。相邦：官名，乃百官之長，猶漢代之相國。貫：相邦名。原銘作，或隸定爲貯，或隸定爲賙，意見尚不一致。斁：同"擇"，揀選。

中山王譽壺銘文（一）

中山王嚳壺銘文（二）

中山王嚳壺銘文(三)

中山王嚳壺銘文（四）

郾：國名，始封之君爲召公奭。字或作“匽”，不从邑。經籍通作“燕”。中山國攻燕，在周赧王元年，即公元前 314 年。吉金：堅好之銅。

(4)〔鈟爲彝壺〕鈟：从金，寸聲，同“鑄”。从寸得聲的字與从壽得聲的字，古音相通。如《説文・三下》：“𣪠……《周書》以爲討。”《詩經・小雅・小弁》：“惄焉如擣。”《釋文》：“擣……本或作㿒，同。《韓詩》作疛。”故“鈟”同“鑄”。彝壺：宗廟祭祀用壺。

(5)〔節于醽醻〕節：節制。醽醻：醽，音 yīn，經籍通作“禋”，禋祀。《説文・一上》：“禋，潔祀也。一曰精意以享爲禋。”醻：音 jì，經籍或作“齊”。《周禮・天官・酒正》：“酒正，掌酒之政令……辨五齊之名。”鄭玄注：“齊者，每有祭祀，以度量節作之。”醽醻，指禋祀用酒的標準。

(6)〔可灋可尚〕灋：同“法”。《説文・十上》：“灋，刑也……法，今文省。”灋又爲灋之繁構。尚：尊崇。

(7)〔已卿上帝，已祀先王〕卿：“饗”之初文，此指享祭，獻酒食以祭。以上幾句意爲：在即位的第十四年，中山王𤔲命相邦貫選取伐燕的戰利品堅銅，鑄造祭祀用壺，按禋祀用酒的標準盛酒，使之可爲法式，可得尊崇，用來享祭上帝，奉祀先王。

(8)〔穆₌濟₌〕“穆”“濟”下皆有重文符號。《禮記・曲禮下》：“天子穆穆……大夫濟濟。”鄭玄注：“皆行容止之貌也。”孔穎達疏：“天子穆穆者，威儀多貌也……大夫濟濟者，濟濟，徐行有節。”

(9)〔嚴敬不敢怠荒〕嚴：恭敬。《詩經・商頌・殷武》：“天命降監，下民有嚴。”毛傳：“嚴，敬也。”怠荒：怠，同“怠”，怠惰。荒，指廢棄政務。《逸周書・謚法》：“好樂怠政曰荒。”《詩經・商頌・殷武》：“不僭不濫，不敢怠遑。”怠遑，義同“怠荒”。以上兩句意爲：君王威儀美盛，臣子容止有禮，恭敬從事，不敢怠惰荒廢政務。

(10)〔因𨊠所美〕𨊠：同“載”。《説文・十四上》：“載……从車，𢦏聲。”又《十二下》：“𢦏……从戈，才聲。”𨊠，从車，才聲，故同“載”。載，今作“載”。此處意謂記載。

(11)〔卲太皇工〕卲：通“昭”，明。太：原銘作大，疑是指事字，象一隻脚有毛病，容易傾跌。《説文・九下》：“仄，側傾也。”太，疑即“仄”字，在此通“則”。金文中“則”作“鼎刂”，从鼎从刀，有契刻之意，《驫羌鐘》“用明鼎刂之于銘”的“鼎刂”，正用此意。本銘下文“明太之于壺而旹觀焉”，與《驫羌鐘》文例相類。

皇工:盛大的功業,此指伐燕之役。以上兩句意爲:于是記載下值得稱美之事,顯著地鐫刻上這一盛大的功業。

(12)〔詆郾之訛〕詆:同“詆”。《説文·三上》:“詆,訶也。”“訶,大言而怒也。”訛:詐僞。《詩經·小雅·沔水》:“民之訛言,寧莫之懲。”鄭玄箋:“訛,僞也。”此指燕國禪讓的虚僞。

(13)〔㠯憼嗣王〕憼:通“警”,告誡。嗣:繼承。以上兩句意爲:怒斥燕國的虚僞,以告誡繼位的君王。

(14)〔隹朕皇禝文、武,桓禝,成考〕禝:同“祖”。文:中山文公。其人不見于載籍,事蹟未詳。武:中山武公。《史記·趙世家》:“(獻侯)十年,中山武公初立。”《索隱》:“《系本》云,中山武公居顧,桓公徙靈壽。”趙獻侯十年爲公元前414年。至公元前408年魏伐中山,中山遂亡。因此中山武公在位的年數不長,其所居之顧,在今河北定縣。桓禝:中山桓公,王嚳之祖,乃中山國復國之君。《史記·樂毅列傳》:“樂羊爲魏文侯將,伐取中山,魏文侯封樂羊以靈壽。樂羊死,葬于靈壽,其後子孫因家焉。中山復國,至趙武靈王時復滅中山。”《趙世家》記公元前377年與中山戰于房子(地名,在今河北高邑西南),則中山復國當在此之前。桓,經籍作“桓”。靈壽,在今河北平山縣三汲公社古城一帶。成考:中山成公,王嚳之父。其人不見于載籍,事蹟未詳。同時出土的《中山王嚳鼎》稱“先禝桓王,卲考成王”,即本銘之桓禝、成考。但中山國稱王是在公元前323年公孫衍發起“五國相王”時,故桓王、成王之稱王,當屬追稱。

(15)〔是又軘悳遺巡〕是:副詞,經籍多作“實”,確實。又:通“有”。軘悳:軘,同“純”,形符从束與从糸義相通。悳,同“德”,道德。純德,指大德。《詩經·周頌·維天之命》:“於乎,不顯文王之德之純。”毛傳:“純,大。”純德爲周代習用語。遺巡:遺留下來的訓教。巡,从心,川聲,通“訓”。

(16)〔㠯阤及子孫〕阤:音 yì,延續,傳給,經籍多作“施”。《詩經·大雅·皇矣》:“既受帝祉,施于孫子。”

(17)〔用隹朕所放〕用:連詞,因而。放:音 fǎng,通“倣”,效法。《莊子·在宥》:“今則民之放也。”《釋文》:“放,效也。”以上幾句意爲:我的皇祖文公、武公,先祖桓王,先父成王,確有純德遺訓傳給子孫,因而是我效法的榜樣。

(18)〔慈孝寰惠〕慈:同“慈”。慈,从心,兹聲。丝爲“兹”之初文,故“慈”即“慈”。寰:同“寰”,《師遽方彝》“環”字作“瞏”可證。此通“宣”。《國語·周語中》:

“寬肅宣惠，君也……宣所以教施也。”韋昭注：“宣，徧也。施徧則人不怨。”

(19)〔舉孯速能〕舉：从犬，與聲，通“舉”，薦舉。孯：从子，臤聲。《説文・三下》：“臤……古文以爲賢字。”此復从子，當是賢人之“賢”的專字。速：从辵，吏聲，同“使”。《禮記・禮運》“選賢與能”，與此“舉孯速能”義同。以上兩句意爲：慈愛孝順，徧施教化與恩惠，舉薦任用賢能之士。

(20)〔天不臭其又忨〕臭：疑即“臭”。《説文・十下》：“臭……古文以爲澤字。”此通“斁”，音 yì，厭棄。《詩經・周南・葛覃》：“爲絺爲綌，服之無斁。”毛傳：“斁，厭也。”忨：同“忨”，音 wán，貪愛。此指欲望。《説文・十下》：“忨，貪也。”段玉裁注：“貪者，欲物也。”此句意爲：上天不因他有這樣的欲望而厭棄他。

(21)〔速旻孯杜良猹貫，㠯輔相氒身〕旻：同“得”。《説文・二下》“得”之古文作“㝵”，即“旻”之稍變。杜：同“士”。在“士”旁增添“才”，意在强調士的才能。下文“杜夫₌”即經籍常見的“士大夫”。猹：張政烺認爲此字从犬、从木、左聲，疑是“佐車”（見《禮記・少儀》）之“佐”。佐車以木爲之，故从木；用于田獵，故从犬。此指輔佐之臣。氒：音 jué，代詞，經籍通作“厥”。此句意爲：使譻得到了賢士良佐貫，來輔助自己。

(22)〔余智其忠諪施〕智：同“知”。《墨子・經説下》：“夫名，所以明正所不智，不以不智疑所明。”亦以“智”爲“知”，知道。諪：同“信”。古璽印文中亦可見以“諪”爲“信”者。施：語氣詞，經籍通作“也”。《説文・七上》：“施，旗貌。从㫃，也聲。”“施”“也”聲相近。按在西周至春秋的金文中，目前還没有發現用“也”作語氣詞的。本銘用从“也”聲的“施”作語氣詞，是一個值得注意的現象。在現有古文字材料中最早用“也”作句末語氣詞的是信陽出土的戰國楚簡。（參見張振林《先秦古文字材料中的語氣詞》，《古文字研究》第七輯）

(23)〔而譐賃之邦〕譐：从言，傳聲，通“專”。賃：从貝，任聲，通“任”。之：代詞，指相邦貫。邦：指國事。以上兩句意爲：我知道他忠貞誠信，因而把國事交給他一力承擔。

(24)〔氏㠯遊夕歙飤〕氏：代詞，經籍通作“是”，亦偶有用“氏”者。如《儀禮・覲禮》：“大史是右。”鄭玄注：“古文‘是’爲‘氏’也。”本銘雖有“是”字，如上文“是又軘惪遺怨”，但用作副詞，不用作代詞。這種現象又見于《中山王譻鼎》。“氏”與“是”的分用，表明中山國器銘的文字在記錄語言上逐漸趨于精密。遊夕:《管子·戒》:"先王之遊也,春出原農事之不本者謂之遊,秋出補人之不足者謂之夕……先王有遊夕之業於人,無荒亡之行於身。"此泛指出遊巡視。歙:同"飲"。飤:音 sì,飼人以食物。

(25)〔巟又𢝊𢜩〕巟:《金文編》曰:"《説文》所無,張政烺謂从心,皿聲,讀如罔。"今從之。𢝊𢜩:朱德熙、裘錫圭認爲𢝊字从虘得聲,當是"懅"的異體。(參見《平山中山王墓銅器銘文的初步研究》,《文物》1979 年第 1 期)懅,音 jù,惶恐。經籍或作"遽"。𢜩,通"惕",戒懼。《楚辭·大招》:"魂乎歸徠!不遽惕只。"王逸注:"長無惶遽怵惕之憂也。"以上兩句意爲:因此我出遊巡視,飼人以酒食,没有惶恐戒懼。

(26)〔貫渴志盡忠〕渴:《説文·十一上》:"渴,盡。"本義爲水盡,引申則泛指竭盡。後多假借《説文·十下》釋爲"負舉"的"竭"爲"渴",而又以"渴"爲"㵣"(《説文·八下》:"㵣,欲歠歠。")。本銘之"渴",尚存古義,音 jié。

(27)〔㠯猹右𨑋闢〕闢:原銘作𨶜,此指君主,音 bì,經籍通作"辟"。

(28)〔不貳其心〕貳:从月(肉),式聲,同"膩"。《説文·四下》:"膩……从肉,貳聲。"《六下》:"貳……从貝,式聲。"故"貳"通"貳"。不貳其心,即一心一意。

(29)〔受賃猹邦,𡢁夜篚解〕𡢁:同"殌"。《説文·七上》:"殌,早敬也。"徐鉉等注:"今俗書作夙。"篚:同"匪",用作否定詞。解:音 xiè,怠忽,松懈。《詩經·大雅·烝民》:"夙夜匪解,以事一人。"

(30)〔進堅散能〕散:同"措",安置,任用。

(31)〔亡又轉息〕亡:用作否定詞。轉:字不識。據文義,轉息當有休止之意。

(32)〔㠯明闢光〕明:顯揚。以上幾句意爲:貫竭志盡忠,以輔佐其君主,一心一意,接受委任,協理國事,早晚不懈,舉薦賢才,任用能人,未曾休止過,以顯揚其君主的光輝。

(33)〔僞曹鄽君子徻不顧大宜〕僞:从人,啇聲,通"適"。曹:通"遭"。子徻:燕君之名。徻,《史記》等作"噲"。燕王子噲信任其相子之,"因收印自三百石吏已上而效之子之。子之南面行王事,而噲老不聽政,顧爲臣,國事皆決於子之。"(《史記·燕召公世家》)這就是所謂的禪讓。其事又見《戰國策·燕策》《孟子·公孫丑下》《韓非子·外儲説右下》。顧:从鳥,㝅聲。㝅,即"寡"字(詳下"㝅人"注)。顧,通"顧"。"寡""顧"上古同屬見母魚部。宜:經籍多作"義"。按"義"指事之合宜當行,故"義"與"宜"詞義相通。《國語·晉語四》:"守天之聚,將施於宜。"韋昭注:"宜,義也。"《晉語一》:"不度而迂求，不可謂義。"注："義，宜也。"

(34)〔不𠥱者侯〕𠥱：从二（疑是从匚之誤），售聲。售，从隹，臼聲。故"𠥱"疑是"匶"的異體，《説文・十二下》以"匶"爲"柩"之籀文。此通"忌"，忌憚。"柩""忌"上古同屬羣母之部。者侯：即"諸侯"。

(35)〔而臣宗𢿯立〕宗：主。《周易・睽》："厥宗噬膚，往何咎。"孔穎達疏："宗，主也。"𢿯：此字从二"易"，一正一倒，以會改易倒置之意，當是改易之"易"的專字。"𢿯"在金文中僅此一見，很可能是中山國新創的一個會意字。立："位"之初文。

(36)〔𠂤内𢇍邵公之業〕𢇍：同"絶"。《説文・十三上》"絶"之古文作"𢇍"。邵公：即經籍中的召公奭，燕國始封之君。業：同"業"。中山國器銘文字有在字的某一部位（主要是下部）加ㅂ或ㅂ的現象，這種附加的符號與字的含義無關，如本句的"業"作"業"，下文的"豊"作"豊"，"歛"作"歛"以及鼎銘的"今"作"含"，"念"作"悆"等皆是。

(37)〔乏其先王之祭祀〕乏：《莊子・天地》："無乏吾事。"《釋文》："乏，廢也。"

(38)〔外之，𠟭𨡓速㞷勤於天子之庿〕外之：對外來説。這是與"内𢇍邵公之業"相對而言的。之，語氣詞。𨡓：《説文・十四下》"醬"（醬）之古文作"𨡓"，此通"將"，將要。㞷：同"上"。勤：通"覲"。《説文・八下》："諸侯秋朝曰覲，勞王事。"庿：同"廟"。《説文・九下》"廟"之古文作"庿"。此指宗廟。

(39)〔而𢓚與者侯齒𨱗於𠊱同〕𢓚：同"退"。《説文・二下》"退"之古文作"𢓚"，此又增"口"，當是"退"之異體。《禮記・少儀》："朝廷曰退。"孔穎達疏："謂於朝廷之中，若欲散還，則稱曰退。"齒𨱗：齒，《左傳・隱公十一年》："寡人若朝于薛，不敢與諸任齒。"杜預注："齒，列也。"𨱗，同"長"（zhǎng），指年齡。齒長，指依年齡大小排列位次，年長者居前。𠊱同：即"會同"，諸侯朝見天子。《周禮・春官・大宗伯》："時見曰會，殷見曰同。"以上幾句意爲：正遇燕君子噲不顧大義，不忌憚諸侯的責難，竟臣主易位。對燕國來説，斷絕了召公開創的基業，廢棄了對先王的祭祀。對外，則將使子之到天子宗廟去行朝覲之禮，並退而與諸侯在會同時比年齡排位次。

(40)〔𠟭㞷逆於天，下不巛於人施〕逆：違逆。《左傳・隱公三年》："賤妨貴，少陵長，遠間親，新間舊，小加大，淫破義，所謂六逆也。"巛：通"順"。按上文"𥁕悳遺巛"之"巛"通"訓"，本句之"巛"通"順"，"訓""順"古音相近，經籍亦有相通之例。如《尚書・周書・洪範》"于帝其訓""是訓是行"之"訓"，《史記·宋微子世家》皆引作“順”。此句意爲:這樣就上逆於天命,下不順於人心。

(41)〔𡨦人非之〕𡨦:同“寡”。金文中“寡”一般作、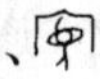,本銘作,不从宀,乃其省變。《古文四聲韵》“寡”作、,即與形體相近。寡人爲中山王譻自謙之稱。此句意爲:我認爲這是不對的。

(42)〔貫曰:爲人臣而彶臣其宗〕彶:同“返”。形符从彳與从辵,義相通。

(43)〔不羊莫大焉〕羊:通“祥”。古“吉祥”之“祥”多有作“羊”者。焉:用作句末語氣詞,在目前的金文材料中僅見于中山國器銘。

(44)〔牺與盧君竝立於𦙶,齒張於逾同,剘臣不忍見施〕盧:第一人稱代詞,經籍通作“吾”。《金文編》曰:“王國維曰:‘《周禮·天官·𢿱人》釋文:“本亦作魰。”𢿱、魰同字,知盧、魚亦同字矣。古魚、吾同音。敦煌唐寫本《商書》“魚家旄孫于荒”,日本古寫本《周書》“魚有民有命”,皆假魚爲吾。《史記·河渠書》“功無已時兮吾山平”,吾山即魚山也。’庚案:《列子·黄帝》:‘姬,魚語汝。’注:‘魚當作吾。’”𦙶:从歺,世聲,通“世”。以上幾句意爲:貫說:作爲人臣却反倒使其君主爲臣,没有比這更爲不祥的了。他將與我的國君並立在世上,在會同時比年齡排位次,那是我所不忍見到的。

(45)〔貫忎쏘杜夫₌,𠂤請郾疆〕忎:願。쏘:同“從”。夫₌:“大夫”二字合文。“₌”爲合文符號。請:通“靖”,安定。此句意爲:我願追隨士大夫,去安定燕國。

(46)〔氏𠂤身蒙卒胄,𠂤𢦏不𢘅〕卒:通“橐”,《小盂鼎》作“䩦”,《伯晨鼎》作“虢”,本指裝鎧甲或弓箭的皮袋,或以虎皮爲之,故字或从虎。此處代指鎧甲。胄:頭盔。𢦏:音 zhū,討伐。殺伐用兵器,故字从戈,經籍則通作“誅”。此句意爲:因此身蒙甲胄,以誅伐不順之人。

(47)〔郾旃君子徻、新君子之,不用豊宜,不顧逆𢘅〕旃:从㫃,古聲,通“故”。西周金文有假“古”爲“故”者,但本銘的“古”與“旃”(故)在用法上有明顯區别。豊:同“豊”,“禮”之初文。

(48)〔旃邦亡身死,曾亡鼠一夫之𢦏〕亡:从辵,亡聲,指喪亡。本銘喪亡之“亡”與用作否定詞之“亡”,用字不同。鼠一:从鼠,一聲,同“一”。𢦏:同“救”。形符从戈與从攴,義相通。按燕國“臣宗𢍉立”後發生内亂,齊宣王派兵攻燕,子徻、子之皆死,繼立者爲燕昭王。以上兩句意爲:燕國的舊君子徻、新君子之,不用禮義,不顧逆順,所以邦亡身死,竟無一人前往搭救。

(49)〔述定君臣之竬,上下之軆〕述:用作連詞,于是。經籍通作“遂”。“述”“遂”古多通用之例。《説文·二下》“遂”之古文作𨗨,魏三體石經《春秋》“僖公公子遂如晉”之“遂”,古文作𨗨,與本銘之作𨗨者形體相近。《老子》:“功遂身退。”長沙馬王堆漢墓帛書本“遂”作“述”。經籍中从术得聲者,亦可與“遂”相通假,如《春秋·文公十二年》“秦伯使術來聘”之“術”,《公羊傳》作“遂”。竬:同“立”(wèi),經籍通作“位”。本銘上文“臣宗易立”尚用“立”爲“位”,此處却用“竬”字,這説明“立”與“位”的分化已經開始,只是尚未定形于“位”。竬,从立,胃聲。“胃”“位”音近,上古同屬匣母物部。軆:同“體”。形符从身與从骨,義相通。此指法式、規矩。

(50)〔休又成工,刱闢封彊〕休:壯美。《詩經·周頌·載見》:“休有烈光。”鄭玄箋:“休者,休然盛壯。”工:“功”之初文。刱:《説文·四下》:“刅,傷也。从刃从一。創,或从刀,倉聲。”段玉裁注:“一者,傷之象。”“刱”,从立从刃,亦象人被刃所傷,當同“創”,此處意爲開創。闢:原銘作𨳨,與《説文·十二上》“闢”之或體𨳨形近。封彊:疆界。彊,通“疆”。《中山王𠫑鼎》記載此次伐燕之役中,中山國“闢啟封彊,方譻(數)百里,剌(列)城譻十,克倘(敵)大邦”。以上兩句意爲:于是定下了君臣之位和上下的規矩,功績輝煌,還爲我中山國拓展了疆界。

(51)〔天子不忘其又勳,逋其老䇲賞中父,者侯虘賀〕勳:《説文·十三下》“勳”之古文作“勛”,《六下》“員”之籀文作“鼏”,故“勳”同“勛”“勳”,功勛。老:指天子的卿大夫。《左傳·昭公十三年》:“天子之老請帥王賦。”杜預注:“天子大夫稱老。”䇲賞:䇲,同“箖”。“斨”从片(《説文·七上》:“片,判木也。从半木。”)从斤,“析”从木从斤,都表示用斤(斧屬)破木的意思,二者爲同字異體。因此“䇲”即“箖”字。長沙馬王堆漢墓帛書《老子》“籌策”之“策”作“箖”,由此可知“䇲”亦即“策”字。此指記載天子之命的策書。策賞,依策書之命進行賞賜。中父:即“仲父”,表示地位尊崇,僅亞于父。此指相邦貫。春秋戰國時代諸侯尊國相爲仲父,又見于齊桓公之稱管仲,秦王政之稱呂不韋。虘:同“皆”。《金文編》曰:“《秦殘陶量》‘皆明壹之’之‘皆’字作𪊽,从䖒與从虍同。”此句意爲:天子不忘其有功勛,派王朝大臣策賞仲父,諸侯都來祝賀。

(52)〔夫古之聖王敄才旻𦣝,其即旻民〕夫:用作句首語氣詞,在目前的金文材料中首見于此銘。敄:通“務”。《説文·十三下》:“務,趣也。从力,敄聲。”段玉裁注："趣者，疾走也。務者，言其促疾於事也。"此處猶言"最迫切的是……"。才：介詞，通"在"。即：通"次"。《説文・十三下》"垐"，从土，次聲，其古文作"堲"。《尚書・周書・康誥》："勿庸以次汝封。"《荀子・宥坐》引"次"字作"即"。上古"次"字屬清母脂部，"即"字屬精母質部，音近可通。此句意爲：古代聖王最迫切的是得到賢才，其次在于得到民心。

(53)〔旃𧦝豊敬鼑孯人至〕𧦝：《説文・十四下》："辤，不受也。……辝，籀文'辤'，从台。""辭，説也。""辤""辭"音同。𧦝，从言，辝省聲，當爲"辭"之異體，此指言辭。

(54)〔𠪚㤅深鼑孯人𡪤〕𠪚：對此字的考釋分歧較大，張政烺認爲，"𠪚，从厂，叀聲。《説文》'遠'之古文作𨗨，魏三體石經《尚書・君奭》'遠'之古文作𢔛，則此或是'原'之異體，讀爲願。《爾雅・釋詁》：'願，思也。'《方言》：'願，欲思也。'"今從張説。㤅：《説文・十下》："㤅，惠也。"《五下》："愛，行皃。从夊，㤅聲。"故"㤅"本爲"惠愛"之"愛"的本字，後假借訓"行皃"的"愛"爲"㤅"，"㤅"字就不再流行了。𡪤：从宀，新聲，同"寴"。《説文・七下》："寴，至也。"段玉裁注："至者，親密無間之意。《見部》曰：'親者，至也。'然則'寴'與'親'音義皆同，故秦碑以'寴軏'爲'親巡'。《廣韻・真韻》曰：'寴，古文親也。'"本銘之"𡪤"亦即"親"。

(55)〔𠭥斂中鼑庶民𦣝〕𠭥斂：𠭥，同"作"。斂，同"斂"。《墨子・辭過》："必厚作斂於百姓。"作指勞役，斂謂賦稅。𦣝：从臣，仅聲。"仅"同"付"。《説文・八上》："付，與也。从寸，持物對人。"徐鉉等注："寸，手也。""仅"字之"又"，即手之象形。"𦣝"从臣，示臣服之意。𦣝，當即"歸附"之"附"。《淮南子・主術》："所任者得其人，則國家治，上下和，羣臣親，百姓附。"以上三句意爲：所以言辭禮節恭敬則賢人到來，思念愛慕深切則賢人親近，勞役賦稅適度則百姓歸附。

(56)〔於虖，夋𥿮若言！明友之于壺而旨觀焉〕於虖：嘆詞，西周金文作"烏虖"，經籍多作"嗚呼"。夋：同"允"，誠然。𥿮：从幺，才聲。《禮記・玉藻》："大夫佩水蒼玉而純組綬。"鄭玄注："純當爲緇，古文緇字或作絲旁才。"則"𥿮"即"緇"，在此用作語氣詞，經籍通作"哉"。這一語氣詞，西周金文中作"才""𢦏"，春秋戰國金文始作"哉"，作"𥿮"者在目前的兩周金文材料中僅見于中山國器銘。若言：猶言"此言"。若，指示代詞。于：介詞，屢見于甲骨文及兩周金文中。但在春秋時期的古文字材料中，出現了"於"用作介詞的現象。至春秋末、戰國時期，介詞“於”開始大量使用，如本銘“于”字兩見，“於”字則六見。旹：从日，止聲，《説文·七上》以“旹”爲“時”之古文，故同“時”。此句意爲：嗚呼，此言果真不錯啊！我清楚地刻在壺上以時時觀看它。

(57)〔祗₌翼，卲告後嗣〕祗：原銘作，魏三體石經“祗”之古文作，二者形近，故今逕將此字寫作“祗”。《漢書·武五子傳》：“祗祗兢兢。”顔師古注：“祗祗，敬也。”本銘“祗”下有重文符號“₌”，故亦當讀作“祗祗”。翼：此字下疑脱重文符號。《詩經·大雅·大明》：“維此文王，小心翼翼。”鄭玄箋：“小心翼翼，恭慎貌。”此句意爲：我恭敬而又慎重地明白告誡以後承繼王位的人。

(58)〔隹逆生禍，隹巡生福〕隹：經籍通作“唯”，只要。此句意爲：只要違逆天命必將生禍，只要順應天命就能生福。

(59)〔𮗩之笄箭，𠂤戒嗣王〕笄：《金文編》曰：“《説文》所無，从竹，从閈省。閈爲古文閒。”按《説文·十二上》以“閈”爲“閒”之古文。本銘之“笄”當同“簡”。此句意爲：我把它記載在簡策上，以警誡繼位的君王。

(60)〔隹悳僉民，隹宜可緩〕緩：通“張”。《汗簡》及《古文四聲韵》中都收有以“緩”爲“張”的古文字體。此處意爲張大。此句意爲：只要施德就能使百姓歸附，只要行義就能使國勢張大。

(61)〔子之子，孫之孫，其永保用亡彊〕保：同“保”。《説文·八上》以“保”爲“保”之古文。此通“寶”，珍愛。此句意爲：子子孫孫永遠珍愛使用此壺，永無窮盡。

車工(1)

避車既工，避馬
既同。(2)避車既好，
避馬既騇。(3)君子
鼎=邋=鼎斿。(4)麀鹿
速=，君子之求。(5)牸=
角弓=兹目寺。(6)避
毆其特，其來趩=，(7)
□=𩡱=，即邀即時。(8)
麀鹿趚=，其來大
次。(9)避毆其樸，其
來遺=，射其豜蜀。(10)

(1)〔車工〕此爲秦石鼓十詩之一，共 11 行 76 字(内含重文 9 字，缺文 2 字)。秦石鼓唐初出土于天興縣。《元和郡縣志》"天興縣"下云："石鼓文在縣南二十里許，石形如鼓，其數有十。"其地今屬陝西鳳翔。石鼓上分刻四言詩十首，記載秦君畋獵遊樂之盛，風格與《詩經》中同類題材的作品十分相似。其製作年代有秦襄公、秦文公、秦穆公、秦獻公等諸説。石鼓原石現藏北京故宫博物院。由于年代久遠，石上文字殘缺已甚。現存的最早拓本爲曾由明錫山安氏十鼓齋所藏的北宋拓本三種(均經剪裝)：先鋒本、中權本、後勁本。先鋒本最古，但中權本保存殘字較多。此處所錄《車工》先鋒本拓本及郭沫若摹本，原載于郭沫若《石鼓文研究》。

(2)〔避車既工，避馬既同〕避：从辵，𨐋聲。𨐋，即《説文・十四下》之"啎"。("吾"同"吾"。"五"本象交午之形，故可重疊作"𠄡"。)啎，从午，吾聲。故"避"與"吾"音同，此處用作第一人稱代詞，經籍通作"吾"。工：堅緻。同：指馬的足力齊同，皆能疾奔。《詩經・小雅・車攻》："我車既攻，我馬既同。"毛傳："攻，堅。同，齊……田獵齊足，尚疾也。"此句意爲：我的獵車已很堅固，我的馬匹足力齊同。

(3)〔避車既好，避馬既騇〕騇：从馬，缶聲，音 bǎo，馬匹盛壯。經籍或借用"阜"

字。《周禮・夏官・廋人》："教以阜馬佚特。"鄭玄注："阜，盛壯也。《詩》云：'四牡孔阜。'"按，所引《詩》即《小雅・車攻》"田車既好，四牡孔阜"，與石鼓文此句用韵相同。此句意爲：我的獵車十分良好，我的馬匹極其盛壯。

(4)〔君子鼎₌邋₌鼎斿〕"鼎""邋"下各有重文符號，故此句當讀作"君子鼎邋，鼎邋鼎斿"。君子：對貴族男子的通稱。鼎：同"員"，《説文・六下》以"鼎"爲"員"之籀文。此處用作語氣詞，音 yún，經籍或作"云"。《詩經・鄭風・出其東門》："縞衣綦巾，聊樂我員。"《釋文》曰："員，音云，本亦作'云'。"孔穎達疏："云、員，古今字，助句辭也。"邋：从辵，巤聲，通"獵"，狩獵。斿：田游。此句意爲：君子去狩獵田游。

(5)〔麀鹿速₌，君子之求〕麀：音 yōu，牝鹿。鹿：特指雄鹿。張政烺認爲，石鼓文鹿字象枝角之狀，麀字从匕，有角而不繁，牝牡之别于此可見。（參見《獵碣考釋》，北京大學潛社《史學論叢》第一册）速₌："速"下有重文符號。速速，疾行貌。此句意爲：雌鹿雄鹿揚蹄飛奔，正是君子田狩之所求。

(6)〔牸₌角弓₌茲㠯寺〕"牸""弓"下各有重文符號，故此句當讀作"牸牸角弓，弓茲㠯寺"。牸：音 xīng。牸牸，經籍通作"騂騂"。《詩經・小雅・角弓》："騂騂角弓。"毛傳："騂騂，調利也。"言弓彎曲適度而利射。角弓：裝上牛角的弓。《考工記・弓人》："角也者，以爲疾也。"弓上裝牛角，可增箭速。茲：代詞，複指作爲介詞"㠯"前置賓語的"弓"。㠯：介詞，經籍通作"以"。寺：通"待"，等待。此句意爲：牸牸的角弓，用來等待射獵。

(7)〔避毆其特，其來趩₌〕毆：音 qū，驅趕。特：雄性獸。《説文・二上》："特，朴特，牛父也。"《周禮・夏官・校人》："凡馬，特居四之一。"鄭玄注引鄭司農云："四之一者，三牝一牡。"《廣雅・釋獸》："特，雄也。"王念孫疏證引《衆經音義》所引《三倉》云："羝，特羊也。"這説明除牛以外的雄性獸畜也稱特。趩：音 chì。《説文・二上》："趩，行聲也。""趩"下有重文符號。此句意爲：我們圍趕雄性野獸，趕得牠們趩趩奔來。

(8)〔□₌籅₌，即遫即時〕□：原拓字已殘缺，據其殘存筆意似是"趭"字。趭，音 xiàn。《説文・二上》："趭，走意。"原拓此字下有重文符號。趭趭，奔跑貌。籅：同"炱"，音 tái。《説文・七下》"枲"(xǐ)之籀文作"𣏟"，故知"籅"是"炱"之籀文。《説文・十上》："炱，灰炱煤也。"段玉裁注："《通俗文》曰：'積煙曰炱煤。'《玉篇》曰：'炱煤，煙塵也。'""籅"下有重文符號。籅籅，塵土飛揚貌。即：副詞，就。遫：同"遨"（字見《殷虚書契前編》6、22.6），亦即"御"字。《詩經·召南·鵲巢》:"百兩御之。"鄭玄箋:"御,迎也。"《釋文》:"御,五嫁反。"音 yà。時:等待機會。《論語·陽貨》:"孔子時其亡也,而往拜之。"此句意爲:野獸奔跑,塵土飛揚,我們立時迎上前去,伺機射殺。

(9)〔麀鹿趚=,其來大次〕趚:音 qì。《説文·二上》:"趚,側行也。"段玉裁注:"側行者,謹畏也。""趚"下有重文符號。趚趚,恐慌之狀。次:通"恣",放肆。此指狂亂無序。此句意爲:麀鹿恐慌不安,狂亂無序地奔來。

(10)〔避歐其樸,其來遭=,射其豣蜀〕樸:郭沫若認爲,"與上'避歐其特'同例。徐鉉本《説文》特字注云:'朴特,牛父也。'樸即是朴,《玉篇》《廣韵》均作犢。然此樸、特二字均非牛父之意,乃因合韵之便,用爲牡字義。"(參見《石鼓文研究》)即指雄性獸。遭:音 dú。"遭"下有重文符號。遭遭,義同"趪趪",奔走之聲。豣:同"豜",音 jiān。《爾雅·釋獸》:"鹿絶有力麖……麔絶有力豜。"郝懿行疏:"疑鹿、麔俱名麖,借作豜,又通作肩。豜之言堅,謂堅强有力也。"此處泛指强壯之獸。蜀:通"獨",指離羣之獸。此句意爲:我們圍趕雄性野獸,趕得牠們遭遭奔來,我們向離羣的壯獸張弓放箭。本詩工、同(東部);好、駈、斿、求(幽部);寺、特、趪、籅、時(之部、職部);趚、次(錫部、脂部);樸、遭、蜀(屋部)分別協韵。

先鋒本

先鋒本

先鋒本

先鋒本

先鋒本

先鋒本

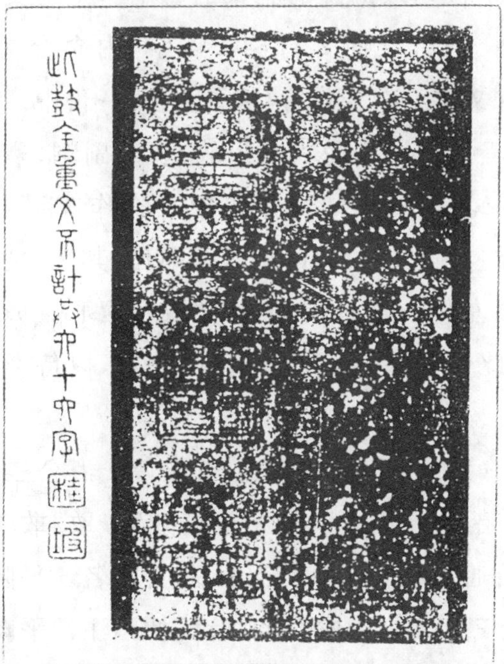

侯馬盟書(1)

趠敢不閛亓腹心，吕吏亓宗，(2)而敢不盡从嘉之明，定宮、平陈之命，(3)而敢或𢼸改助及奂，卑不守二宮者，(4)而敢又志復趙尼及亓孫＝、䚒痯之孫＝、䚒直及亓孫＝、𨓿倱之孫＝、史醜及亓孫＝于晉邦之墜者，及羣虖明者，(5)𠪚君亓明亟覻之，麻臺非是。(6)

(1)〔侯馬盟書〕1965年冬出土于山西省侯馬市春秋時期晉國遺址中。盟書用毛筆寫在玉石片上，多爲朱書，總計有一千多件，其中文字可辨識的約六百餘件。這批盟書的内容可分爲"宗盟""委質""納室""詛咒""卜筮"等類，字數少者十餘字，多者二百二十餘字。宗盟類有一片記錄了會盟的時間"十又一月甲寅朏"，又記錄了會盟祭祀之禮及主盟人曾受賜命之事，可以視爲某次宗盟誓辭的序篇，有助于瞭解盟誓制度。本篇内容屬宗盟類，是參盟人趠對其宗主表示忠心，反對盟誓文辭中被列入的誅討對象的誓約。全篇文字書寫在一片玉石的正反兩面，正面3行，反面2行，共94字(内含合文5字)。此處所録爲摹本，原載山西省文物工作委員會《侯馬盟書》一書中。

(2)〔趠敢不閛亓腹心，吕吏亓宗〕趠：音chuò，參盟人名。敢：表敬副詞，猶言"不敢"。閛亓腹心：閛，从門，半聲。此字在同出盟書中又寫作"半"，通"判"，義同"剖"。《説文・四下》："剖，判也。"亓，代詞，經籍通作"其"。剖其腹心，即剖明心迹竭誠相見之意。《左傳・宣公十二年》："敢布腹心。"與此相類。吏：同"事"，侍奉。宗：主。此句意爲：趠不敢不剖明心迹，以侍奉其宗主。

(3)〔而敢不盡从嘉之明，定宮、平陈之命〕而：連詞，表假設。《左傳・襄公三十年》："子産而死，誰其嗣之？"《呂氏春秋・樂成》作"子産若死"。敢：敢于。盡：完全。从：同"從"。嘉：善。明：通"盟"，盟誓。定宮：宗廟之名。平陈：經籍作"平時"，地名。《左傳・襄公三十年》："成愆奔平時。"杜預注："平時，周邑。"命：賜命。主盟人曾在定宮和平時受到賜命，故有此語。此句意爲：如果敢于不完全服從嘉善的盟誓，和定宮、平時的賜命的話。

(4)〔而敢或𢼸改助及奂，卑不守二宮者〕或：通"有"。𢼸：字不識。助：从力，且聲，通“亶”(dǎn)，誠信。《詩經・小雅・常棣》：“是究是圖，亶其然乎。”毛傳：“亶，信也。”仌：此字在同出盟書中又寫作“奐”，通“渙”，離散。此指背離盟誓。卑：通“俾”，使。守：守護。二宮：指宗廟裏的親廟（禰）和祖廟（祧）。此句意爲：如果敢有改變誠信及背離盟誓，使不守護宗廟二宮的話。

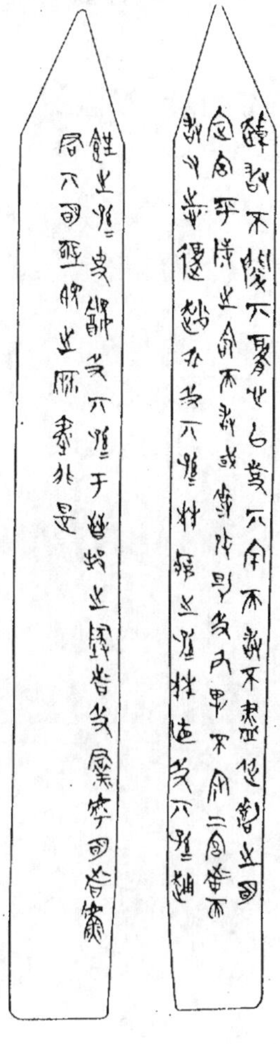

(5)〔而敢又志復趙尼及六孫=、兟痥之孫=、兟直及六孫=、趙倁之孫=、史醜及六孫=于晉邦之墜者，及羣虖明者〕又志：又，通“有”。志，意念。《説文・十下》：“志，意也。”有志，猶言“蓄意”。復：同“復”，返回。此處用爲使動。趙尼：與下文列舉的“兟痥”“兟直”“趙倁”“史醜”皆爲人名，是被詛咒誅討的對象。兟，經籍作“先”，晉國公族有先氏。痥，音 kè。趙，音 yǒng。倁，音 chēng。孫=：“孫”下有合文符號，爲“子孫”二字合文。本篇共出現 5 次。晉邦之墜：晉國的土地。墜，同“地”，《説文・十三下》“地”字籀文與此同。羣：同“羣”，聚衆。虖：呼嘯。《説文・五上》：“虖，哮虖也。”段玉裁注：“《通俗文》曰：‘虎聲謂之哮唬。’疑此哮虖當作哮唬。”此句意爲：如果敢于蓄意使趙尼及其子孫、兟痥的子孫、兟直及其子孫、趙倁的子孫、史醜及其子孫返回晉國的土地，以及嘯聚私盟的話。

(6)〔虞君六明亟覗之，麻臺非是〕虞：第一人稱代詞，經籍通作“吾”。君：同出盟書或稱“皇君□公”，或稱“皇君”，當是主盟人的先世君主。六：語氣詞，表示祈使，經籍通作“其”。明：明晰。亟：通“極”，極度。此處意爲嚴厲。覗：同“視”，注視。之：代詞，指背盟者。麻：通“摩”，滅。《方言》卷十三：“摩，滅也。”臺：从土，夷聲，通“夷”，滅。《荀子・君子》：“故一人有罪而三族皆夷。”楊倞注：“夷，滅也。”非：指示代詞，義同“彼”。經籍有用“匪”爲“彼”者。《詩經・檜風・匪風》：“匪風發兮，匪車偈兮。”王引之《經傳釋詞》卷十：“言彼風之動發發然，彼車之驅偈偈然也。”是：通“氏”，族氏。《公羊傳・襄公二十七年》"昧雉彼視",與此"麻臺非是"義同,皆謂滅彼族氏。(參見朱德熙、裘錫圭《戰國文字研究(六種)》,《考古學報》1972年第1期)此句意爲:我們先君的神靈將明晰而嚴厲地注視着背盟之人,將滅絶那人族氏。

更修田律[1]

正面

二年十一月己酉朔朔日，[2]王命丞相戊、内史匽：[3]□□更修爲田律：[4]田廣一步，袤八則爲畛。[5]畝二畛，一百道。[6]百畝爲頃，一_千道，道廣三步。封，高四尺，大稱其高；[7]捋，高尺，下厚二尺。[8]以秋八月，修封捋，正疆畔，及發千百之大草。[9]九月_，大除道及除陰。[10]十月爲橋，修波堤，利津□，鮮草離；[11]非除道之時，而有陷敗不可行，輒爲之。□□_[12]。

背面

四年十二月，不除道者[13]：
□一日，□一日，辛一日，
壬一日，亥一日，辰一日，
戌一日，□一日[14]。

(1) 1979年—1980年在四川省青川縣郝家坪戰國墓中出土木牘两件。一件整理者認爲文字已殘損不清，無法辨識，但近年運用红外線攝影，釋讀方面有所突破(见注12)。另一件即本件，長46厘米，寬2.5厘米，厚0.4厘米，用墨書秦隸在正面、背面兩面書寫。正面3行，背面4行，字迹清晰，計123字。内容經考證，是有關秦武王(公元前310—前307年在位)時期田畝制度的律令。《文物》1982年第1期發表《青川縣出土秦更修田律木牘》的發掘簡報，本文標題即由此而來。字右下角的符號"_"表示木牘一行之結束。木牘現藏四川省文物管理委員會。

(2)〔二年十一月己酉朔朔日〕二年：秦武王即位第二年，即公元前309年。十一月己酉朔朔日：據推斷，即當年的十一月初一日；朔日，表示發布該詔令的時間(即當日)。這是記錄詔令的秦簡對時間的一種表示方式。

(3)〔王命丞相戊、内史匽〕王：即秦武王，又稱秦悼武王。丞相：官名，秦武王二年即本木牘所記之年始設。戊：通"茂"，人名，即甘茂，下蔡(今安徽鳳臺)人。内史：官名，史官之一。匽：音 yǎn，人名。

(4)〔□□更修爲田律〕□□：此處二字之考釋，歧異頗多，現從李學勤釋作"民臂”，讀爲“民僻”(見《青川郝家坪木牘研究》，《文物》1982 年第 10 期)。僻，邪僻。更修：更改修訂。以上三句意爲：秦武王二年十一月初一日，武王命令丞相甘茂、内史匽：(鑒于)百姓邪僻不守法，現對《爲田律》加以更改修訂。

(5)〔田廣一步，袤八則爲畛〕廣、袤：《説文·八上》：“袤……一曰南北曰袤，東西曰廣。”此處指寬、長。步：長度單位，六尺爲一步。畛：田間小道，田埂。此句意爲：田地寬一步，長八步就設一畛道。

(6)〔畝二畛，一百道〕百：通“陌”。《史記·商君傳》：“爲田開阡陌封疆。”《正義》：“南北曰阡，東西曰陌。按謂驛塍也。”此句意爲：每畝地設兩條畛道，一條陌道(作爲田界)。

(7)〔百畝爲頃，一千道，道廣三步。封，高四尺，大稱其高〕封：指田界上的土堆。大稱：大，指長度寬度的大小；稱，與……相稱。以上兩句意爲：一百畝爲一頃，設一條阡道，道寬三步。田界上立封土堆，高四尺，其長寬和它的高度相稱。

(8)〔捋，高尺，下厚二尺〕捋：通“埒”，音 liè，田壠。此句意爲：(修築)田壠，高一尺，底部寬二尺。

(9)〔以秋八月，修封捋，正疆畔，及癹千百之大草〕畔：田界。癹：音 bá，(用脚)除草。《説文·二上》：“癹，以足蹋夷艸。”千百：即“阡陌”。此句意爲：在秋季八月，修築封土堆和田壠，勘正田界，除去阡陌上大株的雜草。

(10)〔九月，大除道及除澮〕除：修治。隂：通“澮”，田間排水之渠。此句意爲：九月，大規模修治道路和排水渠。

(11)〔十月爲橋，修波堤，利津□，鮮草離〕波：通“陂”，池塘。津：渡口。□：此字諸家所釋不同，

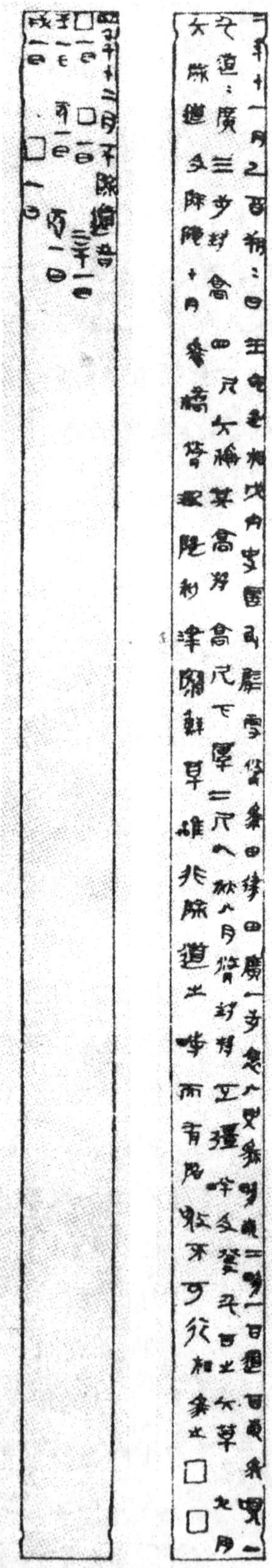

現從李學勤釋作“梁”，橋梁（見《青川郝家坪木牘研究》，《文物》1982年第10期）。鮮：少，此處用爲使動。離：泛指雜草。

（12）〔非除道之時，而有陷敗不可行，輒爲之。□□〕陷敗：此處指田埂阡陌等塌陷破敗。以上兩句意爲：十月造橋，修築池塘堤壩，使渡口橋梁通暢，雜草減少；不是九月修道之時，如果遇有田埂阡陌等塌陷破敗不能行走，就要（及時）處置。按：□□，原未識出，近年運用紅外影像，識出爲“章手”二字。章當爲人名，手指手書、記錄。（據陳偉主編《秦簡牘合集（貳）》，武漢大學出版社，2014，12）

（13）〔四年十二月，不除道者〕此句意爲：秦武王四年十二月，不宜修道的日子（如下）。

（14）〔□一日，□一日，辛一日，壬一日，亥一日，辰一日，戌一日，□一日〕按：除了用□表示原文殘缺的字以外，其餘“辛、壬”爲天干字，“亥、辰、戌”爲地支字，可能爲古代秦地一種計日法，待考。

忠信之道[1]

不譌不宧，忠之至也。[2]不惎弗智，信之至也。[3]忠㾜則可睪也，信㾜則可信也。[4]忠₌信㾜而民弗睪信者，未之又也。[5]至忠女土，蠇勿而不雚，[6]至信女旹，𣏾至而不結。[7]忠人亡₌譌，信人不伓。[8]孝女此，古不皇生，不伓死也。[9]大舊而不俞，忠之至也。[10]匋而者尚，信₌之至也。[11]至忠亡譌，至信不伓，夫此之胃此。[12]大忠不兑，大信不㫘。[13]不兑而足羪者，墜也；不㫘₄而可𧖴者，天也。[14]仰天墜也者，忠信之胃此。[15]口叀而實弗从，孝弗言尔。[16]心□□□₅睪，孝弗申尔。[17]古行而鯖兑民，孝弗采也。[18]三者，忠人弗乍，信人弗爲也。[19]忠之爲₆衍也，百工不古，而人羪𧆞足。[20]信之爲衍也，羣勿皆成，而百善𧆞立。[21]孝其它也₇忠，古𢇍睪尃也；[22]其言尔信，古𢓊而可受也。[23]忠，㥁之實也；信，砮之㫘也；[24]氏古古之所₈以行𧆞閔嘍者，女此也。₉[25]

(1)〔忠信之道〕1993 年冬，湖北省荆門市郭店一號戰國楚墓出土一批竹簡，共 800 餘枚，其中有字簡 730 枚，用典型的楚國文字寫成，内容包含多種古籍。經整理，有兩種道教學派的著作，其餘多爲儒家學派的著作。《忠信之道》即爲其中的一篇。本篇竹簡共 9 枚，簡两端平齊，簡長 28.2～28.3 厘米，編線兩道，編線間距 13.5 厘米。篇題爲整理者據文義所擬。全文選自荆門市博物館編《郭店楚墓竹簡》(文物出版社，1998，5)。釋文中字右下旁注有數字，表示每簡文字的結束及所屬簡的號碼。

(2)〔不譌不宧，忠之至也〕譌：通"詭"，奸詐。《集韵・紙韵》："詭，古委切。《説文》：'責也，一曰詐也。'或……从爲。"宧：劉釗謂同"匋"，通"謟"。因"匋"與"謟"所从得聲的"舀"，古音分别爲定母幽部、透母幽部，聲爲一系，韵部相同，故可相通。(見《郭店楚簡校釋》，福建人民出版社，2003，12。下同)謟：僭越。《逸周書・酆謀》："帝命不謟。"孔晁注："謟，僭也。"亦可解作"隱瞞"。《晏子春秋・内篇問下二十六》："不謟過。"孫星衍音義："杜預注《左傳》：'謟，藏也。'"此句意爲：不奸詐、不僭越(或"不隱瞞")，是忠的極致。

(3)〔不惎弗智，信之至也〕惎：从心，其聲，"欺"字異體，欺騙。智：聰明。弗智，與"不欺"並列。此句意爲：不欺騙，不(自作)聰明，是信的極致。

(4)〔忠㾜則可睪也，信㾜則可信也〕㾜：从朿聲，讀爲"積"。因"積"从禾、責聲，

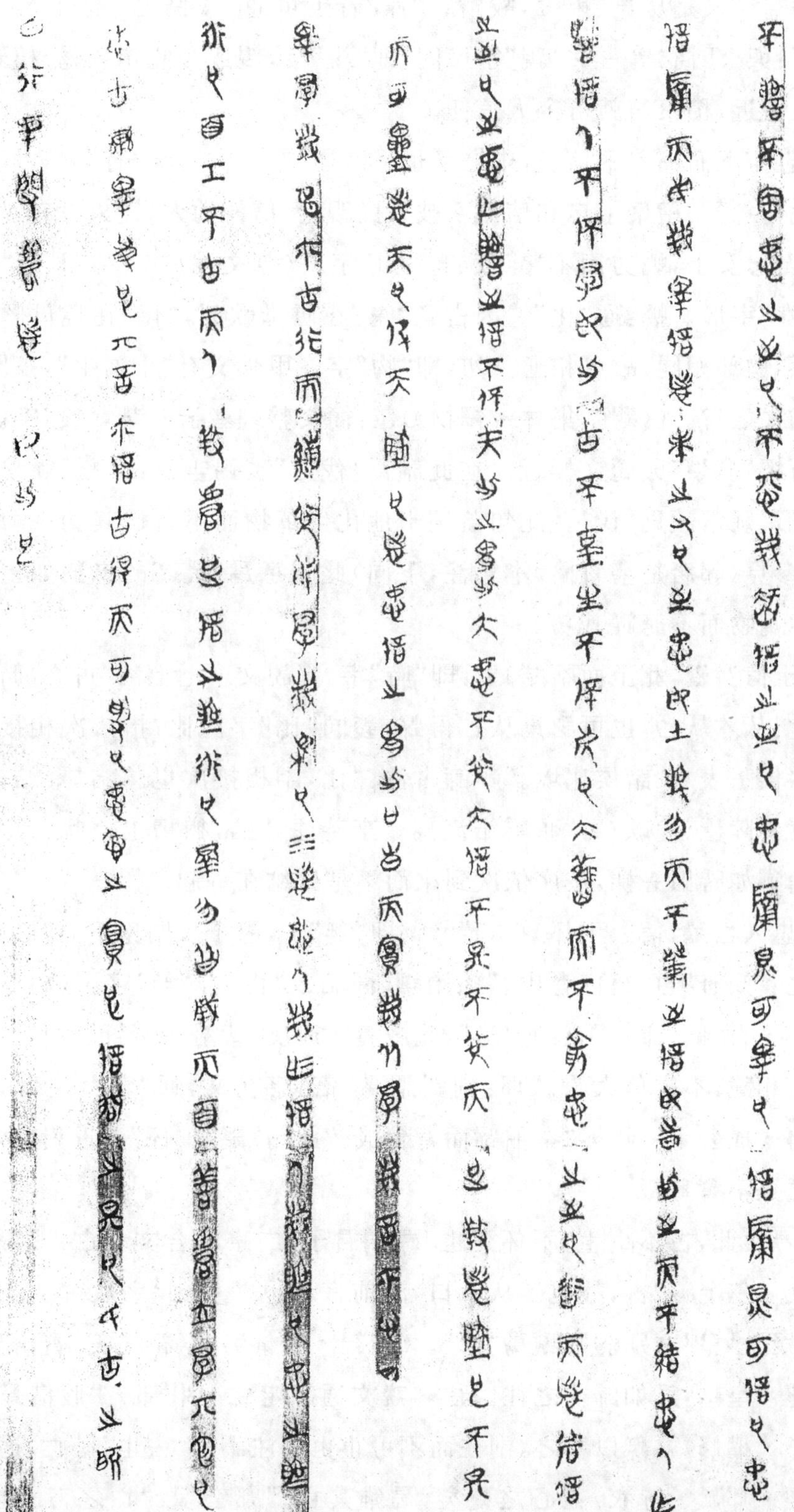

而“責”又是从貝、朿聲，故“積”“㡳”音近可通。《説文・七上》：“積，聚也。”罤：與《汗簡》等古文“親”字形同，即“親”字，親近。此句意爲：積聚忠就可令人親近，積聚信就可令人信任。

(5)〔忠信㡳而民弗罤信者，未之又也〕又：通“有”，古文字“有”字多假“又”爲之。此句意爲：積聚了忠和信而不被人民親近、信任的人，從來没有過。

(6)〔至忠女土，蟡勿而不𤼷〕女：即“如”字。《金文編》“如”字即爲“不从口”之“女”字形。蟡：通“化”。因古音“爲”在匣母歌部，“化”在曉母歌部，聲爲一系，韵部相同，故可相通。勿：即“物”字。甲骨文有“十勿牛”，王國維云：“即物牛之省。”(《觀堂集林・釋物》)𤼷：簡文整理者云：“𤼷，‘發’字。《汗簡》引石經‘發’字與簡文極近。在此讀爲‘伐’。”裘錫圭云：“‘蟡’疑當讀爲‘化’，‘發’疑當讀爲‘伐’。此句蓋謂土地化生萬物而不自伐其功，故爲忠之至。”(參見《郭店楚墓竹簡》本篇注，下同)此句意爲：最高的忠猶如土地一樣，化生萬物而不誇耀其功。

(7)〔至信女旹，𣏐至而不結〕旹：即“時”字。《説文・七上》：“古文‘時’从之日。”𣏐：从才从匕，也可認爲从匕得聲，義同“比”字。比，指依次相接。《漢書・諸侯王表》：“諸侯比境。”顔師古注：“比，謂相接次也。”結：聚結，積結。《文選・陸機〈挽歌〉》：“傾雲結流靄。”李善注：“結，猶積也。”此句意爲：最高的信猶如時節一樣，按序依次到來而不是聚結在一起。

(8)〔忠人亡譌，信人不伓〕亡，讀 wú，即“無”。《墨子・明鬼下》：“必以衆之耳目之實知有與亡爲儀者也。”孫詒讓《閒詁》：“亡，古‘無’字。”《𣪕尊》：“爾有唯小子，亡戠(識)。”譌：通“詭”，此處義爲違反、背離。《吕氏春秋・淫辭》：“言行相詭，不祥莫大焉。”伓：劉釗謂爲“倍”字初文，通“背”，違背，背叛。《左傳・成公十一年》：“秦伯歸而背晉成。”此句“譌”、“伓”義近對文，意爲：忠信之人不會背叛。

(9)〔君女此，古不皇生，不伓死也〕君：“君子”二字的合文。古：即“故”字。《説文・三上》：“古，故也。从十口，識前言者也。”皇：此字从古从王，裘錫圭云“疑是‘皇’之别體”，讀爲“往”。《禮記・少儀》：“祭祀之美，齊齊皇皇。”鄭玄箋：“皇皇，讀如歸往之往。”往，《説文通訓定聲・壯部》：“假借爲‘亡’。《管子・權修》：‘無以蓄之，則往而不可止也。’注謂‘亡去也’。”亡，通“忘”。《詩經・邶風・緑衣》：“心之憂矣，曷維其亡。”鄭玄箋：“亡之言忘也。”皇生伓死，猶言“忘生倍死”，亦即“倍死忘生”。《禮記・經解》：“喪祭之禮廢，則臣子之恩薄，而倍死忘生者衆矣。”孔穎達疏：“喪祭之禮所以敦勖臣子思情，使死者不見背違，生者恒相從念，若廢不行，故臣子恩薄而死者見背，生者被遺忘，如此者多，故云衆矣。”此句意爲：君子能夠如此，所以不忘却生者，不背叛死者。

(10)〔大舊而不俞，忠之至也〕大：長。《呂氏春秋·慎大》：“江河之大也，不過三日。”高誘注：“大，長。”舊：久。《尚書·周書·無逸》：“其在高宗，時舊勞于外，爰暨小人。”大舊，猶言“長久”。俞：通“渝”，改變。《詩經·鄭風·羔裘》：“彼其之子，舍命不渝。”此句意爲：（如此）長久不變，是忠的極致。

(11)〔匋而者尚，信之至也〕“匋而者尚”似應與上句“大舊而不俞”對文，故整理者言“此句疑有脱誤”。李零讀作“陶而睹常”，并云：“案‘陶’有長養化育之義（參《方言》卷一、《廣雅·釋詁一》、《廣韵·豪韵》），‘者尚’疑讀‘睹常’，可能是養而有常的意思。“（見《郭店楚簡校讀記》，北京大學出版社，2002，3）依此説，則此句意爲：（如此）恒久地陶冶化育，修養有常，是信的極致。

(12)〔至忠亡譌，至信不伓，夫此之胃此〕胃：“謂”字省形。此句第二個“此”字，爲“也”字之誤，劉釗認爲“疑涉上而誤”。下文“忠信之胃此”之“此”，亦當作“也”。此句意爲：至高的忠不會背離，至高的信不會背叛，説的就是這樣啊。

(13)〔大忠不兑，大信不异〕兑：裘錫圭云：“‘兑’疑當讀爲‘説’，同簡下一‘兑’字同。”説：説明，解釋。《詩經·衛風·氓》：“士之耽兮，猶可説也；女之耽兮，不可説也。”鄭玄箋：“説，解也。”异：即“期”字。整理者云：“《説文》‘期’字，‘日’在‘丌’下，簡文‘日’在‘丌’上。”期，約定。《説文·七上》：“期，會也。”段玉裁注：“會者，合也。期者，邀約之意，所以爲會合也。”此句意爲：最大的忠不必解説，最大的信不必約定。

(14)〔不兑而足羖者，墬也；不异而可蠳者，天也〕羖：古文“養“字，見《説文·五下》。墬：籀文“地”字，見《説文·十三下》。蠳：裘錫圭云：“‘者’上一字，其上部疑是‘要’之變體。此字似即當讀爲‘要’。要，約也。”此句意爲：不必説明即可生養萬物的，是地；不必約定即可守約的，是天。

(15)〔仰天墬也者，忠信之胃此〕仰：劉釗釋作“伌”，云：“‘伌’字从‘人’‘㔾’（氾、範諸字所從），讀爲‘範’。‘範’本義爲模型，引申爲仿效義。《易·繫辭上》：‘範圍天地之化而不過。’此‘範圍天地’即簡文的‘伌（範）天地’。”此句意爲：能夠仿效天地的，説的就是忠信啊。

(16)〔口叀而實弗从,䎽弗言尔〕叀:簡文字形作[illegible],裘錫圭云:"此字當釋'叀',讀爲'惠'。"此句意爲:嘴上説得好聽而事實上做不到,君子是不説的。

(17)〔心□□□睪,䎽弗申尔〕此句"心"字下一字殘損,並缺二字。裘錫圭云:"'心'下似爲'疋'字,尚存大半。疑此處簡文本作'心疋(疏)[而]□(親)'。'親'上一字可能是'口'或'貌'字。"申:做,施行。《文選·左思〈魏都賦〉》:"申之而有裕。"張銑注:"申猶用也。"依裘説,則此句意爲:心裏疏遠而貌似親近,君子不做這種事。

(18)〔古行而鯖兑民,䎽弗采也〕古:通"故"。故,詐。《淮南子·主術》:"是以上多故則下多詐。"高誘注:"故,詐。"鯖:劉釗云:"'鯖'讀爲'爭',古'青'、'爭'音近,韵部相同,聲爲一系。"爭,爭相。兑:裘錫圭云:"'兑'疑讀爲'悦'。"悦,取悦。采:裘錫圭云:"讀爲'由'。"由,指施行,實行。《禮記·經解》:"是故隆禮由禮,謂之有方之士。"孔穎達疏:"由,行也。"此句意爲:利用詐僞爭相取悦于民,君子不會這樣做。

(19)〔三者,忠人弗乍,信人弗爲也〕乍:古文字中多用爲"作"字。此句意爲:以上三種表現(按即上文所言"口惠而實弗从"、"心疏而貌親"、"故行而爭悦民"),都是忠信之人不作不爲的。

(20)〔忠之爲衍也,百工不古,而人敄𧆞足〕衍:楚文字中用爲"道"字。古:讀爲"苦",因古音"古"爲見母魚部,"苦"爲溪母魚部,聲爲一系,韵部相同,可以相通。苦,勞苦。《漢書·谷永傳》:"夫由疏賤納至忠,甚苦。"顔師古注:"苦,勞苦也。"𧆞:即"皆"字。整理者云:"𧆞,簡文字形與《古文四聲韵》引《道德經》'皆"字形近,釋作'皆'。"此句意爲:忠能成爲道而施行的標誌,是天下百工不至於勞苦,而供養人生的物品却都很充足。

(21)〔信之爲衍也,羣勿皆成,而百善𧆞立〕勿:即"物"字,見上文。此句"皆""𧆞"二形並用。此句意爲:信能成爲道而施行的標誌,是萬物都能成長,而且衆多善行好事都能創立。

(22)〔䎽其它也忠,古䜌睪尃也〕它:讀爲"施"。《中山王𰯌鼎》《壺》銘中,"施"字即从[illegible](㫃),[illegible](它)聲。施,施行,實行。古:通"故",連詞,所以。䜌:劉釗説即"蠻"字,蠻夷,指周邊異族。睪:親近。尃:古音與"傅"同爲非母魚部,讀爲"傅",附著,歸附。《左傳·僖公十四年》:"皮之不存,毛將安傅?"睪尃,猶言"親附",親近歸附。此句意爲:君子施行忠之道,所以遠方的蠻夷之人也會來親近歸附。

(23)〔其言尔信，古佀而可受也〕尔：相當于句中語氣詞“也”。佀：从彳、旦聲，古音與“亶”同爲端母元部，讀爲“亶”，實誠。《詩經・大雅・板》：“靡聖管管，不實於亶。”毛傳：“亶，誠也。”此句意爲：君子的言語講求信，所以是實誠而易于接受的。

(24)〔忠，息之實也；信，砉之异也〕息：即“仁”，楚文字特有的字形。砉：从我从口，與“義”之从我从羊形近，爲“義”字異體。异：即“期”字，期待，目標。此句意爲：忠是仁的實際表現，信是義的最終目標。

(25)〔氏古古之所以行虖閔嘍者，女此也〕氏：通“是”。《漢書・地理志下》：“至玄孫，氏爲莊公。”顔師古注：“氏與是同，古通用字。”氏古，即“是故”，連詞，所以。虖：即“乎”字，介詞。閔嘍：劉釗讀作“蠻貉”，泛指四方異族。女：即“如”字。此句意爲：所以（忠信之道）在古代所以能傳播到四方偏遠異族地區，正是由于這個緣故。

紂衣[1]

子曰："丑頾女丑《紂衣》，亞₌女《衞白》，[2]則民咸㤅而型不刺。"[3]《峕》員："埶型文王，萬邦乍艮₋。"[4]子曰："又國者章丑章惡，㠯眂民厚，則民情不弋。"[5]《峕》員："靜龏尔立，丑是正植₋。"[6]子曰："爲上可𡧍而𥁕也，爲下可頪而𠫤也，[7]則君不㤅丌臣₌不或於君。"[8]《峕》員："雩人孝，丌義不弋。"[9]《尹𡕒》員："隹尹夋及康，咸又一悳₋。"[10]（下略）

（1）1994年，上海博物館在香港文物市場購得戰國楚竹簡1200餘枚，同年又獲贈同種竹簡497枚。兩批竹簡特徵相同，並可相互綴合。經上海博物館文物保護與考古科學實驗室的科學測試與比較分析，这些竹簡當爲戰國晚期楚國貴族墓中的隨葬品。内容共80餘種，包括原存書題20餘篇，全部屬于戰國時代古籍，涉及歷史、哲學、宗教、文學、音樂、文字、軍事等。其中以儒家類爲主，兼及道家、兵家、陰陽家等，多爲傳世本所無。有些雖有傳世本，如《周易》等，文本也多有不同。由于竹簡是劫餘截歸之物，出土的時間和地點已無從確認。雖傳聞來自湖北，但并無確證。上海博物館于2001年11月起，由上海古籍出版社陸續出版經整理考釋的《上海博物館藏戰國楚竹書》；至2012年12月，已出有9册。本篇選自第（一）册之《紂衣》，其内容亦見于傳世本《禮記·緇衣》及《郭店楚墓竹簡·緇衣》，但字句與排列順序均有所不同，可資對照。本文選錄其中的三章，原簡在每章的末尾有符号"—"加以表示。本文包括三簡（第三簡簡文取其半），長度分别爲53.3厘米、54.3厘米和41.1厘米。爲排印方便，此處將每簡文字分爲兩行。

（2）〔子曰：丑頾女丑《紂衣》，亞₌女亞《衞白》〕子曰：原簡"子"字上部殘損，如與郭店簡對照，似可補"夫"字。丑：从丑从子，爲"好"字古文，見《汗簡》。頾：从㐬从頁，即"美"字。《汗簡》"美"字亦从㐬。女：古文字中多讀作"如"。紂衣：即"緇衣"。《禮記·檀弓上》："爵弁絰，紂衣。"陸德明《釋文》："紂，本又作緇。"緇，黑色。此處《緇衣》指《詩經·鄭風·緇衣》，詩篇名，内容是歌頌有美德之人。亞₌："亞"下有重文符號"₌"，讀作"惡惡"，憎惡惡人，動賓結構。衞白：對照《禮記·緇衣》可知即"巷伯"，閹官，太監。此處亦指《詩經·小雅·巷伯》，詩篇名，内容是抨擊"彼譖人者"，即惡人。此句意爲：孔子說：

(如果)愛慕美德之人能像《緇衣》一詩寫的那樣,憎惡惡人能像《巷伯》一詩寫的那樣。

(3)〔則民咸秀而型不刺〕咸:爲"咸"字省一筆之異體,副詞,都。秀:从𥝌从力,《説文》未見,今本《禮記·緇衣》作"服"。型:桂馥《説文解字義證·卷四十四》:"型,通作刑。"刑,指刑法,刑罰。刺:从屯从刀,劉信芳讀爲"陳"(《郭店簡〈緇衣〉解詁》,見《郭店楚簡國際學術研討會論文彙編》第二册,武漢大學,1999,10)。陳,指陳列,施行。《詩經·小雅·伐木》:"於粲洒埽,陳饋八簋。"此句接上,意爲:那麽人民都會服帖,刑罰也就不必施行了。

(4)〔《峕》員:㦤型文王,墓邦复㞋₋〕峕:从止从口,《説文》所無,止、口均爲篆體"詩"部件,此字爲"詩"字異體。員:讀作"云"。《詩經·鄭風·出其東門》:"聊樂我員。"陸德明《釋文》:"員音云,本亦作云。"㦤:从我从土,《説文》未見,今本作"儀",㦤、儀皆有聲符"我",應可通假。型:通"刑",此處義爲效法。墓:"萬"字加"土",即"萬"字異體。萬邦,泛指天下。复:"作"字異體。㞋:諸家考釋多歧。裘錫圭云:"此字雖尚不能釋出,但其讀音應與'孚'相同或相近。"(《㸚公盨銘文考釋》,見《中國出土文獻十講》,復旦大學出版社,2004)作孚:信服,順服。此句爲《詩經·大雅·文王》引文,今本即作"儀刑文王,萬邦作孚"。意爲:《詩經》説:如果以周文王爲效法的榜樣,那麽天下就會順服歸心了。按:簡文此句下有"一"號,表示第一章之結束。

(5)〔子曰:又國者章玝章惡,㠯眂民厚,則民情不弋〕又:通"有"。章:著明,彰顯。《呂氏春秋·知度》:"而堯舜之所以章也。"高誘注:"章,著明也。"㠯:經籍通作"以"。眂:通"示"。《九經古義·儀禮上》:"啟母廟石闕銘云:'昭眂後昆。'以眂爲示。"示,顯示。厚:淳厚。弋:"忒"字所从,"忒"之初文。忒,指差錯。《孫子·形》:"不忒者,其所措必勝。"杜牧注:"忒,差忒也。"此句意爲:孔子説:掌握國家政權的人,如果能彰顯他的好惡,向人民顯示他的淳厚品性,那麽民情就不會發生差錯。

(6)〔《峕》員:靜龏尔立,玝是正植₋〕靜:安詳。《詩經·衛風·氓》:"靜言思之。"鄭玄箋:"靜,安也。"龏:通"恭",恭敬。《説文·三上》"龏"字段玉裁注:"此與心部'恭'音義同。"立:"位"之初文。植:通"直"。《禮記·檀弓下》"行并植於晉國"朱彬《訓纂》引王念孫曰:"直、植古字通。"此句爲《詩經·小雅·小明》引文,意爲:《詩經》説:安詳恭敬地守任你的職位,並且親近那些正直的人。今本作"靖共尔位,好是正直"。按:簡文此句下有"一"號,表示

第二章之結束。

(7)〔子曰:爲上可夰而𥎦也,爲下可𩑋而𠚕也〕夰:从亡从介,讀爲"望",今本正作"望"。𥎦:即"智"字,見《汗簡》。《法言·問道》:"智也者,知也。"。𩑋:从术从頁,《説文》未見,當爲"述"字異體。述,遵循。《禮記·中庸》:"父作之,子述之。"𠚕:从止从因,《説文》未見,當爲"志"字異體。志,記識事物。《莊子·逍遥遊》:"《齊諧》者,志怪者也。"此句意爲:孔子説:居上位的君長,所作所爲要讓人可以一望而知;居下位的臣僚,所作所爲要讓人可以依循記識。

(8)〔則君不㤭丌臣₌不或於君〕㤭:从矣从心,《説文》未見,讀爲"疑",今本正作"疑",指懷疑。丌:古文"其"字。"臣"下有重文符號"₌",讀"臣臣",分屬上下句。或:通"惑",疑惑。《孟子·告子上》:"無或乎王之不智也。"朱熹《集註》:"或,與'惑'同,疑怪也。"此句意爲:那麼君長就不會懷疑他的臣僚,而臣僚也不會對他的君長産生疑惑了。

(9)〔《告》員:雪人孯,丌義不弋〕雪:从弔从口,"弔"字異體。弔,通"淑",善良。《尚書·周書·君奭》:"弗弔天降喪于殷。"孫星衍《尚書今古文注疏》引鄭玄注:"弔者,善也。"孯:"君子"二字合文。義:通"儀"。《經籍纂詁·支韻》:"《楊信碑》:'追念義刑。''儀'作'義'。"儀,儀表,容止。此句爲《詩經·曹風·鳲鳩》引文,意爲:《詩經》説:善人君子的舉止言行不會有差錯。

(10)〔《尹寡》員:隹尹夋及康,咸又一悳₋〕尹寡:即"尹誥"。寡,从言从廾,字形同《史話簋》銘文"王誥畢公"之"誥"。《尚書·商書·咸有一德》:"伊尹作《咸有一德》。"此處所引文句見于該篇,當時應稱爲《尹誥》。隹:句首語氣詞,經籍多作"惟"或"唯"。尹夋:《上博簡(一)》本文考釋云:"即'伊尹'。郭店簡作'尹躳',今本作'尹躬'。"康:人名,即湯,出土文獻中"湯""康"常通用。又:通"有"。悳:即"德"字。《漢書·賈誼傳》:"悳至渥也。"顔師古注:"悳,古'德'字。"一德:《尚書·商書·咸有一德》:"眷求一德。"蔡沈《集傳》:"一德,純一之德,不雜不息之義。"此句爲今本《尚書·商書·咸有一德》引文,意爲:《尹誥》説:(我)伊尹以及湯,都有純一的道德。按:簡文此句下有"一"號,表示第三章之結束。

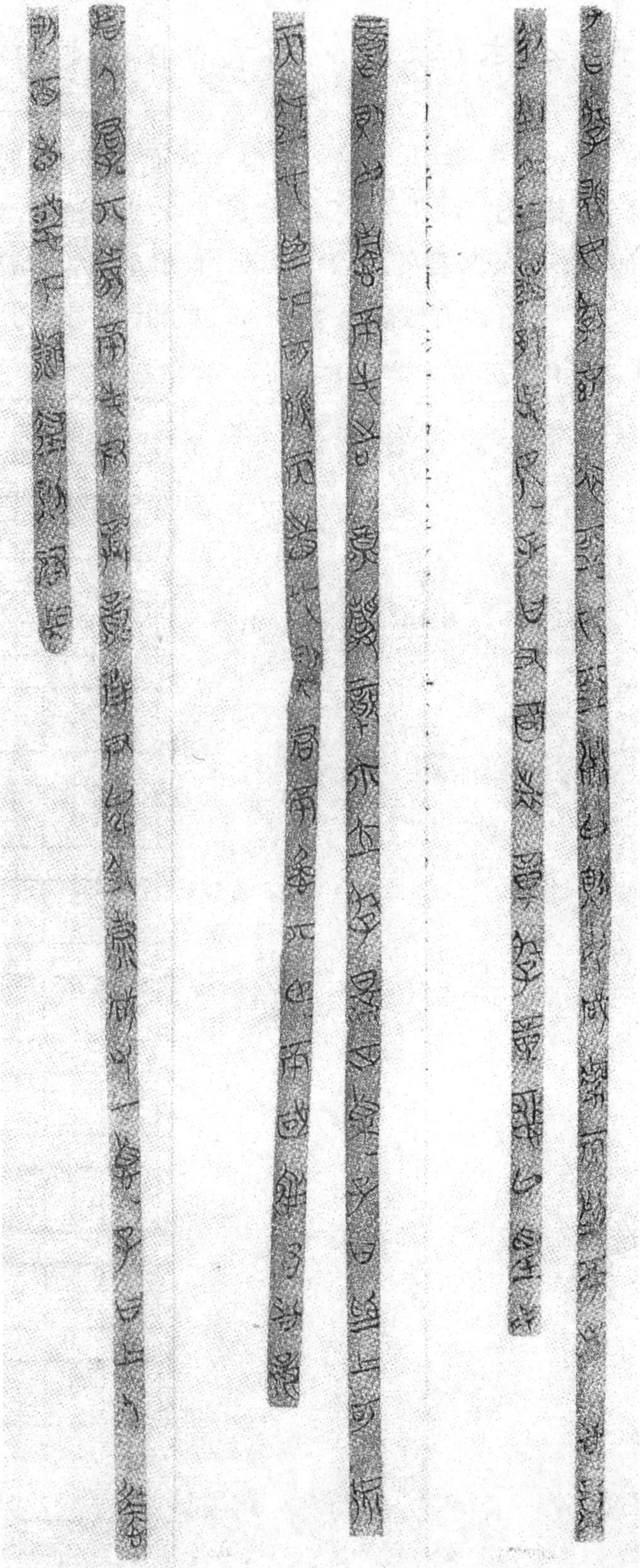

附:今本《禮記·緇衣》相關文句

子曰:“好賢如《緇衣》,惡惡如《巷伯》,則爵不瀆而民作愿,刑不試而民咸服。”《大雅》曰:“儀刑文王,萬國作孚。”……子曰:“爲上可望而知也,爲下可述而志也。則君不疑於其臣,而臣不惑於其君矣。”《尹吉》曰:“惟尹躬及湯,咸有壹德。”《詩》云:“淑人君子,其儀不忒。”子曰:“有國者章善癉惡,以示民厚,則民情不貳。”《詩》云:“靖共尔位,好是正直。”(按:“尹吉”之“吉”,乃“告”字之誤;“告”,通“誥”。)

古文字概述

一　古文字的類别、内容及價值

(一)古文字的類别

古文字是專指古代漢字而言的。漢字在漫長的歷史發展過程中,經歷了複雜的演化階段,其形態、結構都有種種改變。當然,從古文字演變爲今天通行的漢字,是一脈相承的。目前,學術界一般認爲,自漢字産生以來直至小篆的文字,就稱爲古文字。

早在漢代,就有“古文字”(或“古文”“古字”)的稱法了。《漢書·郊祀志》載,漢宣帝時在美陽發現古鼎,“張敞好古文字,按鼎銘勒而上議曰:‘……臣愚不足以迹古文,竊以傳記言之,此鼎殆周之所以褒賜大臣,大臣子孫刻銘其先功,藏之於宫廟也。’”再如同書《藝文志》所載,漢武帝末年,“魯共王壞孔子宅,……而得《古文尚書》及《禮記》《論語》《孝經》凡數十篇,皆古字也。”可見漢代已把東周時期竹簡上的手寫文字和較古老的青銅器銘文,都稱爲“古文字”了。而且當時即有學者對之作專門的研究,如“張敞好古文字”之類。其中最有成就的是東漢學者許慎,他著《説文解字》一書,系統地對九千多個秦篆字體從形、音、義三方面予以説解,同時列出與秦篆字體不盡相同的籀文及當時所能見到的“古文”。許慎在該書《叙》中又説:“郡國亦往往於山川得鼎彝,其銘即前代之古文。”這裏所説的“古文”,實際上就是先秦文字。

近代考古學發達以來,地下埋藏的古文字材料不斷被發現,釋讀古文字便成爲學者們專攻的課題,並逐漸發展成爲一門特殊的學科,即古文字學。

古文字學的研究對象,具體説來,按照不同的書寫材料,可以區分爲如下類别:

㈠　甲骨文。甲骨文是指契刻在一般用于占卜的龜甲獸骨上的文字,大多出現在商代後期及西周初期。

㊁　金文。金文是指鑄刻在青銅器上的文字，迄今所知最早出現在商代中期，而以西周、春秋時期最爲發達。

㊂　陶文。陶文是指刻寫在陶器上的文字，早在新石器時代晚期的原始陶器上就已出現了。

㊃　玉石文。玉石文是指刻寫在玉和石上的文字，商代後期已經出現，目前發現的材料以春秋戰國時期的居多。

㊄　簡帛文。簡帛文是指書寫在竹簡和絲帛上的文字。甲骨文中已出現"册"字，象編簡册之形，説明商代已有簡册。先秦諸子著作中有"書于竹帛"的話，看來春秋時期簡册、帛書並行使用。現今發現的簡帛文實物材料，最早的屬戰國初期。

㊅　璽印文。璽印文是指鑄刻在璽印上的文字，大約興起于春秋之際，以戰國時期較爲常見。

㊆　貨幣文。貨幣文是指出現于金屬鑄幣上的文字。大約在春秋時期開始出現這類文字，如鑄有"益""盧氏"等文字的一種原始布（布幣的一種）即可能屬于春秋，而貨幣文的大宗則屬于戰國時期。

以上七個大類已經可以包括古文字的絶大部分。

古文字的類别，有時也根據時代的先後進行區分，如稱"商代文字"，包括該時期的甲骨文、金文、陶文、玉石文。再如稱"戰國文字"，則把該時期的金文、陶文、玉石文、簡帛文、璽印文、貨幣文諸項都囊括了。由于研究角度的不同，對古文字類别的區分可以採取不同的標準。我們認爲，在這個問題上不必强求一律。我們這裏所以按照書寫材料來區分類别，主要是考慮到不同的書寫材料上的文字，其所記載的内容的側重點也是不盡相同的。

（二）古文字的内容

古文字是上古的書面語言，它由簡單的標記向複雜的記事發展，内容也由貧乏而逐漸豐富，真實地反映出當時社會的各個方面。這裏就按照古文字的類别，對其記録的内容作一簡略介紹。

㊀　甲骨文的内容

自甲骨文發現至今八十多年間，殷墟出土的有字甲骨估計在十萬片以上，周原出土的有字甲骨也有近三百片。在這龐大數字的甲骨文中，絶大部分是占卜文辭，少量是記事及其他方面的文辭。

占卜文辭的内容，有卜祭祀祖先鬼神的，如：

乙未，彭𢆶品上甲十，報乙三，報丙三，報丁三，示壬三，示癸三，大乙十，大丁十，大甲十，大庚十，小甲三，☐三，且(祖)乙十。(本書《文選·殷墟甲骨刻辭第2片》。以下舉例出處同此者，只標明該片在本書中的序號，餘略。)

有卜征伐方國的，如：

乙卯卜，㱿貞：王比𦣞乘伐下危，受㞢(有)又(祐)?

乙卯卜，㱿貞：王勿比𦣞乘伐下危，弗其受又(祐)?(第22片節録)

有卜田獵遊玩的，如：

壬辰王卜，貞：田𣪊，⿱屮土(往)來亡巛(災)? 王𣥺曰：吉。才(在)十月。丝(兹)印(御)。隻(獲)鹿六。(第32片節録)

有卜年成豐歉的，如：

丙辰卜，㱿貞：我受黍年?

丙辰卜，㱿貞：我弗其受黍年? 亖(四)月。(第11片)

有卜風雨天象的，如：

癸卯卜：今日雨? 其自東來雨? 其自南來雨? 其自西來雨? 其自北來雨?(第5片)

癸酉貞：日月又(有)食，隹(唯)若?

癸酉貞：日月又(有)食，戠(非)若?(第10片)

有卜旬夕吉凶的，如：

癸巳卜，㱿貞：旬亡𡆥(禍)? 王固曰：㞢(有)希(祟)! 其㞢(有)來鼓(艱)。

气(迄)至五日丁酉,允㞢(有)来𡆥(艱)自西。沚㦰告曰:土方𢓊(征)于我東啚(鄙),𢦔二邑,𢀛方亦𠬝(侵)我西啚(鄙)田。(第23片節錄)

有卜疾病夢幻的,如:

貞:㞢(有)疾自(鼻),隹(唯)㞢(有)𡆥?
貞:㞢(有)疾自(鼻),不隹(唯)㞢(有)𡆥?(第7片節錄)
貞:王夢,隹(唯)囚(禍)?
不隹(唯)囚(禍)?(第15片節錄)

有卜婦事生育的,如:

甲申卜,㱿貞:帚(婦)好冥(娩),𡠧(嘉)?王固曰:其隹(唯)丁冥(娩),𡠧(嘉);其隹(唯)庚冥(娩),引吉。三旬㞢(有)一日甲寅冥(娩),不𡠧(嘉),隹(唯)女。(第37片節錄)

有卜出入往來的,如:

庚申卜,王貞:㞷(往)來亡囚(禍)?(《鐵雲藏龜》261.3)
甲戌卜,㱿貞:今六月王入于商?(《甲骨文合集》四・7775)

有卜遣使施令的,如:

辛丑貞:王令𠬪㠯(以)子方奠于并?(《殷虛書契後編》下34.3)

卜辭有獨特的行文格式,瞭解和掌握它有助于通讀卜辭文句,明瞭内容。卜辭的完整格式,包括“署辭”“兆辭”“叙辭”“命辭”“占辭”“驗辭”六個部分。“署辭”記錄甲骨的來源及修治、保管人員的名字,一般刻在牛胛骨的骨臼或背面外緣,龜腹甲甲橋背面或尾甲正面一角、背甲端首或背面内緣等處。“兆辭”記錄卜人以火燒灼甲骨鑽鑿處,使之坼裂爲“卜”形裂痕(即兆象)的情況和次第,一般刻在兆象的旁邊。“叙辭”記錄占卜時間及卜人。“命辭”記錄貞問的問題。“占辭”記錄根據兆象参證占書所作出的吉凶禍福的判斷。"驗辭"記錄占卜後是否應驗的情況。以上"叙辭""命辭""占辭""驗辭"四項,都刻在兆象附近。爲了便于理解,這裏舉兩例説明如下。

例(1),《殷虚文字乙編》7126 腹甲刻辭:

> 共入五十。(背面右甲橋)
>
> 帚(婦)杞示十。爭。(左甲橋)

以上是該片卜辭的"署辭"。共,地名(或族名),表示此腹甲來源于共,有五十版之數,此版爲其中之一。婦杞,主持修治腹甲的人,共修治了十版,交給貞人名爭者保管備用。

> 一,二,小告,三,四,不許黽,五,六,二告,七。(正面兆象右側)
>
> 一,二,三,四,五,六,不許黽。(正面兆象左側)

以上是該片的"兆辭"。因爲是左右對貞,所以左右兩側有兆象,都刻有"兆辭"。其中"一,二,三,四,五,六,七"等數目字表示占卜的次第,又稱爲兆序。

> 戊戌卜,永貞:今日其夕風?(右側)
>
> 貞:今日不夕風?(左側)

以上從正反兩面貞問,右側爲正問。"戊戌卜,永貞"(在戊戌日占卜,貞人名永的貞問)爲正問的"叙辭","今日其夕風"(今天晚上起風麽)爲正問的"命辭"。左側爲反問。"貞"爲反問的"叙辭",占卜日期及貞人名字從略。"今日不夕風"(今天晚上不起風麽)則爲反問的"命辭"。此例卜辭到此爲止,無"占辭"和"驗辭"部分。

例(2),本書《文選·殷墟甲骨刻辭第 3 片》:

> 癸巳卜,爭貞:(以上"叙辭")今一月雨?(以上"命辭")王固曰:丙雨。(以上"占辭")……旬壬寅雨。甲辰亦雨。(以上"驗辭")

此例無"署辭"和"兆辭"部分。前舉兩例表明,我們所見到的甲骨卜辭往往並不都具備所有六個部分。這種現象的産生可能有兩方面的原因:其一是從表達需要來説,原本就不必面面俱到;其二是整版甲骨在出土之前或出土以後被損壞,今天所見已非全貌。所以,卜辭的更多實例是比較簡略的。

甲骨文有純粹爲記事而作的。實際上卜辭的“驗辭”部分有的也帶有記事性質,如《殷虚書契菁華》1 的“驗辭”説:

> 甲午,王𡳿(往)逐兕,小臣古車馬硪甹王車,子央亦墮。

大意説,甲午日,商王前往追逐兕(犀牛),隨行的小臣古的車馬碰撞毁壞了王的御車,子央也從車上跌下來了。作爲占卜的應驗,記述了一次車馬碰撞造成的車禍,有時間(甲午)、人物(王、小臣古、子央)、事件始末(逐兕、車馬硪甹王車、子央亦墮),已經具備了簡單記事的性質。純粹爲記事而作的刻辭,是商代末期(帝乙、帝辛時期)開始出現的,如《殷契佚存》518:

> 壬午,王田于麥彔(麓),隻(獲)商戠兕。王易(賜)宰丰,寢小指兄(貺)。才(在)五月,隹(唯)王六祀,彡(肜)日。

刻辭大意説,壬午日,商王在麥山之麓田獵,捕獲兕(犀牛)。王賞賜宰丰,派遣寢(寢)小指(寢,官名;小指,人名)致送賜品。時值商王六年五月肜祭之日。記事刻辭的内容,多爲田獵遊玩、征伐方國、祭祀賞賜等。作爲研究商代社會的史料,極爲珍貴。

甲骨文還有專爲叙述家譜而作的刻辭。如圖 1 所示牛胛骨上的刻辭,叙列先祖曰某,某子曰某,某弟曰某。稱先且(祖)一人,稱子十人,稱弟二人,共計十三人傳十一代。它反映了商代父死子繼和兄終弟及的兩種繼承法交互實行的史實。

此外,還有專門的干支曆譜刻辭。干支曆譜,就是以天干十、地支十二相配合,始甲子終癸亥,循環一周爲六十日,不斷循環以之紀日。迄今所發現的最完整的甲骨文干支表,是本書《文選・殷墟甲骨刻辭第 1 片》所示的牛胛骨刻辭,字迹清晰,分六行,右邊起讀,每行二十字紀日十天。有的干支表上還刻有月份。通過對甲骨文干支曆譜及有關卜辭的研究,得知商代曆法以十日爲一旬,三旬爲一月,十二個月爲一年,年終置閏時則有十三個月。

這裏附帶簡略介紹甲骨文的文例(即一般所稱的行款)。就一塊較完整的卜骨而言，如果刻有數條卜辭，其刻辭的行款多依占卜先後順序自下而上逐段排列。各段刻辭多記日期，依干支推算其先後，易于辨識。如本書《文選·殷墟甲骨刻辭第16片》（以下只稱每片在本書中的序號），就是自下而上逐段排列，所記日期則由“乙亥”而“丁丑”再“己卯”。而以一塊整版的卜龜而論，其刻辭多爲正反對貞，其行款走勢或者相向，即由左右兩側向中縫處刻，左側刻辭向右行，右側刻辭向左行。或者相背，即由中縫處向左右兩側刻去，左辭向左行，右辭向右行。本書第21片、第22片，皆集相向和相背兩種行款形式于一版。

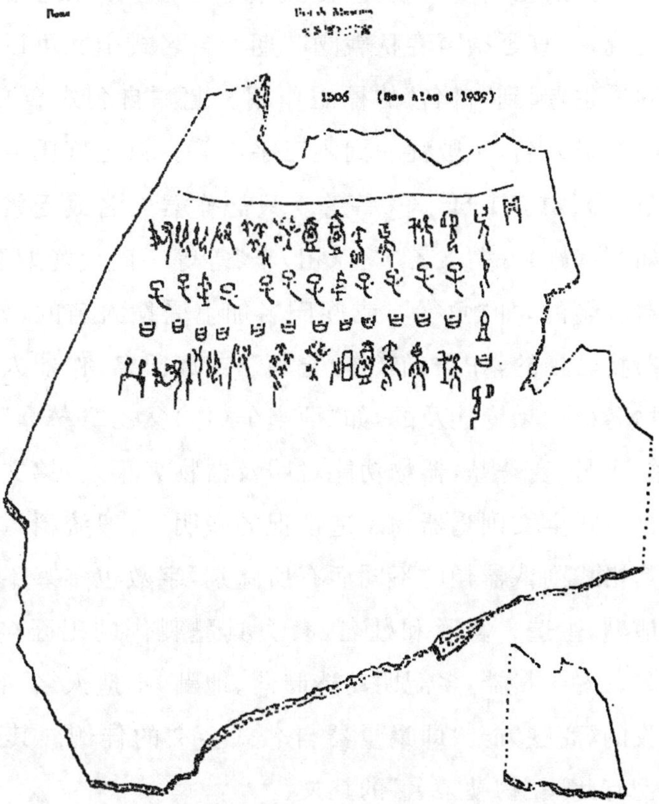

圖1　家譜刻辭（摹本·庫1506）

具體就一條刻辭來説，一般自上而下直書。如果一行刻不完，其依次刻第二行、第三行……時，行款的走勢多自右向左行，如本書第1片、第31片。也有不少是自左向右行的，如本書第2片。還有的刻辭，自上而下直書只刻一行，如本書第18片的“辛未貞：桒禾于高且（祖），豋五十牛”一辭。此外，有的刻辭橫書一行，一般是自右向左刻，也有自左向右刻的，如本書第7片的“貞：㞢（有）疾自（鼻），隹（唯）㞢（有）壱”爲正面貞問之辭，自左向右橫書一行，“貞：㞢（有）疾自（鼻），不隹（唯）㞢（有）壱”爲反面貞問之辭，則是自右向左橫書一行，集左行和右行兩種橫書一行刻辭的行款形式于一版。

以上僅介紹了甲骨刻辭文例的一些基本形式。瞭解這些文例，無疑對通讀文句和理解内容大有幫助。

㈢　金文的内容

自宋代有專書著録金文以來，以今天能看到的原物和著録合計，篇數逾萬，内容極爲豐富。有不少鴻篇巨制，足抵《尚書》之一篇。

目前已發現的金文,從數量上看占一半以上的是自名式金文,在商代中期已經出現,一直延續至春秋戰國時期。自名式金文可以分爲兩大類。一類僅爲表明器物的屬主,起到“自名”的標記作用。此類自名式金文,最初只記族氏名,或作器人名,或受祭人名,字數從一到兩三字不等。只記族氏名的,多見于商代的“族氏文字”,如(戈)、(魚)、(羊)等等。只記作器人名或受祭人名的,多見于商代和西周初期,如“帚(婦)好”“父乙”“且(祖)辛”等等。商代晚期至西周初期,出現了族氏名加上作器人名的,如“魚從”;或族氏名加上受祭人名的,如“戈且(祖)癸”;或作器人名加上器物名稱的,如“右乍(作)肈鼎”;或族氏名、作器人名、受祭人名、器物功能説明及器物名稱諸項皆述及的,如“亞亳乍(作)父乙寶彝鼎”(亞,族名;亳,作器人名;父乙,受祭人名;寶彝鼎,器物功能説明及器物名稱)。銘文字數也相應地有所增多。另一類自名式金文則爲器物製造情況的説明,一般統稱爲“物勒工名”,主要見于春秋戰國。其格式則依器類的不同而有所區别,字數也多寡不一。對于兵器,多記明鑄造時間、地點,主造人官職和姓名,負責具體製作的工匠名,等等。或者是所有者(使用者)名。對于量器,多記明鑄造時間、地點,主造人名,容積重量,等等。如本書《文選》所收的《商鞅方升》即爲量器自名式金文的佳例。其他如日用器皿、車馬飾件等,往往也有此類“物勒工名”的銘文。

雖然自名式金文在全部金文裏面所占數量約在一半以上,但是,最重要的金文仍是篇幅較長、内容豐富的記事性金文。商代末期開始出現爲記事而作的金文,如本書《文選》所收《四祀𠨘其卣》,内容記述商王帝辛四年四月乙巳、丙午、丁未、己酉諸日,在召大庭舉行對文武帝乙的祭祀,及𠨘其受王賞賜之事。記事格式包括時間、地點、人物、事件。記事金文在西周時期得到最充分的發展。首先,在行文記時方面趨于細密。商代和西周初期,行文記時一般先記干支(日)于文首,再叙年、月于文末,如《四祀𠨘其卣》:“乙巳……丙午……丁未……己酉……才(在)亖(四)月,隹(唯)王亖(四)祀。”記時順序爲日、月、年。西周時期增加了對月相的記録,通行的記時順序爲年、月、月相、干支日,多記于文首,如本書《文選》所收《兮甲盤》:“隹(唯)五年三月既死霸庚寅。”西周時期還有一種採用當時人所共知的大事件來記年的方法。如《作册䰧卣》(《三代吉金文存》13.39):“隹(唯)明僳殷成周年。”總之,西周以來的記時法比商代更爲細密。其次,記事更加詳細。如本書《文選》所收《多友鼎》,記周朝與玁狁部族的一次戰爭。銘文首先記載時間,再叙事件緣起,接着詳述周王命令武公派遣多友率領軍隊追擊玁狁,在郝、龏、世、楊冢等地發生戰鬥,多有斬獲。多友獻俘于武公,武公再獻給周王而受賞賜。武公再賞賜多友，多友作鼎以誌紀念。通篇叙事層次清晰，前後照應，詳密而不紊亂。第三，記事内容涉及面廣。諸如祭祀、賞賜、册命、旌功、訓誥、約劑、戰事等等，皆在記録範圍。祭祀活動是當時的大事，爲祭祀而作的金文如武王時所鑄的《天亡毁》(《三代吉金文存》9.13)，内容叙述武王舉行大禮，祭祀上帝(天帝)和文王。記録賞賜的金文也不少，或爲周王對諸侯大臣的封賞，或爲大臣對僚屬的賞賜，賞賜的物品則有貝、金(銅)、玉器、弓矢、甲胄、干戈、車馬、服飾、珍奇動物，甚至土地和民人、臣妾等等。周王對諸侯大臣的賞賜活動或與册命禮儀同時進行。册命是指周王册封諸侯或任命臣子官職。册封諸侯的例子，如本書《文選》所收《宜侯夨毁》，記録周王册封夨爲宜侯，封賞土地和民人。任命臣子官職的例子，如本書《文選》所收《頌壺》，記述某年月日，周王在宗廟太室册命頌，委任官職並賞賜相應的服飾。册命性質的金文在西周中期以後較多出現，並且形成固定格式，文字也較規整。以旌功爲内容的金文，或稱頌祖先的德善、功烈、勳勞、慶賞、聲名，或誇耀宣揚自我的功業。如本書《文選》所收《㝬毁》，是作器人㝬誇耀宣揚自我的業績；而《秦公鎛》，則是作器人秦公把稱頌祖先與自我旌功結合起來。旌功性質的金文，文辭大都繁縟而多溢美之詞。此外，專記周王訓誥的如本書《文選》所收《𣄰尊》，記録周王對𣄰等宗小子的訓誥，諄諄勸導宗小子們要以父輩爲榜樣輔佐君王。專記約劑的如《文選》所收《衛盉》和《𠑇匜》。《衛盉》記衛以玉器及皮裘等物品與矩伯交換田地，在伯邑父等執政大臣的監督下雙方完成交易。《𠑇匜》記伯揚父判決牧牛因罪受罰的全過程，是一篇法律審判備忘録。至于記載戰事的，如前舉《多友鼎》記周朝抵禦玁狁，《師寰毁》(《三代吉金文存》9.28)則記周朝征伐南淮夷，都是著名的有關戰爭的金文篇章。記事金文大都一篇記一事，但也有特例，如本書《文選》所收《曶鼎》，在一篇之内記録了三件互不相關的事件，這在記事金文裏是罕見的。有時一件事情分别記録于兩篇金文中，如《五年琱生毁》(《兩周金文辭大系圖録考釋》133)記周、召兩家貴族因爲"僕庸土田"發生紛爭，周氏家族向召氏家族提出交涉。《六年琱生毁》(《兩周金文辭大系圖録考釋》135)則記召氏家族作出讓步，解决了矛盾。兩篇内容連讀，始知事件的始末。當然，此類記事金文並不多見。

金文裏也有叙述譜系的。著名的例子是《牆盤》(《陝西省出土商周青銅器》二·24)，作器人身爲史官，掌握譜系資料。盤銘前段依次列出周代先王自文王、武王、成王、康王、昭王、穆王，及至當時在位的天子恭王計七代王世，後段排出作器人家族自高祖、烈祖、乙祖、亞祖、文考及至其本人的六世譜系。這篇金文對研究西周紀年有重要意義。

金文還有祝嘏性質的，多見于西周晚期和春秋時期。春秋時期諸侯之間互相聯姻，留下許多記録媵送女兒出嫁的金文，内容多爲祝嘏文辭。如本書《文選》所收《蔡侯𪓰盤》，記録蔡侯𪓰嫁女兒給吳王，盛讚女兒賢淑端莊，明悟堅貞，並祝福女兒敬事夫君，長享考壽，子孫蕃昌。

金文還有屬于箴誡性質的。箴誡金文一般文辭簡約，善用比喻。如戰國時期一件帶鈎，銘文説："物可折中，册復毋反。"（以鈎可繫帶，比喻折中之德。）又説："無作無悔，不汲於利。"（以鈎取之義戒人不可貪利。）又説："宜曲則曲，宜直則直。"（以鈎曲之義戒人不可一味曲阿逢迎。）《大戴禮記・武王踐阼》載周武王即位作"戒書"，有鑑銘、盥盤銘、觴豆銘、劍銘、矛銘等等。前人或懷疑其可靠性，今天以箴誡性金文來看，先秦時期確實存在這類文字。

金文還有少量的官府頒發的憑信證書。如本書《文選》所收《鄂君啟節》，分爲舟節和車節兩種，皆由戰國時期楚國朝廷頒發。舟節是水路運輸過關免税的憑信，車節則是陸路運輸過關免税的憑信。再如《新郪虎符》（《兩周金文辭大系圖録考釋》292），是諸侯國君調兵遣將時驗證的憑信。

這裏也附帶介紹一下銘文的文例及位置。銘文的行款，以竪列直書自右向左行者爲最常見。自左向右行者較少，如本書《文選》所收《欒書缶》。有的銘文分别鑄于蓋、器，或自右向左行，或自左向右行，如《向卣》《師趛盨》皆是蓋銘自右向左行，器銘自左向右行。有的金文同銘異器而行款也有别，如《中伯盨》一器銘文自左向右行，另一器則自右向左行。銘文在銅器上的位置，因器類及時代的不同而有别。商、西周的銘文多在器内隱蔽處，如爵、斝在鋬陰，觚、尊在圈足内底或外底，鼎在器内後壁，毁、盨、簠在蓋、器内，無耳鬲的銘文則鑄于口沿而成環狀。到了春秋戰國時期，銘文在器外顯著位置鑄刻的逐漸增多，如本書所收《欒書缶》及《中山王譽壺》，銘文皆在器表。有的銘文因篇幅較長而分範刻鑄，如本書所收《大盂鼎》《多友鼎》《𠑇匜》等。《𠑇匜》蓋、器連銘而成一篇。至于鐘類銘文的位置，一般是先鉦間，後鼓部（先左鼓後右鼓）。編鐘銘文則多合數鐘以成全文。一般説來，禮樂器銘文多紀功烈、昭明德，故字多而長篇。兵器銘文多表所屬，度量衡器銘文多表容量、重量，故字少而篇短。

㈢　陶文的内容

陶文可以分爲兩大類，即新石器時代晚期的原始陶文和戰國陶文。原始陶文多爲刻劃，兼有繪寫；戰國陶文用璽印按成的多，刻寫的少。

已發現的戰國陶文，以齊國爲最多，燕、秦、滕、邾等國次之，韓、趙、魏、楚等國也有零星出土。戰國陶文有範印的，有刻寫的。範印的格式多如印章，有的正方，有的長方,有的圓形。文字多寡不等,少則一、二字,多則十餘字。或陰文,或陽文。其内容大都程式化,屬于“物勒工名”,大致爲年份、監造者、陶工籍貫姓名、製作或置用地點等項。這裏僅舉幾例介紹。齊國陶文如:

> 巵者(都)塦㝵(得)再左里攴亳豆。(圖 2)

巵都,地名。塦得再,監造者姓名。塦,經籍或作“田”。左里,陶工籍貫。攴,陶工名。亳,器物置用地名。豆,器物名。

秦國陶文如:

> 咸亭右里道器。(圖 3)
> 咸亭涇里岔器。(圖 4)

圖 2

圖 3

圖 4

咸,地名,咸陽的省稱。亭,行政區劃名。右里、涇里,亭下所轄行政區劃名,此處分别爲陶工道和陶工岔的籍貫。道、岔,陶工名。器,器物之稱。不過,有的戰國陶文内容比較簡單,只有地名或官職人名。

新石器時代晚期的原始陶文的發現和認識,關係到中國文字起源這一重大問題的探索,正在受到學術界的普遍注意。原始陶文一般爲單個出現,極少數是兩個符號刻在一起。其含義尚待探討,但有些已經具備了文字性質。原始陶文裏已出現了與甲骨文相類的從“一”到“十”的數字符號。還有一些筆畫結構複雜的符號,可以用“象形”“會意”等方法去分析解釋。如陝西臨潼姜寨出土的仰韶文化陶文(圖 5),形體結構與甲骨文的“岳”字十分相似。再如山東發現的大汶口文化陶文(圖 6),顯然是一個會意符號。這些複雜的陶文符號,有的學者認爲就是原始文字了。原始陶文的探索爲揭示中國文字起源之謎帶來了曙光。

圖 5

圖 6

㈣ 玉石文的内容

玉器刻文現今發現其時代較早的，有1977年甘肅慶陽野林出土的一柄商代玉戈，玉戈近欄處陰刻“乍(作)册吾”(圖7)三字。作册，官職名。吾，人名。它與同時期的自名式金文相類。再如清光緒二十八年(公元1902年)陝西岐山劉家塬召公祠出土的一柄玉質太保戈(圖8)，戈援基部刻銘27字，内容記錄周初召公奭(任官太保)巡行南國，抵達漢水(圖9)。此玉戈銘的性質則與商末周初的記事金文相當。(圖8、9原載《考古與文物》1986年第1期)

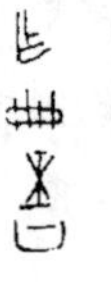

圖7

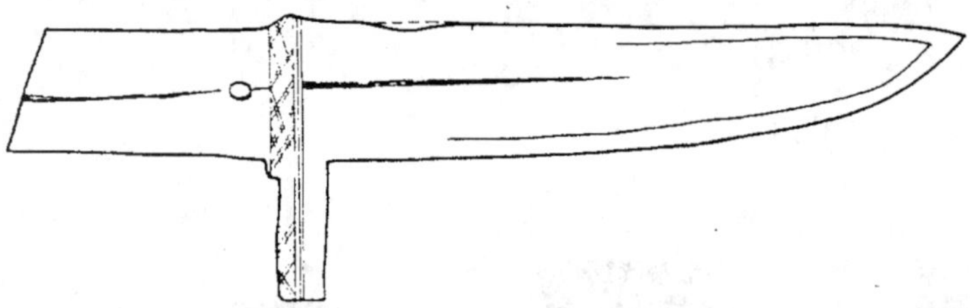

圖8 太保玉戈(1∶5)

戰國後期有一件玉佩刻銘45字(《三代吉金文存》20)，内容與氣功有關。它記述行氣要領，爲中國古代氣功養生健身的經驗傳授，與後世文獻所載氣功原理十分接近。

迄今所發現的玉片上書寫文字的最大一宗，是山西侯馬出土的春秋時期晉國的盟書。玉片上有文字可辨識的計六百餘件。其内容分“宗盟”“委質”“納室”“卜筮”等類，各類辭句有其固定格式，同類的文辭内容大致相同。“宗盟”類盟書是主盟人爲鞏固宗族内部團結而舉行的盟誓。“委質”類盟書是主盟人爲分化瓦解敵對陣營而舉行的盟誓。盟書篇首書參盟人“自質于君所”，意即自願獻身于某君之所。“質”即委質。“納室”類盟書是主盟人反對“納室”(盟書稱“納室”指兼併别人的土地、財物、奴隸)而舉行的盟誓。“卜筮”類盟書是舉行盟誓時對占卜用牲情況的記錄。本書《文選》所收的一片即屬“宗盟”類，記錄了參盟人姓名和誓辭。

太保玉弋銘文摹本(1∶2)

圖9

石刻文字現存最早的要數河南安陽小屯商代晚期婦好墓葬所出的石牛刻銘，爲“后辛”兩字(《殷墟婦好墓》圖七五·2)，性質屬于“自名”。最爲著名的石刻文字，是唐初在陝西鳳翔出土的石鼓文。石鼓文國屬爲秦國，年代有春秋説和戰國説。石鼓共計十個，每個刻詩一首，其内容主要歌頌田原之美和田獵之盛。本書《文選》所收《車工》即爲十首之一，描寫圍獵時的情景，全篇押韵，極富文采，有頗高的文學價值。

此外，河北平山三汲戰國中山國王陵附近發現的"守丘"石刻文(圖 10)，計 2 行 19 字，内容爲監守陵墓者告誡人們維護陵墓，也是頗爲珍貴的石刻實例。

圖 10

㈤ 簡帛文的内容

目前所知年代最早的一批竹簡，是 1978 年湖北隨縣擂鼓墩發現的戰國曾侯乙墓所出。該批戰國竹簡文辭内容爲親友致送死者的殉葬物品清單，稱爲"遣策"。它詳細記錄了用于葬儀的車馬兵甲的數量種類、馭者駕馬制度等等。它還提及贈送葬禮物品的人物名字，其中有許多是官職稱謂，如命尹、左尹、右尹、大攻尹、宮廄尹、宮廄令、左司馬、右司馬等，爲研究當時的官制提供了珍貴資料。

1957 年河南信陽長臺關戰國楚墓出土的竹簡中，發現了一篇古"書"。經精心綴合復原，得知此篇内容與儒家思想接近，其中有"三代""周公""君子"等語詞。當中的一支簡文説：

……周公戚然作色曰：烏夫！戔(賤)人춤(格)上則型(刑)剹(戮)至，剛……

這段話與《太平御覽》所引《墨子》佚文"周公對申徒狄曰：賤人强氣則罰至"相類。

1986 年 11 月至 1987 年 1 月間，湖北荊門包山 2 號戰國楚墓出土竹簡一批，簡文内容有司法文書、卜筮祭禱、遣策等。其中關于司法文書的簡文，依題名分爲"受期""疋獄"兩類。"受期"記錄受理和審訊時間，"疋獄"記錄獄訟的過程。例如：

八月乙畬(酉)之日，遠乙訟司衣之州人苛鎾，胃(謂)取(娶)其妾嫐。(圖 11)

簡文意思説，八月乙酉日，遠乙由于司衣之州人名苛鐱者娶其妾媺而提起訴訟。這批司法文書簡文材料，有助于瞭解當時楚國的司法制度。

此外，1965 年湖北江陵望山 1 號戰國楚墓曾出土竹簡一批，簡文内容屬墓主人生前對疾患、禱祝、占卜、記事等個人日常生活的雜記，遺憾的是文辭多殘缺。

竹簡文的款式，皆爲一支簡由上而下直書一行，每簡字數、疏密不一。書寫時或留天地頭，或不留天地頭而由頂寫至末。成篇的簡文大都先將竹簡以繩編好而後書寫，故編繩痕處上下兩字間隔較大。也有寫成之後再編繩的。簡文皆用毛筆墨書，爲日常手寫字體，起、落筆較明顯，起筆輕而落筆重，筆畫多帶彎鈎。

圖 11

關于戰國帛書，已知的是 1942 年出于長沙子彈庫楚國墓葬的一件。(圖 12)該帛書是在一塊略呈正方形的絲帛上，當中以毛筆墨書方向互相倒置的兩大段文字，一段 8 行，一段 13 行。四周作旋轉狀排列十二段邊文，每三段居于一方，四方交角以青、赤、白、黑四木相隔，每段各附一種神怪圖形。三部分文字計有九百餘字。内容可以分作三篇，暫名爲《四時》(八行文)、《天象》(十三行文)和《月忌》(十二段邊文)。《四時》叙述日月四時起源的傳説，提及伏羲、女媧、炎帝、帝夋、祝融、共工等神話人物，文中以朱色扁方格符號劃分段落章節，分作三章。《天象》叙及星辰變化及災異，文中也以朱色扁方格符號劃分出三章。《月忌》記錄十二個月的禁忌，如可否嫁娶、出師用兵、破土築屋等等。總而言之，這是一篇帶有曆數性質的帛書。

簡帛文字出土者雖已不少，但因種種原因有許多尚未發表公佈，這裏只能作上述概括性介紹。

㈥ 璽印文的内容

璽印大約興起于春秋時期。據《國語·魯語下》記載：“襄公在楚，季武子取卞，使季冶逆，追而予之璽書。”韋昭注：“璽，印也。古者，大夫之印亦稱璽。璽書，印封書也。”所謂“璽書，印封書也”，意謂用印泥加封的書信，用以防人竊視。此一史實表明，春秋時期璽印已在公卿大夫間普遍使用了。

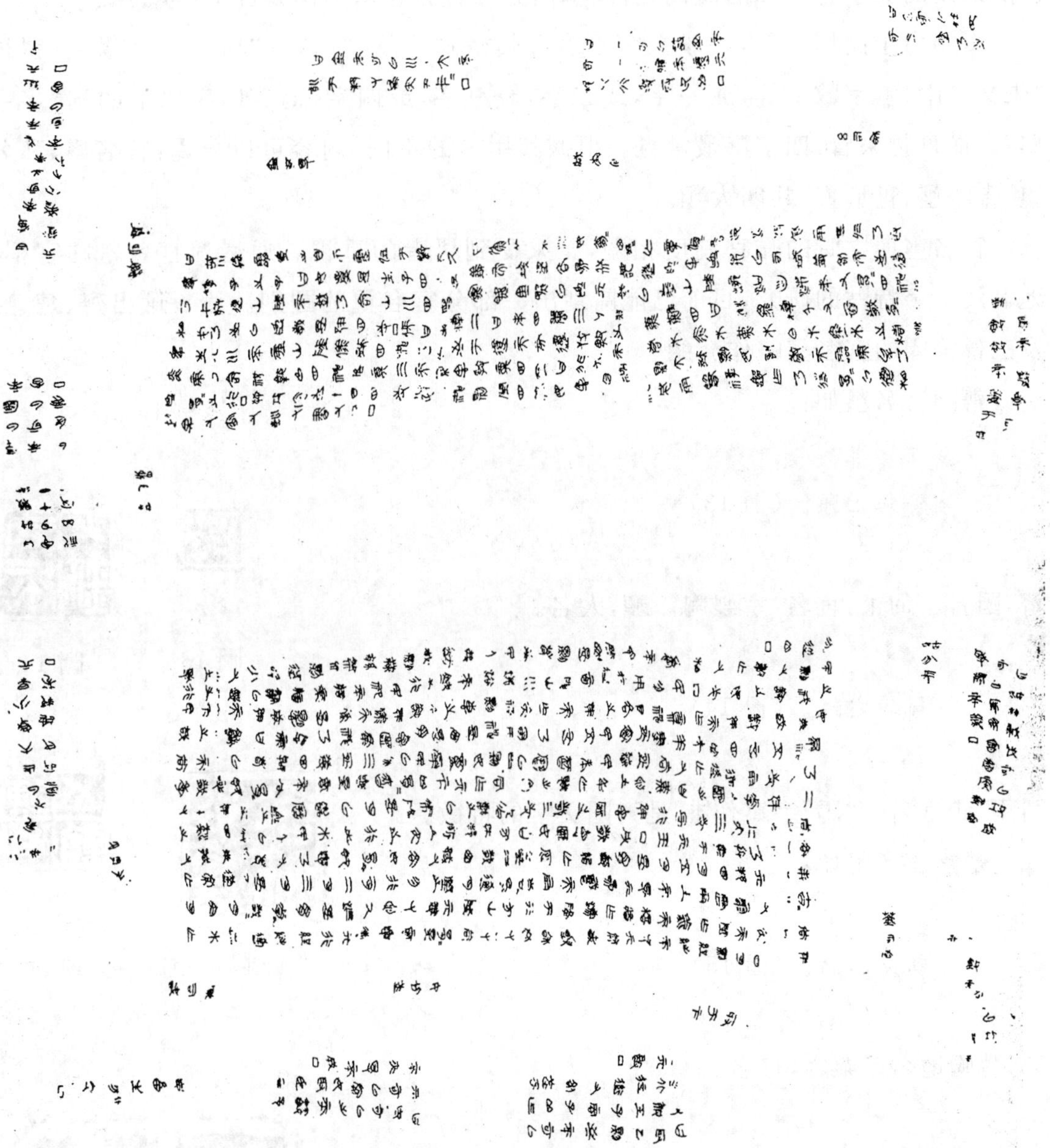

圖 12　長沙子彈庫戰國楚帛書(文字部分摹本)

現今發現的先秦璽印多屬戰國之物，是當時政治活動和個人交往用以昭明信用的憑證。戰國璽印多爲銅質，也有以銀、玉、石、骨等質料製成的；其質料種類雖多，但所鑄刻的文字有特殊的體例，所以學術界一直將它單獨作爲古文字類别之一。

璽印由于面積所限，一般文字不多。其格式分陰文（習稱"白文"）和陽文（習稱"朱文"）兩種，字數不等，或一字，或二字，或三字，或四字，還有四字以上的稱"多字璽"。從實物來看，四字璽最常見。根據其用途的不同，内容可以分爲：官名璽、私名璽、吉語璽、肖形璽，共四大類。

官名璽與當時的職官制度相關，歷來受到學者的重視。通過對官名璽的官稱、地名及文字特點的研究，目前已能區别出一部分官名璽的國别。這裏選出齊、楚、燕及三晉等國的官名璽略作介紹。

齊國官名璽如：

齊匋正顋。（圖 13）

圖 13

圖 14

齊，國名。匋正，官名，掌製陶。顋，人名。

司馬之鉨。（圖 14）

司馬，武官名。"馬"字寫作宋，是齊國文字的特徵。

楚國官名璽如：

圖 15

圖 16

郢粟客鉨。（圖 15）

郢，楚國地名。粟客，官名。

連尹之鉨。（圖 16）

連尹，楚國官名。

圖 17

大賓。（圖 17）

大賓即大府,主管國家財政的官署名。“賓”字的寫法又見于《鑄客鼎》《大府銅牛》等楚國器銘,可證此璽爲楚國之物。

燕國官名璽如:

郯都司徒。(圖 18)

圖 18

圖 19

郯,地名,戰國屬燕。都司徒,官名。

頙(夏)屋都司徒。(圖 19)

夏屋,地名,戰國屬燕。

三晉官名璽如:

文臬西疆司寇。(圖 20)

文臬,地名,經籍通作“文台”,戰國屬魏。司寇,官名。

東武城攻帀(師)鉢。(圖 21)

圖 20

圖 21

東武城,地名,戰國屬趙。攻帀,即工師,官名,掌冶鑄。

武隊大夫。(圖 22)

圖 22

隊,通“遂”。武遂,地名,戰國屬韓。大夫,官名。

私名璽皆爲姓氏人名,在瞭解古代的姓氏及通過姓氏與經籍對勘辨認新字方面,均有一定意義。圖 23 爲私名璽“雷紑”,圖 24 爲“枯成臣”。

吉語璽多用成語,如“正行”(圖 25)、“旻(得)志”(圖 26)等等。

肖形璽或稱畫印,是將人物、鳥獸等鑄刻于璽上。戰國肖形璽的形象,或爲獸面,或爲蟠龍,或爲伏虎(圖 27),或爲鳳鳥(圖 28),莫不生動活潑,增添意趣。

圖 23

圖 24

圖 25

圖 26

圖 27

圖 28

還有一類璽印,用的時候將印燒熱,烙在木器或獸體上,起標識的作用。迄今所知著名的有"日庚都萃車馬"的烙馬印。(圖 29)

圖 29

㈦　貨幣文的内容

貨幣文字的實物資料,迄今所知最早的在春秋時期。1970 年河南伊川富留店出土了 753 枚空首布(一種鏟形的鑄幣),絶大部分面文爲一個"王"字,即周王城的省稱。這批空首布的年代,考古簡報定爲春秋時期。現存的貨幣文實物,大多數爲戰國之物。按其形制區分則有布幣、刀幣、圜錢、金版及銅貝等種類。

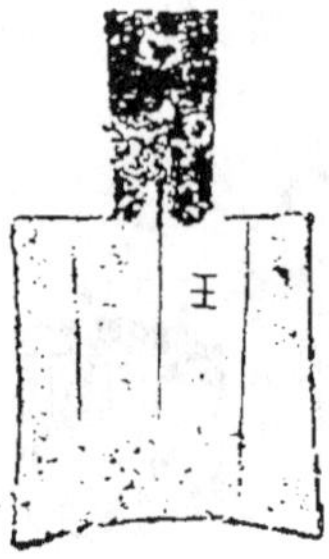

圖 30

圖 31

布幣,流行于周、晉及韓、趙、魏等國。布幣文字内容多爲鑄造地名加上幣值,且多爲陽文。周布幣如圖 30,爲"王"字大型平肩空首布。魏布幣如圖 31,爲"梁(梁)奇釿,五十尚(當)寽(鋝)"七字圓跨布。

刀幣,主要見于齊、燕兩國。齊刀幣種類較多,面文多爲地名如"齊""節(即)郻(墨)""安陽"等等,再加上"化"(讀如"貨",貨幣之意)"法化""之法化"等字,最多的面文字數有六字:

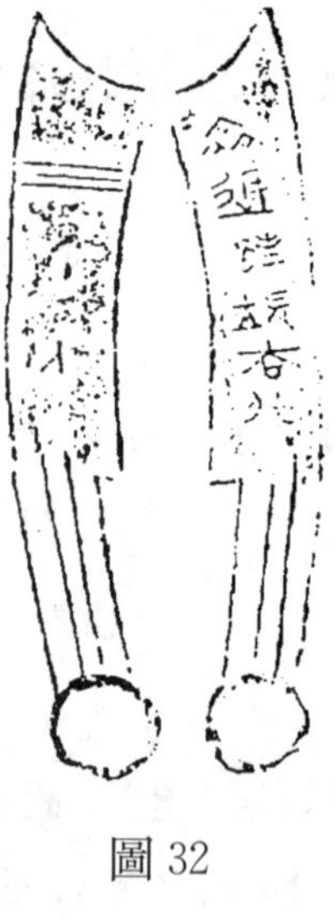
圖 32

齊返邦張(長)去(法)化。(圖 32)

燕刀幣面文多寫一個"明"字,背文則或記地名,或記"左""右"及數字,似與監鑄者有關。

圜錢,出現在戰國時周、魏、趙、燕、齊、秦諸國,而以秦國最爲流行。周的圜錢有"西周"和"東周"的區别,如圖 33 爲"西周"圜錢,圖 34 爲"東周"圜錢。魏國圜錢有"共""共屯(純)赤金"(圖 35)、"漆垣一釿"等等。秦國圜錢的面文有寫重幾兩幾朱

（銖）的，但絕大多數爲“半兩”（圖 36）兩字。

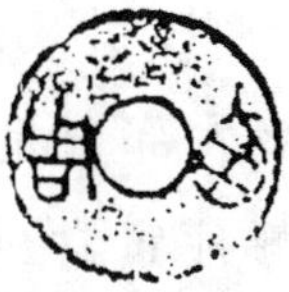
圖 33

圖 34

圖 35

圖 36

金版和銅貝，都是只見于楚國的鑄幣。金版以黄金鑄成，面上多有以鑿模打印的戳記文字，爲“郢爯”或“陳爯”字樣。郢、陳，皆爲楚地名。銅貝，以青銅鑄成，形如貝，或稱作“蟻鼻錢”。貝面多鑄有單字，如“咒”（圖 37）、“君”（圖 38）。

圖 37

圖 38

總觀春秋戰國時期的貨幣文，因鑄範時限于面積和形狀，故文字簡約，筆畫草率，字形多變，不可盡識。其内容多爲鑄造地名、幣值數字、貨幣名稱諸項。

（三）古文字的價值

今天對中國古代歷史文化的研究，幾乎離不開古文字提供的資料。古文字學與考古學、歷史學、語言文字學等諸多學科的聯係，則是最爲突出的。

古文字學與考古學的聯係是不言而喻的。絶大部分古文字資料都出土于地下，屬于考古材料。有時要判斷一處遺址或墓葬的性質，若發現有文字資料，往往能説明許多關鍵性的問題。近年來在河南登封告成鎮王城崗發掘的龍山文化晚期城堡遺址，有可能是夏墟。後來又在該遺址附近的告成鎮北側找到春秋戰國古陽城城垣遺存，同時還出土了戰國陶文“陽城”“陽城倉器”等資料，從而爲學術界判斷王城崗龍山文化晚期城堡遺址是經籍所載“禹都陽城”的一種觀點，提供了有力的證據。再如，考古器物的斷代研究，也需要古文字資料的佐證。就以商周青銅器斷代採用的“標準器斷代法”爲例，通常的做法是首先確定一件“標準器”的年代，再據之推定與其相關的一組器物的年代。關于“標準器”年代的確定，最直接可靠的證據就來自銘文本身。如本書《文選》所收《四祀𠨘其卣》，銘文中有“文武帝乙”的明確記錄，可以與殷墟卜辭的有關記錄互證，確定這是商王帝辛對其父帝乙的稱謂。由此就可確定該卣是作于商王帝乙之子帝辛四年的“標準器”，再由此卣推定與之相關的《二祀𠨘其卣》(《商周金文錄遺》274)和《作册榖卣》(《商周金文錄遺》273)兩器的年代也屬于商王帝辛時期。

古文字學與古代史研究的關係是極爲緊密的。古文字資料對古代史研究的價值,首先表現在它能夠考訂古史的記載。例如,甲骨文中有關于商王世系的材料,將之與《史記·殷本紀》對勘,印證了司馬遷對商王世系的記載絶大部分是真實可信的。同時,又訂正了他所述及的"報丁、報乙、報丙"這樣的繼位順序實當爲"報乙、報丙、報丁"的錯誤。(參見王國維《殷卜辭中所見先公先王考》及《續考》,《觀堂集林》卷九)金文中《牆盤》明確記録了周昭王征伐楚國的戰爭,證實了《竹書紀年》(古本)和《吕氏春秋》的有關記載是可信的。利用古文字資料考訂古史文獻,已經形成一個專門的研究領域,其發展前景是十分可觀的。其次,古文字資料可以補史載之缺漏。例如,戰國史上燕王噲禪讓王位給相國子之,導致國内大亂,齊國乘機發兵破燕。這件轟動一時的歷史事件明確載于《史記·燕召公世家》。據《中山王嚳鼎》所載,中山國也曾以"參(三)軍之衆"參與了伐燕的戰爭,並且獲得"闢啟封彊(疆),方嚳(數)百里,剌(列)城嚳(數)十"的戰績。這些重要的史實均不見于史籍,從而爲戰國史的研究增添了新内容。第三,古文字資料還可以幫助解決一些史學界長期存在爭議的歷史疑案。例如,周代紀年中的周厲王在位年數問題,《史記·周本紀》載周厲王即位三十七年出奔于彘,同書衛、齊、陳諸世家中也曾述及該一事件,與所繫諸侯年數比勘推算的結果,周厲王在位年數又有二十五年、十八年、十四年以上等不同説法,皆與《周本紀》不合。這一問題因《史記》記載本身的矛盾,引致後世學者長期爭論。今天,通過對周厲王時期青銅器銘文的綜合研究,我們考訂出《鬲攸从鼎》(《三代吉金文存》4.35)所記"隹(唯)卅又一年"屬于周厲王在位的紀年,證明其在位年數不得少于三十一年。由此肯定了《史記·周本紀》"三十七年"説是有根據的,基本上解決了這一樁疑案。當然,古文字資料對古代史研究的價值遠不止于上述三個方面。在重建古代信史的過程中,古文字資料的作用是衆所周知的。

古文字學與語言文字學的聯係正日益受到語言學界的重視。地下發現的古文字資料,大都年代明確,所記録的通常就是當時的語言。較之傳世經籍裏的資料,古文字資料更真實可靠,對于古漢語研究來説,是必不可少的。這裏就從語音、詞義、語法等方面簡略介紹一些例子,説明古文字資料對古漢語研究的重要性及其已經獲得的某些成果。

先説語音方面。講古音必然涉及諧聲問題,而討論諧聲一般都依據《説文解字》。由于《説文解字》依小篆字形所作的分析有些是靠不住的,因此研究古音最好能利用古文字資料。例如，“去”字是魚部字，可是从“去”得聲之字的讀音却分爲兩系，一系屬魚部，如“呿”“袪”等；一系屬葉部，收-p尾，如“劫”“怯”“㾀”“鉣”等。《説文解字》將“㾀”“鉣”説成从“劫”省聲，而對“怯”字仍然説成从“去”聲。其實“劫”字本身就應該是一個从“去”聲的字，所以从“劫”省聲之説不可信。在古文字裏有字，从“大”从“口”，表示把嘴張大，也即是離去之“去”字。張開和離去這兩個意義是有聯係的。古文字裏還有一個象器皿上有蓋子的(或寫作)字，“蓋”字所从“盍”字上部的“去”即是此字。這個字應讀爲“盍”，屬葉部。小篆把、這兩個形體相近而讀音不同的字混同起來了。事實上，从“去”得聲的魚部字，所从的是離去之“去”；从“去”得聲的葉部字，所从的是象器蓋相合的“去”(盍)。至于从“去”的字又有魚部和葉部兩讀，乃屬後起的混亂現象。(參見裘錫圭《談談古文字資料對古漢語研究的重要性》)以上是一個利用古文字研究古漢語語音的成功的例子。趙誠《商代音系研究》是利用古文字資料對商代語音進行的一次較系統的探索。這一方面的研究尚待加强。

再説詞義方面。古文字中表意字的字形，對于研究古漢語的詞義具有重要價值。漢字的字形是不斷變化的，傳世的字書往往根據較晚的字形對詞義進行解説，這樣難免出錯。這裏舉一個可以修正古書訓詁的例子。例如“彝”字。《説文解字》説：“彝，宗廟常器也。从糸；糸，綦也。廾持米，器中實也。彑聲。此與爵相似。”先秦經籍也多訓“彝”爲“常”。(參見《經籍纂詁》)其實“彝”的本義並不是“常”。在古文字裏，“彝”字作、、、，其寫法象反縛雙手的人牲，所以在甲骨文裏“彝”字表示用人牲而祭的意思，並引申爲祭名。在商末及西周金文裏，“彝”字又由祭祀之名引申爲祭祀用器的通稱(如“尊彝”“寶尊彝”之類)。“常”實爲“彝”字的後起意義。此外，有些詞在古文字資料裏的用法，也有助于對詞義的研究。經常被學者用爲例子的是一個“自”字。《説文解字》説：“自，鼻也。象鼻形。”從甲骨文到小篆，“自”字的形體變化不大，是一個表示“鼻”的意義的象形字。這個詞義在傳世經籍中使用的例子一個也找不到，但在甲骨文裏，如本書《文選・殷墟甲骨刻辭第7片》“貞：㞢(有)疾自，隹(唯)㞢(有)壱”中，“自”字所保留的却正是“鼻”這一本義。所謂“疾自”就是鼻子有病的意思。

最後説説語法方面。在這一方面的研究成果較爲突出，如對甲骨文、金文的文法句式的研究，有楊樹達《甲骨文之先置賓辭》，陳夢家《殷虛卜辭綜述・文法》，管燮初《殷虛甲骨刻辭的語法研究》《西周金文語法研究》，陳煒湛《卜辭文法三例》，裘錫圭《關于殷墟卜辭的命辭是否問句的考察》，楊五銘《西周金文被動式簡論》，唐鈺明、周錫䪖《論上古語法被動式的起源》《論先秦漢語被動式的發展》等等專論專著。對甲骨文、金文的詞類用法分析，則有韓耀隆《甲骨卜辭中否定詞用法研究》，趙誠《甲骨文虛词探索》，黃載君《從甲骨文、金文量詞的應用考察漢語量詞的起源與發展》，馬國權《兩周銅器銘文數量詞初探》《兩周銅器銘文代詞初探》，張振林《先秦古文字資料中的語氣詞》，陳永正《西周春秋銅器銘文中的聯結詞》，唐鈺明《金文複音詞簡論》等等。以上這些研究都取材于古文字資料，從不同角度揭示了商周語法的面貌，極大地豐富了今天對上古漢語語法的認識，擴充了整個漢語史研究的內容。在本書《概述》部分另有專文討論甲骨文、金文的語法問題，讀者自可參看，茲不贅述。

古文字學與上述幾種學科的密切關係，互相影響和促進，使古文字學正在成爲一門成熟的學科。可以預料，隨着古文字研究的精進和古文字知識的普及，古文字學有着光明的未來。

二　古文字考釋的方法問題

于省吾先生説："古文字是客觀存在的，有形可識，有音可讀，有義可尋。其形、音、義之間是相互聯繫的。而且，任何古文字都不是孤立存在的。我們研究古文字，既應注意每一字本身的形、音、義三方面的相互關係，又應注意每一個字和同時代其他字的横的關係，以及它們在不同時代的發生、發展和變化的縱的關係。只要深入具體地全面分析這幾種關係，是可以得出符合客觀的認識的。"（《甲骨文字釋林·序》）前輩學者在古文字考釋上進行過多方面的努力，積累下豐富的經驗，使古文字考釋逐步走上科學的道路。

（一）進行字形的歷史比較，理清形體演變系列，是考釋古文字的基本方法

當我們見到一個不認識的古文字時，呈現在我們面前的是它的形體及其所在的文句。文句雖然顯示出這個字存在的具體語言環境，但一般並不能確切告訴我們它是個什麼字。也有的古文字是在文句不全甚至没有文句的情况下存在的。形體則是每個字必然具備的區别于其他字的客觀標誌，因此考釋古文字必須以形體爲基礎。而以形體爲基礎進行考釋之所以可行，則是基于漢字在其漫長的歷史發展中，從殷商的甲骨文到現代漢字，形體的變化一脈相承。有些字的形體結構，如"日"字甲骨文作日，"人"字作亻，"休"字作休，至今相沿未改。即使變化很大的形體，變化中也有脈絡可尋。我們在翻閱《甲骨文編》《金文編》或《古文字類編》時就能明顯感覺到這種演變的軌迹和它所構成的形體系列的存在。因此，注意于這種形體系列，掌握字形演變的規律，用古文字與後代已識的字進行形體的對照、比較和分析，建立二者之間的聯係，從而由已識字去推斷未識字，就成爲我們考釋古文字的基本方法。在這一形體系列中，小篆上承商、周的甲骨文，下啟後代的隸、楷字體，處在形體演變的轉折點上，有着特殊的價值。我們進行字形的歷史比較，首先是用古文字與小篆比較。至今保存小篆最集中的首推東漢許慎所著的《説文解字》。它是我國第一部系統分析字的結構、解釋字義的字書，"叙篆文，合以古籀，博采通人，至于小大，信而有證"（《説文解字·序》），收字9353個，列重文1163個，因而是進行字形對照比較的必備書籍。我們見到一個不認識的古文字時，首先想到的就是查一查《説文》，與《説文》所收録的字形作一番比較考察。比如周代金文中的"龔"字、"䎽"字、"閒"字等，

後代罕見，似乎十分陌生，但查閱《説文》後就能知道“龔”是“翼”的籀文，“聑”是“聞”的古文，“閖”是“閒”的古文，陌生的字也就不再費解了。《説文》不但保存了一萬多個小篆和古文、籀文的形體，而且記載了不少古義。如《中山王譽壺》“貫渴志盡忠”的“渴”，後代多用來表示口乾思飲的意思，但《説文・十一上》解釋道：“渴，盡也。”段玉裁指出：“古水竭字多用渴，今則用渴爲瀫字矣。”“瀫”字見于《説文・八下》，其義爲“欲歙歠”，正是口渴的本字。“渴”的古義是水盡，引申爲竭盡，這正是“貫渴志盡忠”中“渴”字的含義。因此熟悉《説文》所收録的字形及字義，將會爲我們考釋古文字提供重要的幫助。

不過我們在使用《説文》時也應該瞭解它的不足。它所收録的字形有些是訛變後的形體。如“射”字，甲骨文作、，金文作、，皆从弓，《説文》籀文作，篆文作，弓訛變爲身，已失原意。《説文・七上》：“（早），晨也。从日在甲上。”《十二下》：“（戎），兵也。从戈从甲。”不僅形體有訛，結構分析也隨之致誤。又如《説文・二上》：“（各），異辭也。从口夂。”“各”字在甲骨文中作，象居區，象足迹，足抵居區，故“各”之古義爲至、到，周代銘文屢見的“王各大室”之“各”即用此義。在甲骨文中已大多寫成形而作、，金文則皆作形，以致《説文》誤入“口”部。至于《説文》的釋義，有的也已不能完全反映先秦的語言實際。如《説文・六下》曰：“賞，賜有功也。”“賚，行賈也。”但從周代的銘文看，“賚”是賞賜的專字，只是在春秋以後才用“賞”來表示賞賜之義的。由于許慎當時能見到的先秦文字資料不足，也由于他的思想局限，如陰陽五行、讖緯之説對他的影響等，他在釋義方面不準確乃至傅會穿鑿之處並不在少數。《説文》收録了不少古文、籀文，但其中有的並非小篆的古體。如《七上》的“夙”字，許慎解釋道：“早敬也。”下列古文形體和。實際上、象人休止之狀，應是“宿”的早期形體，、即簟（竹席）之象形，以、爲“夙”當屬同音假借。凡此種種，都是我們在使用《説文》時應該注意的。

對已識字的形體掌握得越多，可供比較的資料就越豐富，所以《説文》以外的其他保存收録古文字形體的書籍，諸如《汗簡》《古文四聲韵》以及三體石經的殘文等，也都是我們在進行形體的對照比較時需要時時查考的。甲骨文、銅器銘文、玉石陶文、貨幣璽印文及簡牘帛書等古文字資料中已識之字，它們既是考釋的結果，同時也爲我們建立形體演變系列，進行字形的歷史比較提供了新内容，我們可以利用它來辨識其他不識的字或糾正過去認錯的字。如商代甲骨文中有一個字，周代金文作，過去一般都釋爲“弘”，因爲它與《説文》中的“弘”（小篆作）形體十分接近。但以此來讀卜辭和銘文，終覺意有未安。《爾雅・釋詁》曰：“弘，大也。”但在商代同一時期、同一字體、同一內容的兩條卜辭中，一條用“弘吉”，一條却用“大吉”，二者是否應有所區别。隨着雲夢睡虎地秦簡和長沙馬王堆漢墓帛書的出土和考釋，人們對𢎘字終于有了新的認識。由于帛書《周易》有今本對照，識字的把握更大。于豪亮利用秦簡和帛書的考釋成果，通過字形的比較分析，首先提出𢎘應是“引”字而非“弘”字。(詳見《説引字》,《考古》1977 年第 5 期)以此來讀卜辭、銘文，確能文通句順。“引吉”是長吉的意思，它與“大吉”的區别是十分清楚的。李學勤先生在談到璽印文字時説:“私璽雖只有人名，在文字研究上也頗有意義。如這種璽上的姓氏可與文獻對勘，借以識出新字。……吉語璽多用成語，互相對照也能瞭解戰國古文的一些奇特變化。‘吉’字所从的‘士’下面横筆借用‘口’的上筆，成爲‘古’字形；‘昌’字上面的‘日’簡爲一短横，成爲‘[illegible]’形；諸如此類，都可稱匪夷所思。”(《古文字學初階·戰國文字研究》)但當這種奇特的變化一旦被掌握，類似的文字也就容易得到辨識。此外如漢代的隸書(尤其是西漢古隸)，由于其中某些字的結構仍保留了小篆以前的形態，同樣值得我們關注。如我們釋《中山王嚳壺》中的“箣”爲“策”,《鄂君啟節》中的“閘”爲“關”,“箣”與“閘”的這種寫法不見于《説文》，但在馬王堆出土的西漢初年古隸抄本《老子》中“關”正寫作“閘”，而“策”寫作“䇲”,“䇲”與“箣”爲同字異體。近年來的研究表明，隸書和小篆是先秦古文字演變中的兩個分支，西漢古隸在研究漢字形體演變及考釋古文字方面的價值正日益受到人們的重視。

與上述字形的歷史比較緊密相關的是字形的偏旁分析。這裏所謂的偏旁是指相對獨立的構字單位。我們對已經識出的古文字的偏旁分析歸類，理清每一種偏旁的基本形態及其歷史演變，熟悉它已知的各種形體，等遇見不認識的字時，就可以依據這種對偏旁結構及形體的知識對它進行分析，看它是由哪些偏旁構成的，從而在與已識的字進行比較時就能有較强的針對性，也將更爲精密和合理。即使是無從比較的字，偏旁分析也能爲我們推測它的音義提供一些線索。偏旁分析的方法宋代人就已用過，但直到清代的孫詒讓才自覺地用它來考釋古文字，所獲頗豐。唐蘭先生也擅長這種分析方法。他曾通過對甲骨文中“斤”字寫法的分析，認出了 20 多個以“斤”爲偏旁的字。(詳見《古文字學導論》下編)《中山王嚳壺》中有“因𨊠所美”一語，“𨊠”字不見于《説文》，但通過偏旁分析可以知道此字當从車才聲。《説文·十四上》有“𨌲”字，从車𢦏聲。《十二下》有“𢦏”字，从戈才聲。推本溯源，“𨌲”也是从才得聲的字，因此“𨊠”當是“𨌲”之初文，“𨌲”今作“載”,“因𨊠所美”就是“于是記載下值得稱美之事”的意思。同銘“𨊠之筴(簡)箣(策)”之“𨊠”，義亦同此。《中山王嚳壺》中還有“是又軘(純)悳(德)遺㤂”及“下不㤂於人施”這樣兩句話，其中的“㤂”字，从心川聲，也不見于《說文》。但《說文・三上》有“訓”字，从言川聲，故“巛”“訓”可通，“是又粫㥁遺巛”的“巛”即可讀作“訓”，義爲教訓。而“下不巛於人施”的“巛”則當讀爲“順”。“順”字，《說文・九上》謂“从頁从川”，但徐灝認爲，“人之恭謹遜順曰順，故从頁。頁者，稽首字也，恭順之意。川當爲聲。”徐說以“順”爲形聲字，可從，故“巛”“順”亦可通。實際上由于聲符相同，“訓”與“順”在古代也有音近通用之例，如《尚書・周書・洪範》“于帝其訓”“是訓是行”的“訓”，《史記・宋微子世家》皆引作“順”。

在采用偏旁分析的方法時，唐蘭提出有兩點必須注意：“我們第一得把偏旁認真確了。第二，若干偏旁所組合成的單字，我們得注意它的史料；假如這字的史料亡缺，就得依同類文字的慣例和銘詞中的用法等，由各方面推測；假如無從推測，只可闕疑。”（《古文字學導論》下編）

無論是字形的歷史比較還是偏旁分析，都是從形體入手的。這些形體在長期的使用過程中發生了程度不同的變化，造成種種形體差異。有的差異是不同字的標誌，有的差異却只是同字異體。爲了增强對這種複雜現象的認識，我們應該熟悉古文字的結構特點及其形體演變發展的規律。（參閱本書《概述三・古文字形體的發展規律》）商周的甲骨文、金文作爲早期的漢字，尚未經過嚴格的規範，因此存在着不少對于習慣使用規範化漢字的人來説幾乎是不可思議的現象，比如異字同形及大量存在的同字異形即爲後代所罕見。如果不能正確理解這些現象，就難以正確釋讀古文字。異字同形的現象在商代甲骨文中就可以見到。如卜辭中有“月”字也有“夕”字，早期“月”字一般作□，“夕”字則作□；中期“月”“夕”往往都可寫作□、□，通用不别；晚期則“月”作□，“夕”作□。也就是説，同一個□形，在甲骨文中早期是“月”字，中期或是“月”字或是“夕”字，晚期則是“夕”字。這種現象在兩周金文中依然有其殘痕。《朁鼎》“用夙□鬻亯”，□是“夕”字。《不𡧊段》“隹九□初吉”，《墬侯因資錞》“隹正六□癸未”，□、□是“月”字。此外如□（夫）與□（大）有時也發生混用。卜辭“大甲”的常見形體是□，但也能見到寫作□的（前4.7.6）。周代《大鼎》中“膳夫”的“夫”作□，《攻吳王夫差監》中“夫差”的“夫”也作□，與“大”同形。如果説上舉的異字同形現象與字義尚有一定的聯係，那麼甲骨文中“下”與“入”同有□形，“山”與“火”同有□形，“工”與“壬”同有□形，“内”與“丙”同有□形，等等，則是由字體演變中的形近所致了。

與異字同形相對的是同字異形，情況更爲複雜。

在古文字中，某些字的寫法可正可反，可倒可側，姿態雖然不同，字還是那個字。如甲骨文中“永”作□（前2.37.6），或作□（前4.13.1），正反無别。金文中也有□、□兩體（皆見《㓞伯段》）。“友”字在甲骨文中作□（乙13），也可作□（乙103）；在金文中有作(《曆鼎》)的，也有反方向作(《大史友甗》)的，甚至有倒書作(《沓毁》)的。這種倒書的例子又見于甲骨文“侯”之作(乙 4055)。甲骨文“巛”(災)作(前 1.51.1)，但也不乏側寫作(前 2.26.2)的。

這種寫法的不穩定還表現在某些字的筆畫常有增損方面。如“莫”在甲骨文中作(甲 2034)，但也時有作(後 2.2.5)的。金文“䫺”字有(《敔毁》)、(《靜卣》)、(《次卣》)、(《豆閉毁》)等多種形體。(《班毁》“咸”字)或作(《國差罎》)，(《叔卣》“𢀛”字)或作(《彔伯毁》)、(《夨尊》)，(《克鼎》“心”字)或作(《師朢鼎》)，(《盂鼎》“周”字)或作(《匽侯鼎》)等，説明在形體的空隙處有時可以加點或短横。又如(《伯矩鼎》“言”字)或作(《中山王譽壺》)，(後 1.26.15“帝”字)或作(京都 2142)，(乙 3008“天”字)或作(拾 5.14)，(甲骨文“示”字多如此)或作(前 4.23.3“福”字偏旁)等，説明在字首横畫上有時可以再加横畫。又如(《㝬鐘》“其”字)或作(《王孫鐘》)、(《虢季子白盤》)，(《不嬰毁》“且”字)或作(《朐毁》)、(《邾公孫班鎛》)，則是在字的底部横畫下又加横畫或 。又如(甲骨文及《宅毁》“壬”字)或作(《呂鼎》)、(《湯弔盤》)，(甲骨文及《䣄尊》“十”字)或作(《大鼎》)、(《申鼎》)，(甲骨文及《臣辰盉》“生”字)或作(《尹姞鼎》)、(《牆盤》)，(《頌毁》“氏”字)或作(《彔卣》)、(《厚氏匜》)等，則是在豎畫上加點，繼而又演變爲横畫。有時也在豎畫兩旁加點，如或作(甲 2695“福”字偏旁)，(甲骨文及《彔伯毁》“余”字)或作(《余卑盤》)，(《永盂》“盂”字)或作(《魯元匜》)，(《不嬰毁》“孟”字)或作(《鑄公匿》)等。筆畫雖有增損，其音義却並無變化。

當一個字是由若干偏旁構成時，偏旁的位置有的也不固定，只要無損字義的表達，位置常常變化。如甲骨文的“昔”，既作(後 1.28.3)，也作(甲 2913)。金文中“祭”字，《史喜鼎》作，《邾公華鐘》作，《鄘侯毁》作，《墜侯午鐘》作。“杞”字有(《杞婦卣》)、、等形體，後兩種形體同見于《杞伯鼎》。

在古文字中還有一種意義相近的表義偏旁在某些字中通用的現象。如“莫”作(甲 2034)、(前 4.9.2)，“焚”作(後 2.9.3)、(前 1.33.1)，从屮與从木相通。“奚”作(甲 783)、(京津 4535)、(乙 1283)，“見”作(甲 2124)、(京津 2221)，“即”作(甲 717)、(粹 299)，“毓”作(京津 4033)、(前 1.30.5)，从人與从女、从大、从卩相通。“對”作(《牆盤》)、(《師旂鼎》)、(《王臣毁》)，“僕”作(《幾父壺》)、(《召伯毁二》)，从又與从収、从丮相通。“啟”作(《瘨鐘》)、(《攸毁》)、(《虢弔鐘》)、(《鄂君啟舟節》),“效”作(《效卣》)、(《辛伯鼎》),“政”作(《兮甲盤》)、(《鄂君啟車節》),“寇”作(《曶鼎》)、(《大梁鼎》),从又與从支、从殳、从戈相通。“逆”作(甲 2011)、(佚 725)、(乙 8762),“遘”作(甲 522)、(甲 2187)、(甲 1190),从辵與从彳、从止相通。“安”作(《睘尊》)、(《格伯𣪕》),“应”作(《農卣》)、(《曶鼎》)、(《揚𣪕》),从宀與从厂、从广相通。

以上這些情況都造成了同字異形,因此古文字中存在着大量的異體字。

漢字從甲骨文到小篆,經歷了一千餘年的時間。一個字的形體不但會隨着時代的不同而發生變化,即使是同一時代,在不同的地區、國家,文字形體也往往會有差異。戰國時代,秦國與六國的文字風格各異,某些字的形體就有顯著的不同,六國的文字也有各自的特色,加之有些文字書寫草率,簡省過甚,因此戰國文字比起西周春秋金文來顯得更難辨識。即使是同一時代、同一地區的文字,形體不統一的現象有時也是相當嚴重的。山西省文物工作委員會所編《侯馬盟書》指出:“盟書中的異體字,主要是由于增減筆畫或偏旁而造成。字形由繁到簡,本來是合乎文字發展演變規律的。盟書文字中大量是簡體,表明已有力求簡化文字的趨向,但在當時,還不可能有一定的規範,同一個字就出現多種不同的簡體,同時對繁體字也並没有加以整理,依然保留着;于是,有繁有簡,繁簡並存,字形更不統一。盟書中大部分字都有許多不同的字形,如‘嘉’字竟有百多種寫法,‘敢’字有九十多種寫法。又如‘從’字,‘彳’旁有加有不加,有的寫作,也有的寫作。又有省寫爲的。還有如、。有許多字,是因爲偏旁變位而造成異體。如‘助’,有、、、;‘卑’,有、、;‘腹’,有、、等多種寫法。”同一批盟書中,一個字就有如此衆多的異體存在,在整個春秋戰國時代,在全國範圍内,“文字異形”的現象顯然更要嚴重得多。這在後代看來確乎不可思議,但在當時出現這些現象應該説是十分自然的。我們只有瞭解這一事實,掌握古文字發展的規律和變化特點,聯係時代和地域對它進行考察,才不致于面對看似紊亂的形體束手無策,才能在字形的歷史比較和偏旁分析中抓住關鍵,理清字形演變系列,把字辨釋正確。

漢字的形體演變有它客觀的系列存在。通過字形的歷史比較和偏旁分析來理清這一系列,進行古文字的考釋,已被實踐證明是行之有效的方法。但到目前爲止仍有將近一半的古文字與小篆等已識字之間的演變系列尚未理清,因而難以確釋。産生這種現象的原因是多方面的。首先,古文字是先秦語言的記錄,而《説文》收錄的小篆主要是秦漢時代語言的記錄,隨着時代的發展,某些先秦的語詞不再使用了,記録這些語詞的字自然就難以在後代的用字中找到它的踪迹。此外,《説文》雖然是收録小篆最集中的字書,但仍有脱漏,它並没有包羅當時通行的全部漢字。有些字形,《説文》本身已誤,而在歷代的傳抄翻刻中還會增加一些新的訛誤。這也使某些古文字在《説文》中找不到它對應的位置。更常見的情況是作爲語詞,它一直沿用到後代,但記録這個語詞的字在長期的使用過程中發生了種種變化,這些變化構成了形體演變系列中一個又一個的中間環節,由于古文字資料本身的不够完備及我們對已有的古文字資料尚缺乏全面系統的整理分析,致使某些中間環節尚未被發現。當中間環節的缺失使我們找不到古文字與小篆等後代已識字的聯係時,我們對這個字也就不能準確釋讀了。但隨着新發現的古文字資料不斷增多及研究的深入,我們將能發現越來越多的這類中間環節,不識的字也就逐漸可以認識了。

(二)重視文例的驗證作用和文例推勘的提示功能

文例是指古文字所處的文句。它表明這個字和其他字之間的外部聯係,告訴我們它所存在的具體語言環境。當我們考釋出某個字的音義之後,這種考釋是否正確,必須接受文例的檢驗。如果在已知的各種文例中都能講通,考釋方才可信。如果在某些文例中講不通,那就説明考釋尚不完善,甚至完全是錯的。因此文例對古文字的考釋有驗證作用。

我們在考釋古文字時會遇到這樣的情況,即古文字中有一些字與我們已識的字之間目前還難以建立準確的聯係,有些字雖已認識,但難以確定它在某一具體語言環境中的含義和用法。在這種情況下,上下文義的研究和文例的推勘常常能給我們一些重要的提示,可以幫助我們瞭解這個字在這一具體環境中可能會有的含義和用法。這就是古文字考釋中的文例推勘法。這種方法側重于通過和時代相近的其他古文字材料以及傳世的文獻典籍中同類文例的比較,推斷這個字在這裏的含義和用法,與我們已經認識的哪一個字相當。如金文中有、,又有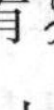、,如果進行字形的歷史比較,由于《説文·十四下》“子”字小篆作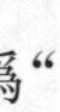,籀文作,上述兩類形體顯然也都可以釋作“子”。宋代王俅《嘯堂集古録》在《商兄癸卣》的釋文中即釋“●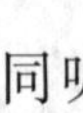”爲“丁子”。這兩類形體都出現在干支的地支用字中,這是不是可以歸結爲用字習慣的不同呢?隨着商代甲骨文的出土與研究,人們終于發現,在地支用字中,這兩類形體的含義是完全不同的。甲骨文中有一份完整的干支表(見本書《文選·殷墟甲骨刻辭第1片》),其干支搭配與排列順序,和傳世文獻典籍的記載相同。兩相對勘就能看到,典籍中“子丑”的“子”甲骨文作,“辰巳”的“巳”甲骨文作,二者判然不相混淆。金文

與甲骨文的干支用字是一致的，□、□即甲骨文中的□，□、□即甲骨文中的□，因此《商兄癸卣》中“●□”的正確釋讀應爲“丁巳”。但在不用作地支字而表示“子孫”的“子”時，甲骨文、金文都仍用□、□而不用□、□等。又如在金文記載賞賜物品的銘文中有一“□”字，《趞段》謂“易女赤市幽□”，《⿰犭可段》謂“王易⿰犭可赤市朱□”，“易”通“賜”，賞賜。□字前人釋“太”，于義難通。唐蘭因□（大）的小篆或作□，推知□就是□（亢）。但它指的是哪一種物品呢？好在這類有關賞賜的文句金文中常見，如《休盤》《此鼎》《即段》《頌壺》皆見“赤市朱黄”，《南宫柳鼎》謂“赤市幽黄”，《衛段》謂“載市朱黄”。經籍中也有這類記載，如《禮記・玉藻》曰：“一命緼韍幽衡，再命赤韍幽衡，三命赤韍葱衡。”“韍”同“市”，指禮服中的蔽膝。經過文義的研究和文例的推勘，可以知道□即用如《休盤》《衛段》中的“黄”及《禮記・玉藻》中的“衡”，指古代禮服上的一種服飾，因此經常與市同賜並提。在上古音中，“亢”屬溪母陽部，“黄”“衡”屬匣母陽部，溪、匣俱爲喉音，故“亢”“黄”“衡”音近可通。這一考釋的成功，顯然與文例推勘有密切關係。《金文編》(1985 年版)卷九收有“㞋”字，並解釋道：“《説文》所無，義如揚。《令段》：‘令敢㞋皇王宣。’上云：‘令敢揚皇王宣。’文例全同。”這是在同一篇銘文内進行文例推勘的例子。金文中還有一個十分常見的詞“釁壽”，或作“釁壽”，多用于祈福的文句中，如“用匃釁壽無彊”、“其匃釁壽黄耇吉康”等，與《詩經・豳風・七月》的“以介眉壽”及《商頌・烈祖》的“綏我眉壽，黄耇無疆”如出一轍。因此早在宋代，“釁壽”就被讀作“眉壽”，義爲長壽，至今皆無異議。但“釁”究竟是後代的哪一個字，仍在討論之中。1974 年河北平山縣出土了中山王{E6B7}銅器，銘文中有個□字。朱德熙、裘錫圭認爲，方壺和大鼎的銘文裏都有□字，凡七見。這個字肯定是一個後置的虚詞。細玩文義，它在句子中所占據的正是“也”字應該占據的位置。回過來看字形，此字从“㫃”，□大概是“它”的變形（□→□→□），應釋爲“施”，讀爲“也”。（見《平山中山王墓銅器銘文的初步研究》，《文物》1979 年第 1 期）李學勤、李零則釋□爲“旃”，認爲其用法與“也”字相似，但其右旁與同銘“阤”字右旁的“也”迥然有别，所以不能釋爲“施”字。（見《平山三器與中山國史的若干問題》，《考古學報》1979 年第 2 期）何以“施”字所从之“也”變形作□，而“阤”字所从之“也”仍作□，這確是朱、裘的文章所没有回答的問題。但以□爲“丹”，也仍然缺乏形體演變的例證。有鑒于此，《金文編》以慎重的態度把□列入“附録下”，看作“形聲之未識者，偏旁難于隸定者，考釋猶待商榷者”，承認了懸案的存在。但對此字用作虚詞，其用法與“也”相似，諸家並無分歧。上述例子説明，文例推勘確有提示的功能。同類的文例可以爲我們推斷這個字的含義和用法提供線索。可供比較的文例越貼切越豐富，推斷的誤差就越小。但這種方法並不能告訴我們這個字究竟是後代的哪一個字。這個問題只有依靠字形的歷史比較才能解決。因此文例推勘是考釋古文字的一種重要輔助手段，但不能當作基本的方法。

（三）瞭解古音，辨明假借，正確釋讀古文字

古文字使用中的假借現象相當普遍，不但在本無其字的情況下要借用同音字，即使本有其字，也經常借用同音字來代替它。我們不論閱讀哪一類古文字資料，幾乎都無法回避假借問題。甚至在後代人看來完全不必使用也不應該使用假借字的場合，我們的先民仍在廣泛使用着假借字。如國名用字，春秋吳國之名，金文作“工𠭯”“攻敔”“攻吳”或“吳”，分别見于《者減鐘》《吳王夫差劍》《吳王夫差鑑》《吳王光鑑》。這些都是王族之器，有的還是吳王所作器，國名的寫法竟如此不同。又如人名用字，魯伯愈父之名在《魯伯愈父鬲》及《匜》中作“愈”，在《魯伯愈父匿》中則作“俞”。這些器皆爲魯伯愈父所作。函皇父曾爲琱娟作器，在《函皇父毁》中稱“琱娟”，在《函皇父匜》中却又寫作“周娟”。筆畫簡單的常用字在後代一般是不使用假借字的，但在古文字中這類假借字仍時有所見。如金文“製作”的“作”的常見形體是“乍”，但也有用“柞”“詐”“酢”的，如《量侯毁》“量侯尌柞寶尊毁”、《中山王嚳鼎》“中山王嚳詐鼎于銘曰”、《徐王義楚鍴》“自酢祭鍴”等皆是其例。“期限”的“期”金文習見，但《王孫鐘》“萬年無諆”用“諆”，《邾公孫班鎛》“霝命無其”用“其”，《子璋鐘》“其釁壽無基”用“基”，《邾大宰匿》“萬年無曩”用“曩”。甚至“且”（祖）、“考”等尊稱先人的字也有用假借字的。《白中父毁》：“白中父𡖊夜事走考。”假“走”爲“且”。《虘戍爵》：“虘戍[illegible]。”假“虘”爲“且”。《曶鼎》：“曶用絲金乍朕文孝弃白䵼牛鼎。”假“孝”爲“考”。《司土司毁》：“乍乓丂寶尊彝。”假“丂”爲“考”。即使在同一篇銘文中也有本字與假借字並用的，如《令毁》中既有“令敢揚皇王宣”，也有“令敢展皇王宣”，“展”即“揚”的假借字。羅常培先生説：“古人對于文字表音的要求是很强的。”古人“早就愛寫别字”。（《從歷史上看中國文字改革的條件》，《中國語文》1952 年第 8 期）因此辨明假借就成爲正確釋讀古文字的一個重要條件。

聲韵相通是假借的基本要求，爲此我們應該具備上古音韵學的知識。但僅僅從古音理論上論證兩個字聲韵相通是不够的，這只能表示它們之間存在着假借的可能性，而在實際上是否構成假借關係，則還需要借助文義的研究和文例的推勘來幫助判斷，並應儘可能在文獻典籍中找出類似的假借用例以爲佐證。如本書《文選》所收

西周初年《利段》中有一地名“𪓐”,周武王滅商後在此賞賜右史利,利因而作段。于省吾考定此字當讀爲“管”,不僅從音理上予以論證,還引用《詩經》毛傳及《齊詩》異文,並舉玄應《一切經音義》所引《聲類》中的有關資料加以説明。于先生在釋讀《𤔲盤》“弦魯卲王”一句時,提出“魯與旅、嘉古通用”,此句之“魯”乃嘉善之義。他引用《説文・七上》“㫃,古文旅。古文以爲魯衛之魯”,並舉《史記・周本紀》“魯天子之命”,《書序》作“旅天子之命”,《史記・魯周公世家》作“嘉天子命”,説明古音“魚、歌通諧”。這樣不但讀通了《𤔲盤》中的這句話,還使卜辭“王唯征商。允魯”(佚 693)、“黍田年魯”(乙 7781)、“婦姘魯于黍年”(佚 531)等得到了恰當的解釋。(參見《𤔲盤銘文十二解》,《古文字研究》第五輯)利用于先生的這一結論來釋讀本書《文選》所收《㝬段》中的“𩊔豳皇上帝大魯令”及《頌壺》的“頌敢對揚天子不顯魯休”,也都能文義順暢。

我們在研究假借現象時還應注意各種因素對它的影響。某些假借字只在某一時期流行,如用“朢”“謹”“醒”爲“忘”,分别見于《㝬段》《穆公鼎》《盠駒尊》《禹鼎》《縣改段》《乖伯段》《召卣》《楷伯段》《師朢鼎》《𧊒鼎》等,這些都是西周時期的銘文。春秋以後銘文中出現了“忘”字,上述的假借現象也就見不到了。又如賞賜之義在金文中原用“賓”字,如《燕侯旨鼎》“王賓旨貝廿朋”、《競卣》“賓競章”等,用例不下二十餘處。金文也有“賞”字,義爲償付,如《曶鼎》:“賞曶禾十秭,遺十秭,爲廿秭。□來歲弗賞,則付卌秭。”春秋以後,“賞”開始被假借爲“賓”,如《屭羌鐘》:“賞于韓宗,令于晉公,昭于天子,用明則之于銘。”從此“賞”行而“賓”廢,償付之義則加“亻”旁作“償”以爲區别。某些假借字的使用還具有鮮明的地域特色,如“𠭯”用爲第一人稱代詞是在春秋時期,主要見于《𩵦鎛》《欒書缶》《杕氏壺》《侯馬盟書》及《中山王𠟭鼎》《中山王𠟭壺》,説明它流行的範圍是今山東、河北、山西一帶的諸侯國。而西方的秦國用過“避”字,如《石鼓文》“避車既工,避馬既同”;南方的越國則用過“虞”字,如《越王鐘》“台樂虞家”。“𠭯”“避”“虞”雖然同用作第一人稱代詞,聲韵也相近,在上述地區却未見通用之迹。此外,語法功能、詞匯意義等都會對假借字的使用發生影響。如“迺”與“乃”,上古聲韵相通,但“迺”主要用爲連詞,“乃”主要用作第二人稱代詞,金文中雖然偶有用“乃”爲連詞的,但絶無用“迺”爲第二人稱代詞的。“氏”與“是”在典籍中有通用之例,如《儀禮・覲禮》:“大史是右。”鄭玄注:“古文‘是’爲‘氏’也。”但在《中山王𠟭壺》中“氏”與“是”承擔了不同的語法功能,區别明顯,表明中山國器銘的文字在記錄語言上逐漸趨于精密。“𨻰”與“墬”聲韵也相通,但在金文中却是兩個不同諸侯國的名稱,絶不相混。上述例子説明,古文字使用中的假借現象雖然遠較後代普遍,但具體到某一時代和某一地區,假借字的使用有時又相當嚴格,受着諸多因素的制約,因此我們在辨明假借以求正確釋讀古文字時,必須具體分析,謹慎從事。

(四)多種方法的綜合運用

考釋古文字可以從字形、文例、聲韵等不同角度入手,采用多種方法。在實際的考釋過程中,這些方法經常是綜合運用的。證據越充分,結論就越有説服力。如卜辭中有一字,或作、,長期以來對它尚無令人信服的考釋。唐蘭先生對這個字作了綜合研究。他列出了卜辭中這個字的諸多形體,通過與“龜”字形體的比較,認爲它與龜形仿佛,只有頭部不同,因而隸定爲“䆋”字。“䆋”及从“䆋”的字不見于《説文》,所以没有人認識。但“䆋”字實際上並未消失,在漢碑中依然保留着以“䆋”爲偏旁的字,如《燕然銘》“秋”作龝,《楊箸碑》“秋”作𪚼,而《説文·七上》作“穐”,“䆋”訛作了“龜”。此外在《萬象名義》中也有“䆋”字,在原本《玉篇》殘卷中有“䶫”字。“䶫”實即“𪛆”,形體稍有訛誤,但到今本《玉篇》中索性作“龝”,“䆋”又完全訛爲“龜”了。這説明“䆋”字在古代是確實存在的,只是因爲與“龜”字形體相近,在書寫中大多訛作了“龜”,以致連許慎都把這個“䆋”字失落了。“䆋”字的讀音據《萬象名義》所載爲“奇樛反”。由此再來考釋卜辭常見的“今䆋”(或作“今𪚰”)、“來䆋”等,依據上下文義、文例及“䆋”的讀音,並聯係其形體演變的線索,唐蘭先生指出,“䆋”和“𪚰”都應讀爲《説文》的“穐”字,即後世的“秋”字。䆋可能是一種龜屬動物而長着兩角,它被讀作“秋”,屬于假借。(見《古文字學導論》下編)由于這一考釋從形、音、義多方面進行論證,理由充足,其結論已爲研治甲骨文的學者普遍接受。又如朱德熙、裘錫圭先生在考釋《中山王譽壺》“鈘爲彝壺”的“鈘”字時,曾列舉另外四件出現“鈘”字的戰國銅器銘文進行比較。他們通過偏旁分析指出“鈘”字从“金”从“寸”,又依據文義認爲這個字用爲動詞,當是“鑄”字的異體。復引用文獻資料,如《説文·三下》“𣪘”字條下云:“《周書》以爲‘討’。”《詩經·小雅·小弁》“惄焉如擣”,《釋文》云:“本或作‘𤸫’,同。《韓詩》作‘疛’。”以此證明不少从“寸”的字古音在幽部,與从“壽”得聲的字相通,所以“鑄”字可以寫作“鈘”。並結合其他銘文材料進一步指出,這種寫法大概只在魏、韓、中山一帶流行。(見《平山中山王墓銅器銘文的初步研究》)這一結論也是足以令人信服的。

考釋古文字必須采取科學的態度,它要求我們具備諸如文字學、音韵學、訓詁學、歷史學、考古學、古文獻學等多方面的知識,從多種角度對古文字進行考察。檢驗考釋正確與否的標準只有一個,那就是古文字材料本身。我們不但要在考釋理論上講得通，更要放回到原在的文句裏能讀得通。過去有人説："研討三千年上之殘餘文字，若射覆然，焉能必中。"這種猜謎式的方法自然是稱不上科學考釋的。由于古文字中不少字的象形性相當强，往往使人誤以爲似乎分析一個字的形體所象就能推測出它是個什麽字。這種想法也是不切實際的。因爲文字畢竟是記録語言的符號而不是圖畫，即使是一幅圖畫，不同的人對它也會有不同的解釋，更何況後代的人對于古代的生産生活、社會制度以及習俗觀念等有諸多隔膜，因此這種推測常常會差之毫厘而謬以千里。即以最常見的字來説，甲骨文又作，金文作、，如果單從字形所象着眼，因爲它象一個正面站立的人形，釋作"人"字也不能説全無道理。但實際上從没有人作這樣的考釋，因爲無論是進行字形的歷史比較還是用衆多的文例來加以驗證，只能是"大"字，而、（象側立的人形）才是"人"字。由此可見僅據字形所象來釋字是靠不住的。此外在研究古文字使用中的假借現象時，我們也應慎重。古文字聲韵之間音近相通的關係很複雜，以韵部而言有叠韵、對轉、旁轉、通轉等，以聲母而言有雙聲、旁紐、鄰紐等。（參見王力《同源字論》，《中國語文》1978 年第 1 期）如果隨手拈來爲己所用而缺乏其他旁證，往往也難以得出令人信服的結論。

王國維在《毛公鼎考釋序》中説："文無古今，未有不文從字順者。今日通行文字，人人能讀之能解之。《詩》《書》、彝器亦古之通行文字，今日所以難讀者，由今人之知古代不如知現代之深故也。苟考之史事與制度文物以知其時代之情狀，本之《詩》《書》以求其文之義例，考之古音以通其義之假借，參之彝器以驗其文字之變化，由此而之彼，由甲以推乙，則於字之不可識，義之不可通者，必間有獲焉。然後闕其不可知者以俟後之君子，則庶乎其近之矣。"（《觀堂集林》卷六）這是前輩學者的經驗之談。它説明，一個正確的考釋結論常常是從多方面綜合考察的結果。在這方面並無捷徑可走。當經過各種努力仍然不能正確釋讀時，就應"闕疑"，不要"附會穿鑿以釋之"。王國維在這篇序文及爲容庚先生《金文編》所作序文中都强調了這一點。勇于"闕疑"，體現了求實的學風，我們在考釋古文字時應該堅持這種科學態度。

三 古文字形體的發展規律

研究和掌握古文字形體的發展規律，一方面是爲了辨識和考釋古文字，同時也是爲了探討與分析漢字形體發展的整體規律。對于後者，已經有過不少精闢的總結和論述。古文字作爲漢字的早期形態，固然也大體適合于這些規律，但是古文字在其每一階段中的形體發展，各有其特殊的性質和現象，所以，不能把從漢字形體發展的整個歷史過程所歸納總結出來的規律，生搬硬套于古文字階段之中去。

基于上述看法，參照諸家有關論述，這裏將古文字形體的發展規律，初步歸納爲以下三個方面：（一）簡化和繁化；（二）循化和訛化；（三）分化和整化。這三個方面是從不同的角度着眼的，某些具體内容可能有所交叉，比如同一現象如變換角度便能歸入不同的類，這應是不難想見的。

（一）簡化和繁化

關于漢字的性質，有表意文字、意音文字以及别的各種說法，但總之它不是拼音文字。每個漢字都有自己的形、音、義。對于這樣的一種符號系統，使用者就有兩方面的要求：一是必須便于學習和書寫，這樣符號的數量就不能太多，形體也不能過于複雜；二是必須便于識讀和區别，這樣符號的含義就要盡量單純，形體之間更要避免混淆。于是，前者使漢字具有簡化的趨向，後者則使漢字具有繁化的趨向。因此簡化和繁化是漢字發展過程中的一對矛盾。

古文字的形體簡化大致有如下幾種情況——

1. 圖繪性的減弱：早期的象形字帶有很濃厚的圖繪性質，如甲骨文“馬”字作（菁 3.1），馬的頭、耳、軀幹、足、尾畢具，甚至鬣毛也有所體現，儘管已經省略了細部，仍可謂“畫成其物，隨體詰詘”，可想而知刻寫起來是十分費事的。于是在甲骨文後期出現了（粹 135）形的“馬”字，圖繪性有所減弱。到西周晚期《虢季子白盤》中作，接近後來小篆字形，逐漸線條化了。又如“虎”字從甲骨文的（前 4.44.5）變爲小篆的，“魚”字由《伯魚卣》的變爲小篆的，圖繪性日益減弱，寫起來就簡便了。

商代後期的青銅器銘文中，有些表示“族名徽號”的字，不僅按物繪形，甚至把全字填實，如“象”字作（《且辛鼎》），“犬”字作（《子自卣》），反而比殷墟甲骨

文更接近于圖畫。這是由于青銅器系用範鑄，可以在泥範上細致加工的緣故。儘管如此，在範鑄的金文中，這類字形也是日益減少，最終還是消失了。

2. 筆畫的簡省：這包括兩個主要方面，其一是減少重複的部分，如“星”字在甲骨文早期有作（前 7.26.3）的，是聲符，五個小口表示繁星點點。但是同期中就有簡作（乙 6386）、（乙 6664）的，小篆作，又簡作，都把重複的繁星減省了。又如“𩫏”（郭）字，甲骨文有作（前 8.10.1）、（戩 40.13）繁簡兩種形體的，“象城𩫏之重，兩亭相對”（《説文·五下》），而金文和石鼓文取簡體作，小篆作，等等。其二是去除次要的部分，例如“車”字，在甲骨文和早期金文中的形體都比較複雜，如作（鐵 114.1）、（車觚），象有雙輪、有轅、有箱、有衡、有軛之形，但到西周晚期的《鑄公匿》作，只保留了輪部，《石鼓文》《鄂君啟節》等因之，小篆作。

春秋戰國時期，某些地區的文字在形體方面常常有一些奇特的變化：或是保留字的上半部分，而把下半部分僅用一、二横畫來表示，如“馬”由（《虢季子白盤》）作（山西出土的方足布上古貨幣文），“法”由（《大盂鼎》）作（信陽楚簡）；或是偏旁之間合用筆畫，如“吉”字所从的“士”下面借用“口”的上筆，成爲“古”字形（，《尊古齋印存四集》），“區”字三小“口”的上筆皆與“匸”的上下横畫合用（，《古陶文舂録》）；或是一個部件包容于另一部件之中，如“昌”字在齊國的貨幣文中多作、。這些，都是筆畫的簡省。但這類簡省使用地域很有限，後來未爲小篆所接受，在整個漢字形體發展歷程中的影響也很小。

3. 偏旁的歸併：古文字中已有相當多數的形體是由兩個或兩個以上的部件構成的（即所謂“合體字”）。統觀各種部件，相同者少，相異者多，這樣也造成了書寫和辨認時記憶的負擔，于是産生一種歸併義近或形近部件的傾向。例如甲骨文中，“汝”字從（，京津 2007）、“河”字从（，菁 4.1）、“沈”字从（，後 2.4.3）、“沚”字从（，前 5.23.2），到小篆時統統歸併作。這是部件形體不同而意義相同的情況。另一種是形體不同、意義也缺乏聯係的，如金文中“匍”字从（，《大盂鼎》）、“匀”字从（，《匀毁》）、“匄”字从（，《蔡姞毁》）、“匓”字从（，《令毁》）、“冢”字从（，《趞毁》）。應該説這些部件各自代表不同的意義，如“象人曲形”（《説文·九上》），是“旬”的本字、作的聲符（林義光《文源》），是之省，“象腹形”（郭沫若《金文續考》），等等，但到了小篆階段則一律歸併爲從。這樣的歸併，減少了部件的數目，所以也是一種簡化。

繁化主要有下列幾種情況——

1. 筆畫的增加：這是古文字形體發展中一個常見的現象，有在垂直的長畫中間加·或-的（如|→⫞→十，工→王→王），有在字的上下部加橫畫的（如 → ，禾→ ），有在字的空隙中填以·的（如○→⊙， → ），等等。這些添加的筆畫，主要是爲了使結構更爲疏密匀稱。其他例子如“保”字在商代《父丁毁》中作 ，象一個大人張臂保護着小孩；到了西周早期則簡化作 （《保卣》）、 （《大盂鼎》），原先的手臂斷開了，右下方剩一撇，不匀稱；于是到春秋時期此字作 （《鄘侯毁》），添加了對稱的一撇，小篆沿作 。

上述形體的繁化都是被小篆所繼承的。也有的繁化未爲小篆所接受，如戰國《中山王譽壺》及《鼎》中常見在字的某一部位加ㅂ或 ，如“業”字作“𦍌”，“豊”字作“𧯷”，“歛”字作“歓”，“今”字作“含”，“念”字作“㤐”，等等。這類附設，與字義毫無關係，只可認爲是一種裝飾。春秋戰國時期某些地區（如吳、越、楚等國）有所謂“鳥書”，更是此種繁化的極致。例如《越王者旨於賜矛》諸字的上部，都附有一至二隻鳥頭形，如“戉（越）王”作 之類。不過，這類附設小零碎以爲裝飾的形體，使用的範圍狹小，存在的時間短暫，所以不能成爲漢字形體發展的主流。

2. 新部件的增添：所增的都是偏旁，與字的音、義有所關係。這就是傳統文字學理論中所說的“孳乳”“轉注”和“緟益”（見唐蘭《中國文字學》十六）。這類增添，主要包括兩個方面，其一是增加義符（形符），例如“爵”字在甲骨文中作 （乙 4508）、 （前 5.5.1），“有柱有流有尾有鋬有足，正如爵狀”（商承祚説）。在商代《父癸卣》中作 ，增添一手形。小篆在此基礎上又加“鬯”（用以祭祀的香酒），作爲義符，遂寫爲 。也可以添加不同的義符，如匜器在西周中期以後出現，據《金文編》，最初的“匜”字作 （《子仲匜》）；繼而作 （《弔上匜》），添加義符“皿”，强調它的用途（一種器皿）；其後又作 （《史頌匜》），易“皿”爲“金”，强調了製作的材料；甚至兩種義符一起上，作 （《陳子子匜》），可謂叠牀架屋。

其二是增加聲符，例如甲骨文多見一 （前 6.17.5）字，徐中舒説爲“象人側立推耒舉足剌地之形”；到西周早期的《令鼎》中，此字作 ，增加了聲符“昔”，小篆作 ，即今“耤”字。又如“寶”字，甲骨文作(甲 3330)、(粹 1489)，象屋中有貝、玉(朋)，是個會意字。金文增加聲符“缶”，作(《大盂鼎》)、(《虢季子白盤》)，至小篆仍作。又如“鳳”字甲骨文早期作(鐵 55.3)、(菁 5.1)，中期後即加聲符“凡”作(粹 839)，由象形字變爲形聲字。

還要引起注意的一點是，形聲字的義符與聲符本身，有的也具有繁化的可能，如上述“匜”字的義符加“皿”又加“金”；再如“通”字在甲骨文中作(粹 1193)或(京津 3136)，从彳或辵，用聲，但到金文中多作(《頌壺》)或(《九年衛鼎》)，聲符繁化，小篆因之作。

古文字的這種添加偏旁部件的繁化，使象形或會意字轉化爲形聲字，或用以明確詞義，或用以標明讀音，是漢字形體發展的一種大趨勢，所以其後新增的字多爲形聲字。漢字的數量也由此孳乳增多，從而更好地承擔起準確、精密地記錄漢語的任務。

從古文字階段看，形體的簡化和繁化兩種趨向是互相交織、彼此消長的。對一些結構較爲繁冗的字，先民們早就具有簡化的意識，如“逐”字作(前 3.32.2)、(佚 977)、(前 6.46.3)，所會有从一豕、二豕和从鹿的，而到西周金文之後，一律只从一豕。還有前舉“星”字、“郭”字，也是在甲骨文階段就開始簡化了。但是這一類例子在整個甲骨文時期並不太多。有的甲骨文論著已看到了這一點，指出：“就單字結構而論，在二百七十三年之中甲骨文字逐漸趨向繁複，是由簡到繁，而不是由繁到簡。”(陳煒湛《甲骨文簡論》第四章)而從甲骨文到金文，形體的繁化現象也是觸目可見。例如從字的筆畫來説，甲骨文純用單細的線條，只有輪廓；而金文由于可以刻鑄，不少地方改用圖繪性的填實，如“步”字甲骨文作(鐵 22.2)，金文却作(《子且尊》)，“正”字甲骨文作(佚 374)，金文則作(《大盂鼎》)，這都是繁化。結構方面的加繁如上述的“耤”“寶”等字，都是不待另舉的合適例子。以上現象的産生，主要因爲甲骨文畢竟是漢字的早期階段，結構上以象形、會意爲主，在漢字形體形聲化的道路上起步不久，所以多數形體是到後世才外加形符或聲符，即有所繁化的。

戰國時期，由于諸侯强盛，出現了許多帶有濃厚地方色彩的古文字形體。在這方面和西周以及春秋金文相比，主要顯現出簡化的趨向，特點也主要是結構較爲簡單，書寫比較隨便，尤其是貨幣和簡帛上的文字。例如一個“鑄”字，甲骨文作(金

511)，金文作(《作册大鼎》)、(《守段》)、(《鑄公匿》)等，都有程度不等的繁化；但到戰國時則作(《鄂君啟舟節》)、作(侯馬盟書16.5)、作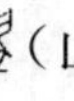(山西陽高戰國貨幣1.54)，都有所簡化。而在魏國的青銅器如《大梁司寇鼎》、《安令癱鼎》及收入本書文選部分的《中山王譽壺》中，都一律簡寫爲“鈢”，由會意字改成了形聲字，簡化的幅度更大了。

然而這種簡化的趨勢並没有無限擴張，這主要是由于後來一統中國的秦國的文字不大受其餘列國影響的緣故。秦國的文字一般認爲可以《石鼓文》爲代表(説見下文)。《石鼓文》比起同一區域産生于西周的《虢季子白盤》來，文字的形體結構反有繁化的現象，如《虢季子白盤》中的“行”字作，而《石鼓文》中作，就是一個很好的例子。《石鼓文》又被認爲是籀文的代表，與其他戰國文字即所謂“六國古文”頗相徑庭。六國陸續滅亡了，它們的文字没能成爲正宗。秦始皇統一中國後，推行的是小篆。小篆雖然較之籀文有所簡化，但與六國的簡化畢竟不是一條途徑。從整體效果看，小篆的形體比起六國文字，並没有多少簡化，相反地更多的却是繁化。筆畫的工整嚴飭自不必説，結構上則與西周金文聯係更爲密切(最明顯的例證是《虢季子白盤》)，多數有所删簡，但有的反而更爲繁雜。如“率”字，《大盂鼎》作，《毛公鼎》作，而小篆作，等等。再有，對于金文中存在的諸多異體，也未必只是取簡捨繁，如“盾”字，西周金文有(《秉盾觶》)、(《五年師旋段》)二形，前者簡而後者繁，而小篆作，明顯地源于後者。

不過，具有簡化趨向的“六國古文”也没有徹底消亡，它們部分地影響地了秦代古隸的産生，兹不詳述。

由此可見，對于古文字階段的形體繁化和簡化現象，必須針對具體情況進行具體分析，不能籠統定性，以偏概全。

(二) 循化和訛化

從甲骨文、金文、戰國文字到小篆，古文字的字體和字形都發生了不少改變。字體即書寫風格的變化帶有整體性，因而是一目瞭然的。而字形即組織構造的變化則往往因字而異，但是大致劃分，無非兩種情況：一是到了小篆階段仍然可以從字形分析字義的，這是正常的循例的變化，叫做“循化”(或“循變”)；一是到了小篆或在更早的階段，字形在演變過程中發生訛誤，從而脱離了與字義的聯係，這樣的變化叫做

“訛化”(或“訛變”)。

循化表現爲字形的演變從整體及其部件來看，都是有規律的、始終未曾與字義脱離聯係的。試看下述五個字的字形演變情況：

	甲骨文	金文	戰國文字	小篆
羊	粹 287	小盂鼎	鄂君啟節	
木	甲 600	曶鼎	鄂君啟節	
水	前 4.13.5	沈子段	竹簡·望山 M_1	
祀	甲 3353	天亡段	長沙楚帛書	
明	前 4.10.4	克鼎	侯馬盟書 156.1	

以上這些字在從甲骨文到小篆的演變過程中，雖然在結構上有筆畫繁簡、形狀、位置的不同，却始終保持着字形與字義的聯係。如“水”字始終保留水波的象形，“羊”字始終保留羊角，“祀”字始終由形符“示”和聲符“巳”組成，“明”字始終由“日”和“月”會意。這些字的部件及其表達的意義，都比較明確、單純，所以整個字形的演變過程顯得脈絡分明，不易發生訛誤。

有些字由于部件發生增減或更换，雖然使整個字形有較大變化，但只要不改變其部件與基本字義間的聯係，那麼這種形體的發展仍然屬于“循化”。這方面最常見的例子是象形字或會意字加義符或聲符變爲形聲字，以及形聲字的更换義符或聲符。

正是由于這種循化規律的作用，形成了漢字形體的完整系列，使漢字形體的演變痕跡歷歷可尋。三千多年之後，我們之所以還能辨識古文字，之所以還能把形體演變的分析作爲辨識古文字的一種基本方法，不能不説是得到了循化規律的嘉惠。

訛化現象，就是字的形體的發展脱離了造字本義。這是漢字形體演變過程中一種相當普遍的現象，也是正常的現象。因爲文字是記録語言的符號，而語言的物質外殼是語音，所以文字記録並體現語音，才是其本質的要務。這樣，固然漢字是形音義的統一體，但由于字形成爲次一等的因素，有時不被顧及或發生訛誤，致使字形與造字本義脱離，就是不足爲奇的事了。

訛化發生的具體原因和表現形式是多種多樣的，主要有如下幾種：

1. 形體的簡化，往往只顧書寫的方便和快捷，而忽視字義的方面。例如“員”字，甲骨文作(佚 11)，金文作(《員鼎》)，都是从○从鼎，○是鼎口，圓形，所以“員”即

“圓”的本字;《石鼓文》作（《車工》），圓口變形了，但仍从鼎；小篆將“鼎”簡化作“貝”，成爲，就看不出造字本義，也就是訛化了。又如上述戰國文字的把字的下部略去而代之以一二横畫，金文的偏旁、、、等的一律歸併爲小篆的，都是這方面的例子。

2. 筆畫的增繁或裝飾性成分的添加，也是引起訛化的常見原因。例如“賓”字在甲骨文初作（甲 1222）、（前 5.30.4），象屋下有人；後添“止”作（佚 802）、（後 2.30.14），表示屋中有來人，爲“賓客”字之初文；金文則去“止”增繁爲“貝”，作（《保卣》）、（《頌毁》），已與造字本義脱離，小篆更訛化作，連表示“人”的也不見了。又如上述“保”字由《大盂鼎》的變爲小篆的，也是類似的例子。

3. 形體内部表義成分的“變質”：古文字形體所表現的意義，時常是由若干部分有機地聯合以體現的，許多象形字和會意字都是如此。在形體演變過程中，有時其中的某一部分發生了表義功能的變異，于是引起整個形體的訛化。例如“飲”字，甲骨文作（菁 4.1），是人的身體，象口，象舌頭，是酒罈子的象形，所以這是個表示人“俯首吐舌捧尊就飲之形”（董作賓説）的會意字。因爲字音與“今”相近（古音同屬侵部），而表口的的形狀與“今”（甲骨文作，金文作）相近，所以逐漸地就成爲表音的成分（即聲符）了。如在戰國《中山王嚳壺》中作，小篆作。“飲”字由會意字變成“从酉从欠，今聲”（朱駿聲《説文通訓定聲》第三）的形聲字，就是由于表口的發生了“變質”的緣故。這種字形的訛化與外加聲符的繁化現象是不同的。

4. 因部件形狀的近似而訛混：例如“服”字，甲骨文作（林 1.24.5），象用手按人跪跽于肉（）前，本義爲服事。但到早期金文如《大盂鼎》中寫作，是舟，與形似，導致了訛混；小篆從之作。又如“得”字，甲骨文作（菁 5.1）、（粹 262）等形，从手持貝，象有所得。西周金文作（《曶鼎》）、（《克鼎》），結構與甲骨文同。但至戰國，此字多作（《中山王嚳壺》）、（《十鐘山房印舉》），改作从“目”，因“目”與“貝”形近而訛。小篆則作，改作从“見”，也是因爲“見”與“貝”形近而訛。

5. 不明或誤解字義，更是造成訛化的主要來源：例如“行”字，在甲骨文和早期金文中作（後 2.2.12）、（《行父辛觶》），象道路筆直交叉、四通八達之形。《詩經·豳風·七月》有“遵彼微行”句，正是用此本義。但是從甲骨文第二期開始，即有將“行”寫作[字形]（粹 1360）的，西周《虢季子白盤》作[字形]，都已有所誤差；至戰國多作[字形]（《古陶文䇭錄》2.4）、[字形]（信陽楚簡），其訛益甚，從字形已難以分析出造字本義了；于是到了小篆階段寫作[字形]，許慎解爲“人之步趨也，从彳从亍”（《説文·二下》），把引申義説成本義，把象形字説成會意字。這種誤解正是由于字形發生了訛化，訛化的字形使本義隱晦起來。

從上述的歸納和例證中可以看出，古文字形體的訛化是有一個過程的，而往往在小篆中給予定型。所以，如果僅僅根據小篆形體以探求和分析漢字的本義，經常是要出差錯的。

（三）分化和整化

這裏所説的分化指的是在同一個歷史平面，某一個漢字具有多種不同的形體，也就是大量而普遍存在着的“異體”。一個漢字的不同形體，有的是因爲它們有不同的來源；有的則是同一來源的形體，隨着時間的演進、地域的推移、運用場合的不同而分化了。我們今天所看到的甲骨文已是一種比較成熟的文字，它並不是漢字的源頭。在甲骨文字之前，一定還存在某種相對簡單、幼稚的文字，它正是甲骨文的來源。目前有不少學者重視並致力于漢字起源之謎的研究。甲骨文字中大量異體字的存在，也足以作爲這種“源頭文字”存在的一個佐證。

但是，這種分化如果不加限制，就會使同一個字的形體數量無限擴張膨脹，人們隨心所欲進行書寫。這樣，勢必使文字符號變得無法辨識，文字也就喪失其社會性，喪失其記錄語言的功能而陷于死亡了。所以，古文字形體在分化的同時，又必定要産生一種整化的趨勢，就是在衆多的異體中，某一形體被逐漸頻繁地使用，得到了普遍的承認，儼然成爲“正宗”，即比較規範、比較定型的形體，也就是“通用字”，從而使文字的社會性和規範性得到了加强。因此整化也可以説就是規範化。在這種經過整化的通用字推廣之後，由于使用者的書寫習慣、使用場合和地域的不同，新的形體分化又隨即開始。如秦始皇儘管做了“書同文”的工作，但在目前所知的秦文字中，大量異體字仍然存在，説明了分化現象仍是明顯存在的。因此，分化和整化是古文字形體發展中的又一對矛盾。

有一個事實是盡人皆知的，就是西周金文較之甲骨文，不但在筆畫結構上多有不同，而且作爲“字體”來説，也是判然有别的兩個種類。前者比如説“追”字。殷墟甲骨文一期作(前 5.27.1)、(佚 637),四期作(甲 243),形體結構變化不大。可是到了西周金文中就作(《矢方彝》)、(《師坙父鼎》),與甲骨文明顯不同。後者如甲骨文筆畫瘦硬勁健,多作方折,粗細如一;而金文則筆畫多見圓轉,且有粗細變化,等等。對此,過去一般都僅只解釋到書寫工具和材料的不同爲止。

可是,進一步考察的話,我們還能發現這樣的事實:殷墟甲骨文與西周金文之間結構的不同、體態的變化,很大程度上不是直接嬗遞的,在兩大階段中存在着某種過渡性質的東西。這裏,周原甲骨文值得我們予以特別的注意和重視。儘管目前有關的考古發現還不多,披露的材料更爲有限,但就所公布的一些材料來看,周原甲骨文在某種程度上可以説是殷墟甲骨文與西周金文在形體發展階段上的“過渡物”。例如上引的“追”字,在周原甲骨文中有這樣的形體:(周甲 47)。顯而易見,這個結構爲殷墟甲骨文所未有,而開西周金文的先河。又如“畢”字,殷墟作(前 4.8.1)、(甲 2285),而周原作(周甲 45),不惟體態較爲草率,結構也有變化。但此字在西周早期金文中作(《史䢅毁》),却基本沿承了周原甲骨“畢”字的結構。就目前所能看到的周原甲骨文的若干照片和摹本而言,它的筆畫結構和字體風格確與習見的殷墟甲骨文有所差别。這種差别,只是微殊(例如前者筆畫多見傾斜,常呈圓轉),而非迥異。但這却使我們不無理由認爲周原甲骨文的某些形體,無論就筆畫結構和姿態方面,都是商代文字的衆多異體的整化,使之在早周階段的一定範圍内成爲西周金文的濫觴。當然,從整體來説,西周金文在形體方面存在着殷商金文的極大影響,所以也並未與殷墟甲骨文脱離聯係。應該説,一種新字體的産生,往往具有不只一個來源。有的學者已經指出:“甲骨文字的形體結構有兩種類型,一種(多數)與金文差異較大,一種(少數)則與金文大致相同或相去不遠。”(陳煒湛《甲骨文簡論》第四章之二)如果考慮到以前較少注意到的周原甲骨文形體的因素,或許更有助于這一現象的解釋。當然,關于周原甲骨文形體情況的描寫,也是一個有待探究的問題。

古文字形體發展中的這種分化和整化現象,類似于語言發展過程中的分化和整化。語言中的分化,指的是原始語言分化爲不同的地域方言;它的整化,是指地域方言中擁有强大的社會背景的一支提升爲基礎方言,形成共同語,牽制方言的分化,使之趨于統一。這是語言的一種基本運動形式。衆所週知,殷族和周族同爲炎黄後胄,“周承殷禮”,使用的是同一語言文字系統;但又畢竟分屬不同的部族,其間由于地域的隔閡,存在方言的差異和文字形體上的某些不同,也是不難想見的。而周原甲骨文的某些形體之所以能爲西周金文所本，在商代文字的衆多異體中成爲整化的一方，其社會背景則在于周王朝的崛起並取代了殷商的統治。可以設想這種整化傾向是具有行政力量的因素的。

這裏不妨再來考察一下金文的形體發展。李學勤先生指出："西周末年，有些銘文的字體開始有新的變化。虢季子白盤最值得注意，其文字方整，在風格上開後來秦人文字的端緒。"(《古文字學初階》五)虢季子白盤的銘文爲本書所選，細審其字體風格，確如所述。該盤出土于陝西寶鷄虢川司，西周時是西虢所在地。西虢于西周滅亡後稱爲"小虢"，公元前687年即爲秦所滅。它的文化對于秦國無疑具有較大的影響，這是因爲西虢在周武王時即已立國，開發得要比同一地域而遲至周平王時始封爲諸侯的秦國要早，文化程度也較高，其文字"在風格上開後來秦人文字的端緒"，是很自然的事。一個最能説明問題的證據是發現于陝西鳳翔的《石鼓文》。《石鼓文》已被公認爲秦人作品，只是其製作年代尚無定論(主要有春秋及戰國二説)。但有一點是没有疑問的，即《石鼓文》的字體風格與《虢季子白盤》相似，只是更爲嚴整。前輩時賢多以二者互作比較。而《石鼓文》從字形和字體來看，一般認爲屬于戰國的籀文(亦即大篆)，如《説文》所收錄並標明爲籀文的(囿)、(員)、(則)等字，都見于《石鼓文》。許慎在《説文·叙》中説："(李斯、趙高、胡母敬)皆取史籀大篆，或頗省改，所謂小篆者也。"可見籀文是小篆的前身。那麽，《石鼓文》在古文字形體發展階段中，上繼西周金文，下啟秦代小篆，從而在與結構紛呈、風格各異的其他戰國文字(即所謂"六國古文")的對峙中成爲了整化的一方，也是不難理解的事實了。究其原因，也不外乎秦國自春秋後期以後，國力日盛，最終由秦始皇嬴政完成了"六王畢，四海一"的大業而已。

綜上所述，古文字形體發展的主要線索，可以如下圖所示：

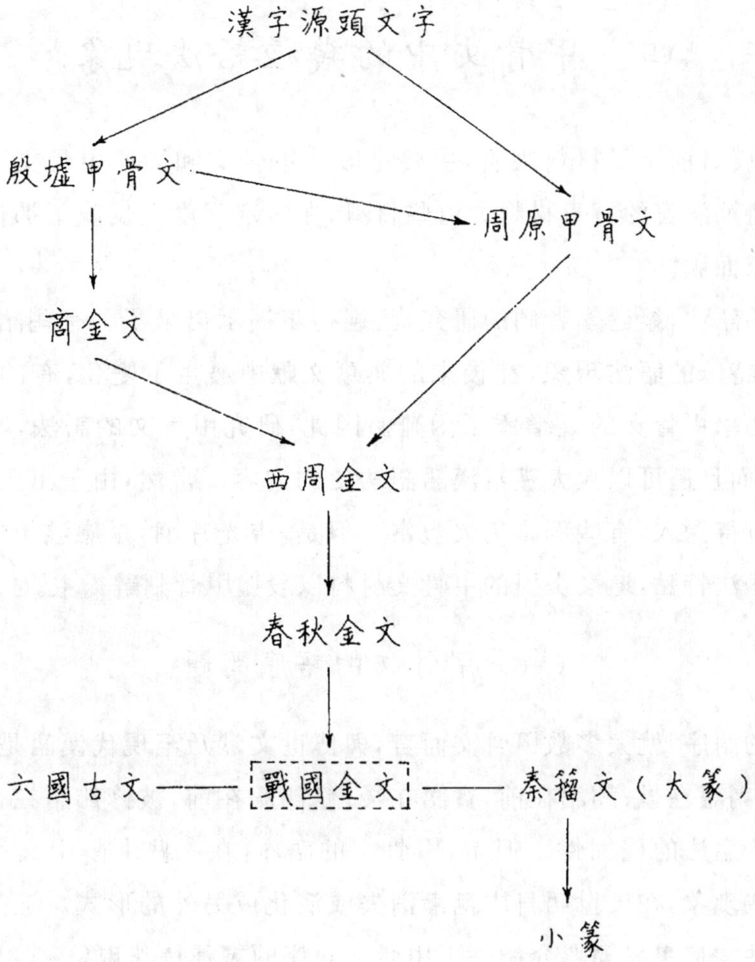
漢字源頭文字
殷墟甲骨文
周原甲骨文
商金文
西周金文
春秋金文
六國古文
戰國金文
秦籀文（大篆）
小篆

四　甲骨文中的幾種語法現象

甲骨文，就目前所見材料來看，主要是殷墟甲骨文和周原甲骨文。它們是研究商代及早周時期語言的寶貴材料。這些材料，在一定程度上反映了那個時期漢語書面語言的本來面貌。

甲骨文的語法，經過學者們的研究，已經初步揭示出來了。有些語法現象，至今尚存；但有些特殊的語法現象，在後來的典籍文獻中發生了變化，有的甚至消亡了。這就給我們初學甲骨文的人增添了困難。因此，研究甲骨文的語法，不僅對釋讀卜辭很有幫助，而且還可以大大豐富漢語語法史的內容。當然，由于出土資料的限制，以及研究的有待深入，有些例證還欠豐富。但是，吉光片羽，是應該予以重視的。爲突出商代的語法特點，這裏徵引的甲骨文材料以殷墟甲骨刻辭爲主。

（一）甲骨文的語序問題

甲骨文的語序，就大多數甲骨文而言，與傳世文獻乃至現代漢語是基本一致的。如主語在前，謂語在後；謂語在前，賓語在後；修飾語在前，被修飾語在後等等。這充分説明了漢語語法的穩固性。但是，甲骨文的語序，在一些卜辭中又呈現出很大的靈活性。有些現象，在後世語言中漸漸消失或演化成另外的形式。這又説明了漢語語法的變異性。這裏只簡單介紹一下甲骨文語序的幾種特殊現象。

㈠　主語的位置

有的卜辭，主語在謂語的後面。如：

(1) 辛卯卜，夨：受年商？（乙 98）[本文句法分析符號：主語═══，謂語———，賓語或直接賓語~~~~，間接賓語≈≈≈，兼語]

〔比較〕甲辰卜，商受年？（前 3.30.6）

(2) 己巳卜，出貞：卸王于上甲？十二月。（粹 100）

〔比較〕乙亥貞：其彡，王卸于父丁，告？（屯南 1104）

卸，“御”之初文，此爲祭名，經籍通作“禦”。《説文·一上》：“禦，祀也。”

(3)己丑卜，貞：今出羌，亡囚？（粹 1300）

〔比較〕𢀛方出？（京津 1231）

(4)丙申卜，貞：戰兕左右中人三百？六月。（通 25）

主語在謂語後面的現象，經籍中也有。如：

展矣君子！（《詩經·邶風·雄雉》）

直哉史魚！（《論語·衛靈公》）

何哉爾所謂達者？（《論語·顏淵》）

但這些句子都是感情很强烈的感嘆句或疑問代詞代謂語的疑問句，有濃厚的修辭意味，與甲骨文中這些動詞作謂語的句式是不同的。

㊁ 賓語的位置

甲骨文中存在着賓語在謂語之前的句式。主要形式有：

1. 否定句中，賓語是代詞，位于動詞謂語的前面。

(5)辛卯卜，㱿貞：沚戠啟巴，王勿之比？（丙 278）

(6)貞：方不我正？（掇 1.258）

(7)貞：帝不我莫？（合 125）

“王勿之比”就是“王勿比之”，意爲“王不要去聯合它”。“方不我正”就是“方不正我”。“正”即“征”，征伐攻打。此句意爲“方國不會攻打我們吧”。“帝不我莫”就是“帝不莫我”。“莫”在此用爲動詞，有降災之意。此句意爲“天帝不會降災于我吧”。

2. 否定句中，賓語不是代詞，也可以位于動詞謂語的前面。

(8)弜小牢用？（外 42）

〔比較〕辛丑，子卜貞：用小牢？（乙 4507）

弜，音 bì，卜辭常用爲否定副詞。

(9)今來羌勿用？（丙 38）

〔比較〕己亥卜，㱿貞：汎，用來羌？（甲 59）

當然,也有賓語不前置的否定句,如:

(10)弜用三牢?(南·明585)

3. 在有些賓語前置的否定句中,否定副詞之後帶有語氣詞“隹”或“其”。

(11)王勿隹土方正?(林1.27.13)

(12)勿隹多臣乎?(鐵160.4)

(13)貞:龜不其南氏?(前4.54.5)

〔此例賓語還置于否定副詞之前,試比較“貞:不其氏龜?”(庫624)〕

4. 並非否定句,賓語也可以在動詞謂語之前,但有語氣詞爲標記。常見的語氣詞有“叀”。如:

(14)辛卯卜,㝉貞:沚戓啟巴,王叀之比?五月。(丙278)

此句賓語是代詞。

(15)王叀侯告比?(續5.31.5)

(16)己酉卜,㱿貞:王叀北羌伐?(前4.37.1)

(17)叀盂田省,不冓雨?(屯南2192)

〔比較〕王其省盂田,不雨?(屯南2383)

(18)辛卯卜,王叀虘鹿逐,亡𢦏?(佚904)

(19)王叀虒鹿射,亡𢦏?(屯南3207)

(20)叀新豊用?叀舊豊用?(粹232)

以上賓語是名詞。

也有用語氣詞“隹”的,如:

(21)隹父甲正,王受又?(屯南1061)

〔比較〕貞：正祖乙？（合 278）

"正"乃祭名。

5. 不附加任何條件，賓語逕置動詞謂語之前。

(22)丙申卜，𡆥貞：龜氐？（續存下 64）

〔比較〕䵼不其氐龜？（南・輔1）

(23)㞢于河，卅牛氐？（庫 1622）

〔比較〕貞：𡆥于河，氐牛？（乙 7284）

(24)貞：翌乙酉酌，唐正？（珠 4）

〔比較〕正唐？弗其正唐？（丙 54）

(25)辛丑卜，衍：黍登辛亥？十二月。（合 62）

〔比較〕辛丑卜，于一月辛酉酌，登黍？十二月。（合 62）

(26)貞：牛取，亡囚？（合 327）

〔比較〕貞：乎取牛？（乙 3172）

(27)小牢用？（京津 5238）

〔比較〕用小牢于𡆥？（合 248）

兩類辭例對照，其賓語確在謂語之前。就是在同一條卜辭中，也有兩種語序並用的現象。如：

(28)□辰卜，翌丁巳先用三牢，羌于酉用？（佚 199）

賓語前置現象還牽涉到雙賓語句式的變化，詳見下文。

㊂ 否定詞的位置

甲骨卜辭，多從正反兩方面貞問，因此否定句特別多。否定句中否定詞的位置，一般是在主語之後、謂語之前的。如：

(29)翌丁丑王勿步？（乙 5355）

(30)帝弗令雨？（京都 62）

這種句式一直流傳到現在。但是甲骨文的有些否定句，主語、謂語齊全，其作狀語的否定詞却置于主語之前（句首），在否定詞和主語之間加一個語氣詞“隹”或“曰”。如：

(31)辛亥卜，㱿貞：勿隹王往伐𢀛方？（後上16.12）

(32)不隹帝壱我年？（乙7456）

(33)貞：勿曰戈氏齒王？（林1.6.2）

似乎殷人有這樣的意識，否定詞放在句首，才足以突出對整個命辭的否定。這類句式似爲甲骨文所特有。

有的句子，句首也是否定詞，但句子的主語没有出現，這就難以確定這個否定詞是在主語之前還是在主語之後了。

在否定性的賓語前置句中，否定詞的位置或在前置賓語之前，如前引例(8)；或在前置賓語之後，如前引例(9)。如果是否定性雙賓語句，否定詞的位置也有特色，詳見下文。

（二）甲骨文的雙賓語句式

甲骨文的雙賓語句，其賓語一般位于動詞謂語之後，且間接賓語在前，直接賓語在後。如：

(34)甲辰卜，爭貞：我伐馬方，帝受我又？一月。（丙114）

“帝受我又”讀爲“帝授我祐”。

(35)庚寅卜，彭貞：其又妣辛一牛？（甲2698）

“又”是一種祭祀的名稱，經籍通作“侑”。

(36)戊申卜，爭貞：帝其降我年？（乙7793）

(37)貞：隹帝壱我年？二月。（乙7456）

這種句式大量存在于傳世文獻中，例不備舉。

甲骨文的雙賓語句，還有其他一些形式：

㈠　間接賓語、直接賓語都在動詞謂語之前。

可能是受賓語前置的影響，有些雙賓語句的間接賓語和直接賓語都在動詞謂語的前面。如：

(38)辛卯耏，戊子妣庚祖甲三豕又伐？

辛卯勺，戊子祖庚豕又伐？每。(乙 4810)

〔比較〕壬午卜，㱿貞，㞢伐上甲十㞢五，卯十宰。(乙 3411)

㈡　間接賓語在動詞謂語之前，直接賓語在動詞謂語之後。

(39)己丑卜，妣庚歲二牢？

壬辰卜，母壬歲叀小牢？(屯南 1011)

“歲”指割牲以祭，經籍通作“劌”。

(40)丙戌卜，二祖丁歲一牢？(屯南 2364)

(41)戊辰卜，中己歲叀羊？兹用。(屯南 2354)

(42)王亥尞十牛，卯十牢？

上甲尞十牛，卯十牢？(屯南 1116)

〔比較〕尞黃尹一豕一羊，卯三牛，册五十牛？(乙 6111)

(43)辛巳卜，王，上甲尞十？(乙 8683)

(44)貞：方帝一羌二犬，卯一牛？(乙 2639)

〔比較〕甲寅卜，其帝方一羌一牛九犬？(明 718)

“帝”是一種祭祀的名稱，經籍通作“禘”。于省吾曰：“方爲四方之省稱，方帝是帝方之倒文。……這是説，用帝祭于四方……”(見《甲骨文字釋林·釋䶒》)

(45)河劉一牛？(後 1.15.4)

"劉"是一種祭祀的名稱。

㊂ 直接賓語在動詞謂語之前,間接賓語在動詞謂語之後。

(46)壬寅卜,㱿貞,興方氐羌用自上甲至下乙?(丙42)

"興方氐(致)羌"意爲"興方所送來的羌人",是動詞謂語"用"的直接賓語,動詞性詞組"自上甲至下乙"是"用"的間接賓語。

㊃ 雙賓語雖在動詞謂語之後,但直接賓語在間接賓語之前。

(47)甲申卜,王用四宰大乙,翌乙酉用?(粹150)
(48)彭三豕祖乙?(續1.13.3)
(49)曰戈氐齒王?(林1.6.2)
(50)用白牛祖乙?(乙5440)

這種句式在西周金文中還存在,如:

則報璧琱生。(《琱生毁二》)
乎受圖夨王于豆新宫東廷。(《散盤》)

文獻中亦偶爾見到,如:

請奉盆缻秦王,以相娱樂。(《史記·廉頗藺相如列傳》)
又獻玉斗范增。(《漢書·高帝紀》)

㊄ 在否定性雙賓語句中,如間接賓語是代詞,則它可以在否定詞之後,動詞謂語之前,而直接賓語仍在動詞謂語之後。

(51)帝不我其受又?(乙3787)
(52)下上弗若,不我其受又?(庫1544+1592)

以上兩句,在前置間接賓語與動詞謂語之間有一個語氣詞“其”,但也有不用語氣詞的,如:

(53)帝不我降莫?(丙 67)
(54)帝不我降年?(乙 7793)

這種没有語氣詞的句式,文獻中偶有遺留,如:

無我殄享。(《尚書·周書·康誥》)

意謂不要對我斷絶享祀。又如:

獻公曰:……若受吾幣而不吾假道,將奈何? 荀息曰:不然。彼若不吾假道,必不吾受也。(《吕氏春秋·權勳》)

甲骨文中的雙賓語句,除了上面五種形式外,有些結構複雜的直接賓語在句中是被間接賓語隔開的,這種情況將在“甲骨文某些句子成份的可割裂性”一節中介紹。

(三)甲骨文中的兼語句

兼語句在甲骨文中已經大量使用。如:

(55)乎多臣伐舌方?(庫 1574)
(56)乙亥卜,永貞:令戉來歸? 三月。(甲 3342)
(57)癸丑卜,王令介田于京?(屯南 232)
(58)己丑卜,令[illegible]省亩?(屯南 204)

這與後世文獻中的兼語式無異。

可能受賓語前置的影響,甲骨文兼語的位置是可以移動的,如:

(59)貞:王叀侯告比正尸?(丙 55)

(60)□午卜,穷貞:王叀帚好令正尸?(佚 527)

(61)貞:叀多子族令比面𢦏甾王史?(通 487)

〔比较〕貞:令多子族比犬眔面𢦏甾王史?(通 538)

例(59)的意思是"王聯合侯告征伐尸",例(60)的意思是"王命令婦好征伐尸",例(61)的意思是"命令多子族聯合面𢦏協理王事"。"侯告""帚好""多子族"都是兼語,因爲它們分别是動詞謂語"比""令"的賓語,且有語氣詞"叀"爲標誌,故可置于主要謂語動詞的前面。

有時,兼語還可以遷置于句首(主語之前),如:

(62)己亥,歷貞:三族王其令追旨方及于㠯?(京津 4387)

〔比較〕癸巳卜,王其令五族戍𡆥□伐,𢦏?(粹 1149)

"三族王其令追旨方及于㠯"就是"王令三族追旨方及于㠯","三族"是兼語,語氣詞"其"可能有標誌的作用。

有的兼語式的兼語是被省略了的,如:

(63)勿乎〔　〕伐𢀛?(粹 1092)

(64)貞:乎〔　〕追寇,及?(通 483)

(65)㱿貞:翌辛未令〔　〕伐𢀛方?(通 32)

在當時特定的語言環境中,被省略的兼語應該是清楚的。

(四)甲骨文中的使動和意動

使動和意動在先秦文獻中大量存在,但它們起于何時,這是語法史研究工作者所關心的。有實例證明,它們在商代已經存在了。

先看使動。

(66)戊寅,子卜,丁歸在川人?

戊寅,子卜,丁歸在𠂤人?(前 8.6.3)

“歸在川人”意即“使在川之人歸”,“歸在𠂤人”意即“使在𠂤之人歸”。“在川人”“在𠂤人”都是“歸”的賓語 。“歸”本是不及物動詞,常不帶賓語,這類使令意義一般用兼語式表達。如:

(67)貞:令沚戠歸?六月。

貞:勿令沚戠歸?　　(林 2.5.6)

(68)丁丑貞:王令𠂤歸?(屯南 2273)

例(66)中的“歸”却帶了賓語,其爲使動用法可無疑義。

上述爲動詞使動用法的例子。形容詞的使動用法在甲骨文中也出現了。如:

(69)丙辰卜,㱿貞:帝隹其冬兹邑?

貞:帝弗冬兹邑?

貞:帝隹其冬兹邑?

貞:帝弗冬兹邑?(丙 71)

丙 73 亦與此同辭,是成套卜辭中的兩塊龜腹甲。“冬兹邑”之“冬”乃“終”之初文,此爲長久、永久之意。《尚書·周書·金縢》:“予小子新命于三王,惟永終是圖。”永,長也。永終連言,終亦有長義。卜辭言“終兹邑”,乃卜問天帝是否使此邑長久。該辭乃成套卜辭,足見商王對此卜的重視,故兹邑或指殷都。

意動用法在卜辭中亦首露端倪,如:

(70)己未卜,王貞:气㞢𡆥于祖乙?王吉兹卜。(佚 894)

“王吉兹卜”是記事之辭,意即“王以此卜爲吉利”。“吉”本形容詞,在此帶賓語“兹卜”,是形容詞的意動用法。

(71)己亥卜,王:余弗其子帚姪子。(前 1.25.3)

“帚(婦)姪”爲商王后妃之一,此辭由商王親自卜問是否以婦姪所生之子爲王子,則第一個"子"字爲名詞的意動用法。

（五）甲骨文中的語義介詞和三賓語句

甲骨文在表示動詞和它涉及的對象時，同一內容可以用不同的方式表示。有的在動詞後面直接加對象語，構成動賓關係。如：

(72)貞：𠦪祖乙？勿𠦪祖乙？（丙 285）

(73)丙戌卜，㱿貞：燎王亥𡗕？（丙 100）

(74)貞：㞢至商？（乙 2212）

(75)其入商？（乙 3428）

(76)乎往西？（契 54）

(77)貞：今日勿往𩫖？（粹 1048）

(78)戊辰卜，貞：王田雞，往來亡災？（前 2.36.6）

有的則在動詞之後對象之前加上介詞"于"，構成動補關係。如：

(79)貞：𠦪于祖乙五牛□十□。（丙 221）

(80)貞：燎于王亥？（後上 19.1）

(81)貞：不至于商？五月。（前 2.2.3）

(82)貞：王于生八月入于商？（佚 938）

(83)貞：我乎往于西？（天壤 56）

(84)乙卯卜，㱿貞：今日王往于𩫖？（粹 1043）

(85)□貞：王田于雞，往來亡災？（福 8）

對照這兩組例句中的有關部分，我們可以看到，無論是否出現介詞，其語義都是相同的。這樣的介詞就是語義介詞。（參見王克仲《古漢語動賓語義關係的制約因素》，《中國語文》1986 年第 1 期）由于語義介詞的存在，使得甲骨文對象語的表示方法豐富起來。

語義介賓詞組還可以放在動詞謂語的前面做狀語，其語義仍和做補語或不用語義介詞而直接做賓語相同。如：

(86)戊寅卜，㱿貞：于妣己钔？（乙 2640）

〔比較〕钔于妣己？（乙 5406）

己丑卜，钔妣己？（乙 9030）

(87)貞：于祖丁告？（寧 3.32）

〔比較〕勿𦫳告于祖丁？（乙 2045）

貞：告祖丁？（乙 6476）

(88)乙未貞：于大甲𠦪？（後上 28.8）

〔比較〕癸卯卜，王𠦪于大甲？（乙 5803）

貞：𠦪大甲？（鄴 1.468）

語義介詞可使雙賓語句式發生變化。如：

(89)庚申卜，貞：其告祖乙牛？于父丁牛？（屯南 4048）

辭中告祭的對象是祖乙和父丁，告祭祖乙用雙賓語表示，而表示告祭父丁，就改變了句式，其謂語動詞承前省略，間接對象語换成了語義介賓詞組。也就是説，語義介賓詞組取代了間接賓語的職能。它或作補語（當句子爲“告于父丁牛”的時候），或作狀語（當句子爲“于父丁告牛”的時候）。由于謂語“告”承前省略，位置不清，我們只能作此推測。

語義介詞的功用在于介紹謂語動詞所涉及的間接對象，儘管它似乎可有可無，但一加上它，却使謂語動詞和它所涉及對象之間的語義關係更加明確了，其在變换句式方面所起的作用也是非常明顯的。

語義介詞還可以表達一般多賓語難以表達的内容。

(90)其告秋于上甲一牛？（屯南 867）

(91)己卯貞：𠦪禾于示壬三牢？（屯南 911）

(92)壬申貞：其𠦪雨于示壬一羊？（屯南 2584）

(93)庚寅卜，其𠦪年于上甲三牛？（屯南 2666）

以上諸例中，謂語動詞所涉及的對象有三個，如例(91)中動詞“𠦪”所涉及的對象有“禾”“示壬”和“三牢”。在這種有三個對象語的句子中，如果去掉語義介詞“于”，就

變成三賓語句了。卜辭中,這樣的句式是存在的,如:

(94)其告秋上甲二牛?(粹 88)

這三個賓語的語法層次是不一樣的。按對一般的雙賓語的理解,"上甲"爲間接賓語可無疑義,但"秋"與"二牛"都可以稱爲直接賓語。在這兩個直接賓語中,"秋"是必須緊靠謂語,不得離開的,"二牛"則只好離得遠一點了。爲了稱述的方便,不妨把必須緊靠謂語的直接賓語(如"秋")叫"近直接賓語",而將另一個(如"二牛")叫"遠直接賓語"。

類似的例子還如:

(95)辛卯卜,𡆥禾上甲三牛?(粹 858)

(96)乙卯卜,㱿貞:𡆥雨上甲宰?(珠 923)

(97)癸酉卜,其𡆥田父甲一牛?(新綴 609)

這樣的三賓語句,重重叠叠,的確于文意理解不便。所以隨着語義表達的越來越精確,三賓語句在典籍中就很難看到了。卜辭中,在間接賓語之前加一個語義介詞,化三賓語句爲雙賓語句,就是爲使三個對象語層次明朗而采取的一項措施。

甲骨文的語義介詞還有一個"自"字,如:

(98)貞:钔自唐、大甲、大丁、祖乙百羌百牢?(佚 873)

(99)□未卜,𡆥雨自上甲、大乙、大丁、大甲、大庚、大戊、中丁、祖乙、祖辛、祖丁十示,率羒?(佚 986)

"钔"祭的對象是唐、大甲、大丁、祖乙,"𡆥雨"是向上甲、大乙大丁……祖丁等十示𡆥雨,"自唐""自上甲"固然可以表明祭祀是分别從唐、從上甲開始,但如果没有"自"字,語義仍明。有的卜辭就没有"自"字,如:

(100)甲辰卜,貞:王宾𡆥祖乙、祖丁、祖甲、康祖丁、武乙衣,亡尤?(後上 20.5)

可見,這個似乎可有可無的"自"字也是語義介詞,不過它遠没有"于"字那麽靈活,使用的頻率也没有那麽高。

（六）甲骨文某些句子成份的可割裂性

一種句子成份相對來説是一個整體，各種句子成份一般是分開的。但在甲骨文中，有些句子成份却可以被其他句子成份割裂開來。

㈠　直接賓語被間接賓語割裂

(101)庚午卜，㞢奚大乙卅？（甲 2278）

〔比較〕乙丑卜，王㞢三奚于父乙？三月，雨。（柏 8）

(102)其又羌妣庚三人？（南·明672）

〔比較〕其又羌十人，王受又？（粹 594）

由比較可知，直接賓語"奚卅""羌三人"分别被間接賓語"大乙""妣庚"割裂開來了。這些被割裂的直接賓語是由主謂結構（"奚卅""羌三人"）組成的。有些被割裂的直接賓語結構更爲複雜，如：

(103)乙未，彡𢆶品上甲十，報乙三，報丙三，報丁三，示壬三，示癸三，大乙十，大丁十，大甲十，大庚十，小甲三，……三，祖乙十……（粹 112）

彡、𢆶（系），皆祭名，在句中作謂語。品，特指某種祭禮物品。辭中數目字指祭品之數，當理解爲"品十""品三"等，是直接賓語。"上甲"等先王名是間接賓語。從整個雙賓語句來看，它的直接賓語被間接賓語"上甲"等割裂開了。"品"字從"上甲"以下一貫到底，不重複出現。這條卜辭的大意是："乙未那天，用祭品十件彡祭系祭上甲，用祭品三件祭報乙，用祭品三件祭報丙，用祭品三件祭報丁，用祭品三件祭示壬，用祭品三件祭示癸，用祭品十件祭大乙，用祭品十件祭大丁，用祭品十件祭大甲，用祭品十件祭大庚，用祭品三件祭小甲……用祭品十件祭祖乙……"這種表達方式的好處在于語句簡潔，它省略了一些相同的詞語（如"品"），突出了互相區别的部分（如"十""三"），從而以較少的文辭傳達了較多的信息。

㈡　賓語被動詞割裂

(104)貞：來乙亥彡祖乙十伐㞢五，卯十牢？（乙 6408）

〔比較〕丁丑卜,貞:王室武丁伐十人,卯三牢,鬯……(前1.18.4)

“十伐㞢五”即“伐十㞢五”,“十㞢五”是“伐”的賓語,但它被“伐”割裂開來了。

(105)貞:射峀以羌其用自上甲汎至于父丁?叀甲辰用。(屯南636)

(106)甲辰貞:射峀以羌其用自上甲汎至于父丁?叀乙巳用,伐四十。(屯南636)

以上二辭都是連動式複雜謂語。第一動詞是“用”,“射峀以羌”(射峀進獻的羌)是前置的賓語。第二動詞是“汎”(“釁”之初文,指割物牲或人牲,取血以祭),它的賓語是動詞性詞組“自上甲至于父丁”,但却被“汎”割裂了。不了解甲骨文某些句子成份的可割裂性,就不能正確理解某些卜辭。

由上所述可知甲骨刻辭確實存在着不少特殊的語法現象,與傳世經籍所習見者不同,有的甚至完全不見于傳世經籍。這些特殊的語法現象,應該引起我們足夠的重視。

五 金文語法的幾個問題

容庚先生早年作《周金文中所見代名詞釋例》(1929 年,《燕京學報》第 6 期),開啟了利用金文材料研究語法的先河。近年來,這方面的研究已經逐步受到重視,有許多專題論文發表,管燮初所著《西周金文語法研究》一書則對金文語法進行了比較系統的描述。本文主要通過與甲骨文的比較,從發展的角度介紹金文中的幾種語法現象。這裏徵引的金文材料以西周金文爲主,以便與商代的語法現象相銜接。

(一) 句子修飾成份的不斷豐富

作爲漢語書面語的表達,甲骨文中各種句子成份基本齊全,但和金文比較起來,還是處于相對簡單的階段。從修飾成份來看,充當修飾語(定語、狀語)的詞類或詞組還不够多,有的種類雖已産生,但使用還不普遍,結構還比較簡單。在金文中,句子的修飾成份則有了明顯的發展。

㊀ 定語的發展

金文除了繼承甲骨文的名詞、代詞、數詞、量詞、形容詞、動詞作定語外,更發展了介賓詞組作定語和主謂詞組作定語,新增加了帶表領屬介詞的定語和疊音詞定語。

1. 介賓詞組作定語

甲骨文中,介賓詞組作定語已經出現,如:

(1)壬寅卜,王其逐在萬鹿,隻?允隻五。(乙 3208)

(2)丁未卜,王其逐在蚰鹿,隻?允隻七。二月。(乙 3214)

(3)戊寅,子卜,丁歸在川人?

戊寅,子卜,丁歸在𠂤人?(前 8.6.3)

"萬""蚰""川""𠂤"均爲地名,"在萬""在蚰""在川""在𠂤"在句中均作定語,"在萬鹿"謂在萬地之鹿,"在川人"謂在川地之人。不過,這種作定語的介賓詞組在甲骨文中用得不多,而且"在"字的動作性仍較强。因此,介賓詞組作定語在甲骨文中還是處于萌芽狀態。

到了西周金文中,介賓詞組作定語就很明顯了,如:

(4)易于𠂤一田,易于宊一田,易于隊一田,易于截一田。(《卯𣪘》)

(5)易田:于𢼄五十田,于早五十田。(《敔𣪘》)

"𠂤""宊""隊""截""𢼄""早"均爲地名,句意是賞賜在這些地方的田,並不是在這些地方賜田,這些介賓詞組不是動詞"易"(賜)的補語,而是修飾賓語"田"的,只能看作定語。

介賓詞組定語也可以後置,如:

(6)易女田于埜,易女田于渒,易女井家𤔲田于𡨦以厥臣妾,易女田于康,易女田于匽,易女田于陴原,易女田于寒山。(《大克鼎》)

(7)懋父賞御正衛馬匹自王。(《御正衛𣪘》)

這種後置的介賓詞組定語只見于西周金文,後世文獻典籍中還没有發現。考其原因,大概是因爲它與介賓詞組作補語容易混淆,從而產生歧義。這種句式的消亡,應是漢語趨向精密的結果。

金文中,介詞"自"還可以與"至于"組成一個較爲複雜的動詞性詞組作定語,如:

(8)易女邦𤔲四伯,人鬲自駿至于庶人六百又五十又九夫。(《大盂鼎》)

依銘意,賞賜的人鬲裏包含"駿"至"庶人"等若干等級,則"自駿至于庶人"與"六百又五十又九夫"爲"人鬲"的後置定語,此句意謂賞給你六百五十九個自駿至于庶人的人鬲。這種複雜的動詞性詞組作定語而後置的現象,在後世典籍中未見,但類似的結構作定語而不後置者在典籍中偶爾可以見到:

(9)召有司案圖,指從此以往十五都予趙。(《史記·廉頗藺相如列傳》)

(10)秦自繆公以來二十餘君,未嘗有堅明約束者也。(同上)

不過,典籍中的這種結構,動詞性已經大大減弱了。

很有意思的是,介賓詞組作定語產生很早,但在其後一段時間內使用並不多。可是到了現代,却以"介賓詞組+結構助詞'的'"的形式重新出現。(如:"在家的日子”,“他作了一個關于詩人杜甫的學術報告”等。)這中間似有一個間歇期。漢語史上的這種特殊現象,值得我們注意。

2. 帶領屬性介詞的詞或詞組作定語

表領屬性的介詞(有的語法學家稱爲結構助詞),是漢語的一個重要語法成份。因此,帶領屬性介詞的定語的出現,應是漢語發展史上的一件大事。據現有資料,甲骨文尚未見表領屬性的介詞。金文從西周起便出現了“之”“其”“厥”等表領屬性的介詞。

金文中主謂詞組作定語所帶的領屬性介詞只有“之”,如:

(11)唯王令南宮伐反虎方之年。(《中方鼎》)
(12)王命善夫克舍令于成周遹正八自之年。(《善夫克鼎》)
(13)臤從師雒父戍于𠭯自之年。(《臤觶》)
(14)大司馬卲陽敗晉師於襄陵之歲。(《鄂君啟節》)

這種形式在典籍中也可以見到,如:

(15)齊人城郟之歲。(《左傳·襄公二十六年》)
(16)晉韓宣子爲政聘于諸侯之歲。(《左傳·昭公七年》)

金文中名詞或代詞定語後的介詞則“之”“其”“厥”(氒)三者互見:

① “之”

(17)余其敢對揚天子之休。(《盠駒尊》)
(18)王用弗䛨聖人之後,多蔑曆,易休。(《師望鼎》)
(19)搏伐玁狁,于洛之陽。(《虢季子白盤》)

這類“之”字典籍中習見。

② “其”

(20)敢弗具付鬲从其且(租),射(謝)分田邑,則放。(《鬲攸从鼎》)
(21)前文人其嚴在上,數=象=,除余厚多福無疆。(《井人妄鐘》)

(22)𠬝揚朕宗君其休。(《琱生𣪘二》)

這些例句中的“其”與“之”字相當,它前面的“𤔲从”“前文人”“朕宗君”都是定语。王引之云:“其,猶‘之’也。”“《康誥》曰:‘朕其弟,小子封。’……‘其’與‘之’同義,故‘其’可訓爲‘之’。”(《经傳釋詞》卷五)其他典籍中也可以見到這種用法,如:

(23)盡忘吾其度。(《逸周書·太子晉》)
(24)君其祀毋乃絶乎?(《史記·晉世家》)
(25)吾觀晉公子其從者三人,皆國相也。(《列女傳·曹僖氏妻傳》)
〔比較〕吾觀晉公子之從者,皆足以相國。(《左傳·僖公二十三年》)

可見“其”:作爲領屬性介詞,到漢代還在使用。

③ “厥”

(26)乍册令敢揚明公尹厥宦。(《令彝》)
(27)對揚天子厥休。(《同𣪘》)
(28)肄皇帝亡斁,臨保我厥周雩四方。(《師訇𣪘》)
(29)其唯我諸侯百姓厥賓毋不即市,毋敢或入䜌。(《兮甲盤》)

上面諸例中,“厥”字的功用也和“之”字相當。王引之云:“厥,猶‘之’也。《書·無逸》曰:‘自時厥後,立王生則逸。’……‘自時厥後,亦罔或克壽。’皆謂自是之後也。”(《經傳釋詞》卷五)

由此看來,在上古漢語中,“之”“其”“厥”三者的語法功能有許多相似之處,即均既可作代詞,又可作領屬性介詞。從聲韵上看,“之”與“其”上古韵部同在之部,叠韵;“其”與“厥”上古聲母分屬羣母與見母,羣、見旁紐,同爲舌根音;“之”與“厥”雖分屬照母與見母,但上古照、見一系關係也是密切的,今閩南及湖南漣源方言中原照系的字,聲母仍有唸見系的。可見這三個字在上古音近互通是有可能的。

“之”“其”“厥”的使用情況在上古也有一些區别。第一,在出現的時間上,從作代詞來看,“之”字最早,甲骨文即已見;“厥”較晚,西周金文始見。傳世的《尚書·商書·盤庚》中有代詞“厥”,但據學者們的研究,今傳《盤庚》已不是商代語言的本來面貌了,因此《盤庚》中的用例還不足以證明商代已有代詞“厥”。“其”作代詞,西周金文還不大多，應是最晚出者。"厥"作代詞使用的時期最短，大約用于西周和春秋戰國時期。從作領屬性介詞來看，三者均不見于甲骨文，而同始見于西周金文。再仔細觀察，"之"字最早，"厥"字次之，"其"字最晚，其後一段時間並存。第二，在使用習慣上，如前所述，主謂詞組加介詞作定語時，這個介詞只用"之"而不用"其"和"厥"。先秦典籍中未見第一人稱代詞之後加介詞"之"（如"我之""吾之""余之"）作定語者，西周金文也未見，倒出現了"我厥"（《師詢𣪘》）的用例。先秦典籍中有"朕其"（《尚書·康誥》）、"吾其"（《逸周書·太子晉》），西周金文則尚未見。"其"與"厥"作介詞的時間均不長，只有"之"出現既早，後世沿用時間也最長。

3. 疊音詞作定語

疊音詞不是一種新的詞類，而是一種語音構詞法。迄今所見，甲骨文尚無疊音詞。金文中產生了疊音詞，並有疊音形容詞作定語，如：

(30)[illegible]=四方，大從不靜。（《毛公鼎》）

(31)穆=朕文祖師華父恖[illegible]（冲讓）厥心，寧靜于猷，盄（淑）悊厥德。（《大克鼎》）

(32)趄=子白，獻馘于王。（《虢季子白盤》）

㈡ 狀語的發展

與甲骨文相比，金文中增加了幾種狀語。

1. 雙重否定狀語

甲骨文中，以否定詞作狀語者比比皆是，但在一個句子中重疊使用否定詞（即雙重否定）作狀語還不明顯，只有在少數卜辭中有兩個否定詞連在一起的，如：

(33)甲申卜，爭貞：王㞢不若？

貞：王亡不若？（乙5793）

很明顯，辭中"㞢（有）不若"、"亡不若"對舉，則"不若"是一個凝固的名詞性結構，"亡不"還不能算作雙重否定狀語。西周早期金文則有明顯的雙重否定狀語了，如：

(34)不敢不緻休同公。（《沈子𣪘》）

此句大意，郭沫若謂“言不敢不敬順和惠一如魯幽公之所爲”。（見《周金文辭大系考釋》）

(35)文王孫亡弗褱井(懷型)，亡克競厥剌(烈)。(《班毁》)

這些句子都是肯定的語氣，但不直接説“緻休同公”“懷型”，而在它們之前叠用兩個否定詞作狀語，具有某種修辭意味。這種雙重否定狀語，根據其性質可分爲兩類。

① 强調性雙重否定。表示語氣的加强，有“一定”“必須”之意。如：

(36)我不能不眔縣伯萬年保。(《縣妃毁》)
(37)淮夷舊我貟晦人，毋敢不出其貟。(《兮甲盤》)
(38)效不敢不萬年夙夜奔走揚公休。(《效尊》)
(39)瘐不敢弗帥祖考秉明德，□夙夕左尹氏。(《瘐鐘》)
(40)小大邦亡敢不□具逆王命。(《駒父盨蓋》)

它們的標誌是用“不能不”“毋敢不”“不敢不”“不敢弗”“亡敢不”等作狀語，其格式爲“否定詞＋助動詞(能、敢)＋否定詞”。這類雙重否定狀語在先秦典籍中廣泛應用，如：

(41)公不敢不敬天之休。(《尚書·周書·洛誥》)
(42)我不可不監于有夏。(《尚書·周書·召誥》)
(43)士不可以不弘毅。(《論語·泰伯》)
(44)上好禮則民莫敢不敬。(《論語·子路》)

儘管否定詞、助動詞略有不同，但依舊遵循“否定詞＋助動詞＋否定詞”的結構原則。

② 周遍性雙重否定。有“全都”“無一例外”之意，上舉例(35)的“亡弗”便是。又如：

(45)肆毋又弗競。(《毛公旅鼎》)
(46)率懷不廷方，亡不閈于文武耿光。(《毛公鼎》)

其格式爲“否定詞＋又＋否定詞”或“否定詞＋否定詞”。這前後兩個否定詞不能是同一個字。這類雙重否定狀語在先秦典籍中亦大量使用，如：

(47)爾無不信。(《尚書·周書·金縢》)
(48)四方之民罔不祗畏。(同上)
(49)物莫不若是。(《莊子·人間世》)

2. 動詞作狀語

動詞作狀語，甲骨文還不明顯，金文則自西周早期就已有了，如：

(50)召啟進事，奔走事皇辟君。(《召卣》)

《尚書·周書·酒誥》：“奔走事厥考厥長。”此皆以“奔走”狀趨事之急。

(51)今余隹或嗣命女。(《諫𣪕》)
(52)我隹司配皇天王。(《㝬鐘》)

“嗣”“司”皆通“嗣”，義爲繼承，動詞，作狀語。典籍中這類用例漸多，如：

(53)踴躍用兵。(《詩經·邶風·擊鼓》)
(54)禹乃嗣興。(《尚書·周書·洪範》)
(55)生拘石乞而問白公之死焉。(《左傳·哀公十六年》)
(56)見兵事起，欲坐觀成敗。(《史記·田叔列傳褚補》)

西周金文中還出現了動詞帶賓語，組成動賓詞組作狀語的迹象：

(57)令眔奮先馬走。(《令鼎》)

“先”在此用如動詞，“先馬”即動賓詞組作狀語。但這還不十分典型。在後來的典籍中才出現了典型的用例，如《史記·刺客列傳》：“秦王環柱走。”至于在作狀語的動詞或動賓詞組與謂語之間加連詞“而”，如“吾嘗跂而望矣”(《荀子·勸學》)、“登軾而望之"(《左傳·莊公十年》)這樣的句式,西周金文中還没有見到。

甲骨文中無助動詞。陳夢家將語氣詞"其"、否定詞"弗""不"等看作助動詞(見《殷虚卜辭綜述》第三章),我們不取此説。只有那種經常用在動詞前面,表示動作者的主觀意願和表示可能性的動詞才叫助動詞。它又叫能願動詞。助動詞的產生似爲進入西周以後的事。就西周金文來看,助動詞主要有"克""敢""能""義"(宜)等。它們用作狀語的例子如:

(58)大保克敬亡遣。(《大保殷》)

(59)召弗敢謹王休異。(《召卣》)

(60)弗能許鬲从。(《鬲攸从鼎》)

(61)我義(宜)便(鞭)女千。(《儹匜》)

(62)女敏可吏(使)。(《師嫠殷》)

3. 疊音詞作狀語

金文中疊音詞作狀語主要表現爲疊音形容詞作狀語,它在西周中期後較多地出現,如:

(63)用穆＝夙夜尊亯孝妥福。(《㦰方鼎》)

(64)癲趄＝夙夕聖趧。(《癲鐘》)

疊音詞的運用,使上古漢語的表達朝形象生動方面前進了一大步。

(二)多種結構混合套用的複雜謂語

甲骨文的複雜謂語多屬于單一的雙賓、連動、兼語等結構形式,很少出現幾種結構混合使用者。金文則不僅繼續使用雙賓、連動、兼語,而且還大量使用幾種結構混合套用的辦法,使謂語更加複雜化。

㊀ 兼語套連動式

(65)唯王令明公遣三族伐東或。(《明公尊》)

(66)王用肇使乃子㦰逹虎臣御淮戎。(《㦰方鼎》)

(67)王乎吳師召大易趞嬰里。(《大殷》)

(68)今余肇令女逹齊帀、曩𢍰、僰屍、左右虎臣正淮夷。(《師寰𣪘》)

這類句式,謂語部分可分兩段,前段爲"動—賓",後段如獨立來看是連動,其主語由前段的賓語兼任。這類句式西周早期便見使用,中晚期更多。

㈡ 兼語套兼語式

(69)王乎□□令盂以區入。(《小盂鼎》)

(70)王乎史戊册令吴嗣旃眔叔金。(《吴方彝》)

(71)王乎内史册令趩更厥祖考服。(《趩觶》)

謂語部分也分兩段,前段爲兼語式,後段如獨立起來看是一個"主—謂—賓"結構,其主語由前段最後那個賓語兼任,這就形成了兼語套兼語的句式。它們在西周早期便出現了。

㈢ 兼語套雙賓式

(72)王令士衜歸貉子鹿三。(《貉子卣》)

(73)王乎内史易衛載市、朱黄、䜌。(《裘衛𣪘》)

謂語部分的前段是"謂—賓"結構,後段是雙賓語結構,其主語由前段的賓語兼任。這類句式在西周早期金文中即可見到。

㈣ 兼語套兼語再套連動式

(74)王乎善夫騣召大以厥友入攼。(《大鼎》)

(75)王乎内史尹册令師兑足师龢父嗣左右走馬、五邑走馬。(《元年師兑𣪘》)

謂語部分可分三段,最後一段是連動式,其主語由中間"主—謂—賓"結構的賓語兼任,而中間這個結構的主語又由開頭的"主—謂—賓"結構的賓語兼任,從而形成了兼語套兼語再套連動的句式。

（三）被動句式的出現

上古漢語表達人與人、物之間的施受關係，從商代古文字材料來看，最初是用雙賓語句式表達的，如：

(76)戊申卜，爭貞：帝其降我𦰩？（丙 67）
(77)王易小臣艅𤰇貝。（《小臣艅尊》）

從施動者的立場出發，把間接受動者作間接賓語，直接受動者作直接賓語。也有間接受動者不出現而成爲一般的單賓語式的，如：

(78)庚戌卜，貞：帝其降𦰩？（前 3.24.4）
(79)王易貝。（《亞古父己毁》）

還有從間接受動者的立場出發的，如：

(80)我吏其𢦏方？我吏弗其𢦏方？
貞：方其𢦏我吏？
貞：方弗𢦏我吏？（丙 69）

同一内容，采用了兩種不同的句式，後兩句是問方（國）會不會加害于我（商）的使者，是主動句；而前兩句則是問我（商）的使者會不會被方（國）所害，"𢦏方"就是"𢦏于方"，雖然没有用介詞"于"，但施動者出現了，其被動的意念非常明顯。

(81)𠨍其易貝。（《四祀𠨍其卣》）

此句主語"𠨍其"是間接受動者（受賞賜者），賓語"貝"是直接受動者（賞賜之物），施動者不出現。這個句式從意念上看是被動的，但也還不是真正的被動句。

西周金文中出現了真正的被動句。

上古漢語的被動句，一般學者歸納爲三類："于"（於）字句、"爲"字句和"見"字句。西周金文中只有"于"字句。

(82)乍册麥易金于辟侯。(《麥尊》)

(83)保侃母易貝于南宮。(《保侃母毁》)

(84)弔䏘易貝于王姒。(《弔䏘方彝》)

(85)鬲易貝于王。(《鬲尊》)

其格式爲"主語(間接受動者)+他動詞+賓語(直接受動者)+于+補語(施動者)"。這種他動詞帶賓語的被動式爲西周金文所特有。

有時這個賓語在補語(施動者)之後,如:

(86)余𩁹(惠)于君氏大璋。(《琱生毁一》)

此句意謂我被君氏賞賜了大璋。

有時賓語不出現,如:

(87)兹裛人……易于珷王乍臣。(《中盨一》)

典籍中的"于"字句即屬于此類,如:

(88)予小子新命于三王。(《尚書·周書·金縢》)

于省吾認爲,"新命猶言始命,言新爲三王所命也。"(《尚書新證》卷四)

(89)殷命終于帝。(《尚書·周書·多士》)

此言殷命爲帝所終。此與《尚書·周書·召誥》之"天既遐終大邦殷之命"意同而句異。

(90)憂心悄悄,愠于羣小。(《詩經·邶風·柏舟》)

典籍中不論具體的抽象的施受關係都可以用被動句"于"字式表達,金文中表示較爲抽象的施受關係者尚不多見,今得二例:

(91)率懷不廷方,亡不閈于文武耿光。(《毛公鼎》)

郭沫若認爲,“閈即明義若察視義,言被文武之耿光所鑑臨也。”(《兩周金文辭大系考釋》)

(92)穆=朕文祖師華父……永念于厥孫辟天子。(《大克鼎》)

克的先祖師華父早已不在人世,他被他孫子的君王即當今天子所顧念。

(四)西周金文中的早期處置式

西周金文還出現了另一種表示施受關係的句式——處置式。

凡用介詞把動詞謂語的賓語提到動詞謂語的前面,以表達一種有目的的行爲、一種處置者,我們稱之爲處置式。

處置式的概念,是王力先生最早提出來的。(見《中國現代語法》)及《漢語史稿》)他開始提出時只有“把”字句,祝敏澈認爲還有更早的“將”字句。(見《論初期處置式》《語言學論叢》第一輯)我們更認爲“以”字句是處置式的更早期形式。(見陳初生《早期處置式略論》,《中國語文》1983 年第 3 期)這種用“以”字提賓的處置式在西周金文中已經出現了,它可以分爲三種類型:

㈠ 施動者+“以”+直接受動者+他動詞

(93)女敢以乃師訟。(《𠑇匜》)
(94)乃師或以女告。(《𠑇匜》)

典籍中亦有類似例子,如:

(95)汝乃以殷民世享。(《尚書·周書·康誥》)

這一類句式,他動詞之後不帶間接受動者和處所補語。

㈡ 施動者+“以”+直接受動者+他動詞+間接受動者

(96)衛以邦君厲告于井白、白邑父、定白、𤳖白、白俗父。(《五祀衛鼎》)

(97)鬲从以攸衛牧告于王。(《鬲攸从鼎》)

(98)曶使厥小子𪱍以限訟于井弔。(《曶鼎》)

(99)曶或以匡季告東宮。(《曶鼎》)

典籍中亦有類似例子,如:

(100)天子不能以天下與人。(《孟子·萬章上》)

(101)故以桓母之喪告于諸侯。(《公羊傳·隱公元年》)

從上舉諸例中可以看到,間接受動者有兩種表達方式,一是直接加在他動詞之後作間接賓語;一是在它前面加一個語義介詞"于"組成介賓詞組作補語。這與甲骨文受動者的表達方式是一脈相承的。

㊂ 施動者+"以"+直接受動者+他動詞+處所補語

(102)俗(欲)女弗以乃辟圅于艱。(《毛公鼎》)

(103)弗以我車圅于艱。(《不𡢁段》)

"艱"不是間接受動者,它和"于"組成介賓詞組作他動詞"圅"的處所補語。

古文字常用字

説　　明

一、根據本書文選、概述、常用字相結合的編寫原則，特介紹甲骨、金文中的常用字 231 個，依許慎《説文解字》部首次序排列。

二、常用字介绍包括注音、析形、釋義三個部份。

三、注音先用漢語拼音標今音，無字書可循而由本書編者擬訂讀音者，在拼音的左上方標※號以示區别；次注傳統反切，見于大徐《説文》者依徐鉉音，不見于《説文》而見于它書者分别注明出處；最後是該字上古音的韵部、聲紐和聲調（依唐作藩編《上古音手册》體系），不見于前代字書、無傳統反切者闕。

四、析形注意從整個古文字發展系列的角度進行分析。

五、釋義係分項歸納該字在甲骨、金文中的主要用法。略依字書通例，原則上以本義、引申義、假借義爲序排列。于每一義項下引錄古文字材料原句，于文獻（以先秦文獻爲主）有徵者亦適當稱引之。人名、地名一般不立義項。

六、由于篇幅的限制，本材料多僅介紹結論，舉例儘量從簡，一般也不作詳細考證。

1.　元［yuán］　愚袁切　元疑平

【析形】

“元”字初文作，與“兀”爲一字。《爾雅·釋詁》：“元、良，首也。”《左傳·僖公三十三年》：“狄人歸其元。”此字突出人頭，正體現造字本義。由于圓點刻畫不便，甲、金文中多將它簡化成一短横作，或再在上加一短横作，仍是指明人之最上部是頭，從此與“”字相區别。至于有的“元”字作或，最末一筆加短横或作肥筆，那是裝

飾性的。

【釋義】

㊀　第一，開始。《殷虚書契前編》3.22.6："辛巳卜，大貞：㞢自上甲元示三牛，二示二牛？十二月。"元示即第一示。《殷墟書契續編》1.39.9："庚申卜，旅貞：叀元卜用？才(在)二月。"元卜即第一卜。《師酉毁》："隹(唯)王元年正月。"

㊁　長(zhǎng)。《番匊生壺》："用賸(媵)氒(厥)元子孟妃。"《余義鐘》："余茲佫之元子。"元子即長子，兼指男女。

㊂　大。《曆鼎》："曆肇對元德。"《虢叔鐘》："不(丕)顯皇考叀弔(叔)穆₌秉元明德。"《詩經·小雅·采芑》："方叔元老。"毛傳："元，大也。"

㊃　嫡。《陳逆毁》："台(以)乍(作)氒元配季姜之祥器。"《左傳·文公二年》："娶元妃以奉粢盛。"杜預注："元妃，嫡夫人。"

㊄　善。《邾大宰鐘》："吉金元吕(鑪)。"

㊅　長(cháng)。《王孫鐘》："元鳴孔皇。"《蔡侯鐘》："元鳴無期。"

2.　天［tiān］　他前切　真透平

【析形】

"天"字早期形體作，象人形而頭部特大，以示人之頂顛。甲骨文或作，上面作口是刀刻時不便填實的緣故。《説文·一上》："天，顛也。"即其本義。頭部或變爲一短横作，或再在上面添一短横作，這一短横乃指示性符號。

【釋義】

㊀　同"大"。《殷虚文字乙編》6690："辛丑卜：乙巳歲天庚？""天庚"即"大庚"。《甲骨綴合編》182："壬戌卜，貞：才(在)哲，天邑商公宮衣，兹月亡𡆥？寧。""天邑商"它辭或作"大邑商"。

㊁　天神，上帝。《大盂鼎》："受天有(祐)大命。"《蔡侯鐘》："天命是遥(揚)。"

㊂　族氏名。《天鼎》："天。"《天亡毁》："天亡又(佑)王。"

3.　丕［pī］　敷悲切　之滂平

【析形】

"丕"字甲骨文未见，金文與"不"字同構作。

【释义】

大。常與“顯”字連用，意爲大明。《𤅊盤》：“對䄅(揚)天子不(丕)顯休命。”《頌鼎》：“頌敢對䚄天子不(丕)顯魯休。”《左傳·僖公二十八年》：“重耳敢再拜稽首，奉揚天子之丕顯休命。”

4. 吏[lì]　力置切　之來去

【析形】

“吏”字甲骨文作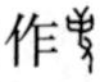，與“事”“使”爲一字。的造字本義，係于(史)字豎畫的上端分作兩叉形，作爲指事字的標志，以别于“史”字，而仍以“史”字爲聲。(參見于省吾《甲骨文字釋林·附録》)金文變作或。其用作“事”字者或从㫃作(旌)，其用作“使”字者或从辵作(速)。

【釋義】

㊀　官名用字。《甲骨文合集》5637：“庚子卜，爭貞：西吏旨亡囚？由”《𣪘匜》：“乃㠯(以)告吏𧢽、吏曶于會。”

㊁　同“事”。

①　事情。《殷契佚存》10：“貞：其大吏于西，于下乙匄？五月。”“大吏”即“大事”，指重大的事情。

②　職事。《殷契佚存》1：“貞：行由王吏？”《大克鼎》：“敬夙(夙)夜用吏，勿灋(廢)朕令。”用吏(事)，猶言奉行職事。

③　侍奉。《陳逆𣪘》：“余寅吏齊侯。”《周易·蠱》：“不事王侯。”

④　官名用字。《矢令尊》：“公令𢓊同卿旋(事)寮。”

㊂　同“使”。

①　派遣，使用。《殷契粹編》36：“乙酉卜，㝐貞：吏人于河，沉三羊，𠟗三牛？三月。”《師𠭰𣪘》：“女敏可吏。”《中山王譽壺》：“𦦵(舉)孯(賢)速(使)能。”

②　讓，叫。《敔𣪘》：“吏尹氏受。”《盠盨》：“勿吏䖒(暴)虐從(縱)獄。”

③　使者。《殷虚文字丙編》69：“貞：方其𢦏我吏？貞：方弗𢦏我吏？”我吏，即我(商)的使者。

5. 帝[dì]　都計切　錫端入

【析形】

“帝”字甲骨文作、，金文同。吴大澂、王國維、郭沫若並謂象花蒂之形，爲

“菷”之初文。《説文·一上》謂“从⊥，朿聲”，非是。《中山王嚳壺》字作𢂇，其形稍變。

【釋義】

㊀ 君王的尊稱。《方地山藏骨》：“丙戌卜，貞：翌日丁亥，王其又升于文武帝正，王受又＝？”《周易·歸妹》：“帝乙歸妹。”

㊁ 天神，上帝。《殷虚文字丙編》66：“丙辰卜，㱿貞：帝隹其冬（終）兹邑？”《㝬狄鐘》：“其嚴才（在）帝左右。”

㊂ 祭祀名。《殷契遺珠》846：“丙辰卜，㽙貞：帝于𡉚？”《殷虚文字乙編》4549：“癸未卜，帝下乙？”經籍通作“禘”。

㊃ 大。《仲師父鼎》：“其用亯（享）用孝于皇祖帝考。”《獨斷》：“帝，大也。”

6. 禮［lǐ］ 靈啟切 脂來上

【析形】

“禮”字甲骨文作𧯛，不从示。魏三體石經古文作𧯛，亦不从示。王國維謂字从玨在凵中，从豆（食器），乃會意字。玨或作丰丰，《中山王嚳壺》字作豊，丰丰省爲丰，下部增口。容庚先生釋“豊”（豊）曰：“金文‘醴’之偏旁形與此同，與‘豊’爲一字。豆之豐滿者所以爲豊也。漢隸‘豊’‘豐’二字皆作‘豊’。”（《金文編》卷五）《上郡守戟》字作禮，从示，爲小篆所本。

【釋義】

㊀ 祭禮。《殷契粹編》232：“叀新豊用？叀舊豊用？”《𣄰尊》：“隹王初䙴（遷）宅于成周，復亩（稟）珷王豊。”

㊁ 規定社會行爲的法則、規範、儀式的總稱。《中山王嚳壺》：“郾（燕）旂（故）君子徻、新君子之，不用豊宜（義）。”

7. 福［fú］ 方六切 職幫入

【析形】

“福”字甲骨文作𥛱，从示畐聲，或繁化作“𥜽”“富”。或不从示，以“畐”爲“福”，亦有作“畀”者。金文多从示畐聲，亦有繁化作“富”“𡨄”者。《乎卣》字作𥜏，爲累加聲符字，“𠦂”（北）爲新增的聲符。《或者鼎》字作𥚨，从示北聲。《士父鐘》字不从示作“畐”，與甲骨文同。

【釋義】

㊀ 祭名。《殷虚文字乙編》6927："乙巳卜，穷貞：畐(福)于父乙？"《金璋所藏甲骨卜辭》46："己丑卜，何貞：其禣告于大室？"

㊁ 受鬼神的佑助，保佑。《㝬鐘》："先王其嚴才(在)上，㚇₌數₌，降余多福，福余順孫。"《曾伯匿》："天睗(賜)之福。"

8. 祇［zhī］ 旨移切 脂章平

【析形】

"祇"字甲骨文未見，金文作，象兩甾(甾，竹器)相抵之形。魏三體石經《尚書·君奭》"祇"字古文作，與金文形近。《牆盤》字作，《蔡侯龖鐘》字作，《蔡侯龖盤》字作，《中山王嚳壺》字作，其形漸訛。

【釋義】

敬。《郾侯毁》："祇敬禘祀。"《中山王嚳壺》："祇₌翼，卲告後嗣。"《尚書·虞夏書·皋陶謨》："日嚴祇敬六德。"《爾雅·釋詁》："祇，敬也。"

9. 禋［yīn］ 於真切 真影平

【析形】

"禋"字甲骨文未見，金文《牆盤》作，从宀从西从火从示，《嘉鼎》作，从宀从西从土从火。據《牆盤》，"垔"字實从火从囟(西乃囟之訛)會意，《説文》所載籀文作，囟上尚有煙霧繚繞之形。後火訛作土，遂益火旁以爲"煙"字。《蔡侯龖盤》字作，从示从垔，垔亦聲，即爲小篆所本。

【釋義】

對上帝神靈的祭祀。《牆盤》："義(宜)其禘祀。"《蔡侯龖盤》："禋亯(享)是目(以)。"《詩經·大雅·生民》："克禋克祀，以弗無子。"《周禮·春官·大宗伯》："以禋祀祀昊天上帝。"鄭玄注："禋之言煙，周人尚臭，煙氣之臭聞者。……燔燎而升煙，所以報陽也。"

10. 祭［jì］ 子例切 月精入

【析形】

"祭"字甲骨文作、，象以手持牲肉獻祭，小點多寡不一，或指酒滴。字或从示作，祭祀之意更顯。金文作、、，多从又从肉从示，小點全失。《蔡侯龖盤》

字作，所从之日乃(肉)之訛，與古陶文作从日同。《欒書缶》字作，从攴，與从又同意。

【釋義】

㊀　祭祀的一種。《殷虚文字綴合》328："癸巳，王卜，貞：旬亡𡆥？王𠱩曰：吉！才(在)三月甲午祭戔甲㫚小甲。"

㊁　祭神祭祖的通稱。《邾公華鐘》："以卹其祭祀盟祀。"《欒書缶》："以祭我皇祖。"《禮記·祭統》："祭者，所以追養繼孝也。"

11.　祀［sì］　詳里切　之邪上

【析形】

"祀"字甲骨文多作、，从示巳聲；或省示，以"巳"爲"祀"。金文皆从示巳聲，聲旁或添裝飾性筆畫作、、、。

【釋義】

㊀　祭祀的一種。《殷虚文字乙編》："庚寅卜，爭貞：我其祀于河？"

㊁　祭祀的通稱。《天亡𣪘》："不(丕)克气(訖)衣(殷)王祀。"《曶鼎》："曶其萬年用祀。"

㊂　殷代稱年曰祀。《殷契粹編》896："癸丑卜，貞：今歲受禾？引吉。才(在)八月，隹(唯)王八祀。"《二祀𠨘其卣》："隹王二祀。"西周銅器銘文仍有沿襲殷代稱祀者，如《大盂鼎》："隹王廿又三祀。"

12.　祖［zǔ］　則古切　魚精上

【析形】

"祖"字甲骨文作、，象神主牌位之形；字或作，从示，金文同。《陳逆𣪘》字作，增从又；《中山王譽壺》字作，从示从又組聲。

【釋義】

父之父以上皆稱爲祖。卜辭稱先王之名多冠以"祖"字，如"且甲""且庚"等。《大盂鼎》："用乍且南公寶鼎。"銘文每于"祖"字之前冠以形容詞，如"皇祖""文祖""剌(烈)祖"等。《詩經·大雅·生民·序》："《生民》，尊祖也。"孔穎達疏："祖之定名，父之父耳。但祖者，始也，己所從始也，自父之父以上皆得稱焉。"

13.　祝［zhù］　之六切　覺章入

【析形】

"祝"字甲骨文作、，象人跪于示前禱告之形；或不从示，作、。金文多作"祝"，《禽毁》字作，與甲骨文第二體同。

【釋義】

㈠　禱祝，以言告神祈福。《鐵雲藏龜》127.1："辛丑卜，㱿貞：兄于母庚？"《簠室殷契徵文》貞 6："庚子卜，喜貞：歲，叀王祝？"

㈡　官名。《鄦毁》："毛白（伯）内（入）門，立中廷，右祝鄦。"又有大祝。《禽鼎》："大祝禽鼎。"《長由盉》："即井白（伯）大祝射。"《周禮·春官·大祝》："大祝掌六祝之辭，以事鬼神示，祈福祥，求永貞。"

㈢　通"鑄"。《越王鐘》："自祝（鑄）禾（龢）鼑（鐘）。"

14.　祈［qí］　渠稀切　微羣平

【析形】

"祈"字甲骨文作、（旂），从單斤聲；或作（旂），从㫃旂聲。金文多作"旂"，或从㫃斤聲作"旂"。"旂""旂""旂"皆"祈"之假借字。《大師虘豆》字从㫃从言作"旂"，《王子午鼎》从旂从言作"誓"，方爲祈求之本字。《番君匠》字作，當爲"旂"之形變。經籍則作"祈"。

【釋義】

對天或神明的告求。《殷虛書契後編》下 20.5："爭貞：王夢，隹旂？"《陳侯毁》："用旂釁壽。"或與"匄"連言，如《蔡姞毁》："用旂匄釁壽。"或與"奉"連言，如"伯梡毁"："唯用旂奉㒼（萬）年。"《禮記·禮器》："君子曰：祭祀不祈。"鄭玄注："祈，求也。"

15.　禦［yù］　魚舉切　魚疑上

【析形】

"禦"字甲骨文作，从示印聲。金文《我鼎》作，《禦文辛觶》作，《㝬毁》作，皆从示印聲。印聲的，本象人持午（杵）御馬狀。或形變爲、，再變爲，即成"午"字了。"印"字加形符辵即成"御"，這就是小篆"禦"字从示御聲的由來。

【釋義】

㈠　祭祀的一種。《鄴中片羽三集》37.8："其禦匕（妣）辛？"《我鼎》："我乍（作）禦宗祖乙妣乙祖己妣癸。”

㊁ 抵禦。《陳禦寇戈》:“塦禦寇散戟(戈)。”從此人之名“禦”、“寇”二字連用來看,金文“禦”字已有抵禦、禁禦之義。《周易·蒙》:“利禦寇。”《爾雅·釋言》:“禦,禁也。”

16. 社[shè] 常者切 魚禪上

【析形】

“社”字初文作土,與土地之“土”同字。小篆作社,从示从土。《中山王𰯌鼎》作社,从示从木从土,與《説文》“社”字古文同。

【釋義】

㊀ 土地神廟。《殷虚書契前編》1.24.3:“貞:賓于土(社)三小宰,卯二牛,沉十牛?”《宜侯夨𣪘》:“王立于宜宗土(社),南鄉(嚮)。”

㊁ 與“禝”(稷)組成“社稷”一詞,以爲國家的代稱。《中山王𰯌鼎》:“身勤祉禝,行三方,以悳(憂)愁(勞)邦家。”

17. 禍[huò] 胡果切 歌匣上

【析形】

“禍”字甲骨文作冎、冎,郭沫若謂乃假“冎”(骨㓱)爲之。(參見《殷契粹編考釋》第189頁)字或从犬作“猧”。金文《中山王𰯌壺》作禍,从示咼聲,爲小篆所本。

【釋義】

災禍。《殷虚文字乙編》4742:“甲申卜,爭貞:丝(茲)雨,隹我囚?”《殷虚文字丙編》29:“癸丑卜,爭貞:𢦔㞢(往)來亡囚?王固曰:亡囚。”《中山王𰯌壺》:“隹逆生禍,隹巡(順)生福。”

18. 皇[huáng] 胡光切 陽匣平

【析形】

“皇”字小篆作皇,从自从王。甲骨文未見,金文作皇、皇、皇、皇、皇、皇、皇、皇……形體甚多,皆不从自,且多不从王。朱芳圃谓“皇”即“煌”之本字,字下作𤽄,即“鐙”之初文,上作山、屮等,象鐙光参差上出之形。(參見《殷周文字釋叢》第48頁)

【釋義】

㈠ 大。《㝬鐘》:“隹皇上帝百神。”《中山王䁐壺》:“卲友皇工。”《詩經·大雅·皇矣》:“皇矣上帝,臨下有赫。”毛傳:“皇,大。”

㈡ 美。《沇兒鐘》:“元鳴孔皇。”《詩經·小雅·采芑》:“服其命服,朱芾斯皇。”用爲動詞,則作嘉美解。《競卣》:“白犀父皇競各(格)于官(宮)。”《榶侯方段》:“用永皇方身。”(參見于省吾《雙劍誃古文雜釋》第 6 頁)

㈢ 通“況”。《中山王䁐鼎》:“而皇(況)才(在)於尐(少)君虖(乎)。”《尚書大傳》:“皇于聽獄乎?”注:“猶況也。”

19. 璋[zhāng] 諸良切 陽章平

【析形】

“璋”字甲骨文未見;西周金文以“章”爲“璋”,不从玉;列國金文如《子璋鐘》、《陳璋壺》、《楚王酓璋戈》等始見从玉之“璋”。

【釋義】

玉器名。《𦿅段》:“自黃賓(賓)𦿅章(璋)一。”《衛盉》:“矩白庶人取堇(覲)章(璋)于裘衛。”《詩經·大雅·棫樸》:“濟濟辟王,左右奉璋。”毛傳:“半圭曰璋。”《左傳·昭公五年》:“朝聘有珪,享覜有璋。”

20. 气[qì] 去既切 物溪入

【析形】

“气”字甲骨文作三,本象雲氣之形。于省吾曰:“甲骨文之三即今‘气’字,俗作‘乞’。……石鼓文‘迄’字从气作气,其三畫均邪作,爲《説文》所本。‘气’字周初器《天亡段》作三,《夨令段》作三,猶存初形。東周器《齊侯壺》作三、气。晚周《行氣玉銘》有‘氣’字,从氣作气;晚周陶文有‘旣’字,從氣作气。此例晚周古文常見,不備引。就東周以來的‘气’字加以推考,以其與‘三’字易混,故一變作三;取其左右對稱,故再變作气。”(《甲骨文字釋林·釋氣》)

【釋義】

㈠ 乞求。《殷契粹編》771:“庚申卜,今日气雨?”《齊侯壺》:“洹子孟姜用气嘉命。”《漢魯峻碑》:“气拜議郎。”

㈡ 通“迄”,至。《甲骨文合集》6057:“气至七日己巳,允㞢來鼓自西。”“气”(迄)、“至”同義連用。

㊂　通"訖"，終。《殷虚書契前編》7.31.3："之日气㞢來嬄。"《天亡毁》："不(丕)克气衣(殷)王祀。"《尚書·商書·西伯戡黎》："天既訖我殷命。"

21.　士［shì］　鉏里切　之崇上

【析形】

"士"字甲骨文未見。《説文·一上》謂"士"字从一从十，然金文之"士"並不从十(金文"十"作)，從《觶尊》作、《臣辰卣》作來看，下面一畫也不是一。其形與"王"字之形相類，疑皆出自斧鉞之象。《説文》乃據小篆説解。金文"士"字上下兩橫長短隨意，如《趞毁》作土，《多友鼎》作土，不必如小篆以後的形體定須上長下短。《中山王礜壺》字从才作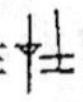。

【釋義】

㊀　官名。《貉子卣》："王令士道歸(饋)貉子鹿三。"《臣辰卣》："王令士上眔史寅寂(殷)于成周。"士道、士上的官職爲士，這正如金文稱"師某"者的官職是師一樣。士的具體職掌尚不明。

㊁　泛指官。《子璋鐘》："用樂父兄(兄)者(諸)士。""諸士"猶言"百官"。《詩經·大雅·文王》："濟濟多士，文王以寧。"

㊂　兵士。《新郪虎符》："凡興士被甲，用兵五十人㠯(以)上，王符乃敢行之。"

㊃　指有才能的人。《𢦚毁》："肆余㠯餱(義)士獻民，爯盩先王宗室。"《中山王礜壺》："天不臭(斁)其又(有)忎，速(使)旻(得)孯(賢)枺(士)良猹(佐)貫，㠯輔相氒(厥)身。"

22.　中［zhōng］　陟弓切　冬端平

【析形】

"中"字甲骨文、金文的形體分兩大類型：一類是中間豎畫帶游，作；一類則無游形作。

【釋義】

㊀　中間，當中。《殷契粹編》597："丁酉貞：王乍三自右中左。"《殷虚書契前編》3.31.2："丙申卜，貞：戠兕左右中人三百？六月。"

㊁　連詞，經籍多作"終"，猶言"既"。《沇兒鐘》："中翰(翰)叡(且)𦐍(颺)。"猶言"既翰且颺"。王引之《經傳釋詞》卷九："《詩·終風》曰：'終風且暴。'……終，猶

'既'也,言'既風且暴'也。"

㊂ 排行第二,經籍通作"仲",音 zhòng。《鄭虢仲毁》:"奠(鄭)虢中乍寶毁。"

23. 屯[tún] 陟倫切 文定平

【析形】

"屯"字甲骨文多作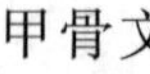等形,象籽芽破土而出。上部之在金文中變爲或,字便成了。金文尚有作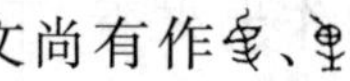者,皆爲變體。《説文》解爲"从屮貫一",乃據小篆爲説。

【釋義】

㊀ 厚。《叔夷鎛》:"余用登屯厚乃命。""登""屯""厚"三字同義連用,同訓厚。《國語·晉語四》:"文武具,厚之至也,故曰《屯》。"韋昭注:"屯,厚也。"

㊁ 聚集。《鄂君啟舟節》:"屯三舟爲一舿。"《楚辭·離騷》:"屯余車其千乘兮。"劉良注:"屯,聚。"

㊂ 一種集合單位名詞。《龜甲獸骨文字》2.30.12:"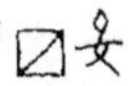示三屯㞢一骨。"

㊃ 通"春"。《殷虛書契前編》4.6.6:"壬子⊠貞:今屯受年?九月。"

㊄ 通"純"。

① 純一,純粹。《牆盤》:"㝵(德)屯無諫(刺)。"

② 美,善。《班毁》:"否(丕)臭(畀)屯陟(德)。"《禮記·郊特牲》:"毛、血,告幽全之物也。告幽全之物者,貴純之道也。"鄭玄注:"純,謂中外皆善。"

③ 衣緣,衣服的鑲邊。音 zhǔn。《頌壺》:"易(賜)女玄衣黹屯。"黹屯(純),指衣緣有刺綉的紋飾。《爾雅·釋器》:"緣謂之純。"郭璞注:"衣緣飾也。"

24. 每[měi] 武罪切 之明上

【析形】

"每"字甲骨文作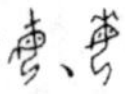,或作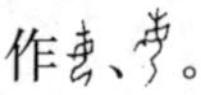。金文亦如此。《説文·一下》:"每,艸盛上出也。从屮,母聲。"《左傳·僖公二十八年》:"原田每每。"杜預注:"喻晉軍美盛,若原田之草每每然。"猶存本義。

【釋義】

㊀ 通"罾",用網捕獵。《殷契粹編》988:"辛亥卜,今日辛王其田,弗每?"

㊁ 通"晦",天色昏暗。《殷虛文字乙編》8687:"叀西眔南不每?"

㊂　通“母”。《鄴中片羽三集》37.8：“于多每禦（禦）？”

㊃　通“誨”，教令。《曶鼎》：“曶迺每于䟫。”

㊄　通“敏”。聰敏；勤勉。《㝬尊》：“順（訓）我不每。”《晉姜鼎》：“每揚氒（厥）光剌（烈）。”

㊅　通“謀”，謀慮。《胤嗣好盗壺》：“昔者先王㪟（載）忩（坎）百每。”《説文·三上》：“謀”之古文作，从口母聲，故與“每”字音近。“百每”即“百謀”。載坎百謀，謂從頭權衡各種謀慮。

25.　荒［huāng］　呼光切　陽曉平

【析形】

“荒”字甲骨文及西周金文未見，戰國《中山王嚳壺》首見作，中部一點及下部兩斜畫是附加的裝飾性筆畫。魏三體石經《尚書·無逸》“荒”字古文作，結構與小篆無異。

【釋義】

迷亂，享樂過度。《中山王嚳壺》：“嚴敬不敢𢗼（怠）荒。”《逸周書·謚法》：“外内從亂曰荒，好樂怠政曰荒。”經籍亦假“遑”爲“荒”。《詩經·商頌·殷武》：“不敢怠遑。”鄭玄箋：“遑，暇也，不敢怠惰自暇於政事。”乃望文生義，此銘足正其誤。

26.　若［ruò］　而灼切　鐸日入

【析形】

“若”字甲骨文作，金文或增口作。《鄦大史申鼎》作，《中山王嚳鼎》作，其形已變。

【釋義】

㊀　順。《鄦大史申鼎》：“子孫是若。”《詩經·小雅·大田》：“曾孫是若。”鄭玄箋：“若，順也。”

㊁　吉利，順利。《甲骨文合集》33694：“癸酉貞：日月又食，隹若？癸酉貞：日月又食，非若？”

㊂　如，象。《者減鐘》：“若召公壽，若參壽。”

㊃　代詞，如此，這樣。《大盂鼎》：“王若曰：……”《尚書·商書·盤庚》：“王若曰：……”“王若曰”猶言“王是這樣説的”。

㊄　介詞，猶“之”“其”。《毛公鼎》：“告余先王若德。”意謂以先王之德告余。有的語法學家將此類介詞稱爲結構助詞。

㊅　語氣詞。《小盂鼎》：“雩（粵）若翌日乙酉。”《尚書·虞夏書·堯典》：“曰若稽古帝堯。”蔡沈《集傳》：“‘曰若’者，發語辭。”

27.　折［zhé］　食列切　月章入

【析形】

《説文·一下》：“，斷也。从斤斷艸。……，籀文‘折’，从艸在中，寒故折。，篆文‘折’，从手。”“折”字甲骨文作、，从斤斷艸或从斤斷木。金文多从斤斷艸，作、。《齊侯壺》字作、，在上下兩之間加入，以指其斷折之處，與《説文》籀文同。乃指示性符號，許慎傅會爲（水），非是。《毛公鼎》字作，省爲；《折觥》字作，更省作。《中山王礜鼎》作，从斤斷木，却將移到的上邊了，指示意義已不顯。篆文从，乃由兩相連與形近致訛。

【釋義】

㊀　斷，斬。《虢季子白盤》：“折首五百。”《逸周書·克殷》：“以黄鉞折，縣諸大白。”孔晁注：“折，絶其首。”

㊁　杜絶，堵塞。《毛公鼎》：“母（毋）折威（緘）。”于省吾曰：“《家語·賢君》：‘忠士折口。’注：‘折口，杜口。’‘毋折緘’謂毋閉口不言也。”（見《雙劍誃吉金文選》）

㊂　通“誓”。《齊侯壺》：“于大無（巫）嗣折（誓）于（與）大嗣命用璧。”“大無嗣誓”、“大嗣命”皆爲神名。

㊃　通“哲”，明智，賢明。《中山王礜鼎》：“於虖，折（哲）孷（哉）！”

28.　莫［mù］　莫故切　鐸明入

【析形】

“莫”字甲骨文作或，金文只从作，以日在艸莽之中會日將昏暗之意，爲“暮”之初文。

【釋義】

㊀　傍晚。《越王鐘》：“夙莫不貳（忒）。”

㊁　通“墓”。《散盤》：“以西至于隹莫。”

㊂　否定性無定代詞，猶言“没有誰”“没有什麽”，音 mò。《晉公盞》：“莫不來

国。”《中山王礜壺》:“不羊(祥)莫大焉。”

29. 少［shǎo］ 書沼切 宵書上

【析形】

“少”字甲骨文作，作四小點，無从丿者。金文《嘉鼎》作也不从丿。《鄦侯段》字作，《蔡侯䵼盤》字作，方从丿。于省吾曰:“‘少’字的造字本義，係于‘’字下部附加一個小點，作爲指事字的標志，以別于‘小’，而仍因‘小’字以爲聲。”(見《甲骨文字釋林·附録》)《中山王礜鼎》:“而皇(況)才(在)於孚君虗(乎)”構形作，以文例推之，非“小子”合文，當爲“少”字異構。同銘“事孚女(如)掁(長)”,“孚”亦“少”字，从子小，小亦聲。

【释義】

㈠ 小。《戰後南北所見甲骨錄》明 490:“貞少牢，卯牛?”它辭多稱“少牢”爲“小牢”。《蔡侯鐘》:“余唯(雖)末少子。”“少子”即“小子”。

㈡ 不够。《厜氏扁壺》:“三斗少半。”“今三斗二升少半升。”此爲校對量器時的刻銘。

㈢ 年幼，讀 shào。《嘉鼎》:“余鄭邦之産，少去父母。”《中山王礜鼎》:“事孚(少)女(如)掁(長)，事愚女(如)智。”

㈣ 通“炒”。《酓志盤》:“鋌(室)盥(鑄)少(炒)盤。”

30. 分［fēn］ 甫文切 文滂平

【析形】

“分”字甲骨文作、，金文作。《説文·二上》:“分，别也。从八从切，刀以分别物也。”

【释義】

㈠ 分配。《鬲攸从鼎》:“射(謝)分田邑。”

㈡ 珍寶之器，讀 fèn。《左傳·昭公十二年》:“四國皆有分，我獨無有。”杜預注:“分，珍寶之器。”陸德明《釋文》:“分，扶問反。”

31. 尔［ěr］ 兒氏切 支日上

【析形】

“尔”字甲骨文未見，金文目前僅見于《中山王礜鼎》，形作，左右兩畫帶裝飾性曲筆。小篆作尒，《説文·二上》："尒，詞之必然也。从入丨八，八象气之分散。"隸變後寫作"尒""尔"。

【釋義】

第二人稱代詞，你。《中山王譽鼎》："母（毋）忘尔邦。""尔母（毋）大而恷（肆）。"

32.　曾［zēng］　昨稜切　蒸精平

【析形】

"曾"字甲骨文作曾，金文《中甗》同，它器皆作曾或曾，从八（八）从田从甘（口）。許慎據小篆作曾解爲从八从曰，囪聲，非是。朱芳圃曰："'曾'即'甑'若'甑'之初文，象形。……甑甗以炊飯，與鼎以烹肉同。其器下體承水，上體盛飯，中設一箅，金文'曾'字从田即象其形。"上出之八、八、八疑象蒸氣之形。

【釋義】

㊀　國名，地名。《昜鼎》："使于曾。"《中甗》："王令中先省南國貫行，𤔲应在曾（曾）。"

㊁　通"增"，增加。《輔師嫠𣪘》："今余曾（增）乃令（命），易（賜）女玄衣黹屯（純）。"《衛𣪘》："王曾（增）令衛，易（賜）赤市攸勒。"

㊂　祭名，經籍通作"贈"。《段𣪘》："戊辰，曾（贈）。"《周禮·春官·男巫》："冬堂贈。"杜子春云："堂贈謂逐疫也。"鄭玄注："冬，歲終，以禮送不祥及惡夢皆是也。"

㊃　讀 céng，副詞，表示事出意外或已達到某種極限，相當于"竟"，多用于否定詞之前。《中山王譽壺》："旃（故）邦亡（亡）身死，曾亡𠤎（一）夫之𢦏（救）。"《詩經·衛風·河廣》："誰謂河廣，曾不容刀。"

33.　尚［shàng］　時亮切　陽禪去

【析形】

"尚"字甲骨文未見，金文作尚、尚、尚，从八从冋，八或作八，冋或作冋，口與甘在古文字中作偏旁常相混。

【釋義】

㊀　副詞，還。《叔趯父卣》："唯女倐䳭（其）敬辪（乂）。乃身，母（毋）尚爲小子。"

㊁　尊崇。《中山王譽壺》："節于醺醑，可灋（法）可尚。"

㊂　法。經籍通作“常”。《陳侯因資鐘》：“永爲典尚（常）。”《國語·越語》：“無忘國常。”韋昭注：“常，舊法。”

㊃　守。經籍通作“常”。《陳公子甗》：“子子孫孫是尚（常）。”《詩經·魯頌·閟宮》：“保彼東方，魯邦是常。”鄭玄箋：“常，守也。”

㊄　經常。經籍通作“常”。《𢦏方鼎二》：“則尚（常）安永宕乃子𢦏心。”

㊅　通“當”。《曶鼎》，“弋（必）尚（當）卑（俾）處氒（厥）邑。”

34.　㒸［suì］　徐醉切　物邪入

【析形】

甲骨文每見有豕形文而腹中橫貫以矢者，如、、，《戊辰彝》有“一”之文，歷來皆釋爲“彘”，名詞。金文又有作、、、者，結構與“彘”類似，在銘文中皆用爲墜失之意。豕中矢即倒地，高墜之意或由此而得。小篆上部之係由上之入分離而生的訛變。“㒸”即“墜”之初文，“墜”乃後起形聲字。

【釋義】

同“墜”，喪失，違失。《毛公鼎》：“女母（毋）敢㒸，才（在）乃服（服）。”《秦公鎛》：“剌剌（烈烈）卲（昭）文公、静公、憲公，不㒸于上。”《尚書·周書·君奭》：“殷既墜厥命，我有周既受。”

35.　必［bì］　卑吉切　質幫入

【析形】

“必”字甲骨文未見，金文作，郭沫若謂乃“柲”之本字，从，八聲，即柲之象形，从木之“柲”是後起形聲字。

【釋義】

㊀　同“柲”，戈矛之柄。《師毀毀》：“易（賜）女戈戠（琱）㦰韍必（柲）彤沙（緌）十五鍏。”《周禮·考工記》：“廬人爲廬器，戈柲六尺有六寸。”鄭玄注：“柲，猶柄也。”

㊁　副詞，一定。《新郪虎符》：“凡興士被甲，用兵五十人㠯上，必會王符乃敢行之。”

36.　余［yú］　以諸切　魚喻平

【析形】

《説文·二上》:“余,語之舒也。从八,舍省聲。⿱余余,二余也,讀與余同。”“余”字在甲骨文及西周金文中作,春秋以後始有从八作者。容庚先生曰:“‘今’为‘余’之古文,‘余’字从此。《説文》‘余’从八,舍省聲,非。”《説文》所錄之“⿱余余”乃“余”之異體字,古文字中構字部件每單複無别,如《𩵦伯𣪘》之“𩵦”作“⿰弓䲆”,而同出之《𩵦伯盤》作“𩵦”。此“⿱余余”之與“余”,猶“䲆”之與“魚”。《中山王𠙵鼎》字作,三體石經《尚書·多士》“余”字古文作,似从舍聲,或即《説文》“舍省聲”之所本。

【釋義】

用作第一人稱代詞。《殷虚書契前编》1.25.3:“己亥卜,王:余弗其子帚(婦)姪子?”《嘉鼎》:“余鄭邦之産。”《士父鐘》:“降余魯多福亡彊(疆)。”《越王鐘》:“順(訓)余子孫,萬枼(世)无疆。”

37. 牡[mǔ] 莫厚切 幽明平

【析形】

“牡”字許慎謂从牛土聲,段玉裁曰:“按土聲求之,叠韵雙聲皆非是。”甲骨文作,郭沫若謂“牡”从士,士亦聲,士(丄)爲牡器之象形。(詳見《甲骨文字研究·釋祖妣》)按“士”字古音在之部,與“牡”字古音在幽部,相隔極近。西周《剌鼎》字作,即从土。然戰國中山王墓出土的《胤嗣好蚉壺》字作,从馬从土,則訛士爲土由來已久。

【釋義】

公牛。《殷契佚存》2.632:“庚子卜,行貞:其又于匕(妣)庚牡?”《剌鼎》:“用牡于大室。”按,《説文·二上》:“牡,畜父也。”以牡爲雄性獸之通稱,這是後起義。在甲骨金文中别有(羘)指公羊,(麡)指公鹿,(豭)指公豬,(駐)指公馬,“牡”與“羘”“麡”“豭”“駐”各有所指,並非一般的異體字。

38. 牢[láo] 魯刀切 幽來平

【析形】

“牢”字甲骨文作,金文作,爲養畜圈之象形,《説文》以爲从冬省,誤。

【釋義】

㊀ 經過特殊飼養的牛牲。《小屯南地甲骨》1116:“辛巳卜,貞:來辛卯酌河十牛,卯十牢?”

㈡ 養畜之圈。《貉子卣》:“𣪘(治)王牢于廄,咸宜。”《周禮·地官·充人》:“充人掌繫祭祀之牲牷,祀五帝,則繫于牢。”

39. 告[gào] 古奥切 覺見入

【析形】

“告”字甲骨文作,或作,金文作,劉心源謂“‘告’實‘牿’之最初字(‘告’已从牛,‘牿’又从爲贅),凵象檻穽形。牛陷入凵爲‘告’”(見《奇觚室吉金文述》卷三)《中山王礨鼎》字作,凵變爲𠙴。《五祀衛鼎》作,𡳿乃牛之訛,猶“告”字隸變之後不再从牛。後多借爲祝告、禀告字,本義反晦。

【釋義】

㈠ 祭名。《殷契佚存》115:“癸亥卜,㝉貞:酢大甲,告于且乙一牛? 八月。用。”

㈡ 禱告。《矢令彝》:“丁亥,令矢告㐅(于)周公宫。”

㈢ 報告。《甲骨文合集》6057:“沚𢦔告曰:土方𨒅(征)于我東啚(鄙)。”《琱生毁》:“寢氏㠯(以)壺(符)告曰……”

㈣ 告訴,告誡。《中山王礨壺》:“祗祗翼,卲(昭)告後嗣。”

㈤ 訟告。《鬲攸从鼎》:“鬲从㠯(以)攸衛牧告于王曰……”

㈥ 通“造”。《王子申豆》:“郢□貣(府)所告(造)。”

40. 名[míng] 武並切 耕明平

【析形】

“名”字甲骨文作,金文作,皆从口从夕,與小篆同。

【釋義】

㈠ 事物的稱號。《秦公鐘》:“乍(作)盄(淑)龢鐘,氒(厥)名曰𥇛邦。”用作動詞則爲“取名”之意。《吉日壬午劍》:“䑣余名之,胃(謂)之少虡。”

㈡ 簽名。《琱生毁》:“今余既一名。”郭沫若曰:“一名,以文理推之,蓋謂簽名畫押之類。”(見《兩周金文辭大系考釋·召伯虎毁》)

㈢ 通“銘”。《邾公華鐘》:“眘(慎)爲之名(銘)。”

41. 吾[wú] 五乎切 魚疑平

【析形】

“吾”字甲骨文未見，金文从口五聲。五，或作、。

【釋義】

㊀ 第一人稱代詞。《沈子𣪕》：“拜𩒨首，敢𠬝卲（昭）告朕吾考令（命）。”“朕”“吾”同義連用。于省吾曰：“朕吾，複詞。《少民劍》：‘朕余名之。’”《叔夷鐘》：“女以卹余朕身。”“余”“朕”亦同義連用。

㊁ 通“敔”，禁禦。《毛公鼎》：“以乃族干吾（敔）王身。”干吾，經籍亦作“扞禦”。

42. 哲［zhé］ 陟列切 月端入

【析形】

《説文·二上》：“哲，知也。从口折聲。，哲或从心。，古文哲，从三吉。”“哲”字甲骨文未見，金文多作，从心㪿聲。“㪿”字字書未見，疑是“折”之變體，或即相連增畫所致。《王孫鐘》作，乃之横寫變異。《克鼎》作，《牆盤》作，疑从悳（德）折省聲，从德與从心義近。銘文中“哲”字或假他字爲用，如《井人妄鐘》假（質）爲哲，《番生𣪕》假（誓）爲哲，《中山王礜鼎》假（折）爲哲。容庚先生曰：“《説文·心部》：‘悊，敬也。’王引之以伯虔字子析證之，則《心部》乃‘㪿’字非‘悊’字，蓋傳寫之訛。”（《金文編》卷二）

【釋義】

明智。《師望鼎》：“不（丕）顯皇考寛公穆穆克盟氒（厥）心，悊（哲）氒（厥）德。”《尚書·虞夏書·皋陶謨》：“知人則哲。”

43. 君［jūn］ 舉云切 文見平

【析形】

“君”字甲骨文作，上部爲以手持杵之形，金文《天君鼎》作，《𤔲妃𣪕》作，猶存其意。到後來變作，左右對稱，以手持杵之形遂失。《説文》“君”字古文作，乃之變體，許慎解爲“象君坐形”，未得。

【釋義】

㊀ 邦族之首領或封君。《甲骨續存》1.1507：“辛巳卜，疑貞：多君弗言，余其㞢于庚？亡祀。九月。”《小盂鼎》：“隹（唯）八月既𦣻（望），辰才（在）甲申，沬爽（昧爽），

三左三右多君入服酉(酒)。”《班𣪘》:“王令毛公㠯邦冢君、土(徒)、馭、𢦏人伐東或(國)㾓戎。”

㈡　國君。《叔夷鐘》:“夷敢用拜䭫首,弗敢不對揚朕辟皇君之易(賜)休命。”

44.　命[mìng]　眉病切　耕明平

【析形】

“命”字甲骨文皆作“令”,金文或增口作“命”。

【釋義】

㈠　命令。《殷虚文字乙編》3121:“貞:羽甲戌河不令(命)雨?”《青川木牘》:“王命丞相戊(茂)、内史匽。”

㈡　差使。《善夫克鼎》:“王命善夫克舍令于成周遹正八𠂤(師)之年。”《尚書·虞夏書·堯典》:“乃命羲和,欽若昊天。”

㈢　使命。《毛公鼎》:“不(丕)顯文武,皇天引猒氒(厥)德,配我有周,雁(膺)受大命。”

㈣　政令。《蔡侯鐘》:“爲命祗祗。”《禮記·緇衣》引《尚書·甫刑》:“苗民匪用命。”鄭玄注:“命謂政令也。”

㈤　生命。《歸父盤》:“霝命難老。”《齊鎛》:“用旂(祈)侯氏永命萬年。”

㈥　賞賜。《獻彝》:“朕辟天子、𪊨白令(命)氒(厥)臣獻金車。”《康鼎》:“命女幽黄。”《禮記·玉藻》:“一命緼韍幽衡,再命赤韍幽衡,三命赤韍葱衡。”

45.　召[zhào]　直少切　宵章平

【析形】

“召”字甲骨文有簡繁兩式,簡式作,繁式作、。金文同,或作,或作、。召,从口刀聲。𩰫,以召爲聲符,其餘部件的含義尚難確切説明。

【釋義】

㈠　召唤,呼唤。《克鐘》:“王乎(呼)士曶召克。”《大鼎》:“王召走馬雁令取𦳅騆馬卅二匹易(賜)大。”《詩經·小雅·出車》:“召彼僕夫,謂之載矣。”

㈡　召請。《伯公父簠》:“我用召卿吏(事)辟王,用召者(諸)考者兄。”《淮南子·脩務訓》:“楚人有烹猴而召其隣人。”高誘注:“召猶請也。”

㈢　輔相,輔助。《師害𣪘》:“以召其辟。”《爾雅·釋詁》:“詔、相、導、左、右、助,勴也。”“詔”“召”音同，古通用。銘文“召”字每與“夾”字連言，或作“夾召”，如《師詢毁》：“用夾䎣（召）氒（厥）辟，奠大命。”或作“召夾”，如《大盂鼎》：“迺𩁹（召）夾死（尸）嗣戎。”或“召”“匹”連用，如《晉姜鼎》：“用䜭（召）匹辝（台）辟。”“夾”與“匹”皆有輔佐之意。

㊃　地名，音 shào。《殷虚書契前編》2.22.1：“乙巳卜，貞：王徝于䜭（召），㞢（往）來亡𡿧（災）？才（在）九月。”

㊄　姓氏名，音 shào。《大史友甗》：“大史友乍䎣（召）公寶尊彝。”

46.　唯［wéi］　以水切　微喻平

【析形】

甲骨文、金文皆从口隹聲，與小篆同。又或以“隹”爲“唯”。

【釋義】

㊀　句首語氣詞。《殷虚書契前編》2.15.3：“癸巳貞：王旬亡𡆥？才（在）二月，才（在）齊餗，隹（唯）王來正（征）尸方。”《段毁》：“唯王十又亖（四）祀，十又一月丁卯。”

㊁　句中語氣詞。《沈子毁》：“用妥（綏）公唯壽。”有時“唯”有提示賓語前置的作用，如《曶鼎》：“弋（必）唯朕囷賞（償）。”意即“必償朕禾”。

㊂　有。《沈子毁》：“其丮（劇）哀乃沈子也唯福。”經籍或作“惟”、“維”。王引之《經傳釋詞》卷三：“《書·酒誥》曰：‘我聞惟曰。’‘我聞亦惟曰。’皆言我聞有此語也。《詩·六月》曰：‘比物四驪，閑之維則。’言閑之有法也。”

47.　哉［zāi］　祖才切　之精平

【析形】

“哉”是一個形聲字，从口𢦏聲。“𢦏”字小篆作𢦏，係从扌（才）得聲。“哉”字甲骨文未見，金文作𢦔，又或用“𢦏”“𢦒”爲“哉”。

【釋義】

㊀　語氣詞，多用于句末表示感嘆。《禹鼎》：“烏虖哀𢦏（哉）！”《郾侯載毁》：“郾侯庳（載）畏（威）夜（夷）恖（淑）口哉！”《中山王譽壺》：“烏虖，夋（允）𢦒（哉）若言！”

㊁　通“載”，記載。《邾公華鐘》：“元器其舊，哉（載）公釁（眉）壽，鼄邦是保。”鼄，國名，經籍通作“邾”。

48.　台［yí］　與之切　之喻平

【析形】

《説文·二上》:“台,説也。从口㠯聲。”依此説解,“台”即後來的“怡”。徐鍇曰:“《史記序傳》:‘諸吕不台’作此字,言不爲人所怡悦也。”

【釋義】

㊀　同“怡”。《邾王子旃鐘》:“兼台(怡)父甠(兄)庶士。”《越王鐘》:“匃(恬)台(怡)鼓之,夙莫(暮)不貣(忒)。”

㊁　第一人稱代詞。《鄦侯戴段》:“祗敬禧祀,休台馬齍皇母。”《爾雅·釋詁》:“台,我也。”

㊂　動詞,用,經籍通作“以”。《齊鎛》:“余彌心畏誋,余亖(四)事是台(以)。”《楚辭·九章·涉江》:“忠不必用兮,賢不必以。”

㊃　介詞,經籍通作“以”。《陳侯午錞》:“墜侯午台(以)羣者(諸)侯獻(獻)金,乍(作)皇妣(妣)孝大妃祭器鐭錞。”

49.　咸［xián］　胡監切　侵匣平

【析形】

《説文·二上》:“咸,皆也,悉也。从口从戌。戌,悉也。”“咸”字甲骨文作、、等形,从口从斧鉞形。金文《咸父乙段》作,斧鉞之形特顯。《秦公段》作,就不象斧鉞之形了。《國差罏》作,訛作。“咸”之本義當爲殺,从斧鉞形取意。《尚書·周書·君奭》:“咸劉厥敵。”《逸周書·克殷》:“則咸劉商王紂。”《爾雅·釋詁》:“劉,殺也。”此“咸”“劉”連言,“咸”亦當訓殺;若訓皆,則僅殺紂一人,不當言“咸劉”。許慎以“悉”“戌”聲近爲訓,與初文不合,非本義。

【釋義】

㊀　猶今言“已經”“完畢”“結束”。《殷虚文字乙編》6664:“乙巳酌,明雨,伐既雨,咸伐亦雨,施、卯鳥,星(晴)。”《矢令彝》:“明公朝至于成周,出令,……既咸令,甲申,明公用牲于京宫。”

㊁　皆,全,都。《晋公盞》:“余咸畜胤士。”《屭羌鐘》:“武文咸剌(烈)。”

㊂　齊國月名。《國差罏》:“國差立事歲咸丁亥。”

50.　右［yòu］　于救切　之匣上

【析形】

“右”字甲骨文作，象右手形。金文增口作，爲小篆所本。

【釋義】

㈠　方位詞，與“左”相對。《殷虛書契前編》3.31.2：“丙申卜，貞：戰兒ナ(左)(右)中人三百？六月。”《新郪虎符》：“甲兵之符，右才(在)王，左才新郪。”

㈡　長上之稱。《師旂鼎》：“義(宜)播叡(諸)氒(厥)不從氒(厥)右征。”郭沫若曰：“古人尚右，故此以右爲長上之稱。”

㈢　持約劑之右券者。《鬲从盨》：“氒(厥)右鬲从，善夫克。”《禮記·曲禮上》：“獻粟者執右契。”鄭玄注：“契，券要也。右爲尊。”

㈣　輔佑。《矢令彝》：“今我隹(唯)令女二人亢眔矢(左)右玗(于)乃寮目(與)乃友事。”《蔡侯鐘》：“輔右楚王。”

㈤　導侑。《師虎𣪘》：“井白(伯)入右師虎即立(位)中廷。”《爾雅·釋詁》：“右，導也。”

㈥　保祐。《殷虛文字丙編》22：“乙卯卜，㱿貞：王比望乘伐下危，受㞢(有)又(祐)。”《善夫克鼎》：“用匄康勵(樂)屯(純)右(祐)。”

51.　啻［chì］　施智切　錫審入

【析形】

“啻”字甲骨文未見，金文作、，从口帝聲，與小篆同。

【釋義】

㈠　通“嫡”(經籍或作“適”)，讀 dí，意爲繼承。《師虎𣪘》：“啻官嗣左右戲緐荊。”郭沫若曰：“‘啻官嗣’，啻讀爲嫡，官嗣猶言管理，言繼承管理。”《漢書·宣帝紀》：“又賜功臣適後。”注：“適，承嗣者也。”

㈡　通“禘”，祭祀名。《剌鼎》：“辰才丁卯，王啻(禘)，用牡于大室，啻(禘)卲(昭)王。”

㈢　通“帝”。《買𣪘》：“其用追孝于朕皇祖啻(帝)考。”《陳侯因資錞》：“高祖黃啻(帝)。”

㈣　通“敵”。《𧻚鼎》：“𧻚肇從趞征，攻開(𨙑)無啻(敵)。”《㦰𣪘一》：“卑(俾)克氒(厥)啻(敵)。”

52. 吉［jí］ 居質切　質見入

【析形】

“吉”字甲骨文作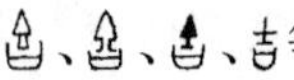等形，金文作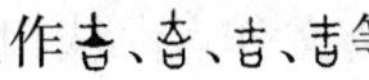等，《伯吉父鼎》省作，于省吾據甲骨文謂上體象句兵之形，下从爲笶盧形，象置句兵于笶盧之中。凡納物于器中者爲防其毁壞，所以堅實之，寶貴之，故引申爲吉利之義。（參見《雙劍誃殷契駢枝三編·釋吉》）

【釋義】

吉利，善。《殷契卜辭》63：“丙辰卜，穷貞：卬？王固曰：吉！其卬。”《毛公鼎》：“敃(愍)天疾畏(威)，嗣兮(余)小子弗彶，邦將害(曷)吉？”《白公父簠》：“其金孔吉，亦玄亦黄。”《沇兒鐘》：“睪(擇)其吉金，自乍(作)龢鐘。”吉金，指質地美好的銅。

53. 周［zhōu］ 職留切　幽章平

【析形】

《説文·二上》：“周，密也。从用口。，古文‘周’字从古文‘及’”“周”字甲骨文作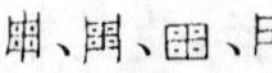等形，皆非“用”字，亦不从口。金文或與甲骨文同構，或增口(从口者較晚出)。《説文》所録古文下部之疑係(口)之缺筆，非从古文“及”字。“周”字訓密，其初文當象田間阡陌縱横、中有種植繁密之形，後益口旁爲象形文之繁形，既非會意，亦非形聲。

【釋義】

㊀　殷商時的方國名。《鐵雲藏龜》36.1：“丁卯卜，貞：周其㞢囚？”《殷契拾掇第二編》164：“癸卯卜，其克𢦏周？”

㊁　王朝名。周武王滅商始建。《克鼎》：“天子其萬年無彊(疆)，保辪(乂)周邦。”《毛公鼎》：“肄皇天亡昊(斁)，臨保我有周。”

㊂　周王朝的都城名。西周先後有兩個政治中心，先是在鎬京稱宗周，其後周成王遷至洛邑稱成周。銘文中宗周、成周常簡稱周。因此，弄清銘文中的“周”究竟是宗周還是成周，要據具體情況判定。《保卣》：“遘于三(四)方迨王大祀，祓于周。”《保卣》是成王時器，則此“周”當是成周。《應侯鐘》：“王歸自成周，雁侯見工遺王于周。”前已言“王歸自成周”，則此“周”當指宗周。

㊃　通“琱”，刻鏤。《麥尊》：“侯易(賜)玄周(琱)戈。”《漢書·郊祀志下》記美陽所得古鼎銘文曰：“賜爾旂鸞黼黻琱戈。”顔師古注：“琱戈，刻鏤之戈也。”

54. 唐［táng］ 徒郎切 陽定平

【析形】

“唐”字甲骨文作、，金文作皆从口庚聲。

【釋義】

㊀ 商王名，又稱大乙。《殷契佚存》873：貞：钔自唐、大甲、大丁、且（祖）乙百羌百宰？或作“成唐”，周原甲骨：“王其加（昭）祭成唐。”《叔夷鐘》：“尸（夷）篾其先舊，及其高祖，虩虩（虩虩）成唐，又（有）敢（嚴）才（在）帝所。”經籍通作“湯”或“成湯”。《史記·殷本紀》：“主癸卒，子天乙立，是爲成湯。……自契至湯八遷。”

㊁ 春秋國名，姬姓，故地在今湖北隨州市西北唐城鎮。《唐子祖乙爵》：“唐子且（祖）乙。”

55. 各［gè］ 古洛切 鐸見入

【析形】

“各”字甲骨文作、，爲足，、爲居所之象（上古穴居），“各”即象足向居所走來，故有來到之意。或增彳作“徦”，金文尚有增辵作“逄”或增走作“趦”者，使其本義益顯。

【釋義】

㊀ 到，來。《厚趠方鼎》：“隹（唯）王來各于成周年。”經籍多假“格”字爲之。《尚書·虞夏書·堯典》：“光被四表，格于上下。”鄭玄注：“言堯德光耀及四海之外，至于天地。”

㊁ 祭祀名。《殷虛文字甲編》663：“王其各于大乙，升伐不冓雨？”

㊂ 感通。《寧毁》：“其用各百神。”《尚書·周書·君奭》：“成湯既受命，時則有若伊尹，格于皇天。”屈萬里注：“格于皇天，意謂其德能感動天帝。”經籍亦假“格”字爲之。

㊃ 通“落”。《殷契粹編》1278：“□钔各日，王受又？”陳夢家謂“各日”即“落日”。（參見《殷虛卜辭綜述》第573頁）

㊄ 通“客”。《越王鐘》：“台（以）樂虞（吾）家，歆（喜）而（爾）賓各（客）。”

56. 喪［sàng］ 息郎切 陽心平

【析形】

于省吾謂甲骨文喪亡之喪皆假桑字爲之。“桑”爲採桑之桑之本字，其形作、、等，異構甚繁。周代金文《大盂鼎》“古(故)桑自”，仍假桑(字作)爲喪。《旅作父戊鼎》(商器)作，《毛公鼎》作，《量侯段》作，皆从桑亡聲，已變爲形聲字了。《説文》：“喪”字作，並謂：“喪，亡也，从哭亡聲。”許慎謂从亡聲是對的，但以从桑爲从哭則誤。(参見《甲骨文字釋林·釋桑》)《牆盤》字作，从走桑聲；《井人妄鐘》作，在“喪”字的基礎上再加意符“走”，此皆爲“喪”之繁構。

【釋義】

㊀ 喪失，滅亡。《殷虚文字甲編》381：“壬戌卜：不桑(喪)衆?”《毛公鼎》：“無唯正䎽(昏)，引其唯智(智)，迺唯是喪我或(國)。”

㊁ 災禍。《禹鼎》：“用天降大喪于二或(國)，亦唯噩侯駿方率南淮尸(夷)東尸(夷)廣伐南或(國)東或(國)，至于歷内。”《師訇段》：“天疾畏(威)降喪。”

㊂ 通“爽”，明。《井人妄鐘》：“妄害害(憲憲)聖趣(爽)。”《牆盤》：“害(舒)屖(遲)文考乙公徭(競)趣(爽)。”

57. 歸[guī] 舉韋切 微見平

【析形】

“歸”字甲骨文作、等形，从帚自聲。金文或增意符彳作，或增辵作。《歸父盤》作，所从之乃自之形訛。《曾侯乙鐘》作，从言(亦即“音”字)，爲律名之專字。

【釋義】

㊀ 返回。《殷虚書契前編》8.6.3：“戊寅，子卜：丁歸在川人?”《矢令彝》：“明公歸自王。”(王，王城。)

㊁ 通“饋”，贈送。《貉子卣》：“王令士道歸(饋)貉子鹿三。”《左傳·閔公二年》：“歸公乘馬，祭服五稱，……歸夫人魚軒，重錦三十兩。”

㊂ 國名。《𠦪伯段》：“己未，王命中(仲)致歸𠦪白(伯)貂裘。”郭沫若曰：“歸𠦪伯當連讀，即歸國之𠦪伯也。下兩言歸夆，即自標其國族與名，而𠦪伯則其號。古有歸子國，其故地即今湖北秭歸縣。”(見《兩周金文辭大系考釋·𠦪伯段》)

58. 登[dēng] 都縢切 蒸端平

【析形】

甲骨文“登”字作、、、等形。金文“登”或从豆从収作，或从从豆从収作。《十年陳侯午錞》从豆从二作；《姬鼎》作，从从豆从収从米；《登伯盨》作，當是之訛變，爲豆之省；《登觚》作，从鼎不从豆，豆、鼎皆表聲偏旁。《班段》作从(阜)，爲“登”之異構。

【釋義】

㊀ 升，由下而上。《散盤》：“龚(登)于厂湶。”

㊁ 就職。《班段》：“毓文王、王姒聖孫，隥(登)于大服，廣成氒(厥)工。”

㊂ 通“徵”，召集。《殷虚書契續編》1.10.3：“貞：登人三千乎伐方，受㞢又？”

㊃ 通“烝”，泛指祭祀。《陳侯因資錞》：“以龚以嘗。”《詩經·小雅·楚茨》：“絜爾牛羊，以往烝嘗。”“烝”“嘗”本是兩種祭祀的專名，《禮記·祭統》：“凡祭有四時：春祭曰礿，夏祭曰禘，秋祭曰嘗，冬祭曰烝。”銘文及前引《詩》句均非特指冬祭，乃泛指祭祀。

㊄ 通“鄧”，國名。《鄧伯氏鼎》：“隹(唯)龚(鄧)八月初吉。”據文獻，鄧國在今河南鄧縣，曼姓。然陝西周至出土有《鄧孟壺》，武功出土有《鄧伯氏鼎》，均西周晚期之器，則西周之鄧很可能在陝西境内。又據傳世的《復公子段》稱“作我姑鄧孟媿媵段”，陳夢家以爲此鄧國是媿姓。

59. 歲［suì］ 相锐切，月心入

【析形】

“歲”字甲骨文作、、、、、、、等，其形可分爲四類：第一類象斧鉞之形，第二類在斧鉞形基礎上增飾兩短畫，第三類在斧鉞形基礎上增兩形，第四類在斧鉞形基礎上增形。金文中未見第一類，《利段》作，與第二類極近。《曶鼎》作，《毛公鼎》作，由第三類演變而成，即爲《説文》之“从步戌聲”所本。楚器上常見的“戢”字下部之“月”即從第四類之形演變而來。

【釋義】

㊀ 祭祀的一種，唐蘭以爲當讀爲劌，謂割牲以祭。《小屯南地甲骨》1116：“癸巳卜，貞：又上甲歲？”

㊁ 泛指祭祀。《毛公鼎》：“用歲用政(征)。”

㊂ 歲星，今稱木星。《利段》：“歲鼎，克聞(昏)夙又(有)商。”《國語·周語下》：

“昔武王伐殷，歲在鶉火。”韋昭注：“歲，歲星也。”

㈣　時間的單位，義同“年”。《曶鼎》：“乃來歲弗賞（償），則貿（付）卌秭。”《陳純釜》：“陳猷立事歲。”

㈤　年成。《曶鼎》：“昔饉歲。”《左傳·昭公三十二年》：“閔閔焉如農夫之望歲。”

60.　此［cǐ］　雌氏切　支清上

【析形】

“此”字甲骨文作、等形，以脚趾與一側身人形會脚步到此停止之意。金文字體作，小篆沿作。《説文·二上》：“此，止也。”

【釋義】

㈠　通“柴”，祭祀名。《殷虛文字甲編》1496：“叀（唯）此（柴）又（有）又（祐）？”

㈡　指示代詞，這。《南彊鉦》：“余冉鑄此征鏙。”《中山王嚳鼎》：“此易言而難行施（也）。”

61.　正［zhèng］　之盛切　耕章平

【析形】

“正”字甲骨文作、、，下从止，上或爲圓點，或鈎其輪廓作口形。羅振玉謂即“征”之初文。金文“正”字上部絶大多數作填實之圓點或演化爲一短横，作口形者僅屬少數。列國金文“正”字上部往往更添一短横作。《説文》古文作，即在之上增飾一短横。或反書作、，仍爲“正”字，而非“反正爲乏”之“乏”字。

【釋義】

㈠　讀 zhēng，同“征”，出兵進攻。《殷虛文字丙編》52：“貞：王叀侯告比正（征）尸（夷）？”《乙亥鼎》：“唯王正（征）井方。”

㈡　讀 zhèng。

①　正直。《毛公鼎》：“無唯正䎽（昏），引其唯王智（智）。”意謂不分正直與昏庸，一唯王意是從。《論語·憲問》：“晉文公譎而不正，齊桓公正而不譎。”

②　正式，正當。《盠盨》：“氒（厥）非正命，迺敢䀇訊人。”

③　治理，整頓。《大盂鼎》：“匍（溥）有三（四）方，畯正氒（厥）民。”《吕氏春秋·順民》：“昔者湯克夏而正天下。”高誘注：“正，治也。”

④　長官。《大盂鼎》：“隹（唯）殷邊（邊）侯田，雩殷正百辟。”《弭仲簠》：“用鄉

（饗）大正。”《爾雅·釋詁》：“正、伯，長也。”郭璞注：“正、伯皆官長。”

⑤　通“政”，政令，政策。《大盂鼎》：“今我隹（唯）即井（型）亩（稟）玟王正（政）德。”《尚書·商書·湯誓》：“舍我穡事而割正夏。”僞孔傳：“正，政也。言奪民農功而爲割剝之政。”《史記·殷本紀》引作“舍我嗇事而割政”。

62.　是［shì］　承旨切　支禪上

【析形】

“是”字甲骨文未見，金文作、、等形。郭沫若以“是”爲“匙”之初文，言象匙形，从又或一以示其柄，手所執之處也。可備一説。疑“是”字本从（），止聲（是、止古韻同在支部，聲母禪、章相近）。郭謂止乃匙柄之端掛于鼎脣者，爲匙之趾，似可商。

【釋義】

㊀　指示代詞。此，這。《毛公鼎》：“無唯正（昏），引其唯王智（智），廼唯是喪我或（國）。”《蔡侯盤》：“禋享是台（以）。”猶言“以此禋享”。《邾公華鐘》：“龕邦是保。”“是”複指前置賓語“龕邦”，義同“保龕邦”。

㊁　副詞，確實，經籍或作“實”。《中山王嚳壺》：“隹（唯）朕皇祖文、武，趄祖，成考，是又（有）軘（純）悳（德）遺忩（訓），㠯阤（施）及子孫。”《詩經·邶風·燕燕》：“瞻望弗及，實勞我心。”陸德明《釋文》：“實，是也。本亦作‘寔’。”

63.　逹［shuài］　疏密切　物生入

【析形】

“逹”字甲骨文未見，金文作、，从辵率聲。《禹鼎》作，上部四點變作，是受辵的影響而産生的形變，《庚壺》更變作，實皆从止率聲。字或亦假“率”爲之。

【釋義】

㊀　統領，率領。《禹鼎》：“亦唯噩侯駿方逹南淮尸（夷）東尸（夷）廣伐南或（國）東或（國）。”經籍通作“率”。《左傳·宣公十二年》：“率師以來，惟敵是求。”

㊁　語氣詞。《驫羌鐘》：“氒（厥）辟韓宗敵逹征秦迮齊。”《尚書·商書·湯誓》：“夏王率遏衆力，率割夏邑。有衆率怠弗協。”孫星衍疏：“此三‘率’字，借爲‘聿’。‘聿’者，《文選·江賦》注引薛君《韓詩章句》云：‘辭也。’”

64.　述［shù］　食聿切　物船入

【析形】

“述”字甲骨文未見，金文作、，《金文編》據三體石經“遂”字古文作而定爲“遂”字。然聲符與豙形體相去甚遠，而與朮形相近，故當釋爲“述”字，銘文或假借爲“遂”。在經籍中从朮得聲的字可與“遂”字相通假。《春秋·文公十二年》“秦伯使術來聘”之“術”，《公羊傳》作“遂”。《禮記·月令》：“審端徑術。”鄭玄注：“術，《周禮》作‘遂’。”

【釋義】

㊀　循。順着。依照。《小臣𧻚𣪕》：“唯十又一月，遣自𠤔𠂤述東陕伐海眉。”《詩經·邶風·日月》：“報我不述。”毛傳：“述，循也。”

㊁　通“隊”（墜），墜失。《大盂鼎》：“我䎽（聞）殷述（墜）令（命）。”《尚書·周書·酒誥》：“今惟殷墜厥命。”

㊂　通“遂”，進。《無叀鼎》：“王各（格）于周廟，述（遂）于圖室。”《周易·大壯》：“羝羊觸藩，不能退，不能遂。”孔穎達《正義》：“退謂退避，遂謂進往。”

㊃　副詞，于是，就。經籍通作“遂”。《中山王䜌壺》：“旃（故）邦亡身死，曾亡𠦃（一）夫之𢦏（救），述（遂）定君臣之䇹（位）。”

65.　進［jìn］　即刃切　真精去

【析形】

“進”字甲骨文作，从隹从止會意，隹亦聲。金文作，从隹从辵，隹亦聲。古文字之“進”未見从閵者，《説文》云“从辵閵省聲”，非是。

【釋義】

㊀　提拔，引薦。《𥃝卣》：“𥃝啟進事。”（𥃝開始被提拔任職。）《中山王䜌壺》：“進孯（賢）散（措）能。”《國語·晉語九》：“獻能而進賢，擇材而薦之。”

㊁　進獻。《兮甲盤》：“淮尸（夷）舊我𧴤（帛）畮（賄）人，母（毋）敢不出其𧴤、其責（積）、其進人。”進人，指進貢給朝廷的力役。

66.　逆［nì］　宜戟切　鐸疑入

【析形】

“逆”字甲骨文作、、等形，从辵（或从彳、从止）屰聲。屰（）爲倒人之象形。

金文《㝬鐘》作，其倒人之形仍顯，其餘多已變形而作、、等。《鄂君啟舟節》作，與小篆相差無幾了。

【釋義】

㊀　迎。《金璋所藏甲骨卜辭》508："貞：𢀛方其來，王逆伐？"《殷虛文字甲編》896："壬戌貞：王逆𠂤以羌？"《㝬鐘》："𠬝𤔲（子）廼遣閒來逆卲（昭）王。"《國語·晉語二》："吕甥逆君於秦。"

㊁　"順"的反義詞。《曶鼎》："才（在）王廷廼賣（贖）用𤔲，不逆。"不逆就是順；此銘指合法。《釋名·釋言語》："逆，不順也。"

㊂　通"遡"。《同𣪘》："𠂢（厥）逆（遡）至于玄水。"《左傳·哀公四年》："吴將遡江入郢。"杜預注："逆流曰遡。"

67.　遘［gòu］　古候切　侯見去

【析形】

"遘"字甲骨文作、、等形，从辵（或从彳、从止）冓聲。或又假"冓"爲"遘"。金文多爲从辵冓聲，或从彳冓聲。

【釋義】

㊀　遇，逢。《殷契粹編》174："丙申卜，又歲于大丁，不冓（遘）雨？"《保卣》："遘于三（四）方迨（會）王大祀，祓于周。"《尚書·周書·洛誥》："惠篤叙，無有遘自疾。"

㊁　祭祀名。《鄴中片羽三集》1.32："才（在）正月，冓（遘）于妣丙，彡日，大乙奭。隹王二祀。"《卬卣》："遘于妣丙，彡日，大乙奭。"

㊂　通"媾"，姻親。《克盨》："隹（唯）用獻于師尹、倗友、𡢁（婚）遘（媾）。"《周易·賁》："賁如皤如，白馬翰如。匪寇，婚媾。"

68.　通［tōng］　他紅切　東透平

【析形】

"通"字甲骨文作、等形，从辵或从彳，用聲。金文作、，形符仍繼承辵，彳兩種形式，聲符則繁化爲、、即小篆之所本。

【釋義】

㊀　無窮。《頌壺》："用追孝𪉷（祈）匄康𧊒屯（純）右（佑），通彔（禄）永令（命）。"《周易·繫辭上》："往來不窮謂之通。"

㊁　通“踊”。《九年衛鼎》:“舍……爨(業)烏禰(踊)皮二。”

㊂　國族名。《殷契粹編》1193:“乙未卜貞:乙巳□王𦎫𢓊(通),受又? 十二月。”

69.　遣[qiǎn]　去衍切　元溪上

【析形】

“遣”字甲骨文作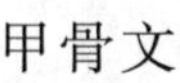,金文作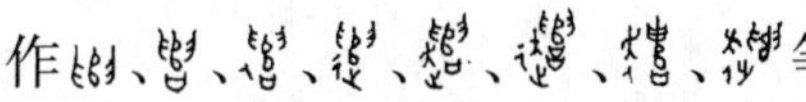等,可以看出,諸體中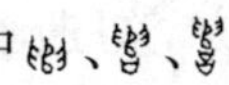是主體部分,益口、吕者爲其繁形,後孳乳爲,从辵𠳋聲,爲小篆之所本。其餘从彳、从走,與从辵同義。从、从,乃从辵从走相混所致。

【釋義】

㊀　派遣。《㝬鐘》:“𠬝(子)迺遣閒來逆卲(昭)王。”

㊁　調遣,引申爲率領。《明公尊》:“唯王令明公遣三族伐東國。”

㊂　通“譴”,過錯。《大保𣪕》:“大保克敬亡遣(譴)。”

70.　遹[yù]　余律切　質喻入

【析形】

“遹”字甲骨文未見,金文作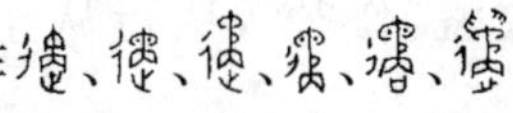,从辵矞聲。形符辵或作彳,聲符矞多不从口,或其上益以臼旁。

【釋義】

㊀　循,巡視。《大盂鼎》:“雩我其遹省先王受民受彊(疆)土。”《克鐘》:“王親令克遹涇東至于京𠂤。”《爾雅·釋詁》:“遹,循也。”《漢書·東方朔傳》:“徼循長楊以東。”顔師古注:“循,行視也。”

㊁　語氣詞。《善夫克鼎》:“王命善夫克舍令于成周遹正八𠂤(師)之年。”經籍或作“聿”。《詩經·大雅·文王有聲》:“遹追來孝。”《禮記·禮器》引作“聿追來孝。”

71.　違[wéi]　羽非切　微匣平

【析形】

“違”字甲骨文未見,金文从辵韋聲,與小篆同。

【釋義】

㊀　遠。《臣卿鼎》:“公違省自東。”《爾雅·釋詁》:“違,遠也。”

㊁ 違背,違失。《班毁》:“顯隹(唯)苟(敬)德,亡逌(攸)違。”

72. 遺[yí] 以追切 微喻平

【析形】

“遺”字甲骨文未見,金文作、、、等,形符作彳,或作辵。聲符上部均作,下部或从貝,或从小,或从少。

【釋義】

㊀ 遗漏。《禹鼎》:“王迺命西六𠂤(師)殷八𠂤(師)曰:撲伐噩侯馭方,勿遺壽幼。”

㊁ 遺留。《中山三礜壺》:“是(寔)又(有)軘(純)悳(德)遺恖(訓)。”

㊂ 加。《曶鼎》:“賞(償)曶禾十秭,遺(遺)十秭,爲廿秭。”《詩經·邶風·北門》:“政事一埤遺我。”毛傳:“遺,加也。”

73. 道[dào] 徒晧切 幽定上

【析形】

《説文·二下》:“道,所行道也。从辵从首。一達謂之道。,古文‘道’从首寸。”金文《貉子卣》作,从行从首;《散盤》作,从行从止从首;《曾伯匿》作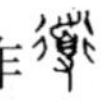,所从乃之訛變。《石鼓文》作,从寸,寸乃之變。《説文》古文作者,疑即之省。朱駿聲《説文通訓定聲》、俞樾《古書疑義舉例》並云“道”字从辵首聲。按“首”爲照三系字,上古讀舌音,“首”即“頭”“首”“頭”爲古今字。《散盤》有字作(𨘢),《侯馬盟書》有字作(逌),皆从舀得聲,爲“道”之異構。就字形而言,“舀”疑爲“首”之形訛。致訛的原因,可能與形體相近、聲音亦相近有關。从舀得聲的字如滔、韜、慆、掏等古皆幽部透母字,與“道”字音近。“舀”爲喻母四等,依曾運乾喻四歸定之説,上古亦當爲舌音。故“道”字當是从辵从首,首亦聲。

【釋義】

㊀ 讀 dào。

① 道路。《散盤》:“弄(封)于䢼道,弄(封)于原道,弄(封)于周道。”《曾伯匿》:“金衜(道)錫(錫)行。”

② 舊指政治清明的局面爲“有道”,反之則爲“無道”。《胤嗣𡚱盗壺》:“僕(逢)郾(燕)亡道。”

㊁ 讀 dǎo。

① 同“導”，引導。《中山王嚳鼎》：“夙夜不解（懈），以詳（誘）道（導）寡人。”

② 通“討”。《㪤鼎》：“師雒父衜衛（討）至于𫊸。”郭沫若曰：“衜衛殆言征討也。”（見《兩周金文辭大系考釋·㪤鼎》）

74. 德［dé］ 多則切 職端入

【析形】

甲骨文作、，金文作、、、、等，形符或作彳、辵，或作言、亻；聲符悳或作𢛳。金文或亦以“悳”爲“德”。

【釋義】

㊀ 道德，德行。《毛公鼎》：“不（丕）顯文武，皇天引猒氒（厥）德。”銘文常在“德”字之前冠以形容詞，如：明德、孔德、分德、懿德、哲德、𫊸德、烈德、純德、元德、元明德、不晉德。

㊁ 德業。《班㲃》：“顯隹（唯）苟（敬）德，亡逌（攸）違。”

㊂ 恩惠。《陳侯因資錞》：“合（答）𦖞（揚）氒（厥）悳（德）。”《左傳·成公三年》：“無怨無德，不知所報。”

75. 往［wǎng］ 于兩切 陽匣上

【析形】

《説文·二下》：“往，之也。从彳㞷聲。，古文从辵。”甲骨文作，从（止）王聲。金文《陳逆㲃》作《鄂君啟舟節》作，聲符訛作土；《胤嗣好盗壺》作，又訛爲壬。《吳王光鑑》作，从彳㞷聲。《侯馬盟書》作，與《説文》古文同。三體石經《尚書·梓材》“往”字古文作，與《吳王光鑑》字近。

【釋義】

㊀ 去，前往。《殷契粹編》1081：“乙巳卜，爭貞：叀王㞷（往）伐𢀛方，受㞢又？”《殷契佚存》288：“乙丑卜，貞：王其田，㞷（往）來亡巛（災）。”《吳王光鑑》：“往巳弔（叔）姬，虔敬乃后，孫=（子孫）勿忘。”

㊁ 出發。《鄂君啟舟節》：“自鄂㞷（往），逾沽（湖）。”

㊂ 通“暀”（旺）。《胤嗣好盗壺》：“悳（德）行盛㞷（旺）。”《説文·七上》：“暀，光美也。从日往聲。”

㊃ 通“皇”。《陳逆𣪘》：“陳氏裔孫逆乍(作)爲𡉚(皇)禝(祖)大宗𣪘(𣪘)。”

76. 御[yù] 牛據切 魚疑上

【析形】

《説文·二下》：“御，使馬也。从彳从卸。，古文‘御’从又从馬。”“御”字初文作，从从，象鞭杵之形，人執鞭杵以會“御”之意，(午)亦聲。甲骨文作、，因刀刻所限，反不如金文形象；又或作，从彳卸聲，乃鈎畫之輪廓。金文《牧師父𣪘》作，亦从彳卸聲，爲之變。《頌壺》作，从辵卸聲。从辵與从彳同義。甲骨文另有一體作，从馬从支會意。金文《盂鼎》作，从馬从攴，攴即“鞭”之古文。《大鼎》作，所从之是“鞭”字出于表聲的要求而訛變爲从支丙聲者，从二丙則是繁化的結果。《胤嗣好盗壺》作，从馬从支。《説文》古文作，殆是馭、駇一系的字演變的結果。

【釋義】

㊀ 駕馭車馬。《令鼎》：“王駇，溓仲𢉖(僕)。”

㊁ 駕馭車馬的人。《禹鼎》：“𦘔武公廼遣禹逹公戎車百乘，斯駇二百，徒千。”《胤嗣好盗壺》：“駇(馭)右和同。”《詩經·大雅·車攻》：“徒御不驚。”

㊂ 治理，辦理。《大盂鼎》：“在雩(于)卸(御)事，𠭯，酉(酒)無敢𩚵(湛)。”《齊侯壺》：“用御天子之事。”《詩經·大雅·思齊》：“刑于寡妻，至于兄弟，以御于家邦。”鄭玄箋：“御，治。”

㊃ 用。《殷虛書契前編》2.35.1：“戊戌王卜，貞：田𠭯，𡉚來亡𡿧(災)？王𠕻曰：吉！兹卸。隻(獲)鹿三。”兹卸，猶他辭言“兹用”。《吳王夫差鑑》：“攻吳王大(夫)差𢍰(擇)𠦑(厥)吉金，自乍(作)御監。”《楚辭·九章·涉江》：“腥臊並御。”王逸注：“御，用也。”

㊄ 侍奉。《牧師父𣪘》：“牧師父弟弔(叔)𡨦父御于君。”《禮記·月令》：“三公九卿諸侯大夫皆御。”鄭玄注：“御，侍也。”

㊅ 勸侑。《遹𣪘》：“王卿(饗)酉(酒)，遹御，亡遣(譴)。”《禮記·曲禮上》：“御食於君。”鄭玄注：“勸侑曰御。”

㊆ 招待。《申鼎》：“以御賓客。”《詩經·小雅·吉日》：“以御賓客。”

㊇ 通“禦”，祭祀名。《殷虛文字丙編》29：“癸亥卜，𡧊貞：卸(禦)于且(祖)丁？”

㊈ 通“禦”，抵禦。《𢦏方鼎二》：“王用肈吏(使)乃子𢦏逹虎臣御(禦)淮(淮)

戎。"《諸樊劍》:"莫敢敔(禦)余。"《詩經·邶風·谷風》:"我有旨蓄,亦以御冬。"毛傳:"御,禦也。"

㊉ 通"迓",迎迓。讀 yà。《麥盉》:"侯易(賜)麥金,乍(作)盉,用從井侯征事,用旋徒(奔走)佴(夙)夕,鬲御吳。"郭沫若謂"鬲御吳"當讀爲"燕迓遻"。(見《兩周金文辭大系考釋·麥盉》)《詩經·召南·鵲巢》:"之子于歸,百兩御之。"陸德明《釋文》:"御,五嫁反。本亦作'訝',又作'迓',同。迎也。"

77. 廷[tíng] 特丁切 耕定平

【析形】

"廷"字甲骨文未見,金文作□、□、□、□、□、□、□、□等,形符作□,前後變化不大,唯聲符變異頗多。從字的發展來看,較早的形體是从□㐱聲,㐱或省作□,或訛變爲□,其中□象人在地上挺然而立,實即"壬"之初文,也就成爲"廷"的聲符了。聲符或變作□,其作□者則是从㐱从壬的結合體。到□(壬)專用爲聲符後,彡、夕就成裝飾性筆畫了。到小篆□,裝飾性筆畫與□結合在一起,便變成从廴壬聲了。所以□的形符廴與□(延)的形符廴來源並不一樣,□之廴是由早期㐱聲的部分筆畫與□結合訛變的結果,而□之廴則是由彳右引而成。

【釋義】

㊀ 君王受朝布政的地方。銘文中常見有中廷、大廷、東廷。《諫毀》:"嗣馬共右諫入門立中廷。"《小盂鼎》:"盂拜[韻首㠯嘼進即]大廷。"《散盤》:"乎(厥)受(授)圖矢王于豆新宫東廷。"天帝之所在則稱帝廷。《㝬毀》:"其各(格)前文人,其瀕(頻)才(在)帝廷,陟降。"

㊁ 諸侯部族背叛朝廷,不來朝見,稱作"不廷"。《毛公鼎》:"不(丕)顯文武,率褱(懷)不廷方,亡不閈于文武耿光。"經籍或作"庭"。《左傳·隱公十年》:"以王命討不庭。"

㊂ 通"筳",一種折竹卜告的形式。《𣄰尊》:"隹(唯)珷王既克大邑商,𠟭(則)廷(筳)告𠀤(于)天。"《楚辭·離騷》:"索瓊茅以筳篿兮。"筳篿即折竹而卜。

78. 行[xíng] 户庚切 陽匣平

【析形】

甲骨文作□、□,金文同。羅振玉謂"象四達之衢,人所行也。石鼓文或增人作，其義甚明。由而變爲，形已稍失，許書作則形義全不可見，於是許君乃釋行爲人之步趨，謂其字从彳从亍，失彌甚矣。”

【釋義】

㊀ 道路。讀 háng。《曾伯匿》：“金衜(道)鐊(錫)行。”《詩經·豳風·七月》：“女執懿筐，遵彼微行。”毛傳：“微行，牆下徑也。”

㊁ 巡狩，巡視。《史免匿》：“史免乍旅匡，從王征行。”《中山王嚳鼎》：“身勤社禝(稷)，行四方。”《周禮·地官·州長》：“若國作民而師田行役之事，則帥而致之。”賈公彥疏：“師謂征伐，田謂田獵，行謂巡狩，役謂役作。”

㊂ 用。《右走馬嘉壺》：“右走馬嘉自乍行壺。”《周禮·天官·庖人》：“春行羔豚膳膏香。”賈公彥疏：“言行者，義與用同。”

㊃ 施行，執行。《中山王嚳鼎》：“事尐(少)女(如)𨱗(長)，事愚女(如)智，此易言而難行施(也)。”《兆域圖》：“不行王命者，恣(殃)巡(幾)子孫。”

㊄ 行爲。讀 xìng。《中山王嚳鼎》：“侖(論)其悳(德)，眚(省)其行。”《胤嗣𡚸盗壺》：“悳(德)行盛生(旺)。”

79. 齒［chǐ］　昌里切　之昌上

【析形】

《説文·二下》：“齒，口斷骨也。象口齒之形，止聲。……，古文‘齒’字。”“齒”字甲骨文作、、、、、、等，象口内牙齒形。《中山王嚳壺》加止爲聲符作，變象形爲形聲，爲小篆所本。仰天湖出土楚簡“齒”字作，與《説文》古文結構極近。

【釋義】

㊀ 人的牙齒。《殷虚書契前編》1.25.1：“貞：疾齒，钔(禦)于父乙？”《殷虚文字乙編》4593：“癸丑卜，㱿貞：隹且辛壱王齒？”

㊁ 特指象牙。《甲骨綴合編》143：“癸未卜，爭貞：旬亡囚(禍)？王固曰：㞢(有)希(祟)！三日乙酉，夕. 丙戌，允㞢(有)來入齒。”此爲方國向商王朝進貢象牙的記録。

㊂ 排列位次。《中山王嚳壺》：“而𢓊(退)與者(諸)侯齒𨱗(長)於逾(會)同。”齒長，依年齡大小排列位次，年長者居前。

80. 品［pǐn］　丕飲切　侵滂上

【析形】

甲骨文作、，金文同。《説文·二下》："品，衆庶也。从三口。"段玉裁曰："三人爲衆，故从三口會意。"

【釋義】

㊀ 祭祀名。《殷虚書契前編》5.35.2："己未卜，貞：王⽅品，亡尤？"

㊁ 祭祀禮品。《殷契粹編》112："乙未，酌兹品上甲十。"意謂用祭品十件酌祭兹祭上甲。

㊂ 量詞，指人或事物的類别。《井侯𣪘》："易（賜）臣三品：州人、𠂤人、𩫖人。"《穆公鼎》："易（賜）玉五品。"《作册友史鼎》："省北田四品。"

81. 嗣［sì］ 祥吏切 之邪去

【析形】

《説文·二下》："嗣，諸侯嗣國也。从册从口，司聲。，古文'嗣'从子。""嗣"字甲骨文未見，金文《大盂鼎》作，从册司聲。《曾姬無卹壺》作，"司"从二口。《師𩛥鼎》作，"司"倒置，"口"作"甘"。《命瓜君壺》作，从子司聲，與《説文》古文近。《胤嗣𡚬䖒壺》作，从廾司聲。

【釋義】

㊀ 繼承，接續。《大盂鼎》："在珷王，嗣玟乍（作）邦。"《尚書·周書·洪範》："鯀則殛死，禹乃嗣興。"

㊁ 後嗣，子孫。《曾姬無卹壺》："甬（用）乍（作）宗彝尊壺，逡（後）嗣甬（用）之。"《中山王䜌壺》："祗祗翼，卲（昭）告逡（後）嗣。"

82. 干［gān］ 古寒切 元見平

【析形】

甲骨文作，金文作、，小篆作，郭沫若謂"古'干'字乃圓盾之象形也，盾下有蹲，盾上之形乃羽飾也，非洲朱盧族之土人所用之盾正作此形。"後來圓點變爲一横，上部之變爲，就不象形了。《説文》謂"从反入，从一"，未得其本。

【釋義】

㊀ 盾。《𢉖𣪘》："易（賜）衣冑干戈。"《尚書·周書·牧誓》："稱爾戈，比爾干。"《詩經·大雅·公劉》："干戈戚揚。"《方言》九："盾，自關而東或謂之瞂，或謂之干。"

㊁ 通“敦”。《毛公鼎》:“目(以)乃族干(敦)吾(敔)王身。”敦敔即護衛之意。

83. 商[shāng] 式陽切 陽書平

【析形】

《説文·三上》:“商,从外知内也。从㕯,章省聲。,古文‘商’;,亦古文‘商’;,籀文‘商’。”“商”字甲骨文作、、、等形,本从辛。早期金文仍與甲骨文差别不大,《商叡段》作,與《説文》古文之一近;《商丘叔匿》作,與小篆同;《秦公鎛》作,與籀文近。尚有作、、、者,皆“商”之變體。

【釋義】

㊀ 成湯所建國號。《殷契卜辭》493:“癸卯卜,爭貞:今歲商受年?”《利段》:“珷征商。”

㊁ 商朝的都城。《殷契佚存》938:“貞:王于八月入于商?”亦稱“大邑商”。《卜辭通纂》别 2.1:“丁未卜,才(在)𢦏貞:王其入大邑商,亡徃?”

㊂ 古代五音(宫、商、角、徵、羽)之一。《曾侯乙甬鐘》:“穆鐘之商。”

㊃ 通“賞”。《卜辭通纂》别 1.5:“癸巳卜,貞:商冉蛊? 貞:勿商戠皁?”郭沫若曰:“商字殆假爲賞,古金文賞字,多假商爲之。”《般甗》:“王商(賞)乍(作)册般貝。”

84. 古[gǔ] 公户切 魚見上

【析形】

《説文·三上》:“古,故也。从十口。識前言者也。……,古文‘古’。”金文《古伯尊》作,《大盂鼎》作,《牆盤》作,與小篆同。《中山王譽壺》作,从甘,从甘與从口同義。

【釋義】

㊀ 指時代久遠的古代。《牆盤》:“曰古文王,初敦(戾)龢(和)于政。”《中山王譽壺》:“夫古之聖王敄(務)才(在)旻(得)孯(賢),其即(次)旻(得)民。”

㊁ 通“故”。《大盂鼎》:“隹(唯)殷𨒅(邊)侯田(甸)雩(與)殷正百辟,率肆(肆)于酉(酒),古(故)喪自(師)巳(祀)。”《忠信之道》:“氏(是)古(故)古之所以行虖(乎)閔(蠻)嘍(貉)者,女(如)此也。”

85. 誓[shì] 時制切 月禪入

【析形】

"誓"字甲骨文未見,金文作□、□,从言折聲。《散盤》作□,"折"省作"□"。

【釋義】

㊀ 誓言。《𠑇匜》:"女亦既從辭(辭)從誓。"從誓,即遵守誓言。

㊁ 立誓。《鬲攸从鼎》:"虢旅迺吏(使)攸衛牧誓曰……"

㊂ 通"哲"。《番生𣪘》:"不(丕)顯皇且(祖)考穆穆克誓(哲)氒(厥)德。"《逸周書·皇門》:"我聞在昔有國誓王之不綏于卹。""誓王"即"哲王"。

86. 䜌[luán] 吕員切 元來平

【析形】

"䜌"字甲骨文未見,金文作□、□、□,从言从絲,與小篆同。

【釋義】

㊀ 通"鑾",即鑾鈴,一種裝在軛首或車衡上方的飾物,分上下兩個部分,上半一般爲含有彈丸的銅鈴,鈴作扁圓形,上有輻射狀鏤孔。下半爲長方形的座,座的兩面常有釘孔。《趞曹鼎》:"易(賜)趞曹載市、冋黄、䜌(鑾)。"《詩經·秦風·駟驖》:"輶車鑾鑣,載獫歇驕。"

㊁ 通"孌"。《中伯壺》:"中白(伯)乍(作)羑姬䜌(孌)人朕(媵)壺。"《中伯盨》:"中白(伯)乍(作)孌姬旅盨用。"即用"孌"。

㊂ 通"欒"。《宋公欒戈》:"宋公䜌之貽(造)戈。"宋公䜌即見于《左傳》之宋景公欒。《欒書缶》:"䜌書之子孫,萬枼(世)是寶(寶)。"䜌書即見于《左傳》之晉國大臣欒書。

㊃ 通"蠻",讀mán。對少數民族的泛稱。《牆盤》:"方䜌(蠻)亡不𧠙見。"《虢季子白盤》:"賜(賜)用戉,用政(征)䜌(蠻)方。"《詩經·大雅·抑》:"用戒戎作,用逷蠻方。"

87. 訟[sòng] 似用切 東邪平

【析形】

"訟"字甲骨文未見,金文作□、□,从言公聲,與小篆同。

【釋義】

㈠　獄訟，訴訟案件。《大盂鼎》："敏諫罰訟。"《論語·顏淵》："聽訟，吾猶人也。必也使無訟乎！"

㈡　訟告。《曶鼎》："吏（使）氒（厥）小子𩵦，㠯（以）限訟于井弔（叔）。"《𠑇匜》："女敢㠯（以）乃師訟。"

88.　妾［qiè］　七接切　葉清入

【析形】

甲骨文作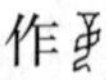、，金文作、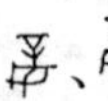，从辛从女，于省吾曰："古文字於人物之頂上每加、、等形，即'辛'字，在人則爲頭飾，在物則爲冠角類之象形。"

【釋義】

女奴隸。《殷虛文字乙編》2729："㞢妾于妣己？"《伊段》："䵼（攝）官𤔲康宮王臣妾百工。"《尚書·周書·費誓》："臣妾逋逃。"僞孔傳："役人賤者，男曰臣，女曰妾。"

89.　對［duì］　都隊切　物端入

【析形】

甲骨文作、，金文作、、、、，多从丵从又。又或作廾、収，从又與从廾、从収意近。或增从貝。或从丵从犬，疑从犬乃从又之訛，蓋形近所致。小篆作，从丵从口从寸。或作，趙明誠曰："周以後諸器款識，'對'字最多，皆無从口者。然則古文大篆，固已不从口矣。疑李斯變古法作小篆，'對'字始从口，至文帝復改之耳。"

【釋義】

報答，答謝。在銘文中常與"揚"字組成"對揚"（答謝稱揚之意），多用以表示受賜者對賞賜者的贊美感激。《頌壺》："頌敢對𩛥（揚）天子不（丕）顯魯休。"《詩經·大雅·江漢》："虎拜稽首，對揚王休。"銘文或省稱"對"，《番生段》："番生敢對天子休。"或省稱"揚"，《守宮尊》："守宮揚王休。"或"對""揚"出現在一句話中却不連用，《梁其鐘》："沙（梁）其敢對天子不（丕）顯休揚。"或"揚"在前而"對"在後，且不連用，《趩段》："揚王休對。"

90.　具［jù］　其遇切　侯見平

【析形】

甲骨文作、，从収从鼎。金文《函皇父毁》作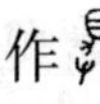，與甲骨文同。《㝬鐘》作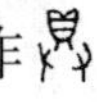，从収从貝（甲金文中，"鼎""貝"字形常相混）。《秦公鎛》作，省"貝"爲"目"，即爲小篆作之所本。《説文·三上》："具，共置也。"

【釋義】

㊀　量詞。《馭八卣》："王易（賜）馭八貝一具。"《函皇父盤》："函皇父乍（作）琱嬶（妘）般（盤）盉隮器，鼎毁一具，自豕鼎降十又一，毁八，兩鑘（罍），兩鍾（壺）。"

㊁　同"俱"，副詞，全部。《㝬鐘》："南尸（夷）東尸（夷）具（俱）見，廿又六邦。"用爲動詞，有"全部交出"之意，《曶鼎》："余無逌具寇。"

91.　異［yì］　羊吏切　職喻入

【析形】

甲骨文作、，金文作、、等，高鴻縉謂"象人戴由（竹器）而以手扶翼之形。"

【釋義】

㊀　佐助，庇護。《大盂鼎》："古（故）天異臨子（慈）。"經籍通作"翼"。《詩經·大雅·卷阿》："有馮有翼。"鄭玄箋："翼，助也。"

㊁　敬。《虢叔旅鐘》："皇考嚴才（在）上，異才（在）下，數₌㠯₌，降旅多福。"經籍通作"翼"。《詩經·小雅·六月》："有嚴有翼。"毛傳："嚴，威嚴也。翼，敬也。""異"字連言組成"異異"一詞，形容恭敬的樣子。《梁其鐘》："不（丕）顯皇且（祖）考穆₌異₌，克悊（哲）氒（厥）德。"經籍通作"翼翼"。《詩經·大雅·大明》："維此文王，小心翼翼。"鄭玄箋："小心翼翼，恭慎貌。"

㊂　殊異。《召卣》："賁（賞）畢土方六十里，召勿敢譔（忘）王休異。"異，指特殊的待遇。

㊃　通"異"，羽翼。《作册大方鼎》："公來鑄武王成王異鼎。"于省吾曰："《史記·楚世家》的'居三代之傳器，吞三翮六翼'。……商和西周時代有花文的各種彝器，外部往往有幾道突出的高棱，好象鳥的羽翼，故典籍稱之爲翼。圓鼎外部有的三翼，有的六翼，方鼎多作六翼，也有作四翼或八翼者。……總之作册大方鼎之稱異鼎，指鼎之有翼者言之。甲骨文之新異鼎，指新鑄有翼的鼎言之。這是由于得到實物而知之。"

92. 與［yǔ］ 余吕切 魚喻上

【析形】

“與”字甲骨文未見，金文作、，象兩人以手交付帶齒符節之形，可知此字本義爲付與。或增益口旁作。小篆作，《説文·三上》“與，黨與也”，乃後世假借義。

【釋義】

㊀ 給予。《無者俞鉦》：“蒿君淲虘與朕㠯(以)。”

㊁ 介詞，和，跟，同。《中山王嚳壺》：“牆(將)與盧(吾)君竝立於殜(世)。”

㊂ 連詞，和，跟，同。《𩰫鎛》：“侯氏易(賜)之邑二百又九十又九邑𦥑(與)鄩之民人都啚(鄙)。”《中山王嚳鼎》：“非恁(信)與忠，其隹(誰)能之？”

㊃ 語氣詞，表感嘆，經籍多作“歟”。《信陽楚竹書》：“猷(猶)芑萊𦥑(歟)！”

93. 革［gé］ 古覈切 職見入

【析形】

“革”字甲骨文未見，金文作、，本象獸皮展列之形，中部或訛爲，便爲以手張革，變象形爲會意了。林義光曰：“象獸頭角足尾之形，與‘皮’从形近。”

【釋義】

㊀ 去毛並經加工的獸皮。《鄂君啟車節》：“毋(毋)載金革黽箭。”《周禮·天官·掌皮》：“掌秋斂皮，冬斂革。”

㊁ 通“勒”，讀 lè，有嚼口的馬絡頭。《康鼎》：“鋚革。”他器多作“攸(鋚)勒”。《詩經·小雅·蓼蕭》：“既見君子，鞗革沖沖。”毛傳：“革，轡首也。”段玉裁《説文解字注》“勒”字：“馬絡頭者，轡所係也，故曰轡首。”

94. 鞭［biān］ 卑連切 元幫平

【析形】

《説文·三下》：“鞭，驅也。从革便聲。，古文‘鞭’。”“鞭”字甲骨文未見，金文《九年衛鼎》作，與《説文》古文近，象手執鞭之形。《散盤》作，上部稍訛。《𠑇匜》作，象以鞭抽人之背。从革便聲者爲後起形聲字。

【釋義】

㊀ 鞭子。《九年衛鼎》：“畫轉，㚁(鞭)、𢂿(席)𩋭……”

㊁ 鞭打。《𠑇匜》：“我義㑺(鞭)女千。”《散盤》：“余有散氏心賊，則㚁(鞭)千罰

千，傳棄之。”

95.　鬲［lì］　郎激切　錫來入

【析形】

“鬲”字甲骨文作、，金文作、、、、、、、等。字本爲古代炊器鬲之象形，下部象三款足，因或與“羊”字形近，故或訛作从羊，復訛作从（羌），或訛爲从井（有一種方鬲，分上下兩部分，上部爲器身，下部爲鬲爐，一面有門，此井形或即門之象形）。或从，與《汗簡》作者近似。或从金从鬲，鬲亦聲。

【釋義】

㊀　炊器名，似鼎而空足。《虢仲鬲》：“虢中（仲）乍（作）虢妃尊鬲。”

㊁　一種身份名稱。其地位低下，可用于賞賜。《令毁》：“姜商（賞）令貝十朋，臣十家，鬲百人。”

96.　爲［wéi］　薳支切　歌匣平

【析形】

甲骨文作、，羅振玉曰：“从爪从象，意古者役象以助勞，其事或在服牛乘馬之前。”金文作、、等，亦多从爪从象會意。或簡化作、、，象的形狀已不顯。《説文》“爲”之古文作，即之形訛。小篆作，許慎謂“下腹爲母猴形”，又謂古文“象兩母猴相對形”，皆失之。《蔡侯鐘》作，乃“爲”字之異構。

【釋義】

㊀　製造，製作。《益公鐘》：“益公爲楚氏龢鐘。”或與“乍”（作）連用，《司寇良父壺》：“嗣寇良父乍爲衛姬壺。”《周禮·春官·典同》：“以爲樂器。”鄭玄注：“爲，作也。”

㊁　做，擔任。《叔趯父壺》：“母（毋）尚爲小子。”《九年衛鼎》：“眉敖者膚爲吏（使）。”《中山王譽鼎》：“詒（辭）死辠（罪）之又（有）若（赦），智（知）爲人臣之宜（義）施（也）。”

㊂　治理。《蔡侯鐘》：“軽（左）右楚王，寉＝鷃（爲）政。”《詩經·小雅·節南山》：“不自爲政，卒勞百姓。”

㊃　施行。《蔡侯鐘》：“鷃（爲）令（命）祇＝。”《曾伯陭壺》：“爲德無叚（瑕）。”《呂氏春秋·長利》：“利雖倍於今，而不便於後，弗爲也。”高誘注：“爲，施也。”

㊄　佐，助。《鑄客盤》：“鑄客爲郗醻爲之。”《楚王酓忎盤》：“但𠦪（師）槊圣差

（佐）墜共爲之。”一稱“爲”，一稱“差”（佐），知“爲”、“佐”義同。亦有“爲”“左”（佐）連用者，《陳喜壺》：“爲左（佐）大族。”《詩經·大雅·鳧鷖》：“福禄來爲。”鄭玄箋：“爲，猶助也。”

㈥　成爲，作爲。《曶鼎》：“賞（償）曶禾十秭，遺（遺）十秭，爲廿秭。”《陳侯因資錞》：“永爲典尚（常）。”《鄂君啟舟節》：“屯三舟爲一舿。”

㈦　通“媯”。《陳子子匜》：“陳子₌乍（作）庠孟爲（媯）穀母媵（媵）鐳（匜）。”《陳伯元匜》：“陳白殴之子白元匄孟媯婤母媵（媵）鉇（匜）。”

㈧　介詞，表被動。《中山王嚳鼎》：“猶粯（迷）惑於子之而亡（亡）其邦，爲天下戮（戮）。”

97.　丮［jǐ］　几劇切　鐸見入

【析形】

甲骨文作、，象人兩手作執物狀，金文將兩手連在一起作、，至小篆則身手分離作，其意遂晦。

【釋義】

㈠　通“劇”。《沈子段》：“其丮哀乃沈子也唯福。”郭沫若曰：丮哀“當讀爲‘劇愛’，‘丮’、‘劇’音相近，‘哀’、‘愛’古可通用。”（《兩周金文辭大系考釋·沈子段》）

㈡　通“極”，《爾雅·釋詁》：“極，至也。”《班段》：“不杯丮皇公，受京宗懿釐，”不杯，通“丕丕”，意爲大大。不杯丮，十分偉大的意思。

98.　𠨶［huái］　胡瓦切　歌匣平

【析形】

甲骨文作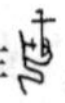、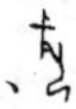，金文作、、等，小篆作，《説文·三下》：“𠨶，擊踝也。从丮从戈，讀若踝。”朱駿聲《説文通訓定聲》：“按戈亦聲。”

【釋義】

㈠　通“祼”，灌祭。《殷虚書契後編》下26.17：“□亥卜，王貞：乙亥𠨶？”《鐵雲藏龜》89.2：“辛巳卜，王勿𠨶？”《卬卣》：“既𠨶于上下帝。”《尚書·周書·洛誥》：“王入太室祼。”孔穎達疏：“祼者灌也，王以圭瓚酌鬱鬯之酒以獻尸，尸受祭而灌於地。因奠不飲，謂之祼。”

㈡　侍。經籍或作“果”。《麥尊》：“侯易（賜）者（赭）𠨶（果）臣二百家劑。”《牆

盤》："方繺(蠻)亡不뀏(果)見。"《孟子·盡心下》："及其爲天子也，被袗衣，鼓琴，二女果，若固有之。"趙岐注："果，侍也。"字或作"婐"。《説文·十二下》："婐，……一曰女侍曰婐。"

99. 又［yòu］ 于救切 之匣上

【析形】

甲骨文、金文作、，象右手之形(左手之"左"作)，爲"右"之初文。

【釋義】

㈠ 表方位，與"左"相對。《殷契粹編》597："丁酉貞：王乍三召(師)又(右)中ナ(左)？"

㈡ 佑助，導佑。《天亡設》："天亡又王。"《盠尊》："穆公又盠立中廷北卿(向)。"

㈢ 保祐。《殷虚書契續編》3.7.5："甲午卜，峀貞：王伐𢀛方，我受又？"《秦公鐘》："不(丕)顯朕皇且(祖)受天命，竈(造)又下國。"

㈣ 通"有"，與"無"相對。《殷契粹編》692："自今辛至于來辛又(有)大雨？"《㝬鐘》："朕猷又(有)成亡競。"《忠信之道》："忠信厡而民弗罙信者，未之又(有)也。"

㈤ 通"侑"，祭名。《戰後京津新獲甲骨集》4067："辛酉貞：癸亥又(侑)父丁，歲五牢？不用。"《小屯南地甲骨》1116："甲午卜，貞：又(侑)出入日？"

㈥ 連詞。可表示並列關係，如《毛公鼎》："余非扂(庸)又𦖞(昏)。"也可以連接整數和零數，如《甲骨文零拾》41："癸酉王卜，貞：旬亡畎？王𠧞曰：吉。才十月又二，隹王八祀。"《大盂鼎》："人鬲自駿至于庶人六百又五十又九夫。"

100. 叡［zhā］ 側加切 魚莊平

【析形】

甲骨文作、，金文作、、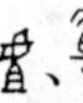等，《説文·三下》："叡，叉取也。从又虘聲。"

【釋義】

㈠ 奪取。《䨻盨》："受𡩜(奪)叡行道。"

㈡ 通"徂"，往，到。《散盤》："陟雩叡(徂)䍙陕。"《詩經·大雅·桑柔》："自西徂東，靡所定處。"

㈢ 通"祖"。《簷平鐘》："中平善弢叡(祖)考鑄其游鐘。"

㈣ 連詞，經籍通作"且"。《王孫遺者鐘》："中(終)諫(翰)叡(且)𦐅(揚)。"《詩經·邶風·終風》:“終風且暴。”

㊄ 語氣詞。《大盂鼎》:“𠭰,酉(酒)無敢醺。”《彔䧹卣》:“𠭰,淮尸(夷)敢伐内國。”

101. 及[jí] 巨立切 緝群入

【析形】

《説文·三下》:“及,逮也。从又从人。,古文‘及’,秦刻石‘及’如此。,亦古文‘及’。,亦古文‘及’。”“及”字甲骨文作、,从人从又,兩個偏旁筆畫不交叉。金文則多作、,作以又執人之形。或增从彳作,或增从辵作,且偏旁‘及’有增筆。關于《説文》所録古文,羅振玉曰:“許書從無一字既爲古文又爲小篆者,必有訛,且嶧山,碣石兩碑均秦刻文,内‘及’字皆篆,不作,當是‘秦刻石……’六字本在下,後人錯列下耳。”

【釋義】

㊀ 追及。《戰後京津新獲甲骨集》4387:“己亥,𣪕貞:三族王其令追召方,及于?”《不嬰𣪘》:“女彶(及)戎,大䇺(敦)戟(戦)。”

㊁ 參與。《保卣》:“丁卯,王令保及殷東國。”蔣大沂曰:“‘王命保及殷’就是王命令保去參與大合内外臣工的殷見典禮。”

㊂ 通“急”。《毛公鼎》:“司(嗣)余小子弗彶(急)。”《尚書·周書·康誥》:“我惟有及,則余一人以懌。”屈萬里注:“及,猶汲汲也;義見隱公元年公羊傳。尚書故説。”

㊃ 語氣詞。經籍與其他銘文通作“其”。《鄭虢仲𣪘》:“子=孫=彶(其)永用。”《鄭登叔盨》:“及(其)子=孫=永寶用。”

㊄ 連詞,與,和。《格伯𣪘》:“毆妊彶(及)仡人從。”《詩經·豳風·七月》:“六月食鬱及薁,七月亨葵及菽。”

㊅ 介詞。

① 表示動作、情況發展到了某一特定時間,相當于“到”“等到”。《殷虛文字乙編》3090:“戊子卜,㱿貞:帝及三(四)月令雨?”《中山王

鼎》:“隹(雖)又(有)死辠(罪),及參(三)𠀠(世),亡不若(赦)。”《老子》:“取天下常以無事,及其有事,不足以取天下。”

② 放在動詞後面,表示趨向,相當于“到”。《中山王

壺》:“是(實)又(有)純(純)悳(德)遺巡(訓),㠯阤(施)及子孫。”《左傳·僖公三十三年》:“謀及子孫,可謂死

君乎!”

102. 秉[bǐng] 兵永切 陽幫上

【析形】

甲骨文作、,金文作、、等,皆从又持禾,與小篆同。

【釋義】

㊀ 執持。《楚公豪戈》:“楚公豪秉戈。”《詩經·邶風·簡兮》:“左手執籥,右手秉簡。”

㊁ 主持,掌管。《班毁》:“秉緐、蜀、巢令。”

㊂ 操持,保持。《井人鐘》:“妄不敢弗帥用文且(祖)皇考穆₌秉德。”《詩經·周頌·清廟》:“濟濟多士,秉文之德。”

㊃ 量詞。《國差𦉜》:“攻𠂤(工師)佲鑄西𩫏寶𦉜亖(四)秉。”許印林曰:“《小爾雅·廣物》:‘把謂之秉。’……四秉言四把也。”

103. 反[fǎn] 府遠切 元幫上

【析形】

《説文·三下》:“反,覆也。从又厂,反形。,古文。”“反”字甲骨文作,金文亦多从又从厂作,《旅鼎》作,與《説文》古文同。《蒲坂布》作,从寸从厂,从寸與从又同義。

【釋義】

㊀ 回,還。《頌壺》:“頌捧(拜)䭫首,受令册,佩㠯出,反入堇(覲)章(璋)。”

㊁ 反叛。《小臣謰毁》:“𫊣,東尸(夷)大反,白懋父㠯殷八𠂤(師)征東尸。”《大保毁》:“王伐彔子耶,𫊣,氒(厥)反,王降征令丂(于)大保。”

㊂ 通“鈑”。《九年衛鼎》:“舍……朏帛(白)金一反(鈑)。”唐蘭曰:“白金是銀,反通鈑,一鈑是一塊銀餅,《爾雅·釋器》:‘餅金謂之鈑。’”

㊃ 通“半”,樂律高音名。亦稱半律,指十二律的高八度各律,如半律黄鐘、半律大吕等。《曾侯乙編鐘》:“割肄(姑洗)之宫反(半)。”

104. 取[qǔ] 七庾切 侯清上

【析形】

《説文·三下》:“取,捕取也。从又从耳。《周禮》:‘獲者取左耳。’《司馬法》曰:

‘載獻聝。’聝者耳也。”“取”字甲骨文作、，金文作、、、、等，皆从又从耳，只是有的偏旁已經發生訛變。

【釋義】

㊀　拿取。《殷虛書契續編》5.4.5：“□辰卜，𡧊貞：乎取馬于𠂤氏？三月。”《大鼎》：“王召走馬雁，令取繇騸馬卅二匹易（賜）大。”

㊁　受取，領取。《衛盉》：“矩白（伯）庶人取堇（覲）章（璋）于裘衛。”

㊂　選取。《晉姜鼎》：“取氒（厥）吉金，用乍寶隮鼎。”他銘多作“擇氒吉金。”

㊃　通“棷”，祭名。《殷契粹編》28：“癸酉卜，其取，雨？”《説文·六上》：“棷，木薪也。从木取聲。”棷祭，燔柴而祭。

㊄　通“郰”，古邑名，因以爲姓。《郰它人鼎》：“取（郰）它人之善𩰫。”

105.　卑［bēi］　補移切　支幫平

【析形】

“卑”字甲骨文未見，金文作、，从田从支（支或反書作）。《中山王嚳鼎》作，从田从尹。《靜𣪕》“綼”字偏旁“卑”作，从田从ナ。支、尹、ナ形義相去不遠，故致混。小篆作，訛爲从ナ甲。

【釋義】

㊀　通“俾”，使。《曶鼎》：“𢓊𠟭（則）卑（俾）我賞（償）馬。”《散盤》：“迺卑（俾）西宮𧟄武父誓曰……”高鴻縉曰：“《鬲攸从鼎》‘虢旅迺使攸衛牧誓’，句法與此同。”

㊁　通“俾”，從。《中山王嚳鼎》：“又（有）氒（厥）忠臣貫，克巡（順）克卑（俾），亡不逵（率）𡰥（夷）敬巡天悳（德）。”《爾雅·釋詁》：“俾，從也。”

106.　史［shǐ］　疏士切　之生上

【析形】

甲骨文作、，从又持，金文同。王國維謂“史”字所从之乃盛筭裝簡之器，“《周禮》大史職，‘凡射事，飾中，舍筭。’……中者，盛筭之器也……其初當如形……筭與簡策本是一物，又皆爲史之所執，則盛筭之中，蓋亦用以盛簡。……‘史’字从又持中，義爲持書之人，與‘尹’之从又持丨（象筆形）者同意矣。”金文《史見卣》作，《史宜父鼎》作，《史頌匜》作，所从之、、皆之形變。又，此盛筭裝簡之，與中正之“中”、伯仲之“中”（仲）作、者，形體有別。

【釋義】

㊀ 官名。兩周銘文所見即有史、大史、公大史、内史、大内史、乍(作)册内史、乍命内史、内史尹、御史等等。

㊁ 通“事”。《殷虚文字乙編》4064:“辛未卜,貞:虫史(事)? 甲戌卜,貞:亡史(事)?”《𧥝匜》:“自今余敢夓(擾)乃小大史(事)。”

㊂ 通“使”。《遹甗》:“師雝父肩(殉)史(使)遹事于㝬侯。”

㊃ 通“𤰈”。《矢令毁》:“用隮史(𤰈)于皇宗。”唐蘭曰:“史讀爲𤰈,《説文》:‘列也。’”

107. 事[shì] 鉏史切 之崇上

【析形】

古文字中“事”“吏”同字。甲骨文作,于省吾謂“字的造字本義,係于字豎畫的上端分作兩叉形,作爲指事字的標志,以别于‘史’,而仍因‘史’字以爲聲。”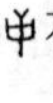在金文中變爲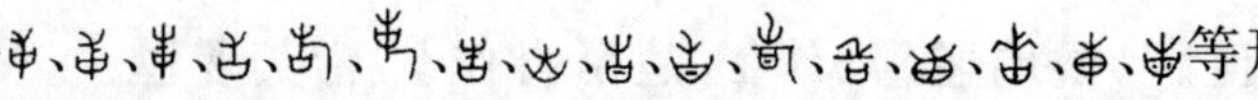等形。

【釋義】

㊀ 官吏的泛稱。《矢令尊》:“王令周公子明保尹三事亖(四)方。”

㊁ 職事。《克鼎》:“敬夙(夙)夜用事。”

㊂ 事情。《新郪虎符》:“燔燧事,雖母(毋)會符,行殹(也)。”

㊃ 任職。《匽侯鼎》:“匽侯旨初事㝵(于)宗周。”

㊄ 侍奉。《㦤方鼎二》:“唯氒(厥)吏(使)乃子㦤萬年辟事天子。”

㊅ 特指戰績。《多友鼎》:“余肈吏(使)女,休,不逆(逆),又(有)成事,多禽。”

㊆ 對待。《秦公鎛》:“卲(昭)合皇天,目虩事緣(蠻)方。”《中山王嚳鼎》:“事尐(少)女(如)𨱗(長),事愚女(如)智。”

㊇ 同“使”,參見“吏”字條“釋義”㊂。

㊈ 通“史”。《申鼎》:“鄦安之孫簷大事(史)申乍(作)其造(祰)鼑(鼎)十。”

108. 肄[sì] 《廣韵》息利切 質心入

【析形】

甲骨文作,于省吾曰:“‘𣪊’字象以手刷洗希畜毫毛之形,或从數點者,象水滴之形。金文‘肄’字多从巾者,《左桓二年傳》:‘藻率鞞鞛服。’注:‘率爲刷巾。’

《説文》:‘刷,刮也。’禮有刷巾,刷洗之初祇以手,繼則用巾。”金文作、、、、、等,或作、、、、或作,或訛作。容庚先生曰:“𦘫,經典訛作‘肆’。”

【釋義】

㊀ 耽湎。《大盂鼎》:“率𦘫于酉(酒),古(故)喪𠂤(師)巳(祀)。”

㊁ 連詞,表承接,經籍通作“肆”。《大克鼎》:“穆₌朕文且(祖)師華父,悤(冲)𧫷(讓)氒(厥)心,宖静于猷,盄(淑)悊氒(厥)德,𦘫(肆)克龏保氒(厥)辟龏王。”《爾雅·釋詁》:“肆,故也。”

㊂ 句首語氣詞,經籍通作“肆”。《毛公鼎》:“𦘫(肆)皇天亡臭(斁),臨保我有周。”《詩經·大雅·抑》:“肆皇天弗尚,如彼泉流,無淪胥以亡。”

109. 臣[chén] 植鄰切 真禪平

【析形】

甲骨文作、、等,金文同。郭沫若曰:“均象一豎目之形,人俯首則目豎,所以‘象屈服之形’者,殆以此也。”《侯馬盟書》作,楚帛書作,皆其變體。

【釋義】

㊀ 奴隸。《夨令𣪕》:“乍(作)册夨令隮宜于王姜,姜商(賞)令貝十朋、臣十家、鬲百人。”有時特指男性奴隸。《復尊》:“匽侯賓(賞)復冂衣、臣妾、貝,用乍(作)父乙隮彝。”《尚書·周書·費誓》:“臣妾逋逃。”偽孔傳:“役人賤者,男曰臣,女曰妾。”

㊁ 職官名。《殷虚書契前編》4.31.3:“乎多臣伐𢀛方?”《殷契粹編》1161:“叀小臣𤖨令乎比,王受又(佑)?”《㮚𣪕》:“大保易(賜)氒(厥)臣㮚金。”

㊂ 泛指臣僚、臣屬。《師寰𣪕》:“淮尸(夷)繇(舊)我𧵥畮臣。”《中山王𰯌壺》:“述(遂)定君臣之䇂(位)。”

㊃ 臣對君的自稱。《中山王𰯌壺》:“貫曰:……𤖼(將)與𧆨(吾)君竝立於𠀍(世),齒𨱗(長)於逾(會)同,𠟭(則)臣不忍見施(也)。”

㊄ 以臣道侍奉君王。《此鼎》:“此其萬年無彊(疆),畯(畯)臣天子,霝(令)冬(終)。”《師𩛥鼎》:“夙(夙)夕専由先且(祖)剌(烈)德,用臣皇辟。”

110. 殹[yì] 於計切 支影去

【析形】

《説文·三下》:“殹,擊中聲也。从殳医聲。”“殹”字甲骨文未見,金文聲符医所从之矢或作大(如《格伯𣪘》作)。

【釋義】

用作語氣詞,其位置或在句首,如《王子午鼎》:"殹(殹)民之所亟。"經籍多用"繄"。《左傳·隱公元年》:"爾有母遺,繄我獨無。""殹"也可用于句中,如《石鼓文·汧沔》:"汧殹沔沔。"郭沫若曰:"'殹'字秦文多用爲'也',此處當讀爲'兮'若'猗'字。"(《石鼓文研究》)"殹"也可用于句尾,如《新郪虎符》:"燔隧事,雖母(毋)會符,行殹。"

111.　寺[sì]　祥吏切　之邪去

【析形】

"寺"字甲骨文未見,金文作、、等,从又止聲。象手形,示有所持,"寺"當爲"持"之初文。《𠫑羌鐘》作,从寸,與从又同義。《曾侯乙編鐘》作、,更增飾口旁。

【釋義】

㈠　同"持",守持。《邾公䥫鐘》:"台(以)樂其身,台匽(宴)大夫,台喜者(諸)士,至于萬年,分器是寺(持)。"

㈡　通"恃",依靠,倚仗。《𠫑羌鐘》:"武侄(挃)寺(恃)力,䢅敚楚京。"

㈢　通"待",等待。《石鼓文·車工》:"㧗₌角弓,弓兹㠯(以)寺(待)。"

㈣　通"邿"。《邿季故公𣪘》:"寺(邿)季故公乍(作)寶𣪘。"《説文·六下》:"邿,附庸國,在東平亢父邿亭。"故城在今山東濟寧縣東南。銘中以爲姓氏。

112.　尃[fū]　芳無切　魚滂平

【析形】

甲骨文作、、等,从又甫聲或从𠬞甫聲,金文只作从又甫聲,聲符甫皆作、,小篆(尃)所从之乃之訛變。

【釋義】

㈠　布,施。《克鐘》:"尃奠王命。"《説文·三下》:"尃,布也。"

㈡　通"溥",廣泛。《王孫遺者鐘》:"余尃(溥)旬于國。"《叔夷鐘》:"尃(溥)受天命。"

㈢　通"俌",輔助。《叔夷鐘》:"女(汝)尃(俌)余于𩁹(艱)卹。"此言汝宜輔我于艱憂。《説文·八上》:"俌,輔也。"段玉裁注:"謂人之俌,猶車之輔也。"

㊃　通“薄”，勉力，努力。《師𩞁鼎》：“白（伯）大師不（丕）自乍（作）小子夙（夙）夕尃（薄）由先且（祖）剌（烈）德。”《方言》一：“釗、薄，勉也。秦晉曰釗，或曰薄，故其鄙語曰薄努，猶勉努也。南楚之外曰薄努。”

113.　啟［qǐ］　康禮切　支溪上

【析形】

《説文·三下》：“啟，教也。从攴启聲。”甲骨文有作者，从又从户，象以手啟户，當爲開啟字之初文。又有从口作者，當爲“戶又”之孳乳字。“戶又”既自成一字，則“啟”當爲从口戶又聲，而不是从又（攴）启聲。金文中仍是从口與不从口兩體並存，其偏旁又或作攴、戈、殳，意皆相近。

【釋義】

㊀　啟發，開導。《番生𣪘》：“不（丕）顯皇且（祖）考穆₌克誓（哲）氒（厥）德，嚴才（在）上，廣啟氒（厥）孫子于下，勵于大服。”《瘐鐘》：“廣啟瘐身，勵于永令（命）。”

㊁　開闢，開拓。《中山王譽鼎》：“闢啟𡉚（封）彊（疆），方𦥯（數）百里。”《胤嗣好盗壺》：“大啟邦沔（宇），枋（方）𦥯（數）百里。”《左傳·莊公二十八年》：“晉之啟土，不亦宜乎！”

㊂　指晴朗無雲的天氣。《殷虛文字乙編》445：“戊戌卜：其侌（陰）？ 翊（翌）己卯，啟，不見云？”卜辭又有專用字“晵”（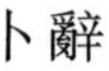、），《殷虛文字甲編》547：“中日至𦎫（郭）兮晵？ 不晵？”

㊃　通“肇”（肈）。

①　初，始。《召卣》：“召啟（肇）進事。”《爾雅·釋詁》：“初、肈，始也。”

②　語氣詞。《虢叔鐘》：“旅敢啓（肈）帥井（型）皇考威義（儀）。”《師望鼎》作“望肈帥井（型）皇考，虔夙夕出内（納）王命。”《尚書·周書·文侯之命》：“汝肇刑文武，用會紹乃辟，追孝于前文人。”

114.　敏［mǐn］　眉殞切　之明上

【析形】

小篆作，从攴每聲。甲骨文作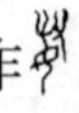、，金文作、，从又每聲，从又與从攴義近。

【釋義】

㊀　聰敏。《師𠭰𣪘》：“女（汝）敏可吏（使）。”《論語·顏淵》：“回雖不敏，請事斯

語矣。”

㊁　勤勉。《大盂鼎》：“敏朝夕入讕（諫）。”《叔夷鐘》：“女（汝）肇敏于戎攻。”《詩經·大雅·江漢》：“肇敏戎公。”

115.　故［gù］　古慕切　魚見去

【析形】

“故”字甲骨文未見，金文與小篆形體基本相同，均作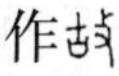。《説文·三下》：“故，使爲之也。从攴古聲。”

【釋義】

㊀　緣故，原因。《小盂鼎》：“王令（命）燮邋（籀，究也）曽（酋）。［燮迺］即曽（酋）邋（籀）氒（厥）故。”郭沫若謂此言王乃命名燮者之重臣就訊其酋何以叛亂之故。（見《兩周金文辭大系考釋》）

㊁　連詞。所以，因此。《班毁》：“彝炁（昧）天令（命），故亡。”

㊂　通“辜”，重罪。《𣪕盨》：“雩邦人正人師氏人又（有）辠又（有）故（辜）。”此“辠”與“故”（辜）分言，則二者有程度之别。段玉裁認爲，“辜本非常重罪，引申之，凡有罪皆曰辜。”（《説文解字注·十四下》）

116.　政［zhèng］　之盛切　耕章去

【析形】

甲骨文作，金文作，从攴从正，正亦聲。《鄂君啟舟節》作，形符从殳，與从攴同義。高鴻縉謂“政”即征討、征伐之本字。

【釋義】

㊀　同“征”，音 zhēng，征伐。《虢季子白盤》：“睗（賜）用戉，用政（征）緣（蠻）方。”

㊁　音 zhēng，征税。《鄂君啟舟節》：“女（如）載馬牛羊台（以）出内關（關），則政於大府，母（毋）政於關。”

㊂　政事，政令。《牆盤》：“曰古文王，初敎（戾）龢（和）于政。”《蔡侯鐘》：“寉（隺）＝鴋（爲）政，天命是逓。”

㊃　通“正”。《叔夷鐘》：“余命女（汝）政于朕三軍。”孫詒讓云：“政讀爲正，二字古通用。正，長也。言我命女爲三軍之長也。”

117. 斁[yì] 羊益切 鐸喻入

【析形】

“斁”字甲骨文未見，金文作、、、、、，字分兩大類，一類不从攴，銘文用爲無斁之“斁”；一類从攴，銘文用爲擇揀之“擇”。字所从之與、、結構相類。从四(目)從矢之字本義如何，衆説紛紜，迄無定論。然睪、斁、斁、睪聲類當相同，因而可以互通。疑爲“睪”之省變，因用爲“無斁”字，便受到其他“無斁”字“睪”的影響，類化而成此形。質言之，不从攴者乃“無斁”字之初文；从攴者乃“睪”之異構，因聲類相同，通用爲“無斁”字，後竟以爲“無斁”之專字。而斁揀之“斁”“睪”統演化作“擇”，遂别而不混了。

【釋義】

㊀ 厭棄。《毛公鼎》：“緈皇天亡睪(無斁)，臨保我有周，不(丕)巩(鞏)先王配命。”《中山王嚳壺》：“天不臭(斁)其又(有)忈，速(使)旻(得)孯(賢)杜(士)良猹(佐)賈，㠯(以)輔相乓(厥)身。”《詩經·周南·葛覃》：“服之無斁。”毛傳：“斁，厭也。”

㊁ 盛。《縣妃毀》：“休白(伯)睪(斁)益(體)卹縣白(伯)室。”《詩經·商頌·那》：“庸鼓有斁。”毛傳：“斁斁然盛也。”

㊂ 同“擇”，音 zé，揀選。《欒書缶》：“余畜孫書巳斁(擇)其吉金。”《中山王嚳壺》：“斁(擇)郾(燕)吉金，鈢(鑄)爲彝壺。”

118. 斄(釐嫠)[xī] 許其切 之曉平

又讀 [lí] 里之切 之來平

【析形】

甲骨文作、、、、等，象以手持杖打麥或一手持麥，一手持杖打麥之形，來麥之“來”亦表聲(來，落哀切，之來平)，乃會意兼聲字。金文作、、、、、、、、、、、、等，仍有以“來”爲聲者，“來”或訛爲、，其表音功能遂失。、既不表聲，乃復增“里”以表聲。或用爲“賞賚”字，故加意符貝。或从子，蓋賞賚與人有關，故以子表示人。字或省攴。小篆所从之“未”亦“來”之訛。從文字發展來看，《説文》所收的“斄”“嫠”“釐”，實爲一字。

【釋義】

㊀ 賞賜，賜予。音 lí。《辛鼎》：“多友贅(釐)辛。”《敌毁》：“贅(釐)敌圭鬲□貝

五十朋。”經籍通作“釐”。《詩經·大雅·江漢》：“釐爾圭瓚，秬鬯一卣。”毛傳：“釐，賜也。”或作“來”。《儀禮·少牢饋食禮》：“來女孝孫。”鄭玄注：“來，讀曰釐。釐，賜也。”

㊁ 通“禧”，音 xī，福。《克鼎》：“易(賜)釐(禧)無彊(疆)。”用爲動詞則義爲“祝福”。《師𩛥鼎》：“𩛥敢𠩺(釐)王，卑(俾)天子萬年。”《漢書·文帝紀》：“今吾聞祠官祝釐，皆歸福於朕躬。”注：“如淳曰：‘釐，福也。《賈誼傳》“受釐坐宣室”是也。’師古曰：‘釐，本字作禧，假借用耳，同音僖。’”殷墟卜辭有成語“叡𠩺”，乃延長福祉之義。

119. 用［yòng］ 余訟切 東喻平

【析形】

于省吾認爲，“用”字初文作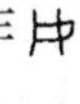，象甬(今作桶)形，左象甬體，右象其把手。近年出土的雲夢秦簡還以“用”爲“桶”。其義引申爲施用之用。“用”“甬”本是一字，故甲骨文以“迵”爲“通”。周代金文由“用”字分化出“甬”字作或。(詳見《甲骨文字釋林·釋用》)

【釋義】

㊀ 使用。《殷虛書契後編》上 25.8：“貞：用羌？”《曶鼎》：“曶用絲(茲)金乍(作)朕文孝(考)弃白(伯)䵼牛鼎。”

㊁ 執行。《頌壺》：“易(賜)女(汝)玄衣黹屯、赤市、朱黄、䜌旂、攸勒，用事。”用事，執行職事。

㊂ 介詞。

① 表示動作、行爲所憑藉的工具、方式或手段，意同“用來”“拿”。《寧𣪘》：“其用各(格)百神，用妥(綏)多福。”《虢季子白盤》：“王睗(賜)乘馬，是用左(佐)王。”

② 表示動作、行爲的原因，意同“因”。《禹鼎》：“烏虖哀哉！用天降大喪于二或(國)，亦唯噩侯駿方率南淮尸(夷)東尸(夷)廣伐南或(國)東或(國)，至于歷内，王迺命西六自(師)殷八自(師)曰……”《師望鼎》：”王用弗䛠(忘)聖人之後，多蔑曆、易(賜)休。”

㊃ 連詞，表示并列關係。《麥尊》：“侯易(賜)者(赭)㚸(婐)臣二百家劑用王乘車馬、金□、冂衣、市、舄。”此句意爲：井侯被王賜以赭衣侍臣二百家的券契和王乘的車馬、金□、冕衣、蔽膝、鞋子等。

120. 爾［ěr］ 兒氏切 支日上

【析形】

甲骨文作、，金文作、、、等，小篆作，字形所象不明。

【釋義】

㊀ 繁盛。《𤼈盤》："剌（烈）且（祖）文考弋𡨦受𤼈爾䵼、福褱、𢦔（祓）彔（祿）、黄耇彌生。"此句意爲：烈祖文考特予授𤼈繁盛鮮麗、順利平安、祓除災惡、得有祿位、長享壽考。《詩經·小雅·采薇》："彼爾維何？維常之華。"毛傳："爾，華盛貌。"

㊁ 第二人稱代詞，用法與"尔"同。《齊侯壺》："爾其濟（躋）受御。"《晉公盞》："整辪（嬖，治也）爾宏（容）。"

121. 眔［tà］ 徒合切 緝定入

【析形】

《説文·四上》："眔，目相及也。从目，从隶省。""眔"字甲骨文作、、、等形，郭沫若曰："字之不从隶省，甚顯而易見。……此當係'涕'之古字，象目垂涕之形。"金文多作、，《叔妀毁》作，乃目之形變。魏三體石經"眔"之古文作，亦目之訛變。

【釋義】

㊀ 連詞，及，與，和。《殷虚文字乙編》3297："癸未卜，㱿貞：告于妣己眔妣庚？"《令鼎》："有𤔲眔師氏小子卿（合）射。"經籍通作"暨"。《尚書·虞夏書·堯典》："禹拜稽首，讓于稷、契暨皋陶。"黄焯《經典釋文彙校》："寫本'暨'作'臮'。"《説文·八下》"臮"下引《虞書》作"臮咎繇"。"臮"當爲"泉"即"眔"之形譌。《史記·五帝本紀》作"禹拜稽首，讓於稷、契與皋陶。"

㊁ 通"遝"，及，到。《五祀衛鼎》："氒（厥）逆（朔）彊（疆）眔（遝）厲田，氒（厥）東彊（疆）眔（遝）散田。"《方言》三："遝，及也。關之東西曰遝。"經籍或作"逮"。《公羊傳·成公二年》："逮于袁婁而與之盟。"

122. 省［shěng］ 所景切 耕生上

［xǐng］《廣韵》 息井切

【析形】

甲骨文作、，金文作、、等，从目生省聲。《中山王𠯑鼎》作，从目生聲。商承祚先生曰："古有'眚'無'省'，'省'由'眚'生……小篆之，乃由引長其横筆而變。"

【釋義】

㊀　省視，巡省，視察。《殷契粹編》1002：“王其省田，不冓大雨？”《㝬鐘》：“王肇遹省文武堇(勤)彊(疆)土。”《詩經·大雅·常武》：“省此徐土。”

㊁　觀察。《中山王嚳鼎》：“侖(論)其悳(德)，省其行。”

㊂　看見。《𤼈鼎》：“𤼈肇從遣征，攻㗊(躍)無啻(敵)，省玗(于)人身。”郭沫若曰：“《爾雅·釋言》：‘身，我也。’言己之武勇爲人與我所共覩也。”

㊃　善，好。《九年衛鼎》：“矩取省車。”唐蘭曰：“《爾雅·釋詁》：‘省，善也。’《石鼓文》説：‘省車載行。’省車應是好車。”

㊄　通“生”。《曶鼎》：“隹(唯)王亖(四)月既眚(生)霸。”《楊𣪘》：“隹(唯)王九月既眚(生)霸庚寅。”它銘多作“既生霸”。

123.　自［zì］　疾二切　質從入

【析形】

《説文·四上》：“自，鼻也。象鼻形。……，古文自。”“自”字甲骨文作、、等形，金文作、、、、，或作，中畫象鼻上腠理之形，从一从二不别。《説文·四上》：“，此亦自字也。”

【釋義】

㊀　鼻子。《殷虚文字乙編》6385：“貞：㞢(有)疾自，隹(唯)㞢(有)壱？貞：㞢(有)疾自，不隹(唯)㞢(有)壱？”

㊁　代詞，自己。《右走馬嘉壺》：“右走馬嘉自乍(作)行壺。”

㊂　副詞，親自。《殷契粹編》1184：“庚戌貞：叀王自正(征)尸方？”

㊃　介詞，從。《殷虚書契後編》上 20.6：“□□卜，貞：王室自武丁至于武乙衣，亡尤？”《散盤》：“履：自瀗涉以南至于大沽。”

㊄　語義介詞。《殷契佚存》873：“貞：钔自唐、大甲、大乙、祖乙百羌百牢？”《殷契佚存》986：“□未卜，𠦪雨自上甲、大乙、大丁、大甲、大庚、大戊、中丁、祖乙、祖辛、祖丁十示率𤘘？”

124.　者［zhě］　之也切　魚章上

【析形】

“者”字甲骨文未見，金文有、、、等形，多从口或从甘，聲。《説文·四上》："者，别事詞也。从白，𣥠聲。𣥠，古文旅字。"

【釋義】

㈠　特殊的代詞，必須放在其他詞或詞組後面組成名詞性結構，如用在動詞或動賓詞組後面表示動作的施事。《兆域圖》："不行王命者，恣（殃）迻（連）子孫。"也可用在某些形容詞後表示某種時間。《中山王譽鼎》："昔者，𢉖（吾）先考成王，㬳（早）弃羣臣。"

㈡　通"諸"。《兮甲盤》："其隹（唯）我者（諸）侯百生（姓）氒（厥）賨（賈）母（毋）不即市。"《中山王譽壺》："者（諸）侯𪒠（皆）賀。"

㈢　通"書"。《免毁》："王受（授）乍（作）册尹者（書），卑（俾）册命免。"

㈣　通"赭"。《麥尊》："侯易（賜）者（赭）㚸（婐）臣二百家劑用王乘車馬。"此句意爲：井侯被王賜以赭衣侍臣二百家的券契和王乘的車馬。

125.　隹［zhuī］　職追切　微章平

【析形】

《説文·四上》："隹，鳥之短尾總名也。象形。""隹"字甲骨文作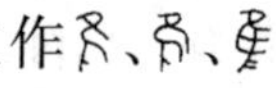，金文作等，均爲鳥之象形。

【釋義】

㈠　句首語氣詞，經籍通作"唯""惟""維"。《殷虚書契前編》2.15.3："癸巳貞：王旬亡畎？才（在）二月，才（在）齊餗，隹（唯）王來正（征）尸方。"《縣妃毁》："隹（唯）十又三月既望。"《尚書·周書·洪範》："惟十有三祀，王訪于箕子。"

㈡　句中語氣詞，經籍通作"唯""惟""維"。《鐵雲藏龜》246.2："貞：不隹（唯）且（祖）丁壱王？"《㝬鐘》："我隹（唯）司（嗣）配皇天王。"《尚書·虞夏書·皋陶謨》："百工惟時。"《周易·解》："君子維有解，吉。"有時"隹"有提示賓語前置的作用。《令毁》："用頴（敢）後人亯（享），隹（唯）丁公報。""隹丁公報"即"報丁公"。

㈢　並列連詞，經籍通作"惟""維"。《縣妃毁》："易（賜）君（羣）我（娥）隹（惟）易（賜）壽。"《師晨鼎》："王乎（呼）乍（作）册尹册令（命）師𣅀（晨）足師俗嗣［邑］人隹（惟）小臣、善夫……"《尚書·虞夏書·禹貢》："齒革羽毛惟木。"《詩經·大雅·靈臺》："虡業維樅，賁鼓維鏞。"

㈣　讓步連詞，經籍通作"雖"，或作"唯"。《㝬毁》："有余隹（雖）小子，余亡康（康）晝夜。"《中山王譽鼎》："隹（雖）又（有）死辠（罪），及参（三）𠀠（世），亡不若

(赦)。”《禮記·雜記》：“以喪冠者，雖三年之喪可也。”鄭玄注：“雖，或爲‘唯’。”

㊄ 通“誰”，疑問代詞。《中山王礜鼎》：“非信與忠，其隹(誰)能之，其隹(誰)能之？”

㊅ 通“爲”。《中山王礜壺》：“用隹朕所放。”此句意爲：因而是我效法的榜樣。

㊆ 用爲“罹”。《胤嗣好盗壺》：“以慁乎(厥)民之隹(罹)不焽(辜)。”張政烺曰：“隹，當作‘離’，俗寫爲‘罹’。隹與離、罹字音不同，不能通假。此蓋作銘者不通文義，率意省簡，遂成誤字。字在此處義爲陷。”《尚書·周書·洪範》：“不離于咎。”通行本“離”作“罹”。

126. 隻［zhī］ 之石切 鐸章入

【析形】

甲骨文作，金文作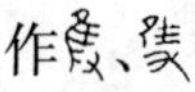等，小篆作。《説文·四上》：“隻，鳥一枚也。从又持隹。”李孝定曰：“卜辭‘隻’字字形與金文、小篆並同，其義則爲獲。捕鳥在手，獲之義也。當爲‘獲’之古文。小篆作‘獲’者，後起形聲字也。……‘鳥一枚’者，‘隻’之别義也。”

【釋義】

同“獲”。《殷契遺珠》758：“甲戌卜，穷貞：才(在)昜牧，隻(獲)羌？”《𢦏毁一》：“卑(俾)克乎(厥)啻(敵)，隻(獲)馘百，執噝(訊)二夫。”

127. 舊［jiù］ 巨救切 之羣去

【析形】

甲骨文作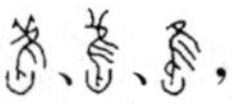，金文作，皆从萑臼聲，原是貓頭鷹一類的鳥，後借用爲新舊字。

【釋義】

㊀ 故，與新爲對。《兮甲盤》：“淮尸(夷)舊我員晦人，母(毋)敢不出其員、其責(積)、其進人。”

㊁ 故交爲舊，指舊人、先人。《殷虚書契前編》4.15.4：“貞：我家舊老臣亡壱我？”《庫方二氏藏甲骨卜辭》1516：“……昔我舊臣……”《叔夷鐘》：“尸(夷)箕其先舊，及其高祖。”

㊂ 長久。《邾公華鐘》：“昚(慎)爲之名(銘)，元器其舊，哉(載)公釁(眉)壽。”

《尚書·周書·無逸》:"其在高宗,時舊勞于外,爰暨小人。"鄭玄曰:"舊,猶久也。"《忠信之道》:"大舊(久)而不俞(渝),忠之至也。"

128.　烏(於)[wū]　哀都切　魚影平

【析形】

"烏"字甲骨文未見,西周金文作、,爲烏之象形。後來頭部筆畫分離,如《禹鼎》中作;繼則漸漸訛變爲"𠁼",如《中山王嚳壺》之作;又省變爲"於",如《鄂君啟舟節》之作,"烏""於"遂分化爲二字,然其源則一。小篆作,《説文·四上》:"烏,孝烏也。象形。……,古文烏,象形。,象古文烏省。"

【釋義】

㈠　介詞,音 yú。

①　表示動作的對象。《陳肪毁》:"用徫(追)孝烏(於)我皇毁(考)。"

②　表示地點,意同"在"。《鄂君啟舟節》:"王凥(居)於莪郢之遊宫。"

③　表示被動。《中山王嚳鼎》:"昔者,郾(燕)君子徻……猶粯(迷)惑於子之而迒(亡)其邦。"

㈡　組成嘆詞"烏虖",表示嘆息、贊美等感情。"烏虖"是西周金文中的寫法,春秋戰國時期多作"烏夫"或"於虖""於嘑"。經籍中多作"嗚呼"。《𣄰尊》:"烏虖!爾有唯(雖)小子,亡戠(識)。"《中山王嚳壺》:"於虖,㕣(允)毕(哉)若言!"

129.　焉[yān]　有乾切　元影平

【析形】

《説文·四上》:",焉鳥,黄色,出於江淮。象形。"經籍中多假借用作虛詞。銘文中始見于戰國《中山王嚳壺》,作,形从鳥。

【釋義】

用作句末語氣詞。《中山王嚳壺》:"爲人臣而彶臣其宗,不羊(祥)莫大焉。"又:"明友之于壺而旹(時)觀焉。"

130.　幺[yōu]　於虯切　幽影平

【析形】

甲骨文作、，金文作、，象兩束並列的絲，當爲“絲”之古文。

【釋義】

㊀ 同“絲”。《商尊》：“㠯丝（絲）廿寽。”《辛伯鼎》：“宧丝（絲）五十爰。”

㊁ 指示代詞，此。經籍通作“茲”。《殷虛文字甲編》616：“丝（茲）夕亡大雨。”《彔伯毁》：“子子孫孫其帥井（型）受丝（茲）休。”

131. 䊷［zī］ 側持切 之莊平

【析形】

“䊷”字甲骨文未見，金文作、，《説文》未收。“䊷”字从丝才聲，乃“緇”之異體。《禮記·玉藻》：“大夫佩水蒼玉而純組綬。”鄭玄注：“‘純’當爲‘緇’，古文‘緇’字或作絲旁才。”

【釋義】

㊀ 語氣詞，表示感嘆語氣。《中山王譻壺》：“於虖，叒（允）䊷若言！”經籍和其他銘文大多用“哉”。

㊁ 開始。《胤嗣𡚬蚉壺》：“䊷忎（坎）百每（謀）。”經籍多作“哉”或“載”。《爾雅·釋詁》：“哉，始也。”

132. 叀［zhuān］ 職緣切 元章平

【析形】

甲骨文作、、、等形。徐灝曰：“象紡專之形。”高鴻縉曰：“叀古音與惠同，故惠从心叀聲，叀聲之諧惠，亦猶耑聲之諧瑞也。”李孝定曰：“叀今讀職緣切，乃後起之音讀。專字从之亦讀職緣切，蓋均非古音也。”金文或繁變作、、，或省變作。

【釋義】

㊀ 同“專”，專謹，專一。《嘉鼎》：“君既安叀（專），亦弗其盨蒦（専濩，分解也）。”

㊁ 通“惠”，和順。《大克鼎》：“肄克龏保氒（厥）辟龏王，諫辪（勑乂）王家，叀（惠）于萬民，𩟄（柔）遠能䖵（邇）。”《詩經·大雅·抑》：“惠于朋友，庶民小子。”鄭玄箋：“惠，順也。”

㊂ 語氣詞，在甲骨文和金文中作用與“隹”相近，經籍多作“惟”“惠”。《殷虛卜辭》2338：“乙卯卜，㱿貞：王叀土方正（征）？”《殷契粹編》381：“壬申卜，母戊歲，叀牡？

叀牝？"《殉尊》："叀王龏德谷（裕）天。"《九年衛鼎》："顏（顏）小子具叀夆（封）。"《尚書·周書·洛誥》："惠篤敘，無有遘自疾。"曾運乾曰：惠，"讀爲惟，語詞。《酒誥》'予不惟若茲多誥'，《石經》惟作惠，可證。"

133.　啻［dì］　都計切　質端去

【析形】

甲骨文作、、、、等形，張亞初曰："啻字早期作，是'脱華（花）'後的象形字。後來才在下面加意符作，'止'表示'啻'爲花的下基、底座。""《禮記·曲禮》：'士啻之。'疏云：'啻謂脱華處。'該字初文作，下部的⊞、⊗、○，都是花的底座即花托之象形。"金文作、、、，下部變作，上部稍訛。小篆上部更訛作，花托之形全失。"啻"與"蒂"古音義並同。

【釋義】

㊀　本。《㝬毁》："乍（作）啻才（在）下。"《晉姜鼎》："乍（作）啻爲亟（極）。"

㊁　永久，經常。《楚毁》："啻揚天子不（丕）顯休。"（《𢿥毁》："永揚公休。"）《井人鐘》："啻處宗室。"

㊂　牢固。《秦公鐘》："畯啻才（在）立（位）。"

134.　則［zé］　子德切　職精入

【析形】

"則"字小篆作，《説文·四下》："則，等畫物也。从刀从貝。貝，古之物貨也。，古文則。，亦古文則。，籀文則从鼎。""則"字甲骨文未見，金文作、、、等，多从刀从鼎，與《説文》籀文同，本義當爲用刀刻畫鼎文。小篆从貝乃从鼎之訛變，《説文》古文从二貝亦當爲二鼎之訛變。

【釋義】

㊀　刻畫。《𠫑羌鐘》："用明鼎刂（則）之于銘。"

㊁　采邑。《段毁》："令（命）龏𡛤遺（貽）大鼎刂（則）于段。"《周禮·春官·大宗伯》："五命賜則。"鄭玄注："則，地未成國之名。"

㊂　副詞，便，即，就。《𠑇匜》："牧牛鼎刂誓。"《𤔲盤》："武王鼎刂令周公舍㝢（宇）于周。"

㈣ 連詞

① 表示時間上的承接。《㓚尊》："隹(唯)珷王既克大邑商，劇廷告玙(于)天。"

② 聯結條件和結果。《曶鼎》："□來歲弗賞(償)，劓貸(付)卌秭。"《𠑇匜》："乃師或𠤎(以)女告，劓致(致)乃倰(鞭)千𪏮𪏮。"

135. 節［jié］ 子結切 質精入

【析形】

《説文·五上》："節，竹約也。从竹即聲。"金文作、、，皆从竹即聲，與小篆同。

【釋義】

㈠ 符節，是一種用作憑證的信物。《鄂君啟節》："不見其金節劓政(征)。"

㈡ 約制。《子禾子釜》："左閞(關)釜節于𥝢(廩)釜。"《中山王譽壺》："節于𨡕(禋)醣(齊)。"《周易·頤》："君子以慎言語，節飲食。"

136. 箕(其)［jī］ 居之切 之見平

【析形】

《説文·五上》："(箕)，簸也。从竹，象形，下其丌也。……，古文箕省。，亦古文箕。，亦古文箕。，籀文箕。，籀文箕。""箕"字甲骨文作、、，象竹箕之形，爲"箕"之初文，與《説文》古文一近。或作，以手揚箕會意，與《説文》古文二近。或作，與《説文》籀文二取意相同。金文作、、，或作，从从丌(丌亦聲)，與《説文》籀文一同構。《剌鼎》作，《叔趯父卣》作，从丮。字或作，从𢎎，𢎎乃丮之訛變。《莒笄鼎》作，从竹六聲。

【釋義】

㈠ 代詞，表示領屬。《中山王譽鼎》："猶粯(迷)惑於子之而𨑒(亡)其邦。"

㈡ 語氣詞

① 表示意志。《盠駒尊》："盠曰：余其敢對揚天子之休，余用乍(作)朕文考大中寶尊彝。"

② 表示祈使語氣。《彔䧹卣》："王令䧹曰：叡，淮尸(夷)敢伐内國，女其𠤎(以)成周師氏戍于㕚𠂤。"《頌壺》："頌其萬年覺壽，畯臣天子。"

③ 表示推測語氣。《卜辭通纂》375："癸卯卜，今日雨？其自西來雨？其自東

來雨？其自北來雨？其自南來雨？”

④　表示反問語氣。《中山王譽鼎》：“非信與忠，其隹（誰）能之，其隹（誰）能之？”

㊂　介詞。用在作爲定語的詞或詞組的後面，把定語介紹給中心語，與“之”用法相似。《鬲攸从鼎》：“敢弗具付鬲从其且（租），射（謝）分田邑，劇（則）放。”《琱生𣪘》：“對揚朕宗君其休。”《尚書·周書·康誥》：“朕其弟，小子封。”王引之曰：“其，猶之也。”

㊃　通“忌”。《王孫鐘》：“敱（畏）䝉（忌）趩趩。”

㊄　通“期”。《乙𣪘》：“釁壽無䝉（期）。”

㊅　通“基”。《盠駒尊》：“盠曰：王倗（堋）下（嘏）不（丕）其（基），劇（則）萬年保我萬宗。”管燮初譯作：“盠説：君王奠定盛大基業，所以億萬年保護我衆多宗室。”

137.　典［diǎn］　多殄切　文端上

【析形】

《説文·五上》：“典，五帝之書也。从册在六上，尊閣之也。莊都説：典，大册也。，古文典，从竹。”“典”字甲骨文作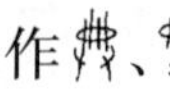等形，象用手奉册而讀。金文或省作，或變爲六作，即爲小篆所本，《説文》“尊閣”之訓乃依此爲説。《陳侯因脊錞》作，魏三體石經《尚書·皋陶謨》“典”字古文作，《多方》“典”字古文作，皆與《説文》古文近，所从之竹當係之上部帶點兩豎演化而成。

【釋義】

㊀　典册。《殷虚書契前編》4.43.4：“癸卯卜貞：王旬亡𡆥？才（在）六月乙巳，工（貢）典，其蘿。”貢典，謂祭時貢獻典册于神。

㊁　記載約劑的文書。《琱生𣪘》：“余吕（以）邑𠻸（訊）有𤔲，余典勿敢封。”

㊂　法度，規矩。《陳侯因脊錞》：“㔺（世）萬子孫，永爲典尚（常）。”《史記·禮書》：“定宗廟百官之儀，以爲典常，垂之於後云。”

㊃　登錄，記載。《格伯𣪘》：“𩰫（鑄）保（寶）𣪘，用典格白（伯）田。”郭沫若曰：“典如今言記錄或登錄。”《善夫克盨》：“王令尹氏友史趛典善夫克田人。”

138.　乃［nǎi］　奴亥切　之泥上

【析形】

《説文·五上》:“乃,曳詞之難也。象气之出難。……，古文乃。，籒文乃。”“乃”字甲骨文作，金文作、、，小篆作。其形體之所象,今尚難明。唐寫本《玉篇》引《説文》作“乃者申辭之難也。”《周禮·天官·大宰》:“乃施典于邦國。”鄭玄注:“乃者,更申勅之。”今本《説文》説解作“曳詞”,“曳”當爲“申”傳寫之訛。

【釋義】

㊀ 第二人稱代詞。《殷契卜辭》173:“乙卯卜,㝵貞:曰氏乃邑?”《封𣪕》:“用保乃邦。”《𦟝匜》:“𠭯,乃可(荷)湛(扰)。”《尚書·周書·康誥》:“朕心朕德,惟乃知。”

㊁ 指示代詞。《大克鼎》:“昔余既令女出内(納)朕令,今余隹(唯)𩁹𦎫乃令。”《晏子春秋·外篇》:“公曰:吾聞之,五子不滿隅,一子可滿朝,非乃子耶?”王引之曰:“乃,猶是也。”

㊂ 副詞

① 表示時態,可譯爲“就”“于是”。《殷契粹編》845:“來庚則𣎵,乃𩂣,亡大雨。”《噩侯鼎》:“王休匽(宴),乃射。”《尚書·周書·洪範》:“稽疑:擇建立卜筮人,乃命卜筮。”

② 表示程度,可譯爲“竟然”“居然”。《令鼎》:“王曰:令眔奮乃克至,余其舍女(汝)臣十家。”《韓非子·難一》:“舜猶不以此説堯令從己,乃躬親,不亦無術乎?”

㊃ 連詞

① 表示假設,可譯爲“如果”。《曶鼎》:“求乃人,乃弗得,女(汝)匡罰大。”郭沫若曰:“上‘乃’字爲‘汝之’,下‘乃’字則用爲‘如’。”

② 表示並列。《師𣪘𣪕》:“敬乃夓(夙)夜用事。”管燮初譯作:恭恭敬敬而日夜奉公。

③ 表示承接,可譯爲“于是”。《噩侯鼎》:“噩侯駭方内(納)豊(醴)于王,乃𧻚(祼)之。”管燮初譯作:“噩侯駭方納醴與王,于是宴飲款待他。”

139. 迺[nǎi] 《廣韵》奴亥切 之泥上

【析形】

“迺”字甲骨文未見,金文作、、、等形。高鴻縉曰:“金文字,見《免盤》及《小臣謎𣪕》‘𩞁’字偏旁,俱象鹽鹵結晶之形,不从西。,其或加於其下者,與‘卣’之下加同。……蓋鹽鹵常盛在皿中也,故作與作無别,而其作作,亦其省變。”《説文》説解頗爲零亂,或係傳寫有訛所致。隸變作“迺”或“廼”。

【釋義】

副詞(有時可看作連詞),可譯爲"就""便""于是"。《衛盉》:"裘衛廼彘告于白邑父……"《毛公鼎》:"無唯正𦖞(昏),引其唯王智(智),廼唯是喪我或(國)。"《爾雅·釋詁下》:"廼,乃也。"經籍多作"乃"。

140.　逌[yǒu]　以周切　幽喻上

【析形】

《説文·五上》:"逌,气行皃。从乃卤聲。讀若攸。""逌"字甲骨文作、、、等,金文作、、。李孝定曰:"卜辭逌、卣同字,許書無卣有卤,讀若調(徒遼切),實即卣字。卣之讀調,亦猶从攸得聲之條亦讀徒遼切也。此字从乃卤聲,讀若攸,亦可證卤之本讀以周切也。……卣乃尊屬,其下从‿或否者,有座無座之别耳。"

【釋義】

㈠　本酒器名,用作量詞。《殷虚書契前編》1.18.4:"丁酉卜貞:王宺文武丁,伐十人,卯六牢,鬯六逌,亡尤?"《毛公鼎》:"易(賜)女(汝)𩰫鬯一逌。"《尚書·周書·洛誥》:"予以秬鬯二卣,曰明禋。"

㈡　代詞,經籍多作"攸",所。《班毁》:"允才(哉)!顯隹(唯)苟(敬)德,亡逌違。"亡逌違,無所違失。《周易·坤》:"君子有攸往,先迷,後得主利。"孔穎達疏:"君子有攸往者,以其柔順利貞,故君子利有所往。"

㈢　用爲"廼"。《虢叔鐘》:"逌(廼)天子多易(賜)旅休。"

141.　于[yú]　羽俱切　魚匣平

【析形】

"于"字甲骨文、金文或从弓作"𢎘",或不从弓作"于"。

【釋義】

㈠　動詞,往。《殷虚書契前編》1.8.1:"貞:王去朿于章?"意謂王離開朿地前往章地。

㈡　介詞,和名詞組成介賓詞組。

①　引介動作行爲的處所,相當于"到""在"。《殷虚書契後編》下41.16:"……卜:𠂤(師)乎𢓊(御)方𢎘商?"《殷契遺珠》404:"辛酉卜,旅貞:王其田于麥,往來亡巛(災)?才(在)十月。"《師奎父鼎》:"王各于大室。"《夨方彝》:"明公用牲𢎘京宮。"

② 引介動作行爲的時間，相當于“到”“在”。《殷契粹編》692：“自今至于來辛又(有)大雨？”《殷契佚存》938：“貞：王于生八月入于商？”《邾公牼鐘》：“台(以)喜者(諸)士，至于萬年。”

③ 引介動作行爲涉及的對象，“于”字上接的動詞不帶賓語。《殷虚書契後編》上19.1：“貞：𡧊于王亥？”《令㲃》：“乍(作)册夨令隮宜于王姜。”

④ 引介動作行爲旁及的對象，有“給”“對”“向”等義，“于”字上接的動詞帶賓語。《小屯南地甲骨》867：“其告秋于上甲一牛？”《大保㲃》：“王降征令(命)玗大保。”

⑤ 引介所從的對象，有“自”“從”等義。《格伯㲃》：“格白(伯)受良馬乘于倗生。”《齊侯壺》：“齊侯命大子乘遽盂(載)句宗白(伯)聽命于天子。”

⑥ 引介動作行爲的主動者，表示被動。《鬲尊》：“易(賜)貝于王。”《毛公鼎》：“衒(率)褱(懷)不廷方，亡不閈于文武耿光。”

⑦ 引介形容詞的對象，有“在……方面”之意。《虢季子白盤》：“不(丕)顯子白，𦘴(壯)武于戎工。”《王孫遺者鐘》：“肅悊聖武，惠于政𢛳(德)，思(淑)于威義(儀)。”

㊂ 連詞

① 表並列。《殷虚文字甲編》2416：“余其比多田于多白(伯)正(征)盂方。”《杜伯盨》：“杜白(伯)乍(作)寶𥃝(盨)，其用亯(享)孝于皇申(神)且(祖)考于好倗友。”

② 表承接，相當于“爰”，有“于是”之意。《中山王𠻗鼎》：“中山王𠻗祚(作)鼎，于(爰)銘曰……”張政烺曰：“于，讀爲爰。《爾雅·釋詁》：‘爰，于也。’二字轉相訓，皆爲語詞。”

㊃ 句中語氣詞，表示陳述語氣。《𡎖鼎》：“隹(唯)周公玗征伐東尸(夷)、豐白、尃古、咸𢦏。”《尚書·周書·大誥》：“予得吉卜，予惟以爾庶邦于伐殷逋播臣。”

142. 虖[hū] 荒烏切 魚曉平

【析形】

《説文·五上》：“虖，哮虖也。从虍乎聲。”“虖”字甲骨文未見，金文作等，皆从虍乎聲。小篆沿之作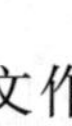。

【釋義】

㊀ 語氣詞，置于句末表示反問或委婉推斷。經籍通作“乎”。《中山王𠻗鼎》：“而皇(況)才(在)於尐(少)君虖？”又：“社禝(稷)其庶虖？”

㈡ 常與“烏”構成複音嘆詞“烏虖”。見“烏(於)”字條。

143. 去［qù］ 丘據切 魚溪上

【析形】

甲骨文作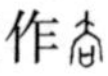、,金文或與之同,或从止作。

【釋義】

㈠ 離開。《殷虛書契前編》1.8.1:“貞:王去于享?”《嘉鼎》:“少去父母。”

㈡ 除去,廢除。《胤嗣好盗壺》:“大䢅(去)型(刑)罰,以憂氒(厥)民之隹(罹)不𢓊(辜)。”

144. 卹［xù］ 辛聿切 質心入

【析形】

《説文·五上》:“卹,憂也。从血卩聲。一曰鮮少也。”“卹”字甲骨文作,从皿。金文作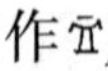、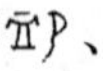、、,多从血,血或變形作。《追𣪘》作,仍从皿。

【釋義】

㈠ 憂念。《叔夷鐘》:“女(汝)台(以)卹余朕身,余易(賜)女(汝)馬車戎兵。”《師詢𣪘》:“屯(純)卹周邦。”《逸周書·皇門》:“我聞在昔,有國誓王之不綏于卹。”孔晁注:“卹,憂,言思治也。”經籍亦作“恤”。《逸周書·祭公》:“汝無以家相亂王室而莫恤其外。”

㈡ 憂患。《叔夷鐘》:“尃余于𩠹卹。”孫詒讓曰:“尃讀爲俌;輔也。卹,憂也。言汝宜輔我于艱憂。”

㈢ 謹慎。《追𣪘》:“追虔𡖊(夙)夕卹氒(厥)死事。”《文選·王元長〈永明九年策秀才文〉》:“敬法卹刑,《虞書》茂典。”經籍亦作“恤”。《尚書·虞夏書·堯典》:“欽哉,欽哉,惟刑之恤哉!”

145. 井［jǐng］ 子郢切 耕精上

【析形】

《説文·五下》:“丼,八家一井。象構韓形。·,罋之象也。古者伯益初作井。”“井”字甲骨文作井、井,不从·,金文或增·作丼,即爲小篆所本。李孝定曰:“·乃後加,無義,未必象甕形也。”葉玉森曰:“井象構韓四木交加形,中一小方象井口。”韓,井欄。

【釋義】

㊀　商時方國名，音 xíng，全稱爲“井方”。《殷虛書契後編》上 8.5：“癸卯卜，穷貞：井方于唐宗彘。”《乙亥鼎》：“唯王正(征)井方。”

㊁　周時諸侯國名，音 xíng，康王時周公之子所封，春秋時爲衛所滅。經籍通作“邢”。《井侯毁》：“隹(唯)三月，王令焚及内史曰：龏(更)井侯服，易(賜)臣三品：州人、重人、𩫖人。”《左傳·僖公二十四年》：“凡、蔣、邢、茅、胙、祭、周公之胤也。”

㊂　通“刑”。

①　處罰。《兮甲盤》：“敢不用令，鼎(則)即井(刑)，厮(撲)伐。”

②　法。《毛公鼎》：“女(汝)母(毋)敢弗帥用先王乍(作)明井(刑)。”《秦公鐘》：“余雖小子，穆=帥秉明德，叡尃(敷)明井(刑)。”《詩經·大雅·抑》：“罔敷求先王，克共明刑。”毛傳：“刑，法也。”

③　效法。《虢叔旅鐘》：“旅敢啓帥井(刑)皇考威義(儀)。”《牆盤》：“井(刑)帥宇誨(謀)。”《禮記·禮運》：“刑仁講讓，示民有常。”

146.　即［jí］　子力切　質精入

【析形】

甲骨文作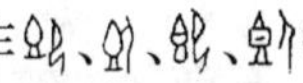等形，金文與之大致相同，左象裝盛食物之器具，右象人形，表示人在就食，乃會意字。

【釋義】

㊀　就。《殷虛文字甲編》717：“癸亥卜，河其即宗？”《大盂鼎》：“女(汝)妹辰又(有)大服，余隹(唯)即朕小學。”《秦公鎛》：“盭百緣(蠻)具即其服。”《方言》十二：“即，就也。”

㊁　靠近，接近。《小盂鼎》：“［焚迺］即罾(酉)𠪚(簎)氒(厥)故。”

㊂　往，到。《競卣》：“隹(唯)白犀父㠯(以)成𠂤(師)即東。”

㊃　付與。《曶鼎》：“迺或即曶用田二，又臣□，凡用即曶田七田，人五夫。”《散盤》：“迺即散用田。”楊樹達曰：“即者，今言付與。”

㊄　通“次”。《中山王嚳壺》：“夫古之聖王敄(務)才(在)旻(得)孯(賢)，其即(次)旻(得)民。”《説文·十三下》“垐”之古文作“堲”，“次”“即”音近可通。

147.　舍［shě］　始夜切　魚書上

【析形】

《説文·五下》:"舍,市居曰舍。从亼。屮象屋也,口象築也。""舍"字甲骨文未見,金文作舍、舍、舍、舍,从口余聲。《中山王嚳鼎》作舍,下體𠙵變爲曰,該字用爲"余",可證"余"、"舍"古本同音。金文每言"舍命",意爲施發命令,正用"舍"之本義。屋舍字乃其假借。小篆變𠙵爲口,《説文》據以解字形,不可信。

【釋義】

㊀　施發。《矢方彝》:"诰令舍三事令(命)……舍三(四)方令(命)。"《毛公鼎》:"父厝舍命。"于省吾曰:"吳北江先生曰:舍命乃古人恒語,即發號施令之意。"

㊁　施舍,給予。《令鼎》:"今(余)其舍女(汝)臣十家。"《五祀衛鼎》:"余舍女(汝)田五田。"

㊂　第一人稱代詞,經籍通作"余"。《中山王嚳鼎》:"含(今)舍(余)方壯。"

148.　入[rù]　人汁切　緝日入

【析形】

甲骨文作入、入,金文作入、入、入、入,林義光曰:"象鋭端之形,形鋭乃可入物也。"金文筆畫或變圓轉,尖鋭之形稍失。

【釋義】

㊀　進入。《殷虚文字乙編》8346:"庚戌卜,内貞:王入于商,亡乍囚?"《元年師兑𣪘》:"同仲右師兑入門立中廷。"

㊁　納。《殷虚文字乙編》3397:"雀入二百五十。"《頌壺》:"頌𢷎(拜)䭫首,受令(命)册,佩㠯(以)出,反入堇(覲)章(璋)。"

149.　射[shè]　食夜切　鐸船入

【析形】

《説文·五下》:"䠶,弓弩發於身而中於遠也。从矢从身。射,篆文䠶,从寸。寸,法度也,亦手也。""射"字甲骨文作射、射、射,金文或增又(手形)作射、射,石鼓文作射。羅振玉曰:"卜辭中諸字皆爲張弓注矢形,或左向或右向。許書从身,乃由弓形譌。又誤横矢爲立矢,其从寸則从又之譌也。古金文及石鼓文並與此同。"張舜徽曰:"許君拘於篆法,乃以法度説寸,泥矣。"

【釋義】

㊀　用弓發箭。《殷虚書契續編》3.44.3:"王涉滴,射又鹿,禽?"《令鼎》:"王射,

有嗣眔師氏小子卿(合)射。”

㈡ 六藝之一。《静𣪘》:“王令静嗣射學宫,小子眔服眔小臣眔尸僕學射。”《周禮·地官·保氏》:“保氏掌諫王惡。而養國子以道:乃教之六藝,一曰五禮,二曰六樂,三曰五射,四曰五馭,五曰六書,六曰九數。”

㈢ 官名。《殷契粹編》81:“射甾目(以)羌用自上甲于甲申?”

㈣ 軍隊中的一個集體單位。《殷虛文字乙編》751:“登射三百? 勿登射三百?”

㈤ 通“謝”,以錢財酬謝。《鬲攸从鼎》:“我弗具付鬲从其且(租)、射(謝)分田邑,鼎(則)放。”楊樹達曰:“射當讀爲謝,謂錢財也,蓋謝本酬謝之意。”

㈥ 通“榭”。《鄒𣪘》:“王各(格)于宣射(榭)。”

150. 侯[hóu] 乎溝切 侯匣平

【析形】

甲骨文作、,金文作、、、,从厂从矢,與《説文》古文作同。李孝定曰:“乛、厂象射侯之形,矢集其下,當爲會意字。”初不从人,小篆从人乃後增者。《小爾雅·廣器》:“射有張布謂之侯,侯中者謂之鵠,鵠中者謂之正。”《儀禮·射禮》:“乃張侯下綱。”侯之本義當爲箭靶。

【釋義】

㈠ 諸侯國君主的通稱。《小屯南地甲骨》3396:“多侯歸。”《匽侯旨鼎》:“匽侯旨初見事丂(于)宗周。”《周易·屯》:“利居貞,利建侯。”

㈡ 侯服(王畿外圍近畿之地)之長。《大盂鼎》:“隹(唯)殷邊(邊)侯、田(甸),雩殷正百辟,率肄(肆)于酉(酒),古(故)喪自(師)、巳(祀)。”《尚書·周書·酒誥》:“越在外服,侯、甸、男、衛、邦伯。”

㈢ 稱侯,用爲動詞。《宜侯夨𣪘》:“王令虞侯夨曰:□侯于宜。”《麥尊》:“王令辟井侯出矿,侯丂(于)井。”

㈣ 語氣詞。《殷虛書契續編》4.9.3:“戊午卜,方出,其受侯又?”《詩經·小雅·四月》:“山有嘉卉,侯栗侯梅。”

151. 矣[yǐ] 于已切 之匣上

【析形】

“矣”字目前僅見于《中山王礜鼎》,寫作,从矢,㠯聲,隸定當作“矤”。周法高曰:

“𢓊可讀爲‘矣’，當爲‘矣’之異體字。”（《説文詁林補》卷五）小篆作，《説文·五下》：“矣，語已詞也。从矢以聲。”

【釋義】

用作語氣詞，置于句末表示停頓。《中山王䁐鼎》：“踉（長）爲人宗，閈於天下之勿（物）矣，猶粯（迷）惑於子之而迮（亡）其邦。”

152. 休［xiū］ 許尤切 幽曉平

【析形】

甲骨文作、，象人倚樹而息之形。金文作、、，與甲骨文取意相同。《師害毁》作，訛木爲禾，《無㠱毁》作，訛木爲；《季受尊》作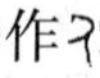，亦木之變。

【釋義】

㊀ 美，善。《員鼎》：“王令員執犬，休善。”《史頌毁》：“休又（有）成事。”《中山王䁐壺》：“休又（有）成工（功），翋（創）闢封彊（疆）。”《廣雅·釋詁一》：“休，善也。”

㊁ 賜予。《頌壺》：“頌敢對䚄（揚）天子不（丕）顯魯休。”《大保毁》：“王㕚（俾）大保易（賜）休余土。”《昜鼎》：“休易（賜）小臣金。”《小臣𧾷鼎》：“休玗（于）小臣𧾷貝五朋。”楊樹達曰：“休何以有賜與之義？竊謂古音休與好同（同幽部曉母字），休當讀爲好也。《左傳·昭公七年》云：‘楚子享公于新臺，好以大屈。’好以大屈者，賂以大屈也。《周禮·天官·内饔》云：‘凡王之好賜肉脩，則饔人共之。’好賜連言，好亦賜也。……《説文·一篇下·蓐部》薅字从好省聲，或體作茠，从休聲，此好休二字通作之證也。余流覽金文，請設五證以明余説。……”（詳見《積微居小學述林·詩對揚王休解》）《周禮》好賜連言，與《大保毁》之易（賜）休連言及《昜鼎》之休易（賜）連言同。

㊂ 嘆詞。《圛鼎》：“休！朕公君匽侯易（賜）圛貝。”陳邦懷曰：“‘休’在句首當感嘆詞用，與《小臣謎毁》銘‘𠭯，東夷大反’中的‘𠭯’（楊樹達教授説‘𠭯’即經典中之‘嗟’，甚是）作感嘆詞用的情況相同。”

153. 才［cái］ 昨哉切 之從平

【析形】

《説文·六上》：“才，艸木之初也。从丨上貫一，將生枝葉。一，地也。”“才”字甲骨文作、、、等形。李孝定曰：“契文‘才’字變體頗多，然以作爲正，象在地下、初出地上之形。許云‘艸木之初’，謂艸木之初生也。”金文“才”字則多作、、。高

鴻縉曰："'才'爲'始'之本字，从種子下才生根，上才生芽之形，而以一表地之通象，故'才'爲指事字。"按此則甲骨文、金文"才"字取形表義無大異，亦與《說文》相合。小篆作𠂀。

【釋義】

㈠ 通"在"。

① 動詞，表示人或事物存在的時間或地點。《殷虛書契前編》2.15.3："癸巳貞：王旬亡𡆥？才(在)二月，才(在)齊餗，隹(唯)王來正(征)尸方。"《宰椃角》："庚申，王才(在)䨼。"

② 介詞，表示動作涉及的時間、地點或對象。《殷虛書契後編》上10.9："癸未卜，王才(在)壴貞。"壴爲地名。《作册魖卣》："才(在)二月既望乙亥，公大史咸見服于辟王。"《中山王嚳壺》："夫古之聖王敄(務)才(在)旻(得)孯(賢)。"

㈡ 通"哉"，語氣詞，表示感嘆。《師詢𣪘》："哀才(哉)今日，天疾畏(威)降喪。"

154. 之［zhī］ 止而切 之章平

【析形】

甲骨文作㞢、㞢，金文作㞢、㞢、㞢、㞢，羅振玉謂"从止从一，人所之也。"高鴻縉曰："从止从一，一爲出發綫通象，止爲足，有行走意，自出發綫而行走，故其意爲往也。"

【釋義】

㈠ 指示代詞。這，此，這樣。《殷虛書契續編》4.17.8："丁卯卜，貞：今夕雨？之夕允雨。"《㓐尊》："余其宅丝(茲)中或(國)，自之辪(乂)民。"《中山王嚳鼎》："非信與忠，其隹(誰)能之，其隹(誰)能之？"

㈡ 指代第三人稱。《齊鎛》："侯氏易(賜)之邑二百又九十又九邑。"《左傳·隱公元年》："公賜之食。"

㈢ 介詞，連接定語與中心語，相當于現代漢語助詞"的"。《善夫克鼎》："王命善夫克舍令于成周遹正八𠂤(師)之年。"《中山王嚳壺》："夫古之聖王敄(務)才(在)旻(得)孯(賢)。"有時連接主語和謂語，取消句子的獨立性。《胤嗣好䖵壺》："大𡉚(去)型(刑)罰，以惪(憂)氒(厥)民之隹(罹)不𦉢(辜)。"《曾侯乙甬鐘》："割肄(姑洗)之才(在)楚号爲呂鐘。"此外，在表示重量的銘文中也能見到這類"之"字，如《平安君鼎》："一益(鎰)十釿半釿四分釿之冢(重)。"《胤嗣好䖵壺》："冢(重)一石三百卅=(三十)九刀之冢(重)。"這種用法，經籍罕見。

㈣ 相當于"所"。《陳騂壺》："子墜(陳)騂内(入)伐匽□邦之隻(獲)。"《蔡公子果戈》："蔡公子果之用。"《史記·趙世家》："狂夫之樂，智者哀焉；愚者所笑，賢者察焉。""之"與"所"對文。

155.　㞷［huáng］　户光切　陽匣平

【析形】

殷虚甲骨文作、、、、，周原甲骨文作，从止从土，或从止王聲。金文作、、、，从止从土，或譌土爲壬，與小徐本《説文》古文作同。卜辭多用"㞷"爲往來之"往"，當爲"往"之初文。

【釋義】

㊀　去，與"來"相對，音 wǎng。《殷虚文字甲編》1953："辛巳卜，貞：王其田，㞷（往）來亡巛（災）？"《鄂君啟舟節》："自鄂㞷（往）。"

㊁　通"皇"。《陳逆毁》："乍（作）爲㞷（皇）禮（祖）大宗毁（毁）。"

㊂　通"暀"（旺）。《胤嗣好盗壺》："悳（德）行盛㞷（旺）。"

156.　師［shī］　疎夷切　脂生平

【析形】

《説文·六下》："師，二千五百人爲師。从帀从𠂤。𠂤四帀，衆意也。，古文師。""師"字殷虚甲骨文作、，與"𠂤"同構，周原甲骨文作。金文多作，然《小臣謎毁》《大盂鼎》等仍作，《鐘伯鼎》省𠂤作，《蔡大師鼎》作，《禽忎鼎》作。三體石經"師"字古文作，商承祚先生謂"乃將字移上横寫"。《説文》所録古文則又爲傳寫之譌。

【釋義】

㊀　軍隊。《殷契粹編》597："丁酉貞：王乍（作）三𠂤（師）又（右）中𠂇（左）？"《禹鼎》："王乃命西六𠂤（師）、殷八𠂤（師）曰。"《鄂君啟舟節》："大司馬邵鄒敗（敗）晉帀（師）於襄陵之戢（歲）。"《胤嗣好盗壺》："逩（率）師征郾（燕）。"

㊁　官名。在卜辭中爲軍事長官。《金璋所藏甲骨卜辭》410："貞：叀𠂤般乎伐？"𠂤（師）爲官名，般爲私名。金文有師氏之官，掌教國子及衛戍等事務。《令鼎》："王射，有嗣眔小子眔師氏卿（合）射。"《彔刻卣》："女其吕（以）成周師氏戍于𠩺𠂤。"《尚書·周書·顧命》："師氏、虎臣。"

157.　生［shēng］　所庚切　耕生平

【析形】

甲骨文作、、，金文作、、。李孝定曰："契文作，从从一。一，地也。象艸木生出地上。小篆从土者乃由所衍化。古文垂直長畫多於中間加點，復由點演變爲横畫，此通例也。"《生𣪘》作，乃由中間横畫折而上舉所致。

【釋義】

㈠　生育。《殷契粹編》396："辛巳貞：其𠦪生于妣庚妣丙牡、𤘘、白豕？"郭沫若曰："𠦪生者當是求生育之事。"《叔夷鐘》："不（丕）顯穆公之孫，其配襄公之妣，而鹹公之女，雩生弔（叔）尸（夷），是辟于齊侯之所。"

㈡　産生。《中山王嚳壺》："隹（唯）逆生禍，隹（唯）巛（順）生福。"

㈢　活的。《中方鼎》："中乎（呼）歸（饋）生鳳玗（于）王。"

㈣　通"姓"。《殷虚文字甲編》380："叀多生（姓）卿？""多姓"猶言"百姓"。《叔夶𣪘》："用侃喜百生（姓）倗友眔子婦。"《秦公鐘》："萬生（姓）是敕。"《尚書·序》："帝釐下土方，設居方，别生分類，作《汨作》《九共》九篇、《槀飫》。"僞孔傳："生，姓也。"

㈤　通"性"，生命。《𤔲盤》："福褱（懷）𩱣（祓）彔（禄），黄耇彌生。"《齊鎛》："用求丂（考）命彌（彌）生。"《詩經·大雅·卷阿》："豈弟君子，俾爾彌爾性，純嘏爾常矣。"高亨注："彌，久也。性，生命。俾爾彌爾性，使你延長你的生命，即使你長壽。"

158.　剌［là］　盧達切　月來入

【析形】

甲骨文作、。金文作、、、、、、、等，以部件變化最大，或作，與甲骨文同；或作，爲小篆所本；或變作、、、、。

【釋義】

㈠　通"烈"。

①　功業。《班𣪘》："文王孫亡弗褱（懷）井（型），亡克競氒（厥）剌（烈）。"《胤嗣好盗壺》："以追庸（誦）先王之工（功）剌（烈）。"《詩經·周頌·武》："於皇武王，無競維烈。"毛傳："烈，業也。"

②　顯赫，光明。《琱生𣪘二》："用乍（作）朕剌（烈）且（祖）䀇公嘗𣪘。"《詩經·周頌·雝》："既右烈考，亦右文母。"鄭玄箋："烈，光也。"《國語·晉語》："烈祖康叔。"韋昭注："烈，顯也。"

㈡ 通“列”。《中山王𰛣鼎》：“闢啟𫹸（封）彊（疆），方𰛶（數）百里，剌（列）城𰛶（數）十，克𢽉（敵）大邦。”《左傳·僖公十五年》：“賂秦伯以河外列城五。”

㈢ 通“厲”。《克鐘》：“王才（在）周康剌（厲）宮。”唐蘭、于省吾並以剌宮爲厲王宗廟。《者沪鐘》：“用𨚍剌（厲）疾。”《曾侯乙編鐘》（二十號）：“剌音之㺯曾。”剌音爲周律名，即厲。《國語·周語下》：“王以黃鍾之下宮布戎于牧之野，故謂之厲。”

㈣ “剌剌”連用，意爲威武的樣子。《秦公𣪘》：“剌₌趄₌，邁（萬）民是敕。”經籍作“烈烈”。《詩經·小雅·黍苗》：“烈烈征師，召伯成之。”鄭玄箋：“烈烈，威武貌。”

159. 因［yīn］ 於真切 真影平

【析形】

甲骨文作、，象茵席帶有編織花紋之形，是“茵”（車墊）的本字。金文作、，小篆作。《説文·六下》：“因，就也。从囗大。”

【釋義】

副詞，于是，就。《𢦚鼎》：“妊氏令（命）𢦚事保氒（厥）家，因付氒且（祖）僕二家。”《中山王𰛣壺》：“因𢦏（載）所美，卲（昭）友（則）皇工（功）。”

160. 賸［yìng］ 以證切 蒸喻去

【析形】

《説文·六下》：“賸，物相增加也。从貝朕聲。一曰送也，副也。”“賸”字甲骨文未見，金文作、等，从貝朕聲。《陳侯𣪘》作从女朕聲；《𦣻伯盤》作，从土朕聲；《九年衛鼎》作，从人朕聲；《季良父壺》作，从人从貝朕聲；《秦公𣪘》作，从手关聲。《説文·八上》：“倂，送也。从人弅聲。吕不韋曰：‘有侁氏以伊尹倂女。’”《詩經·小雅·我行其野》孔穎達疏云：“妾送嫡而行，故謂妾爲媵，媵之名不專施妾，凡送女適人者男女皆謂之媵。”是倂、賸、媵皆有送義，則倂、賸、媵之間不存在假借關係。《叔上匜》：“弔（叔）上乍（作）弔（叔）媜朕匜。”朕與倂、賸、媵同，亦有送義。《毛公鼎》：“易（賜）如丝（兹）弅。”弅作，義亦爲送。爲倂、朕、賸、媵、塍、𠑹諸字之偏旁，象兩手持物以奉送之，當爲初文，上揭諸字皆其孳乳字。質言之，（弅）乃初文，爲會意字，後增形符𠂆（“盤”之初文）、貝、土者爲送物之專用字，增形符人、女者爲送人之專用字，送人送物皆謂送，字便混用不别。“𠑹”字形符人、貝累增，乃繁構。“媵”字雖見于金文，然《説文》失收，其他文獻則習見，《爾雅·釋言》：“媵，送也。”説者或謂“賸”

通“侯”(侯)，今辨正之。

【釋義】

㊀ 贈送。《五祀衛鼎》：“厲弔(叔)子夙(夙)、厲有嗣(司)讟季、慶癸、豩褸、荆人敢、井人倡屖、衛小子者其鄉(饗)倂。”饗倂，謂舉行宴會並送禮。

㊁ 陪嫁。諸侯嫁女，以人或物陪嫁。《楚王鐘》：“楚王賸邛(江)中(仲)嬭南龢鐘。”《魯伯盤》：“魯白厚父乍(作)中(仲)姬艅賸般(盤)。”

㊂ 第一人稱代詞，經籍通作“朕”。《禹鼎》：“肄(肆)武公亦弗叚朢(忘)賸(朕)聖且(祖)考幽大弔(叔)懿弔(叔)。”

161. 賞［shǎng］ 書兩切 陽書上

【析形】

《說文·六下》：“賞，賜有功也。从貝尚聲。”“賞”字甲骨文未見，金文作、、。

【釋義】

㊀ 償付，讀 cháng，經籍通作“償”。《曶鼎》：“賞曶禾十秭，遺(遺)十秭，爲廿秭。□來歲弗賞，鼎(則)貸(付)卌秭。”

㊁ 賞賜。金文中賞賜之義原用“賨”字，而以“賞”表示償付。春秋以後，“賞”開始被假借爲“賨”而“賨”字漸廢。“賞”既用以表示賞賜，償付之義即以加“亻”旁之“償”表示。《屭羌鐘》：“賞于韓宗。”《中山王嚳壺》：“天子不忘其又(有)勳(勛)，逮(使)其老箣(策)賞中(仲)父。”

162. 賨［shǎng］ 式陽切 陽書平

【析形】

《說文·六下》：“賨，行賈也。从貝商省聲。”“賨”字甲骨文未見，金文作、、、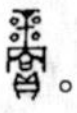。《金文編》曰：“‘賨’爲賞賜之專字，‘行賈’之訓殆不然矣。”

【釋義】

賞賜。《復鼎》：“侯賨復貝三朋。”《競卣》：“賨競章(璋)。”

163. 朝［zhāo］ 陟遙切 宵端平

【析形】

《說文·七上》：“𣈆(朝)，旦也。从倝舟聲。”“朝”字甲骨文未見，金文作、、、、、、、，所从之、、、、、、、，爲水及其變形。王國維以爲本潮汐字，借爲朝夕字。、等偏旁與舟形近，舟、朝又聲近，故小篆譌作从舟。或譌作，至小篆更譌爲倝。其从从作“淖”者，即小篆“淖”（潮）字所本。

【釋義】

㊀ 早晨。《利毁》：“珷征商，隹（唯）甲子朝。”《矢方彝》：“明公朝至玗（于）成周。”

㊁ 通“廟”。《趞毁》：“王各（格）于大朝（廟）。”《伯毁》：“用孜（孝）宗朝（廟）。”

164. 施［shī］ 式支切 歌書平

【析形】

小篆之前的“施”字，目前僅見于《中山王譽鼎》《壺》銘中，字作，从（㫃），（它）聲，在銘中讀爲“也”。（古“它”“也”同字）

【釋義】

語氣詞，可置于句中或句末。《中山王譽鼎》：“寡（寡）人聒（聞）之，蒦其汋（溺）於人施（也），寧汋（溺）於淵（淵）。”《中山王譽壺》：“則（則）堂（上）逆於天，下不（順）於人施（也）。”

165. 有［yǒu］ 云九切 之匣上

【析形】

《説文·七上》：“有，不宜有也。《春秋傳》曰：‘日月有食之。’从月又聲。”金文作、、，容庚先生曰：“有，从又持肉會意，當在肉部下。《説文》从月，非。”甲骨文不見此種形體，假“又”、“㞢”爲之。

【釋義】

㊀ 領有，佔有。《大盂鼎》：“闢氒（厥）匿（慝），匍（溥）有三（四）方，畯（畯）正氒（厥）民。”《叔夷鐘》：“咸有九州，處堣（禹）之堵。”

㊁ 通“右”。《大盂鼎》：“不（丕）顯玟王受天有（右）大令（命）。”《陳侯因資錞》：“保有（右）齊邦。”此“右”謂佑助。《免毁》：“井弔（叔）有（右）免即令（命）。”《免卣》即作“右免即令”。《柳鼎》：“武公有（右）南宮柳即立（位）中廷。”此“右”指作儐相以贊導受賜命之人。

㊂ 詞頭。《毛公鼎》：“臨保我有周。”《尚書·周書·召誥》：“我不可不監于有夏，

亦不可不監于有殷。”

㊃ 連詞,多用于整數與零數之間,經籍通作“又”。《者沪鐘》:“隹(唯)戉(越)十有九年。”

㊄ 語氣詞。《𣪘尊》:“爾有唯(雖)小子,亡戠(識)。”

166. 克[kè] 苦得切 職溪入

【析形】

《説文·七上》:“□(克),肩也。象屋下刻木之形。……□,古文克。□,亦古文克。”“克”字甲骨文作□、□、□,金文作□、□、□、□、□、□,並無屋形。殷滌非曰:“克者,任也,勝任也。所以字形畫一人頭上戴胄而以手撑腰之姿勢,以示勝任之意。”

【釋義】

㊀ 制勝。《𣪘尊》:“隹(唯)珷王既克大邑商。”《或𣪕》:“卑(俾)克氒(厥)啻(敵)。”《爾雅·釋詁》:“克,勝也。”

㊁ 能够。《□伯𣪕》:“乃且(祖)克奉(弼)先王。”《中山王䶅鼎》:“隹(唯)𪊨(吾)老貫是(寔)克行之。”《爾雅·釋詁》:“克,能也。”

167. 彔[lù] 盧谷切 屋來入

【析形】

甲骨文作□、□、□,金文作□、□、□、□、□,字形稍變。字象桔槔汲水之形,□爲桔槔,□、□象汲水之具,□、□、□、□、□象下滴之水,爲“淥”(漉)之初文。《説文·十一上》:“漉,浚也。从水鹿聲。淥,漉或从彔。”

【釋義】

㊀ 通“麓”。

① 山脚。《龜甲獸骨文字》2.4.19:“其田隹彔(麓),弗每,亡□(災)?”

② 官名。《散盤》:“虞丂彔貞。”王國維曰:“虞,彔皆官名。”《説文·六上》:“麓,守山林吏也。……禁,古文从彔。”《左傳·昭公二十年》:“山林之木,衡鹿守之。”鹿,亦讀爲麓。

㊁ 通“祿”。《頌壺》:“用追孝𪏙(祈)匄康𩁹屯(純)右,通彔(祿)永令(命)。”

168. 稻[dào] 徒晧切 幽定上

【析形】

"稻"字甲骨文未見，金文作、，从禾舀聲，或从米舀聲。金文亦假"旟""旝"爲"稻"，字作、、。

【釋義】

㊀　稻穀的通稱。《曾伯霥匿》："𠁽（以）征𠁽（以）行，用盛稻粱。"《史免匿》："史免乍（作）旅匿，從王征行，用盛旟（稻）粱。"

㊁　特指不黏之稻，即粳稻，與"糯"相對。《伯公父匿》："用成（盛）糕（穛）旝（稻）需（糯）粱。"

169.　家［jiā］　古牙切　魚見平

【析形】

《説文·七下》："家，居也。从宀，豭省聲。，古文家。""家"字甲骨文作、、，金文作、、、，从宀从豕，象屋内養猪。《説文》以爲豭省聲，非是。

【釋義】

㊀　家族。《命瓜君嗣子壺》："命瓜君孠（嗣）子乍（作）鑄（鑄）尊壺，柬＝嘼＝，康樂我家。"

㊁　國家。《殷虚書契前編》4.15.4："貞：我家舊老臣亡壱我？"《毛公鼎》："命女（汝）辪（乂）我邦我家内外。"

㊂　卿大夫的采地食邑。《獻𣪕》："十枻（世）不𧯒（忘）獻身才（在）畢公家，受天子休。"《周禮·夏官·序官》："家司馬各使其臣。"鄭玄注："家，卿大夫采地。"

㊃　指一户。《𩰫𣪕》："易（賜）女（汝）尸（夷）臣十家。"《叔夷鐘》："余易（賜）女（汝）馬車戎兵，釐僕三百又五十家。"

170.　宅［zhái］　場伯切　鐸定入

【析形】

《説文·七下》："宅，所託也。从宀乇聲。，古文宅。，亦古文宅。""宅"字甲骨文作、，金文作、、等。《者沪鐘》作，增从卩。《中山王礜鼎》作，从厂乇聲，與三體石經"宅"字古文作相近。

【釋義】

㊀　居住。《殷虚書契前編》4.15.1："癸巳卜，穷貞：叀今二月宅東寢（寢）？"《𤔲

尊》："余其宅𢆶（茲）中或（國），自之辥（乂）民。"《詩經·大雅·文王有聲》："考卜維王，宅是鎬京。"鄭玄箋："宅，居也。"

㊁　居所。《㺇尊》："隹（唯）王初䙴（遷）宅𢍉（于）成周。"《秦公鎛》："我先且（祖）受天令（命），𧶠（賞）宅受或（國）。"

㊂　通"度"，謀也。《中山王譽鼎》："考厇（宅）隹（唯）型。"經籍"宅""度"每相通，《尚書·虞夏書·堯典》"五流有宅"，《史記·五帝本紀》作"五流有度"。《詩經·大雅·皇矣》："維彼四國，爰究爰度。"鄭玄箋："度，亦謀也。"

171.　宗［zōng］　作宗切　冬精平

【析形】

甲骨文作、、，金文作、、、、、，皆从宀从示。李孝定曰："示象神主，宀象宗廟，宗即藏主之地也。"

【釋義】

㊀　祖廟，宗廟。《殷契粹編》527："丁卯卜，其彡𠦪于父丁宗？"《甲骨文錄》371："貞：勿于新宗彡？八月。"《士父鐘》："用亯（享）于宗。"《周禮·春官·肆師》："凡師甸用牲于社宗，則爲位。"鄭玄注引杜子春云："宗謂宗廟。"

㊁　同祖曰宗。直系爲大宗，支系爲小宗。卜辭中直系先王的廟亦稱大宗，支系先王的廟亦稱小宗。《殷契佚存》131："□亥卜：才（在）大宗又升伐羌十小宰自上甲？己丑卜：才（在）小宗又升歲自大乙？"《陳逆簠》："台（以）亯（享）台（以）孝（孝）于大宗皇𥘅（祖）皇祉（妣）、皇丂（考）皇母。"

㊂　主。《屭羌鐘》："賞于旐（韓）宗，令于晉公。"《中山王譽壺》："臣宗（易）立（位）。"

172.　帥［shuài］　所律切　物生入

【析形】

甲骨文作、、、、等形，金文作、、、、、、。于省吾謂字象兩手執席形，从丨者爲從側面看，从者爲從正面看。金文左旁都从或。是"帥"字初文。其演化過程是由變作，再變作或，周代金文加上形符的巾旁，才變成形聲字之"帥"。漢隸的"帥"字从㠯與从𠂤互見，六朝以後"帥"字行而"帥"字廢。

【釋義】

㊀　祭名。《殷虚書契後編》下 9.4："辛丑卜，貞：𨸏氏(致)羌，王于門𠂤(帥)?"于省吾謂"𠂤"(帥)作祭名當讀作"酹"，酹祭指灌酒于地以降神。

㊁　順着。《殷虚書契前編》2.26.2："乙亥卜，行貞：王其𠂤(帥)舟于河，亡巛(災)?"經籍通作"率"。《詩經·大雅·綿》："率西水滸，至于岐下。"毛傳："率，循也。"《説文·二下》："循，行順也。"𠂤舟，指順水行舟。

㊂　遵循。《㾓鐘》甲組："㾓不敢弗帥且(祖)考秉明德。"《秦公設》："余雖小子，穆＝帥秉明德。"《單伯鐘》："余小子肇帥井(刑)朕皇且(祖)考懿(懿)德。"《禮記·王制》："命鄉簡不帥教者以告。"鄭玄注："帥，循也。"

㊃　帶領。《五祀衛鼎》："迺令參(三)有嗣：嗣土邑人趙、嗣馬頞人邦、嗣工隓矩、内史友寺芻，帥履裘衛厲田三(四)田。"《左傳·隱公元年》："費伯帥師城郎。"

173.　弔［diào］　多嘯切　宵端去

【析形】

甲骨文作、、，金文作、、、等。楚簡文或加口作弔。《漢語古文字字形表》謂象人持弋射矰繳之形，與"弟"同意。容庚先生曰："《説文》作，形體少譌。魏三字石經《君奭》'不弔'古文作，篆文作，尚不誤。"隸變作"弔"。周法高曰："'弔'字象人持矰繳之形，非弓矢形也，乃'繳'之本字。"

【釋義】

㊀　用爲伯叔之"叔"。《頌壺》："用乍(作)朕皇考龏弔(叔)、皇母龏始(姒)寶隮壺。"

㊁　通"淑"，善。《寡子卣》："䵼(敦)不弔。"《詩經·小雅·節南山》："不弔昊天。"鄭玄箋："不善乎昊天。"《左傳·哀公十六年》："旻天不弔，不憖遺一老。"《周禮·春官·大祝》鄭玄注引此"弔"作"淑"。《紂衣》："弔人𡥈(君子)，亓義不弋。"弔，"弔"之異體。

174.　匕［bǐ］　卑履切　脂幫上

【析形】

甲骨文作、、，金文作、、、，皆象匕之形。段玉裁謂匕即今之飯匙，又有出牲體之匕，大于飯匙。陝西扶風出土微伯㾓匕，其形可資參證。

【釋義】

㊀　器名。形似勺而稍淺，首鋭而薄，可以取飯，亦可以叉肉。《微伯㾓匕》："敓

(微)白(伯)癲乍(作)匕。"

㊁ 通"妣"。泛指爲女性祖先，專指則爲祖母。《殷虚文字甲編》3329："壬戌卜，爭貞：㞢于匕(妣)癸？"《我鼎》："我乍(作)禦祭且(祖)乙、匕(妣)乙、且(祖)己、匕(妣)癸。"《詩經·周頌·載芟》："爲酒爲醴，烝畀祖妣。"鄭玄箋："進予祖妣，謂祭先祖先妣也。"按，妣指亡母乃後起義。

175. 衆[zhòng] 之仲切 冬章平

【析形】

甲骨文作、、、、，象人相聚于日下勞作之形，本義當爲農業奴隸。金文《曶鼎》作，仍从日，其餘多作、、、，譌日爲目，爲小篆作之所本，後世更譌爲"衆"。

【釋義】

㊀ 一種身份名稱，主要從事農耕和征戰。《殷虚書契前編》4.30.2："貞：叀小臣令衆黍？"《殷虚文字丙編》22："丁巳卜，㱿貞：王學(敦)衆(伐)于𢀛方，受㞢(有)又(祐)？"《曶鼎》："昔饉歲，匡衆氒(厥)臣廿夫寇曶禾十秭。"《師旂鼎》："師旂衆僕不從王征于方。"關于"衆"的身份，或以爲是奴隸，或以爲是自由民，學術界意見尚不一致。

㊁ 衆多的人。《中山王嚳鼎》："含(今)㾏(吾)老貫䢅(親)達(率)參(三)軍之衆，目(以)征不宜(義)之邦。"

176. 朢[wàng] 無放切 陽明平

【析形】

甲骨文作、、、，象人站立地上縱目遠望，本義當爲瞭望。金文《保卣》字作，與甲骨文同。金文又作、、、等。从月者爲其繁文。象目側視形，或譌爲(耳)，當由形近所致；或譌爲亾(亡)，當與亡，朢音近有關。小篆分而爲、二字，且變人爲壬。《説文·八上》："朢，月滿與日相朢，以朝君也。从月从臣从壬。壬，朝廷也。，古文朢省。"《説文·十二下》："望，出亡在外，望其還也。从亡，朢省聲。"二字許慎説形皆誤。

【釋義】

㈠ 監視，觀察。《殷契遺珠》484："貞：勿乎(呼)自𦣞吕方？"

㈡ 陰曆每月十五稱朢。《曶鼎》："隹(唯)王元年六月既朢乙亥。"經籍通作"望"。《釋名·釋天》："望，月滿之名也。月大十六，小十五日，日在東，月在西，遥相望也。"

㈢ 通"忘"。《縣妃𣪕》："孫₌子₌毋(毋)敢朢(忘)白(伯)休。"

177. 監［jiān］ 古銜切 談見平

【析形】

甲骨文作、，金文作、、。《說文·八上》："監，臨下也。从臥，䘓省聲。，古文監从言。"小篆作。唐蘭曰："監字本象一人立於盆側，有自監其容之意。後世變爲，又變爲，其實非从臥从血也，其本義當爲'視也'(《爾雅·釋詁》云)，後别爲'矙，視也'，又爲'覽，觀也'(並《說文》)，引申之爲所監之器之名，金製則爲鑑，盛水則爲濫。至《說文》'臨下'之義則又'視'義之引矣。"《說文》以會意爲形聲，誤。

【釋義】

㈠ 照視自己。《史𩒨𣪕》："𩒨占㺵(于)彝，其㺵(于)之(玆)朝夕監。"《尚書·周書·酒誥》："古人有言曰：人無于水監，當于民監。"

㈡ 監察。《戰後寧滬新獲甲骨集》1.500："令監凡？"凡，地名。《善鼎》："令女(汝)ナ(佐)足𩰫侯監𤕌師戍。"

㈢ 器名。用以盛水，可照容，大監可用爲沐浴。《攻吳王鑑》"自乍(作)御監。"經籍多寫作"鑑"。

178. 身［shēn］ 失人切 真書平

【析形】

甲骨文作、，象人身之形。金文作、，增飾一短横。《中山王𠣪鼎》作，其亦係增飾。

【釋義】

㈠ 指身體的軀幹部分。《殷虚文字乙編》7797："貞：王疾身，隹(唯)匕(妣)己壱？"

㈡ 泛指身體。《毛公鼎》："目(以)乃族干吾(敔)王身。"

㈢ 自身。《中山王𠣪壺》："旃(故)邦迮(亡)身死，曾亡𠤬(一)夫之𢦏(救)。"

㊃ 代詞，我。《𡨦鼎》：“𡨦肇從趞征，攻龠無啻（敵），省玗（于）人身。”郭沫若曰：“《爾雅·釋言》：‘身，我也。’言己之武勇爲人與我所共覩。”

179. 衣［yī］ 於稀切 微影平

【析形】

甲骨文作、、，金文作、、，林義光謂“象領襟袖之形。”《説文》以爲“象覆二人之形”，非是。

【釋義】

㊀ 上衣。《寰盤》：“王乎（呼）史減册易（賜）寰玄衣黹屯（純）。”

㊁ 祭祀名。《殷虚書契後編》上 20.5：“甲辰卜，貞：王宾桒且（祖）乙、且（祖）丁、且（祖）甲、康且（祖）丁、武乙，衣亡尤？”《天亡毁》：“衣祀玗（于）王不（丕）顯考文王。”經籍通作“殷”。

㊂ 朝代名，即商。《沈子毁》：“念自先王先公迺妹（敉）克衣。”經籍通作“殷”。《尚書·周書·康誥》：“天乃大命文王，殪戎殷。”《禮記·中庸》作“壹戎衣”，鄭玄注：“衣讀如殷。”

㊃ 大量，全部。《多友鼎》：“癸未，戎伐筍，衣孚（俘）。”衣孚，謂大量擄掠。又：“唯孚（俘）車不克㠯（以），衣焚。”衣焚，謂全部焚毁。經籍通作“殷”。《詩經·鄭風·溱洧》：“士與女，殷其盈矣。”鄭玄箋：“殷，衆也。”

㊄ 同“卒”，完畢。《𢦏毁一》：“孚（捋）戎孚（俘）人百又十又三（四）人。衣（卒）博（搏），無肬（尤）于𢦏身。”唐蘭曰：“《郾王戠戈》‘萃’字作‘苂’，《寡子卣》‘誶’字作‘訡’，並可證。”

180. 褱［huái］ 户乖切 微匣平

【析形】

“褱”字甲骨文未見，金文作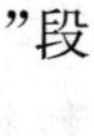、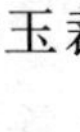、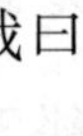，从衣眔聲，爲“懷”之初文。《説文·八上》：“褱，俠也。从衣眔聲。一曰橐。”段玉裁曰：“‘俠’當作‘夾’，轉寫之誤。”

【釋義】

㊀ 懷念。《沈子毁》：“沈子其顙（緬）褱（懷）多公能福。”《班毁》：“文王孫亡弗褱（懷）井（刑），亡克競氒（厥）剌（烈）。”褱井，謂懷念思慕並以他爲效法的典型。

㊁ 安撫。《毛公鼎》：“衒（率）褱（懷）不廷方，亡不閈于文武耿光。”《晉姜鼎》：

“用康饇（柔）妥（綏）褱（懷）遠埶（邇）君子。”

㊂ 給予。《㾓鐘一》：“廣啓㾓身，勵于永令（命），褱（懷）受（授）余爾䵼福。”褱受連用，義亦相近。《詩經·檜風·匪風》：“誰將西歸，懷之好音。”毛傳：“懷，歸也。”裘錫圭曰：“就是給予的意思。”

㊃ 通“鬼”。《伯㦰段》：“隹（唯）用妥（綏）神褱（鬼）。”于省吾曰：“‘褱’乃‘鬼’之借字。”

181. 老［lǎo］ 盧皓切 幽來上

【析形】

甲骨文作、、、、，象老人長髮曲背扶杖之形，與“考”本爲一字，後分化爲二，所扶之杖變者爲（老），變聲化者爲（考）。金文“老”或作、、、，形意已不明顯。

【釋義】

㊀ 年歲大的人。《殳季良父壺》：“用亯（享）孝于兄弟婚顜（媾）者（諸）老。”

㊁ 衰老。《叔夷鐘》：“用旂（祈）釁（眉）壽，霝命難老。”

㊂ 往日的。《殷虛書契前編》4.15.4：“貞：我家舊老臣亡壱我？”

㊃ 職官名。《殷虛書契前編》7.35.2：“貞：勿乎（呼）多老舞？”

㊄ 天子的大夫。《中山王譽壺》：“天子不忘其又（有）勳（勛），速（使）其老筞（策）賞中（仲）父。”《左傳·昭公十三年》：“天子之老請帥王賦。”杜預注：“天子大夫稱老。”

㊅ 同“考”，年歲大。《夆叔匜》：“壽老（考）無期。”《詩經·小雅·楚茨》：“使君壽考。”

182. 考［kǎo］ 苦浩切 幽溪上

【析形】

“考”字甲骨文與“老”同字，象老人長髮曲背扶杖之形，亦有不扶杖者。金文多作、、、、等。《伯家父段》作，《郐王義楚鍴》作，皆譌爲从又丂（丂）聲。《叔角父段》作，增从口。

【釋義】

㊀ 年歲大。《蔡侯盤》：“不諱（違）考壽，子孫蕃昌。”于省吾曰：“‘考’之通詁訓

老，這是説，不違失于老壽，則長享老壽之意。"《詩經·大雅·棫樸》："周王壽考，遐不作人。"

㈡ 父親。《曶鼎》："令女（汝）更乃且（祖）考嗣卜事。"《禮記·曲禮》："生曰父……死曰考。"銘文生亦可稱考，《白公父簠》："我用召卿吏（事）辟王，用召者（諸）考者（諸）兄。"

㈢ 考核。《中山王𰯌鼎》："侖（論）其悳（德），眚（省）其行，亡不怂（順）道，考宅（度）佳（唯）型。"

㈣ 通"孝"。《遅盨》："用亯（享）考（孝）于姑公。"他器多作"亯孝"。《井侯𣪘》："克奔徙（走）上下帝無冬（終）令（命）玙（于）有周，㿝（追）考（孝）。"他器多作"追孝"。

183. 孝［xiào］ 呼教切 幽曉去

【析形】

甲骨文作，金文作，象子承老之形，表示養老。《曾伯霥匿》字作，从食，象老人就食，爲享孝之專字。

【釋義】

㈠ 孝順父母。《中山王𰯌壺》："慈（慈）孝寰（宣）惠，舉（舉）孯（賢）速（使）能。"

㈡ 美德之通稱。《買𣪘》："其用追孝于朕皇且（祖）啻（帝）考。"《詩經·大雅·文王有聲》："遹追來孝。"王引之《經義述聞》："案：《爾雅》：'善父母爲孝。'推而言之，則爲善德之通稱。……《大雅·文王有聲篇》：'遹追來孝。'遹，辭也。來，往也。言追前世之善德也。"

㈢ 義同"享"，享獻，孝敬。《殳季良父壺》："用亯（享）孝于兄弟婚顜（媾）者（諸）老。"祭祀享獻亦稱"孝"。《曾伯霥匿》："用餈（孝）用亯（享），于我皇且（祖）文考。"《追𣪘》："用亯（享）孝于前文人。"《詩經·周頌·載見》："率見昭考，以孝以享。"馬瑞辰曰："'孝'與'享'同義，故'享祀'亦曰'孝祀'，《楚茨》詩'苾芬孝祀'，是也。'致享'亦曰'致孝'，《論語》'而致孝乎鬼神'是也。此詩'以孝以享'，猶《潛》詩'以享以祀'，皆二字同義，合言之則曰'孝享'。"

184. 朕［zhèn］ 直禁切 侵定上

【析形】

甲骨文作，金文作等，本義爲媵送，乃

、（弅）之後起孳乳字，从（“盤”之初文）弅聲。《説文·八下》：“朕，我也。”訓“我”乃假借義。

【釋義】

㈠ 同“媵”，送。《白百父盤》：“白（伯）百父乍（作）孟姬朕（媵）般（盤）。”

㈡ 第一人稱代詞，但不限于帝王自稱。《殷虚文字甲編》2304：“庚辰卜，王貞：朕循㚇？”循，巡視。㚇，地名。《殷契粹編》1244：“甲戌卜，王：余令角帚㞢朕事？”㞢，即“叶”（xié），協理。《曶鼎》：“曶用絲（茲）金乍（作）朕文孝（考）弃白（伯）䵼牛鼎。”《吉日壬午劍》：“朕余名之，胃（謂）之少虡。”

185. 服［fú］ 房六切 職並入

【析形】

甲骨文作，象用手按跽人于肉（）前，其本義當爲服事，𠬝（）亦兼聲。金文作、、、，或譌爲（舟），遂爲小篆所本。隸變作“服”。

【釋義】

㈠ 職務，職位。《班𣪘》：“王令毛白（伯）更虢䣝（城）公服。”又：“隮（登）于大服。”《毛公鼎》：“女（汝）母（毋）敢㒸（墜），才（在）乃服。”《詩經·大雅·蕩》：“曾是在位，曾是在服。”

㈡ 進獻。《小盂鼎》：“三左三右、多君入服酉（酒）。”

186. 方［fāng］ 府良切 陽幫平

【析形】

甲骨文作、、、，金文同。徐中舒謂象耒形，“古者秉耒而耕，刺土曰推，起土曰方，方或借伐、發、墢等字爲之。”“古者耦耕，故方有並意。”

【釋義】

㈠ 方向，方位。《戰後南北所見甲骨錄》南 2.56：“甲申卜，㱿貞：勿于東方告？”《殷契佚存》956：“北方受禾。”《天亡𣪘》：“王凡三方。”

㈡ 方國，諸侯國。《鐵雲藏龜》207.1：“癸丑卜，貞：方其出？”卜辭多具體稱“某方”，如“𢀛方”“土方”“人方”等，金文亦如是。《乙亥鼎》：“唯王正（征）井方。”《中方鼎二》：“隹（唯）王令南宫伐反虎方之年。”《秦公鎛》：“卲（昭）合皇天，吕（以）虩吏（事）䜌（蠻）方。”蠻方，指秦周圍的部族方國。

㊂ 方形。《史速方鼎》:“史速乍(作)寶方鼎。”

㊃ 稱面積的專用語。《召卣》:“王自瞉吏(使)賫(賞)畢土方五十里。”《中山王嚳鼎》:“闢啟㪤(封)彊(疆),方譻(數)百里。”《兆域圖》:“王堂方二百乇(尺)。”方二百尺,謂縱横各二百尺。餘類推。

㊄ 副詞。猶今言“正在”。《中山王嚳鼎》:“含(今)舍(余)方壯,智(知)天若否。”

187. 頌[sòng] 似用切 東邪平

又讀余封切 東喻平

【析形】

《説文·九上》:“頌,皃也。从頁公聲。,籀文。”“頌”字甲骨文未見,金文作、,从頁公聲,與小篆同。徐鍇曰:“此容儀字。歌頌者,美盛德之形容也,故通作頌。後人因爾亂之,定此以爲歌頌字。”容庚先生曰:“今經典通作容。《周禮·鄉大夫》‘四曰和容’,鄭注與頌同。”

【釋義】

㊀ 頌美。《蔡侯𩓊盤》:“霝頌託(託)商。”大意爲:要象《商頌》那樣得體地好好頌揚。

㊁ 通“鄘”,城。《痶鐘》:“武王𠟭(則)令周公舍圓(寓)㠯(以)五十頌處。”《牆盤》:“武王𠟭(則)令周公舍圓(寓)于周卑處甬。”張政烺謂“頌”通“甬”。周法高曰:“頌與甬皆假作鄘,金文作𩫖。”《左傳·昭公二十一年》:“六月庚午,宋城舊鄘及桑林之門而守之。”杜預注:“舊鄘,故城也。”《釋文》:“鄘音容,本或作墉。”

188. 顋[mèi] 莫佩切 物明入

【析形】

“顋”字甲骨文作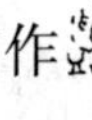,金文作等,象人倚皿捧水洗頭,或增傾盆注水之狀。容庚先生曰:“《説文》:‘沬,洒面也。’古文从頁作。與此爲一字。《書·顧命》作‘頮’。”

【釋義】

㊀ 洗面。《楚季盤》:“楚季苟乍(作)嬭𨻰賸(媵)顋般(盤)。”《囂伯盤》:“囂白

(伯)塍(媵)嬴尹母鬟盤。”

㊁　泛指粧洗。《遹盂》:“天君吏(使)遹吏(使)𩓤。”黑光、朱捷元曰:“此句意即天君命遹使諸女奚粧洗。”

㊂　通“瀰”,滿,全。銘文常與“壽”組成“釁壽”一詞。《頌毁》:“頌其萬年釁壽。”《召叔山父匿》:“用匄釁壽。”“釁壽”即《詩經·豳風·七月》“以介眉壽”的“眉壽”。夏淥曰:金文“‘眉’多假‘沬’爲之。……‘眉壽’,《儀禮·士冠禮》作‘麋壽’,《少牢饋食禮》古文作‘微壽’,《漢禮器碑》‘永享牟壽’又作‘牟壽’,都同樣是同音通假。……瀰,《詩·邶風》‘有瀰濟盈’毛傳:‘瀰,深水也。盈,滿也。’……瀰漫周徧,由盈滿引申爲徧、全、終。所以彌、眉、湄、沬、麋、微、牟等訓終,皆爲瀰的通假字。《集韵》作‘濔’,滿也。《説文》:‘瀰,滿也。’同‘瀰’。所以‘眉壽’即‘瀰壽’,是‘滿壽’‘全壽’‘終壽’的意思。”楊柳橋則謂“眉壽”是一個同義複合詞。《方言》:“眉,老也。東齊曰眉。”眉,應該借爲“薹”(耄),《説文》:“薹,年九十曰薹。”《釋名》(《藝文類聚》引):“九十曰眉壽。”正符《説文》的解説。“眉、耄、麋、微、牟”,上古同屬明(微)組,韵部相近,可旁轉。亦備一説。

189.　順[shùn]　食閏切　文船平

【析形】

“順”字甲骨文未見,金文作、。徐灝曰:“《馬部》:‘馴,馬順也。从馬川聲。’引申爲凡鳥獸馴服之稱。順與馴聲近義同。人之恭謹遜順曰順,故从頁。頁者,稽首字也,恭順之意也。川當爲聲。”徐説可信。《中山王譽鼎》《壺》以“巛”(从心川聲)爲“順”。

【釋義】

㊀　順從,遵循。《中山王譽鼎》:“又(有)氒(厥)忠臣貫,克巛(順)克卑(俾),亡不逵(率)㠯(夷)敬巛(順)天悳(德)。”

㊁　通“訓”。《㺇尊》:“叀(唯)王龏德谷(裕)天,順(訓)我不每(敏)。”《管子·牧民》:“順民之經,在明鬼神,祇山川,敬宗廟,恭祖舊。”俞樾《諸子平議》一:“順當讀爲訓。訓民之經,言教訓其民之道也。古順、訓通用。”

190.　顯[xiǎn]　呼典切　元曉上

【析形】

"顯"字甲骨文未見，金文作、、、等。林義光謂"象人面在日下視絲之形，絲本難視，持向日下視之乃明也。"字或不从日。《沈子毁》作，郭沫若曰："顯即顯字之異，从顯省，尹聲也。"

【釋義】

顯赫，明顯。《大盂鼎》："不(丕)顯玟王受天有(佑)大令(命)。"《尚書·周書·康誥》："惟乃丕顯考文王，克明德慎罰。"《班毁》："允才(哉)！顯隹(唯)苟(敬)德，亡逌違。"

191.　司［sī］　息兹切　之心平

【析形】

甲骨文作、、，从又省，从口，表示發號施令，與"后"爲一字。後爲與"后"相區别，新增意符"𤔲"，"司"則作爲聲符。聲符"司"或者作。小篆以後偏旁位置固定，"司""后"二字乃得區别。

【釋義】

㈠　主管，掌管。《殷契拾掇》1.431："己酉貞：王其令山司我工？"《曶鼎》："曶，令女(汝)更乃且(祖)考𤔲卜事。"《師旋毁》："官𤔲豐還(苑)左右師氏。"《詩經·鄭風·羔裘》："彼其之子，邦之司直。"毛傳："司，主也。"

㈡　治理。《晉公盞》："廣𤔲三(四)方。"

㈢　通"嗣"，繼承，接續。《㝬鐘》："我隹(唯)司(嗣)配皇天王。"《叔向父毁》："余小子司(嗣)朕皇考。"《尚書·周書·洪範》："鯀則殛死，禹乃嗣興。"

㈣　通"事"。《揚毁》："䣝，乍𤔲工……眔𤔲寇，眔𤔲工司(事)。"一器"司"作"史"(事)。

㈤　通"祠"。

①　猶言"祀"年。《殷虚書契前編》2.14.4："癸未卜，才(在)上魯貞：王旬亡禍？才(在)九月，王廿司。""廿司"即"廿祠"，猶言"廿祀"，乃王在位之第二十年。

②　報福。《令毁》："戍冀𤔲，乞(訖)。"郭沫若曰："冀，猶'小心翼翼'之翼，敬也。𤔲，假爲祠，得福報賽曰祠。戍地得伯丁父之貺，乃虔敬舉行燕享，事已畢。"

㈥　通"笥"。《齊侯壺》："于南宫子用璧二備、玉二𤔲。"楊樹達曰："𤔲，假爲笥。……備、𤔲皆以盛器言之，上下文正相類。"

192.　令［lìng］　力正切　耕來平

【析形】

甲骨文作、、，从亼卩，金文同。林義光曰："卩即人字，从口在人上……象口發號，人跽伏以聽也。"《大鼎》作，《王成周鈴》作，卩之形稍譌。《蔡侯𩰫鐘》作，=乃增加的裝飾性筆畫。

【釋義】

㊀　命令。《殷虚文字乙編》3121："貞：羽(翌)甲戌河不令雨？"《保卣》："王令保及殷東國。"

㊁　命令。名詞。《大盂鼎》："若苟(敬)乃正(政)，勿灋(廢)朕令。"經籍通作"命"。

㊂　使命。《大盂鼎》："不(丕)顯玟王受天有(佑)大令。"經籍通作"命"。

㊃　意旨。《彔伯𣪘》："叀(惠)弘(弘)天令。"經籍通作"命"。

㊄　生命。《克鐘》："用匄屯(純)叚(嘏)永令。"經籍通作"命"。

㊅　賞賜。《考𣪘》："王令考赤市。"《獻彝》："𤔲白(伯)令氒(厥)臣獻金車。"

㊆　通"鈴"。《王成周鈴》："王成周令(鈴)。"

193.　印［yìn］　於刃切　真影去

【析形】

甲骨文作、、，羅振玉曰："字从爪从人跽形，象以手抑人而使之跽，其誼如許書之抑，其字形則如許書之印。……印、抑二字古爲一字，後世之印信古者謂璽節，初無印之名，……後世乃假按印之印爲之。"金文作、。《班𣪘》有"頣"()，从爪从頁，頁亦人形，故"頣"爲"印"(抑)之異構。

【釋義】

㊀　同"抑"，音 yì。

①　壓制，隱没。《班𣪘》："班非敢頣。"

②　減免，扣除。《曶鼎》："曶頣匡卅秭。"

③　安，治。《曾伯霥匿》："克狄(逷)淮(淮)尸(夷)，印燮繁湯。"《方言》十三："抑，安也。"《廣雅·釋詁三》："抑，治也。"

㊁　通"仰"。《毛公鼎》："用印(仰)卲(昭)皇天。""印"讀爲"仰"，徐同柏説。

194. 卿［qīng］　去京切　陽溪平

【析形】

甲骨文作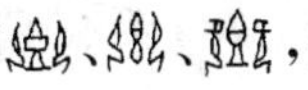，金文作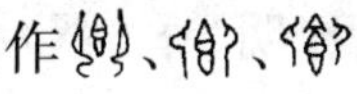，象兩人相向就食之形，爲“饗”字初文，本義爲饗食，引申爲嚮。《説文·六下》从㲋之“鄉”别是一字，因後出之“饗”“嚮”均以“鄉”爲聲符而致混。“卿”用爲公卿字乃假借。

【釋義】

㊀　同“饗”，讀 xiǎng。

①　共聚飲食。《先獸鼎》：“用朝夕卿（饗）氒（厥）多倗友。”《曾伯陭壺》：“用自乍（作）醴壺，用卿（饗）賓（賓）客。”

②　祭祀。《甲骨文録》293：“庚子，王卿（饗）于且（祖）辛。”《仲枏父段》：“用敢卿（饗）孝于皇且（祖）丂（考）。”《中山王嚳壺》：“目（以）卿（饗）上帝，目（以）祀先王。”饗祭，謂獻酒食以祭。經籍多作“享”。

③　犒賞。《乙亥鼎》：“王卿（饗）酉（酒）。”《左傳·僖公十二年》：“王以上卿之禮饗管仲。”

㊁　同“嚮”，朝向，讀 xiàng。《殷契粹編》1252：“于西方東卿（嚮）。”《柳鼎》：“即立（位）中廷，北卿（嚮）。”

㊂　官名，讀 qīng。《殷虚書契前編》4.21.7：“貞：卿史于㚇北宗，不大雨？”《邾公釛鐘》：“用樂我嘉穷（賓），及我正卿。”《商鞅方升》：“十八年，齊遣卿夫₌（大夫）衆來聘。”

195. 辟［bì］　必益切　錫幫入

【析形】

甲骨文作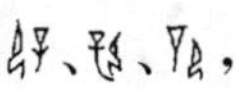，从辛从卩，辛爲剞劂之刑具，象對跪跽者施刑。字或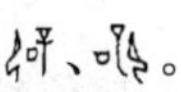。金文作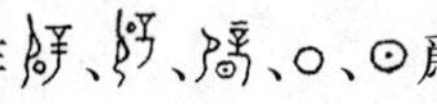爲璧之象形，在字中當爲聲符。金文“璧”字皆从玉，與“辟”字不相混。《驫羌鐘》“辟”作，不从○。

【釋義】

㊀　治理。《牧段》：“令女（汝）辟百寮。”《尚書·周書·金縢》：“我之弗辟，我無以告我先王。”《釋文》：“辟，治也。”

㊁　天子、諸侯君主的通稱。《大盂鼎》：“女（汝）勿剋令（余）乃辟一人。”《大克鼎》：“䝼（肆）克龏保氒（厥）辟龏王，諫（勅）辥（乂）王家。”《爾雅·釋詁》：“辟，君也。”

㊂ 官長。《大盂鼎》:“隹(唯)殷彳旁(邊)侯田(甸)雩殷正百辟,率肆(肆)于酉(酒),古(故)喪𠂤(師)巳(祀)。”《秦公鐘》:“咸畜百辟胤士。”

㊃ 出仕奉君。《師望鼎》:“穆₌克盟(明)𠂔(厥)心,悊(哲)𠂔(厥)德,用辟于先王。”《𦞤盨》:“𦞤,敬明乃心,用辟我一人。”《叔夷鐘》:“是辟于齊侯之所。”

196. 鬼[guǐ] 居偉切 微見上

【析形】

《説文·九上》:“鬼,人所歸爲鬼。从人,象鬼頭。鬼陰氣賊害,从厶。,古文从示。”“鬼”字甲骨文作。李孝定曰:“人死爲鬼,蓋先民既有之觀念,遂仿‘人’字爲之。‘人’字古作,其上圓者顱也。‘鬼’字仿‘人’,又必欲有以别字,則惟變其頭部之形狀……遂作耳,非謂先民果見鬼之作此形也。”字或从示,與《説文》古文同。金文作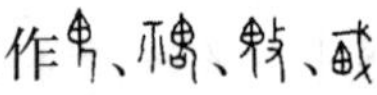,戰國盟書、璽印亦有作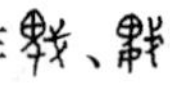者,或从攴,或从戈,皆“鬼”之繁構。

【釋義】

㊀ 迷信稱人死後之靈魂爲鬼。《陳肪毁》:“龏寡(畬)䰟(鬼)神。”

㊁ 殷周時西北有部族名鬼方。《殷虚文字乙編》6684:“己酉卜,宂貞:鬼方易,亡囚?五月。”《小盂鼎》:“伐戜(鬼)方。”《周易·既濟》:“高宗伐鬼方,三年克之。”

197. 畏[wèi] 於胃切 微影平

【析形】

甲骨文作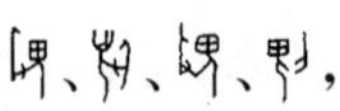,李孝定謂“象鬼執仗之形,可畏之象也。”金文作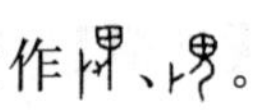。《王孫鐘》作,增从攴。《𩛥父盨蓋》作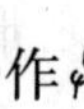,从鬼从手。

【釋義】

㊀ 害怕。《𩛥父盨蓋》:“豖不敢不[苟(敬)]畏王令。”《齊鎛》:“余彌心畏誋。”

㊁ 通“威”,尊嚴,威嚴。《大盂鼎》:“畏天畏(威)。”《沇兒鐘》:“思(淑)于畋(威)義(儀),惠于明祀。”《尚書·虞夏書·皋陶謨》:“天明畏。”《釋文》:“畏,馬本作‘威’。”

198. 而[ér] 如之切 之日平

【析形】

甲骨文作，象頦毛下垂之形。金文作、，小篆作，形體稍變而仍不失其象形。

【釋義】

㈠ 祭祀名。《殷虛文字乙編》7746："貞：而匕（妣）壬，雨……"而祭，爲煮物以祭。

㈡ 方國名。《殷虛文字乙編》2948："貞：王叀而白（伯）比伐……"

㈢ 第二人稱代詞，相當于"尔""爾""女"（汝）。《越王鐘》："歆（喜）而（爾）賓各（客）。"《尚書·周書·洪範》："而康而色。"僞孔傳："汝當安汝顔色以謙下人。"

㈣ 連詞。《儠兒鐘》："余義鄦之良臣，而徺之字（慈）父。"《中山王譽壺》："爲人臣而彶臣其宗，不羊（祥）莫大焉。"

199. 易［yì］ 羊益切 錫喻入

【析形】

《説文·九下》："易，蜥易、蝘蜓、守宫也。象形。""易"字甲骨文作、，金文作、、、、，周初《德鼎》作，皆與《説文》所言蜥易等物之形不類。實象皿中之水溢出或傾出，郭沫若、陳夢家皆以爲"易"（）乃"益"（）之簡化，白川静則以"易"爲賜祼酌之象形。《中山王譽鼎》作""，以兩"易"一正一倒會意，爲易换之專字。

【釋義】

㈠ 更换。《殷虛書契前編》6.32.1："甲子卜，㱿貞：王疾齒，亡易？"楊樹達謂"易者猶今言换牙也。"《中山王譽壺》："而臣宗（易）立（位）。"

㈡ 容易。與"難"相對。《中山王譽鼎》："此易言而難行施（也）。"

㈢ 通"賜"，賞賜，讀 cì。《戰後南北所見甲骨録·南北坊間所見甲骨録》3.81："易（賜）貝二朋。"《兮甲盤》："王易（賜）兮甲馬亖（四）匹。"《中山王譽鼎》用"賜"："氏（是）㠯（以）賜之氒（厥）命。"經籍或假"錫"爲之。《公羊傳·莊公元年》："王使榮叔來錫桓公命。錫者何？賜也。"

㈣ 通"暘"，讀 yì。《説文·七上》："暘，日覆雲暫見也。"這是一種多雲間晴之類的天氣現象，卜辭稱"易（暘）日"。《殷虛文字乙編》6385："甲寅卜，㱿貞：羽（翌）乙卯易（暘）日？"

200.　灋［fǎ］　方乏切　葉幫入

【析形】

《説文·十上》："灋，刑也。平之如水，从水。廌，所以觸不直者去之，从去。，今文省。，古文。""灋"字甲骨文未見，金文《大盂鼎》作，《克鼎》作，皆从水、廌、去，會意。《師嫠毁》作，省爲，譌作。《中山王嚳壺》作（灋），張政烺曰："此改从室，蓋以去、灋音不同，改以室爲聲符。"後省作"法"。

【釋義】

㈠　效法。《中山王嚳壺》："鈛（鑄）爲彝壺，節于醺（禋）醻（齊），可灋（法）可尚。"《周易·繫辭上》："崇效天，卑法地。"

㈡　通"廢"，大。《大盂鼎》："灋（廢）保先王。"意謂大保先王。《詩經·小雅·四月》："廢爲殘賊。"《爾雅·釋詁》："廢，大也。"

㈢　通"廢"，背棄。《師酉毁》："敬夙（夙）夜勿灋（廢）朕命。"《詩經·大雅·韓奕》："纘戎祖考，無廢朕命。"

201.　獻［xiàn］　許建切　元曉平

【析形】

甲骨文作，金文作、、、、、等形，从犬鬳聲。聲符鬳或作鬳，譌作虞，或省作鼎、貝。《鄭大師甗》字省作（猷）。

【釋義】

㈠　奉獻，進獻。《伯公父勺》："白（伯）公父乍（作）金爵，用獻用酌，用享用孝于朕皇考。"《虢季子白盤》："趄＝子白，獻戒（馘）于王。"

㈡　呈報。《史獸鼎》："史獸獻工于尹。"于省吾曰："獻工于尹，言奏其事于尹。獻猶今人言呈報也。"

㈢　通"甗"，炊器，讀 yǎn。《尌仲甗》："尌中（仲）乍（作）獻（甗）。"

202.　猶［yóu］　以周切　幽喻平

【析形】

甲骨文作，金文作、、、，从犬酉聲，當隸定爲"猷"。《陳猶釜》作，與小篆之作者同，當隸定爲"猶"。《王孫眞鐘》作（猷），从心，爲謀猷之專用字。

【釋義】

㈠　謀猷，謀劃。《㝬段》：“𡩟（宣）（導）宇慕（謨）遠猷。”《王孫遺者鐘》：“誨（謀）猷（猷）不（丕）飤（飭）。”《尚書·周書·君陳》：“爾有嘉謀嘉猷，入告爾君于內。”

㈡　副詞。尚且。《中山王譽鼎》：“昔者，郾（燕）君子噲觀（叡）弇夫悟（悟），𨱖（長）爲人宗，閈於天下之勿（物）矣，猷（猶）粻（迷）惑於子之而亡（亡）其邦，爲天下戮（戮），而皇（況）才（在）於尐（少）君虖？”《左傳·隱公元年》：“蔓草猶不可除，況君之寵弟乎？”

203.　能［néng］　奴登切　之泥平

【析形】

“能”字甲骨文未見，金文作，徐灝曰：“能，古‘熊’字。《夏小正》曰：‘能羆則穴。’即熊羆也。‘羆’古文作‘䙡’，从能，亦其證。假借爲賢能之能，後爲借義所專，遂以火光之‘熊’爲獸名之‘能’而昧其本義矣。”《左傳·昭公七年》：“今夢黃熊入于寢門。”《釋文》：“‘熊’亦作‘能’。”《國語·晉語八》：“今夢黃能入于寢門。”容庚先生云：“能，《説文》云：‘足似鹿，从肉㠯聲。’非。徐鉉曰：‘㠯非聲，疑皆象形。’是也。”

【釋義】

㈠　才能，有才能的人。《中山王譽壺》：“𢍰（舉）孯（賢）逮（使）能。”《禮記·禮運》：“選賢與能，講信脩睦。”

㈡　可勝任。《中山王譽鼎》：“其隹（誰）能之？隹（唯）𪓐（吾）老貯是（寔）克行之。”

㈢　助動詞，能够。《胤嗣好盗壺》：“不能寍（寧）處。”又，義近“敢”。《縣妃段》：“我不能不眔縣白（伯）萬年保。”《效尊》：“效不敢不萬年夙（夙）夜奔走揚公休。”

㈣　親善，和睦。《番生段》：“𩑪（柔）遠能𤞷（邇）。”《詩經·大雅·民勞》：“柔遠能邇，以定我王。”《毛公鼎》：“康能三（四）或（國）。”

㈤　通“宏”。《沈子段》：“沈子其顀（緬）褱（懷）多公能福。”郭沫若曰：“能福，宏福。能，古熊羆之熊。熊、宏古同蒸部，能與熊乃之蒸對轉。”

204.　光［guāng］　古皇切　陽見平

【析形】

甲骨文作、、，从火在人上，以示人頭頂有火光照耀。金文作、、、，其構形之意與甲骨文同。《宰峀毁》作，下从女，金文从女與从人同。《吳王光鑑》作，《中山王嚳壺》作，下體皆增飾筆畫，《説文·十上》“光”之古文二體（、）或由此譌變。

【釋義】

㈠　光輝。《禹鼎》：“肄（肆）禹又（有）成，敢對揚武公不（丕）顯耿光。”《尚書·周書·立政》：“以覲文王之耿光，以揚武王之火烈。”

㈡　榮耀。《虢季子白盤》：“王曰：白父，孔顯又（有）光。”《詩經·大雅·韓奕》：“百兩彭彭，八鸞鏘鏘，不（丕）顯其光。”

㈢　光揚，發揚光大。《召尊》：“召萬年永光。”《夨令彝》：“用光父丁。”

㈣　通“貺”，賜。《宰峀毁》：“王光（貺）宰峀貝三朋。”楊樹達曰：“光當讀爲貺。《詩經·小雅·彤弓》云：‘中心貺之。’毛傳云：‘貺，賜也。’”《叔夷鐘》：“敢再拜韻首，雁（膺）受君公之易（賜）光（貺）。”“易光”即“賜貺”，同義連用。

205.　夾［jiā］　古狎切　葉見入

【析形】

甲骨文作，金文同。林義光曰：“象二人相向夾一人之形。”

【釋義】

夾輔，輔佐。《大盂鼎》：“迺𥂴夾死（尸）𤔲（司）戎。”《禹鼎》：“不（丕）顯趄＝皇且（祖）穆公，克夾𥂴先王奠三（四）方。”《左傳·僖公四年》：“五侯九伯，女實征之，以夾輔周室。”

206.　執［zhí］　之入切　緝章入

【析形】

甲骨文作、、，象人兩手加梏之形。金文、譌作，字便分離成从㚔从丮了。《不𡢁毁》字作，从埶，爲丮之異構。《師寰毁》字作，增从廾。

【釋義】

㈠　捉拿，拘捕。《殷虚書契前編》8.8.2：“□□卜，王乎執羌，……”《殷虚文字甲編》3913：“壬戌卜，㚸貞：叀馬亞乎執？”《小盂鼎》：“執嘼（酋）一［人］，隻（獲）聝百卅七聝。”《左傳·襄公十九年》:“執邾悼公,以其伐我故。”

㈡　持,拿,執掌。《散盤》:“氒(厥)左執綆(要)史正中(仲)農。”《尚書·周書·顧命》:“一人冕,執鋭,立于側階。”

㈢　辦理。《五祀衛鼎》:“余執龏(恭)王卹(恤)工(功)。”《詩經·豳風·七月》:“上入執宫功。”

207.　𠦪[hū]　呼骨切　物曉入

【析形】

甲骨文作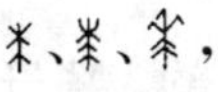,金文作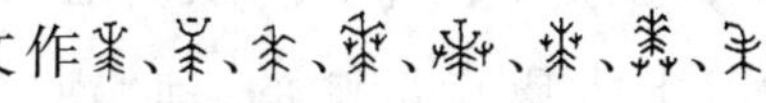。龍宇純謂字象草根之形。《説文·一下》:“茇,艸根也。”“𠦪”即“茇”之初文。

【釋義】

㈠　通“祓”。

①　除災求福之祭。《殷虚文字甲編》1671:“□巳卜,……𠦪于?”《盂爵》:“隹(唯)王初𠦪于成周。”《令尊》:“易(賜)亢師鬯金小牛,曰,用祓。”經籍通作“祓”。《史記·周本紀》:“周公乃祓齋,自爲質。”張守節《正義》曰:“祓謂除不祥求福也。”

②　祈求。《鄴中片羽三集》38.4:“甲子卜,其𠦪雨于東方?”《衛鼎》:“用𠦪壽,匄永福。”《伯梡段》:“唯用祈𠦪萬年。”𠦪與祈、匄同義。

㈡　通“賁”,讀 bì。《説文·六下》:“賁,飾也。”《衛盉》:“麀𠦪兩。”麀𠦪(賁),指用麀皮製成的飾物。

㈢　通“弼”,讀 bì,輔佐。《伯段》:“乃且(祖)克𠦪先王。”郭沫若曰:“‘𠦪’字‘以意推之,當假爲弼。’”

208.　夫[fū]　甫無切　魚幫平

【析形】

小篆作,《説文·十下》:“夫,丈夫也。从大,一以象簪也。”此字甲骨文作,金文同,象人正立形,取意與“大”同,一乃區别記號,非象簪。“夫”之本義爲成年男子。

【釋義】

㈠　量詞,用于稱數成年男子。《大盂鼎》:“人鬲自馭至于庶人六百又五十又九夫。”《散盤》:“凡散有𤔲(司)十夫。”

㈡　語氣詞。

①　用于句首。《中山王嚳壺》:"夫古之聖王敄(務)才(在)旻(得)孯(賢),其即(次)旻(得)民。"

②　用于句末。《信陽楚竹書》:"虐戈(哉)不智也夫!"

209.　悳[dé]　多則切　職端入

【析形】

"悳"字甲骨文未見,金文作、、、、,侯馬盟書作,从直从心。直,除力切,中古屬澄母職韵開口三等,上古屬章母職韵,與"悳"字疊韵,聲母同爲舌音,故"悳"字之"直"亦可視爲聲符。"悳"爲道德之本字。

【釋義】

㈠　道德,品德。《中山王嚳鼎》:"寡(寡)人庸其悳,嘉其力。"《周易·乾·文言》:"君子進德脩業。"《紂衣》:"隹尹(伊)夋(尹)及康(湯)咸(咸)又(有)一惪(德)。"

㈡　恩德。《陳侯因資錞》:"合(答)䢜(揚)氒(厥)悳。"《尚書·商書·盤庚》:"汝克黜乃心,施實德于民。"

210.　冬[dōng]　都宗切　冬端平

【析形】

《説文·十一下》:"冬,四時盡也。从仌从夂。夂,古文終字。,古文冬从日。""冬"字甲骨文作、,金文作、、、、,爲"終"字之初文。《説文·十三上》:"終,絿絲也。从糸冬聲。,古文終。"朱駿聲曰:"古文作,象絲一束之形。"張舜徽曰:"古人治絲斁,則聚束而縣之,此象縣絲之形也。金文作,則象兩端末有結形,蓋防其散亂也。絲已縣則治絲之事初斁,故引申爲一切終止之稱。許訓絿絲者,絿謂結聚之也。"《陳章壺》字从⊙作,與三體石經古文及《説文》古文同構。楚帛書"春""𩒨(夏)""䄸(秋)""𣅈(冬)"皆从日作,知从日之乃四時歲終之專用字。而从仌聲的小篆(冬),則又爲之異構。冬季結冰,故从仌。"冬"既爲歲時之義所專有,乃更造从糸冬聲之"終"以爲本字。

【釋義】

㈠　同"終",終結。《井侯簋》:"克奔走上下帝無冬(終)令(命)玗(于)有周追考

(孝)。”

㊁　久遠,久長。《殷虚文字丙編》71:“丙辰卜,㱿貞:帝隹(唯)其冬(終)丝(兹)邑?”終兹邑,言使此邑長久。《井人鐘》:“永冬(終)于吉。”于省吾曰:“言永久于吉也。”

㊂　音樂術語。《曾侯乙甬鐘》:“妥賓之冬(終)。”曾憲通謂“冬”(終)乃曾國樂律的音階名,即作爲五音之一的“徵”音處在高音區時的别名。

㊃　四季之末。《陳章壺》:“孟冬戊辰。”《商鞅方升》:“冬十二月乙酉。”

211.　雩[yú]　羽俱切　魚匣平

【析形】

《説文·十一下》:“雩,夏祭樂于赤帝以祈甘雨也。从雨于聲。，或从羽,雩羽舞也。”“雩”字甲骨文作、、、、,金文作、、,皆从雨于聲。《曾侯乙甬鐘》字作,與《説文》篆文或體同。

【釋義】

㊀　連詞,相當于“與”。《大盂鼎》:“隹(唯)殷邊(邊)侯田(甸),雩殷正百辟,率肄(肆)于酉(酒)。”《善鼎》:“余(余)其用各(格)我宗子雩百生(姓)。”

㊁　句首語氣詞。《作册魖卣》:“雩三(四)月既生霸庚午。”《禹鼎》:“雩禹㠯(以)武公徒馭至于噩。”經籍多作“粤”。劉心源曰:“古文止以雩爲粤,亦从雨作,小篆仿變从,遂分爲二。”

㊂　介詞,經籍通作“于”。《大盂鼎》:“在雩卸(御)事,䣜,酉(酒)無敢酖(耽)。”“在雩”是兩個介詞連用。

㊃　通“越”。《中山王𰯼鼎》:“昔者,吴人并雩(越)。”

㊄　通“羽”,五音之一。《曾侯乙甬鐘》:“割肄(姑洗)之翌(羽)。”

212.　𪚔[*yú]

【析形】

甲骨文作,金文作、、、、,从虍魚聲。《説文》所無。《沇兒鐘》字作,增从攴。《周禮·天官》有“𪚔人”,《釋文》云:“𪚔,音魚,本又作魚,亦作𩵖。”

【釋義】

㊀　第一人稱代詞，經籍通作“吾”。《欒書缶》：“䖍目（以）斦（祈）釁（眉）壽。”《中山王嚳壺》：“𨠑（將）與䖍君竝立於𠀍（世）。”

㊁　通“吳”。《者減鐘》：“工䖍王皮𩁹之子者減睪（擇）其吉金。”容庚先生曰：“工䖍王即吳王。”

213.　非［fēi］　甫微切　微幫平

【析形】

甲骨文作□、□，金文作□、□、□。林義光曰：“‘非’象張兩翅。周伯琦以爲與‘飛’同字，當從之。”張舜徽曰：“鳥飛舉則兩翅必相背，因引申爲凡違背之稱。”小篆譌作□。

【釋義】

㊀　認爲不對。《中山王嚳壺》：“㝵（寡）人非之。”

㊁　否定副詞。《鐵雲藏龜拾遺》11.18：“東非若？”《蔡侯鐘》：“余非敢寧忘，有虔不易，𨑩（左）右楚王。”

㊂　通“騑”。《傳卣》：“師田父令小臣傳非余。”《蠆鼎》：“易（賜）金一鈞非余。”容庚先生曰：“古者金與馬每同賞賜，‘非余’當讀作‘騑駼’。”“騑駼”經籍未見，然有馬名“騊駼”者，“騑駼”蓋與“騊駼”同爲馬名。

214.　孔［kǒng］　康董切　東溪上

【析形】

“孔”字甲骨文未見，金文作□、□、□，高鴻縉謂字象小兒食乳形。林義光謂“本義當爲乳穴，引申爲凡穴之稱。象乳形，□就之，以明乳者孔也。”

【釋義】

㊀　大。《師𩛥鼎》：“臣朕皇考穆₌王，用乃孔德。”《老子》：“孔德之容，唯道是從。”河上公注：“孔，大也。”

㊁　副詞，甚，很。《沇兒鐘》：“元鳴孔皇。”《詩經·小雅·鹿鳴》：“我有嘉賓，德音孔昭。”鄭玄箋：“孔，甚；昭，明也。”

215.　不［bù］　方久切　之幫平

【析形】

甲骨文作、、、,金文作、、、等。周伯琦謂象花萼蒂之形。《詩經·小雅·常棣》:“常棣之華,鄂不韡韡。”鄭玄箋:“承華者曰鄂。不當作柎。柎,鄂足也。”

【釋義】

㊀ 否定副词。《殷虛文字乙編》6385:“貞:羽(翌)乙卯,乙卯不其易(暘)日?”《小屯南地甲骨》624:“食日至中日不雨?”《㓝尊》:“順(訓)我不每(敏)。”《師寰毁》:“師寰虔不豕(墜)。”

㊁ 句末語氣詞,表示疑問。《殷虛文字乙編》177:“丙寅卜,今日方其至不?”《五祀衛鼎》:“女(汝)賓(賈)田不?”經籍中多作“否”。

㊂ 通“丕”,大。《大盂鼎》:“不(丕)顯玟王受天有(佑)大令(命)。”《毛公鼎》:“不(丕)巩(鞏)先王配命。”

216. 聞[wén] 無分切 文明平

【析形】

《説文·十二上》:“聞,知聞也。从耳門聲。,古文从昏。”“聞”字甲骨文作、、,李孝定曰:“契文象人跽而以手附耳諦聽之形。”金文作、、、、,形體已變,从女者乃(足趾)之譌。《中山王礜鼎》字作,从耳昏聲,與《説文》古文同。小篆更變爲从耳門聲。

【釋義】

㊀ 聽到,聽説。《殷虛書契續編》1.13.5:“貞:呂方亡聞?”《大盂鼎》:“我(聞)殷述(墜)令(命)。”《中山王礜鼎》:“寡(寡)人聒(聞)之。”

㊁ 達,傳布。《郐王子鐘》:“其音悤悤,𦖞(聞)于四方。”

㊂ 通“昏”,迷亂,糊塗。《毛公鼎》:“余非庸又(昏),女(汝)母(毋)敢妄寍(寧)。”

㊃ 通“婚”。《殳季良父壺》:“用盛旨西(酒),用亯(享)孝于兄弟𦖞(婚)顜(媾)者(諸)老。”《説文》“婚”之籀文作,即借“聞”爲“婚”,其構形乃之譌變。

㊄ 通“輡”。《彔伯毁》:“畫𦖞(輡)。”郭沫若曰:“𦖞乃聞字,假爲輡。輡者,伏兔下之革帶,後縛于軸,前縛于衡。”《説文·十四上》:“𨏔,車伏兔下革也。”“𨏔”即“輡”。

217. 揚［yáng］ 與章切 陽喻平

【析形】

《説文·十二上》:“揚,飛舉也。从手易聲。,古文。”“揚”字甲骨文未見,金文作,象人執玉或執璧揚舉之形,有的字玉、璧同時出現。因璧與日同形,爲表聲便加丆(丏)而成易聲。《斿尊》字作,从宀易聲。《⿷匚巳尊》作,所从之丏譌爲不。《邾公釛鐘》作,變爲从攴。《説文》古文作“敭”,亦从攴,知確有所本。

【釋義】

稱揚,頌揚。《效卣》:“效不敢不邁(萬)年夙(夙)夜奔徙(走)䚄(揚)公休。”《作册大鼎》:“大䚄(揚)皇天尹大僳(保)宦。”《師嫠𣪕》:“師嫠拜手䭫首,敢對䚄天子休。”

218. 女［nǚ］ 尼吕切 魚泥上

【析形】

甲骨文作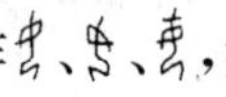,象一個兩手胸前交叉、屈膝而跪的人形。金文作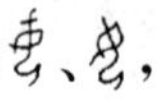,與甲骨文構形同。至晚期字作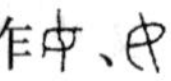,其跪跽之形已不明顯。小篆作。

【釋義】

㊀ 女性的通稱。《甲骨文合集》14002:“三旬㞢(又)一日甲寅冥(娩),不妫(嘉),隹(唯)女。”《齊侯盤》:“男女無碁(計)。”

㊁ 特指先母。《殷虚文字乙編》3205:“勿钔(御)于女庚?”此“女”字卜辭或亦作“母”。

㊂ 特指先王配偶。《新獲卜辭寫本》336:“乙巳卜,扶:㞢大乙女匕(妣)丙一牝不?”此“女”字卜辭或亦作“母”。

㊃ 特指女兒。《齊侯壺》:“齊侯女䨺𦍌喪其𣪕(舅)。”

㊄ 第二人稱代詞,讀 rǔ,經籍多作“汝”。《殷虚書契菁華》7:“己亥卜,𣪊貞:王曰:侯虎,余其敗女(汝)史(使)……”《大盂鼎》:“令女(汝)盂井乃嗣且南公。……易(賜)女(汝)鬯一卣。”

㊅ 通“如”。《中山王𠦪鼎》:“事尐(少)女(如)𨱗(長),事愚女(如)智,此易言而難行施(也)。”《忠信之道》:“君子女(如)此,古(故)不𡈼(皇)生,不伓(背)死也。”

219.　氒［jué］　居月切　月見入

【析形】

甲骨文作、，金文作、、、、、，郭沫若謂“氒乃矢栝（栝）字之初文也。《説文》：‘栝，檃也。从木昏聲。一曰矢栝，築弦處。’栝从昏聲，昏又从氒省聲，故栝、氒同音。矢栝檃弦處之栝，此氒字也。”羅振玉《貞松堂集古遺文》卷十二·二十七著録矢栝三器，其式爲、，其横置者即古氒字所象之形。晚期銘文中氒字已發生形變，《邾叔鐘》字譌作，《蔡侯𩰫鐘》字增口作。

【釋義】

㊀　代詞，相當于“其”。《㝬鐘》：“戟（撲）伐氒都。”經籍通作“厥”。《尚書·周書·大誥》：“厥父菑，厥子乃弗肯播，矧肯穫？”

㊁　介詞，相當于“之”。《夨方彝》：“乍（作）册令敢䢅（揚）明公尹氒宦。”經籍通作“厥”。《尚書·周書·無逸》：“自時厥後，立王生則逸。”王引之曰：“厥，猶‘之’也。”

220.　或［yù］　于逼切　職匣入

【析形】

《説文·十二下》：“或，邦也。从口从戈以守一。一，地也。域，或又从土。”“或”字甲骨文作、、，孫海波曰：“口象城形，从戈以守之，國之義也。古國皆訓城。”金文作、、、、、，城形稍變作、、。《師寰𣪘》字作，增邑旁。“國”“域”皆後起區别字。

【釋義】

㊀　邦國。《㝬鐘》：“南或𠬝孳（子）敢臽（陷）虐我土。”《毛公鼎》：“迺唯是喪我或。”經籍通作“國”。《詩經·大雅·崧高》：“南國是式。”

㊁　疆界，邊境。《毛公鼎》：“康能亖（四）或。”經籍通作“域”。《詩經·商頌·玄鳥》：“正域彼四方。”朱熹《集傳》：“域，封境也。”

㊂　通“有”。《齊鎛》：“勿或（有）俞（渝）改。”《尚書·商書·微子》：“殷其弗或亂正四方。”僞孔傳：“或，有也。”

㊃　副詞，又。《衛盉》：“矩或取赤虎兩。”《𩛥匜》：“白（伯）𢹎（揚）父迺或吏（使）牧牛誓。”《詩經·小雅·賓之初筵》：“既立之監，或佐之史。”鄭玄箋：“又助以史，使督酒。”王引之曰：“或，猶‘又’也。”

221.　𢦏［zāi］　祖才切　之精平

【析形】

“𢦏”字小篆作𢦏，《説文·十二下》：“𢦏，傷也。从戈才聲。”甲骨文多作，亦从戈才聲。金文作、、、、，聲符“才”的形體漸起變化。

【釋義】

㊀　災禍。經籍通作“災”。《殷虚文字甲編》3404：“𠱠貞：今日亡𢦏（災）？”

㊁　打敗。《殷虚文字乙編》5395：“乙卯卜，爭貞：召𢦏翟？王固曰：吉，𢦏。”《牆盤》：“雩武王既𢦏殷。”于省吾曰：“𢦏訓傷，傷與‘失敗’之‘敗’義訓相因。”（《牆盤銘文十二解》）

㊂　通“哉”，語氣詞，表示感嘆。《𣄰尊》：“苟（敬）亯（享）𢦏（哉）。”《禹鼎》：“烏虖哀𢦏（哉）。”

222.　我［wǒ］　五可切　歌疑上

【析形】

甲骨文作、、、、，象一種兵器的形狀。金文作、、、，小篆作，形亦相類。《説文·十二下》：“我，施身自謂也。或説我，頃頓也。从戈从𠂹。𠂹，或説古垂字；一曰，古殺字。，古文我。”《叔我鼎》字作，與《説文》古文同。

【釋義】

第一人稱代詞。《殷虚書契菁華》2：”沚戠告曰：土方𤼈于我東啚（鄙），……𢀛方亦㑴（侵）我西啚（鄙）田。”《殷虚文字丙編》147：“癸丑卜，爭貞：我宅丝（茲）邑，大甲穷（儐），帝若？”《𠈃匜》：“我義（宜）佼（鞭）女（汝）千。”《欒書缶》：“㠯（以）祭我皇祖。”

223.　亡［wáng］　武方切　陽明平

【析形】

甲骨文作、、、，金文作、、、、，林潔明曰：“亡蓋爲鋒芒之本字，从刀，一點以示刀口鋒芒之所在，當爲指事字，如本字从木，一點以示木本之所在也。假借爲無有之亡，又借爲逃亡之亡，本義遂湮。”《中山王𰯌壺》字从辵作，爲逃亡之專用字。

【釋義】

㊀ 没有。讀 wú。《甲骨文合集》37408:“壬辰王卜,貞:田𢦔,𡳿(往)來亡𡿧(災)?”《𤔲尊》:“爾有唯小子,亡戠(識)。”《師詢𣪘》:“民亡不康靜。”《忠信之道》:“忠人亡(無)譌(詭),信人不怀(背)。”

㊁ 滅亡。《中山王嚳壺》:“旂(故)邦迋(亡)身死。”

㊂ 通“忘”。《叔家父匡》:“悊(哲)德不亡(忘)。”

224. 乍[zhà] 鉏駕切 鐸崇入

【析形】

甲骨文作、、,金文作、、、,其形難以索解,初誼亦未詳,古文字中多用爲“作”字。

【釋義】

㊀ 建立。《殷契粹編》597:“丁酉貞:王乍(作)三𠂤(師)又(右)中𠂇(左)?”

㊁ 營建。《殷虚文字丙編》147:“癸丑卜,爭貞:勿乍(作)邑,帝若?”

㊂ 祭名。《殷虚文字丙編》22:“庚申卜,㱿貞:乍㝎(儐)? 庚申卜,㱿貞:勿乍㝎(儐)?”

㊃ 製造,製作。《利𣪘》:“用乍(作)旜公寶隮彝。”《王孫遺者鐘》:“王孫遺者睪(擇)其吉金,自乍(作)龢鐘。”

㊄ 爲。《毛公鼎》:“俗(欲)我弗乍(作)先王羞(憂)。”“女(汝)母(毋)弗帥用先王乍(作)明井(刑)。”《忠信之道》:“三者,忠人弗乍(作),信人弗爲也。”

㊅ 擔任。《𢦏𣪘》:“令女(汝)乍(作)𤔲土。”

㊆ 副詞,便,即,就。《天亡𣪘》:“不(丕)顯王乍(作)省,不(丕)𦅫(肆)王乍(作)賡。”《尚書·周書·多方》:“惟聖罔念作狂,惟狂克念作聖。”這類用作副詞的“乍”、“作”,經籍通作“則”。

225. 䌛[yáo] 余招切 宵喻平

【析形】

“䌛”字甲骨文未見,金文作、、、、,小篆作。《説文·十二下》:“䌛,隨從也。从系䍃聲。”曾憲通謂“䌛”字乃从言从䌛省聲,並非从系䍃聲。(詳《説䌛》,《古文字研究》第十輯)

【釋義】

㈠　語氣詞。《彔伯㦰毁》：“王若曰：彔白(伯)㦰，繇，自乃且(祖)考又(有)〓于周邦。”《長沙楚帛書》：“繇，□之哉！毋弗或敬。”魏三體石經《尚書·周書·多士》篆體：“王曰：繇！”《尚書》今本作“猷”，馬本作“繇”。

㈡　通“舊”。《師寰毁》：“淮尸(夷)繇我負晦臣。”此與《兮甲盤》“淮尸(夷)舊我負晦人”語例全同，繇、舊聲近字通。

226.　田［tián］　待年切　真定平

【析形】

“田”字甲骨文作〓、〓、〓、〓，象地有阡陌之形。金文作〓、〓，小篆作〓，取意皆同。

【釋義】

㈠　耕種的土地。《殷契粹編》1222：“貞：王令多羌坚田？”《五祀衛鼎》：“余舍女(汝)田五田。”第二個“田”字用爲量詞。

㈡　田獵，狩獵。《甲骨文合集》37408：“壬辰王卜，貞：田豖，生(往)來亡𢦏(災)？”王𠧞曰：吉。才(在)十月。丝(茲)卬(御)。隻(獲)鹿六。”

㈢　官爵名。《殷虚文字甲編》2416：“余其比多田于(與)多白(伯)正(征)盂方白(伯)。”《大盂鼎》：“隹(唯)殷𨘢(邊)侯田，雩(與)殷正百辟，率肄(肆)于酉(酒)。”

227.　禽［qín］　巨今切　侵群平

【析形】

甲骨文作〓、〓、〓，象捕網之形，與“畢”爲一字，或增又(手)作〓，爲擒獲字之初文。金文作〓、〓、〓，从又(手)持〓，今聲。小篆作〓，下體所从之〓與金文之〓僅筆勢稍有不同，許慎謂字从厹，非是。“禽”用爲禽獸字後，另造“擒”字表其本義。

【釋義】

㈠　擒獲。《殷虚書契前編》4.4.2：“壬申卜，㱿貞：叀禽麋？丙子麠，允禽二百㞢(又)九。一月。”

㈡　俘虜。《不嬰毁》：“余來歸獻禽。”《左傳·襄公二十四年》：“收禽挾囚。”楊伯峻注：“‘禽’同‘擒’，所擒獲之楚兵。此與‘囚’異詞同義。”

228.　成［chéng］　氏征切　耕禪平

【析形】

《説文·十四下》:“成,就也。从戊丁聲。,古文成,从午。”“成”字甲骨文作、、,金文作、、,从戌从丨。丨爲棒杵之形。《沇兒鐘》作,與《説文》古文同。

【釋義】

㈠ 完成。《牖匜》:“白(伯)䴏(揚)父迺成賫(劾)。”

㈡ 成就。《㝬鐘》:“朕猷又(有)成亡競。”

㈢ 通“盛”。《叔家父匡》:“用成(盛)稻粱。”

229. 巳[sì] 詳里切 之邪上

【析形】

甲骨文作、,金文作、、,象胎兒之形,小篆作。地支之“巳”,甲、金文皆以“子”(、、)爲之。又金文中“巳”與“已”同形。

【釋義】

㈠ 通“祀”。《甲骨文零拾》42:“巳(祀)于父乙一牛。”《大盂鼎》:“率肄(肆)于酉(酒),古(故)喪自(師)巳(祀)。”

㈡ 讀爲“已”(yǐ)。

① 停止。《蔡侯𩐫盤》:“祐受母(毋)巳(已)。”

② 嘆詞。《毛公鼎》:“王曰:父厝,巳(已)!曰彶丝(兹)卿事寮、大史寮,于父即尹。”

③ 副詞,表示動作的完成。《欒書缶》:“余畜孫書巳(已)斁(擇)其吉金,㠯(以)钗(作)𥂴(鑄)鋯(缶)。”

④ 語氣詞。《吳王光鑑》:“往巳(已)弔(叔)姬,虔敬乃后,孫=勿忘。”經籍多作“矣”。

230. 㠯[yǐ] 羊止切 之喻上

【析形】

甲骨文作、、,金文作、、,徐中舒謂當爲耜之象形,乃“耜”之初文。小篆作,《説文·十四下》:“㠯,用也。从反巳。”經籍通作“以”。

【釋義】

㈠ 進獻,貢納。《甲骨文合集》32023:“庚午貞:射𠭴㠯(以)羌用自上甲,叀甲戌？于乙亥用射㠯(以)羌？”“射㠯羌”指射進獻的羌人。射,乃殷之武將。

㈡　介詞。

①　表示“率領”。《殷契粹編》1124:“甲辰貞:㠯(以)衆伐召方,受又(佑)?”《小臣謎段》:“白(伯)懋父㠯(以)殷八自(師)征東尸(夷)。”

②　表示“用”。《不𡢁段》:“女(汝)㠯(以)我車宕伐𠑇允(玁狁)于高陶。”《子璋鐘》:“用匽㠯喜,用樂父𠒣(兄)者(諸)士。”《紂衣》:“又(有)國者章(彰)𡚸(好)章惡,㠯(以)眂(示)民厚。”

③　表示處置,猶今言“把……”。《曶鼎》:“[曶]吏(使)氒(厥)小子𩰫,㠯(以)限訟于井弔(叔)。”

④　表示原因。《中山王𰒞鼎》:“氏(是)㠯(以)𡨦(寡)人許之。”

㈢　連詞。

①　相當于“與”。《殷虚書契後編》下34.3:“辛丑貞:王令㠯(以)子方奠于并?”與子方皆爲人名。《大鼎》:“王乎(呼)善(膳)夫𩣓召大㠯(以)氒(厥)友入攼。”

②　相當于“而”。《頌壺》:“受令册,佩㠯(以)出,反入堇(覲)章(璋)。”

③　連接方位詞,表示方位或數量的界綫。《散盤》:“履,自瀗涉,㠯(以)南至于大沽,一弄(封)。”《新鄓虎符》:“凡興士被甲,用兵五十人㠯(以)上,必會王符,乃敢(敢)行之。”

231.　尊[zūn]　祖昆切　文精平

【析形】

《説文·十四下》:“䔿,酒器也。从酋,廾以奉之。《周禮》六尊:犧尊、象尊、著尊、壺尊、太尊、山尊,以待祭祀賓客之禮。,䔿或从寸。”“尊”字甲骨文作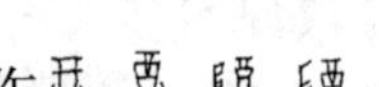,从酉从廾,象兩手奉尊,或增从阜。金文作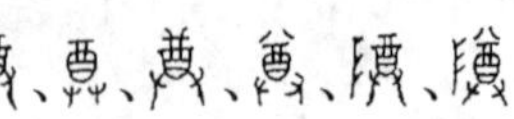,與甲骨文同。酉上或增八,爲小篆所本。《或者鼎》作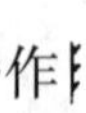,省廾。《鄭羌伯鬲》作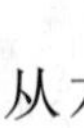,下从六。《商鞅方升》作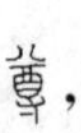,下从寸,與《説文》所引或體同。

【釋義】

㈠　祭祀。《殷虚書契後編》上27.10:“甲寅貞:來丁巳䔿(尊)鬳于父丁,宜卅牛。”《四祀𠨘其卣》:“乙巳;王曰:障文武帝乙宜。”《令段》:“用乍(作)丁公寶段,用障史(事)于皇宗。”

㈢ 祭祀用器的代稱。《小臣系卣》:“用乍(作)且(祖)乙尊。”《康侯鼎》:“康侯丰(封)乍(作)寶隮。”《般甗》:“用乍(作)父己尊。”器爲卣、鼎、甗而銘稱“尊”,此“尊”乃祭祀用器的代稱。

附　録

常用字音序檢字表

常用字筆畫檢字表

引書簡稱表

鐵　劉鶚《鐵雲藏龜》
前　羅振玉《殷虛書契》(前編)
菁　羅振玉《殷虛書契菁華》
後　羅振玉《殷虛書契後編》
明　明義士《殷虛卜辭》(摹本)
戬　王國維《戬壽堂所藏殷虛文字》
林　林泰輔《龜甲獸骨文字》
拾　葉玉森《鐵雲藏龜拾遺》
福　商承祚《福氏所藏甲骨文字》
契　容庚《殷契卜辭》
通　郭沫若《卜辭通纂》
續　羅振玉《殷虛書契續編》
佚　商承祚《殷契佚存》
鄴　黄濬《鄴中片羽初集》
庫　方法斂《庫方二氏所藏甲骨卜辭》(摹本)
柏　明義士《柏根氏舊藏甲骨文字》
粹　郭沫若《殷契粹編》
天壤　唐蘭《天壤閣甲骨文存》
珠　金祖同《殷契遺珠》
金　方法斂《金璋所藏甲骨卜辭》(摹本)
甲　董作賓《殷虛文字甲編》
乙　董作賓《殷虛文字乙編》
寧　胡厚宣《戰後寧滬新獲甲骨集》(摹本)
掇　郭若愚《殷契拾掇》
南　胡厚宣《戰後南北所見甲骨録》(摹本)
京津　胡厚宣《戰後京津新獲甲骨集》
續存　胡厚宣《甲骨續存》
合　郭若愚、曾毅公、李學勤《殷虛文字綴合》

外　　董作賓、嚴一萍《殷虚文字外編》

丙　　張秉權《殷虚文字丙編》

京都　貝塚茂樹《京都大學人文科學研究所藏甲骨文字》

新綴　嚴一萍《甲骨綴合新編》

屯南　中國社會科學院考古研究所《小屯南地甲骨》

周甲　陝西岐山鳳雛村發現周初甲骨文(《文物》1979.10)

後　記

本書的編寫，在選目、體例確定之後，作了初步分工，分頭執筆。分工的情況是這樣的：

劉翔（深圳大學）

文選：周原甲骨刻辭、四祀𠨘其卣、𣄰尊、班毀、㝬毀、多友鼎、兮甲盤、𩓾匜、王孫遺者鐘、蔡侯𪏳盤、侯馬盟書·宗盟

概述：古文字的類别、内容及價值

陳抗（中華書局）

文選：利毀、宜侯夨毀、衛盉、頌壺、秦公鎛、十四年墜侯午𨰻、鄂君啟節、中山王𦉜壺、石鼓文·車工

概述：古文字考釋的方法問題

陳初生（暨南大學）

文選：殷墟甲骨刻辭、白公父簠

概述：甲骨文中的幾種語法現象；金文語法的幾個問題

古文字常用字（200 個）

董琨（中央廣播電視大學）

文選：大盂鼎、曶鼎、虢季子白盤、䜌書缶、吳王光鑑、戉王者旨於睗矛、商鞅方升、秦始皇廿六年詔書

概述：古文字形體的發展規律

初稿完成以後，相互交换，分别徵求意見，由執筆人修改。然後在一九八七年七、八月間，我們冒着盛夏的酷暑聚集北京，花了整整一個月的時間逐篇討論修改。最後由陳抗、董琨負責統稿，並增補了一些常用字，由陳抗謄寫付印。

一九八八年八月

董琨後調職中國社會科學院語言研究所。此次重版，由董琨增加文選《重修田律》《忠信之道》《紂衣》，並於常用字中增補少量相應例句。全書改爲排印版。

二〇一五年十月